347

Das Buch
Bernt Engelmann und Günter Wallraff haben sich in diesem inzwischen berühmt gewordenen Buch zusammengetan, um die bundesdeutsche Gesellschaft vereint in die Zange zu nehmen. Aus verschiedenen Richtungen gehen sie ihr gemeinsames Ziel an: das Ausmaß des Widerspruchs zwischen der Anhäufung von Reichtum und Macht der wenigen und der Abhängigkeit und Ausnutzung der vielen aus unmittelbarer Anschauung durchsichtig zu machen. Die Welt der Milliardäre rückt hier nah und zeigt ihren weniger glänzenden Hintergrund.
Bernt Engelmann war zu Besuch bei der Prominenz. Aus seinen Beobachtungen ergibt sich beiläufig die Geschichte des westdeutschen Nachkriegskapitals, die fast immer ein Beleg ist für die Wahrheit des Leitspruchs »Unrecht Gut gedeihe gut«.
Günter Wallraff war bei denen »da unten«, als Arbeiter, Vertreter, Bote, Portier oder Lakaien-Mönch. Er hat sich dabei den oft brutalen, oft verschrobenen Arbeitsbedingungen ausgesetzt. In seinen Berichten enthüllt sich die Pathologie der Reichen und vor allem die Realität, daß Geld, in Milliardenbeträgen in den Händen einzelner konzentriert, umschlägt in eine weitverzweigte politisch Macht, der in unserer Gesellschaft kein Gesetz beizukommen vermag.

Die Autoren
Bernt Engelmann, 1921–1994. Luftwaffensoldat, 1944 als Angehöriger einer Widerstandsgruppe im KZ Dachau interniert. Nach dem Krieg Studium der Literatur, Soziologie und Geschichte. Der Journalist und Autor arbeitete u. a. beim Spiegel und für Panorama. Veröffentlichungen u. a.

Günter Wallraff, Jahrgang 1942. Buchhändlerlehre. Trotz Antrag auf Kriegsdienstverweigerung wurde er zur Bundeswehr eingezogen (»Bundeswehr-Tagebuch«). Anschließend politische und sozialkritische Reportagen (»Industriereportagen«, 1970; »13 unerwünschte Reportagen«, 1969; »Unser Faschismus nebenan«, 1975). Besonderes Aufsehen erregte Wallraff 1977 mit seinen verdeckten Recherchen innerhalb der Redaktion der »Bild«-Zeitung (»Der Aufmacher. Der Mann, der bei ›Bild‹ Hans Esser war« und weitere Bücher zum Thema). Als politisch besonders wirksam erwies sich die Reportage über den menschenverachtenden Handel mit Leiharbeitern (»Ganz unten«, 1985). Zuletzt: »Aus der schönen neuen Welt. Expeditionen ins Landesinnere«, 2009.

Bernt Engelmann
Günter Wallraff

IHR DA OBEN –
WIR DA UNTEN

Kiepenheuer & Witsch

Verlag Kiepenheuer & Witsch, FSC®-N001512

3. Auflage 2012

© 1973, 1975, 1994, 2011, Verlag Kiepenheuer & Witsch, Köln
Alle Rechte vorbehalten. Kein Teil des Werkes darf in irgendeiner Form
(durch Fotografie, Mikrofilm oder ein anderes Verfahren)
ohne schriftliche Genehmigung des Verlages reproduziert
oder unter Verwendung elektronischer Systeme verarbeitet, vervielfältigt
oder verbreitet werden.
Umschlaggestaltung: Barbara Thoben, Köln
Umschlagfoto: © Y. Tatari
Gesamtherstellung: CPI – Clausen & Bosse, Leck
ISBN 978-3-462-02376-3

Inhalt

Krupp
Bernt Engelmann Der Märchenprinz:
Arndt von Bohlen und Halbach 9
Günter Wallraff Treue gegen Treue 18

Thurn und Taxis
Bernt Engelmann Deutschlands reichster Junggeselle:
Johannes von Thurn und Taxis 47
Günter Wallraff Feudalismus in Regensburg 55
Günter Wallraff Fürstmönch Emmeran
und sein Knecht Wallraff 71

Henkel
Bernt Engelmann Am Hof der Persilfürsten 100
Günter Wallraff Die Krankmacher von Henkel 108

Waldburg zu Zeil und Trauchburg
Waldburg-Wolfegg und Waldsee
Bernt Engelmann Der schwarze Häuptling zu Zeil:
Georg von Waldburg zu Zeil und Trauchburg 122
Günter Wallraff Fürstenanarchie Fürst von Waldburg
zu Zeil und Trauchburg 133
Günter Wallraff
Fürst von Waldburg-Wolfegg und Waldsee 150

Fichtel und Sachs
Bernt Engelmann . . . gammelt für Deutschland:
GunterSachs 159
Günter Wallraff An der Schleifstraße 166

Guttenberg
Stauffenberg
Bernt Engelmann Der Herr Baron »tuot adellichen«:
Freiherr von und zu Guttenberg 201
Bernt Engelmann Porträt eines ultrakonservativen
Nachwuchspolitikers: Franz Ludwig Schenk
Graf von Stauffenberg 207
Günter Wallraff Die Geschäfte des Baron Guttenberg . 210

Flick
Bernt Engelmann Exemplarischer Lebenslauf eines
Selfmade-Konzernherrn: Friedrich Flick 232

Horten
Bernt Engelmann Der Konsum-König: Helmut Horten . 243
Günter Wallraff Berichte von Verkäuferinnen
und Verkäufern bei Horten 251

Melitta
Günter Wallraff Melitta-Report 264

Oetker
Bernt Engelmann Der Puddingprinz 302

Der Reichste?
Bernt Engelmann Wer ist der Reichste im ganzen
Land? 310

Gerling
Bernt Engelmann Der Assekuranz-Gigant 319
Günter Wallraff Gerling-Konzern
Als Portier und Bote 326

Folgen der Betriebsprüfung 399

Krupp

Bernt Engelmann
Der Märchenprinz:
Arndt von Bohlen und Halbach

Ein sanfter, ungemein wohlerzogener, außerordentlich gepflegter junger Herr von zunächst überraschend dezenter, bei näherem Hinsehen aber recht extravaganter Eleganz, dessen Visitenkarten vier Adressen aufgeprägt sind: 8 München 13, Georgenpalais; Schloß Blühnbach, Werfen über Salzburg; ›Bled Targui‹, Marrakesch, Marokko, und 43 Essen-Bredeney, Auf dem Hügel. Jede dieser Adressen hat eine seltsame Geschichte: Im Georgenpalais in München-Schwabing nahm nach dem schrecklichen Ende der bayerischen Räterepublik der päpstliche Nuntius Quartier: Erzbischof Eugenio Pacelli, der später Papst Pius XII. wurde. Die hohen, getäfelten, kostbar tapezierten, etwas düsteren Räume mit ihren Erkern und Nischen, den vielen Schnitzereien und dem Violett der einstigen erzbischöflichen Hauskapelle — das alles wäre nicht nach jedermanns Geschmack. Doch der gerade erst dem Twen-Alter entwachsene nunmehrige Nachfolger des ›Stellvertreters‹ fühlt sich hier ganz zu Hause. Er hat seine eigenen Schätze mitgebracht. Zwei Gemälde von Rubens, ein van Dyck, ein paar weitere niederländische Meister, die zusammen ein paar Millionen Mark wert sein mögen, ohne daß sie einem deswegen gefallen müssen, hängen im langen, nur durch künstliches Licht erhellten Korridor, dazwischen ein Porträt des jungen Hausherrn in der Pose eines Torero und mit dem melancholischen Blick eines schönen Märchenprinzen.

Auch die zweite Adresse, Blühnbach, ist kirchlichen Ursprungs. Das Jagdschloß mit seinen fünfzig Schlafzimmern, Salons, Prunksälen und Hallen, für das ein siebzigköpfiges Personal erforderlich ist, gehörte einst den Salzburger Erzbischöfen, dann den Habsburgern, zuletzt jenem Erzherzog Franz Ferdinand, dessen Ermordung in Sarajevo den Ersten Weltkrieg auslöste. Zwei Jahre später, 1916, legte der Großvater des jetzigen Schloßherrn, damals Deutschlands führender Rüstungsindustrieller, einen Teil seiner ungeheuren Kriegsgewinne hier an. Er kaufte den Habsburgern, die das Ende ihrer Herrschaft nahen sahen und ihren Grundbesitz zu liquidieren begannen, die Besitzung Blühnbach für fünf Millionen Goldmark ab. Das war spottbillig, wenn man bedenkt, daß das Schloß allein heute mindestens so viel wert ist und daß zwischen 1916 und 1971 zwei totale Geldentwertungen liegen, die das deutsche Bürgertum um alle Ersparnisse brachten. Es gehören aber zum Jagdschloß Blühnbach auch noch riesige Wälder, Berge, Almen und Bäche, ein paar Dörfer, holzverarbeitende Betriebe, ein die ganze Gegend versorgendes Elektrizitätswerk sowie rund hundertfünfzig Kilometer asphaltierte Privatstraßen, einst von k.u.k. wehrdienstpflichtigen Rekruten für die Habsburger kostenlos gebaut. Und das ganze Besitztum ist größer als das Fürstentum Liechtenstein: fast 180 qkm ...!

Bei der dritten Adresse, einer herrlichen Besitzung inmitten einer der schönsten Oasen Nordafrikas, handelt es sich um ein Geschenk, das der Sultan von Marokko einst dem Vater des jetzigen Besitzers, seinem Geschäftsfreund in Waffentransaktionen, gnädigst zu machen geruhte. Wie das mit Fürstengeschenken so zu sein pflegt, hatte auch dieses generöse Präsent den Sultan sehr wenig gekostet – nur einen Federstrich: Villa und Gärten waren

Eigentum des Paschas von Marrakesch gewesen, der das Pech gehabt hatte, in Ungnade zu fallen und enteignet zu werden. Um so teurer wurde das Geschenk für den neuen Eigentümer, der für Unsummen Haus und Gärten völlig neu gestalten, mit allem Komfort versehen und ein fünfzig Meter langes Zierbecken sowie ein 180 Quadratmeter großes Schwimmbad bauen ließ...
Die vierte Adresse auf den Visitenkarten, Auf dem Hügel bei Essen, ist eine dezente Umschreibung für jenes architektonische Monstrum, ausgedehnt wie der Hamburger Hauptbahnhof, pompös wie ein wilhelminisches Oberlandesgericht und ebenso düster und häßlich wie beide: die alte Krupp-›Villa Hügel‹. Sie wurde erbaut von ›König Alfred‹ Krupp, dem eigentlichen Firmengründer, dessen Vater, Friedrich Krupp, zwar dem Unternehmen den Namen gab, doch nichts als Schulden hinterlassen hatte. Er, den die Legende zum ›tatkräftigen, nimmermüden Pionier der deutschen Stahlindustrie‹ ernannt hat, war in Wirklichkeit der Ruin seiner Familie und der kleinen Fabrik gewesen und hatte die letzten Jahre seines Lebens damit verbracht, im Bett zu liegen und schweigend an die Decke zu starren, bis ihn ›Kräfteverfall‹ infolge totaler Bewegungslosigkeit dahingerafft hatte... Sohn Alfred, der mit ungeheurem Ehrgeiz und der Rücksichtslosigkeit eines frühkapitalistischen Unternehmers die bankrotte Fabrik zur gigantischen ›Waffenschmiede der Nation‹ machte, war in doppelter Hinsicht erblich belastet: sein monomanischer Geltungsdrang brachte das Werk wiederum an den Rand des Bankrotts, und nur durch enorme Staatszuschüsse und -kredite konnte die ›vaterländische Anstalt‹ gerettet werden; zum anderen starb auch er in völliger geistiger Umnachtung, nachdem er zuvor bereits, nicht zuletzt beim Bau der ›Villa Hügel‹, deutliche Symptome manisch-depressiven Irreseins gezeigt hatte.

Alfreds einziger Sohn, Fritz Krupp, war ein schwächlicher Junge mit homophilen Neigungen, die er dem Stil der Zeit entsprechend durch männlich->zackiges< Auftreten zu verbergen trachtete. Nur auf Capri wagte er, seiner Vorliebe für halbwüchsige Fischerknaben ungeniert nachzugehen, und später importierte er seine kleinen Schützlinge nach Deutschland, zwar nicht gerade nach Essen, aber nach Berlin. Dort wurden sie von seinem bevorzugten Hotel als Pikkolos und Pagen eingestellt, wurden jedoch nach genauen Anweisungen des Herrn Krupp bevorzugt beköstigt und gekleidet, auch — im Gegensatz zum übrigen Personal — regelmäßig gebadet und glänzend bezahlt.

Um das gewaltige Unternehmen, das er geerbt hatte, kümmerte sich Fritz Krupp so gut wie gar nicht. Er überließ das Management einem tüchtigen Generaldirektor und endete 1902, nachdem seine >Ausschweifungen<, wie man es damals nannte, publik geworden waren, durch einen — selbstverständlich vertuschten — Selbstmord. Er starb ohne männlichen Erben; die inzwischen zum größten Stahl- und Waffenproduzenten Mitteleuropas gewachsene Firma Fried. Krupp wurde Alleineigentum seiner Tochter Bertha, und diese heiratete 1906 den Legationsrat Gustav von Bohlen und Halbach, den Kaiser Wilhelm, der als Brautvater fungierte, Allerhöchstderoselbst zum Krupp beförderte, indem er ihm gestattete, künftig diesen Namen vor seinen eigenen zu setzen.

Gustav von Bohlen und Halbach, von seinen nächsten Angehörigen >Taffy< genannt, wurde also Prinzgemahl der damals reichsten Frau Deutschlands und zog mit Bertha in die — von den beiden dann noch weiter >verschönte< und ausgebaute — >Villa Hügel<. Das Unternehmen führte (bis 1918) der Alldeutsche und spätere deutschnationale Parteichef und Harzburger Bündnispartner Hitlers, Ge-

heimrat Alfred Hugenberg, und infolge des allgemeinen Wettrüstens und der dann 1914 einsetzenden Hochkonjunktur für Rüstungsgüter aller Art wurden die Krupp von Bohlen und Halbach immer reicher und reicher.
Übrigens, Bertha-Ehemann Gustav war keineswegs von uraltem Adel, vielmehr noch als gewöhnlicher Gustav Halbach geboren. Bohlen war der Mädchenname seiner Mutter, die eine Kusine des Vaters war, und beide entstammten biederen, aus Deutschland in die USA ausgewanderten Handwerkerfamilien. Ihr ›von‹ verdankten die Bohlen-Halbachs einem Prinzen von Baden, dem sich Gustavs Vater nützlich gemacht hatte, so wie sie die Ehre, die Erbtochter Bertha zur Schwiegertochter zu bekommen und ›Taffy‹ zum Krupp befördert zu sehen, dem Wohlwollen der Hohenzollern verdankten. ›Taffy‹ wurde indessen ein waschechter Krupp: Auch er zeigte früh Symptome der Geistesgestörtheit, insbesondere eine krankhafte Pedanterie, die selbst die Bewirtung von Gästen einem auf Sekunden genau eingeteilten Protokoll unterwarf. Auch lernte er Fahrpläne auswendig und machte eine Staatsaffäre daraus, wenn ein – von ihm gar nicht benutzter – D-Zug mit zwanzig Sekunden Verspätung seine Kontrollposten passierte. Später verfiel auch er in geistige Umnachtung und starb auf Schloß Blühnbach...
Soweit die Geschichte der vier Adressen auf der vornehm geprägten Visitenkarte des jungen Herrn, der sich selbst nicht mehr Krupp nennt wie sein Vater Alfred und sein Großvater Gustav, sondern Arndt von Bohlen und Halbach.
Immerhin – man entnimmt es schon seiner Visitenkarte – versteht er, wie die Krupps zu repräsentieren und ihre nun schon etwas angestaubten Traditionen zu wahren. Doch die Verbindung zwischen seinen diversen Wohnsitzen

hält er auf zwar standesgemäße, aber für die einstigen Alleininhaber einer ›vaterländischen Anstalt‹ unkonventionelle Weise: nicht mit deutschen ›Mercedes‹ – sondern mit Limousinen und Coupés britischer Machart der Marke ›Rolls-Royce‹; mit einer in Holland gebauten, im Mittelmeer stationierten 4,5-Millionen-Luxus-Hochseeyacht, die nicht ›Germania‹ heißt wie die berühmte Yacht seines Vaters, sondern ›Antinous II‹, was ebenfalls seine Bedeutung hat, war doch Antinous der bildschöne Jüngling, dem sein hoher Geliebter, Kaiser Hadrian, ein palastartiges Grabmal errichtet, Tempel und Festspiele weihte; demnächst wohl auch mit einem Privat-Jet, den Arndt, der längst zum internationalen Jet-set zählt, sich, wie er sagt, ›am sehnlichsten wünscht‹...
Daß er sich seinen Wunsch bisher noch nicht erfüllt hat, ist nicht auf Knauserigkeit zurückzuführen. Denn Arndt von Bohlen und Halbach geizt nicht. Er führt ein großes Haus, bewirtet seine Freunde und deren Anhang auf wahrhaft fürstliche Weise und läßt sich den Unterhalt seines Jagdreviers, obwohl er sich aus dem edlen Waidwerk selbst gar nichts macht, die Knallerei verabscheut und ›Bambi-Braten‹ verschmäht, jährlich viele Hunderttausende kosten – nur für andere, die daran Freude haben, wie der griechische Reeder und Onassis-Konkurrent Stavros Niarchos, wie Krupp-Hausmeister Berthold Beitz und einige deutsche und österreichische Hocharistokraten. (Ein wenig tut er es also doch für sich selbst, denn er umgibt sich nun einmal gern mit Leuten, die zum Jet-set gehören und mit ihren auch seinen Namen in die Gesellschaftsklatschspalten der internationalen Presse bringen...)
Als Arndt von Bohlen und Halbach, ›der letzte Krupp‹, Anfang 1969 die Prinzessin Henriette (›Hetty‹) von Auersperg heiratete, da ließ er diese Hochzeit zu einem Ereignis werden, das monatelang und weit über den deutschsprachi-

gen Raum hinaus Wellen schlug, das Paar zum Illustrierten-Idol werden ließ und zu den ausgedehnten Feierlichkeiten in Salzburg und Blühnbach internationale Prominenz und damit auch die Weltpresse herbeilockte. Auch die Hochzeitsreise – in Begleitung des Pullöverchen strickenden Prinzen Ruppi von Hohenlohe-Langenburg, eines Prinz-Philip-Neffen, der bei Arndt und Hetty die Rolle eines diensttuenden Kammerherrn übernommen hat – mit der ›Antinous II‹ durch das Mittelmeer nach Spanien und Marokko fand weltweite Beachtung. Für diese sorgt übrigens ein dazu engagiertes PR-Team, dessen Aufgabe es ist, Arndt und damit notgedrungen auch Hetty Publicity zu verschaffen, wobei die Frage, ob sich diese positiv oder negativ auswirkt, von drittrangiger Bedeutung ist. Wenn beispielsweise Erbprinz Johannes von Thurn und Taxis dem lieben Freund Arndt im Kitzbüheler Beatschuppen ›Drop in‹ ein Büschel Haare ausreißt, weil er nicht glauben will, daß Arndt ausnahmsweise keine künstlichen Locken trägt, so findet auch dies seinen Weg auf die Titelseite der ›Bild‹-Zeitung ... Dergleichen läßt sich Arndt von Bohlen und Halbach jährlich einen sechsstelligen Betrag kosten ...

Er läßt sich vieles viel kosten, und das überrascht eine Menge Leute. Arndt ist ja kein Industrieller mehr; er hat mit der Fried. Krupp GmbH und deren Konzern – so heißt es – nicht das geringste mehr zu tun. Seit dem Tode seines Vaters Alfred am 30. Juli 1967 gibt es überhaupt keine Verbindung zwischen Krupp und von Bohlen und Halbach mehr, nicht einmal dem Namen nach. Und schon einige Monate vorher hatte die Kruppsche Alleininhaberschaft ihr Ende gefunden, war Staatshilfe nötig geworden und die Umwandlung des persönlichen Eigentums am Konzern in eine Stiftung, wobei Arndt in aller Form auf seine Erbrechte verzichtet hatte.

Nun ist das alles richtig – und auch wieder nicht ganz. Zwar hat Arndt keinerlei Einfluß auf die Firmenleitung mehr, auch kein Eigentum am Krupp-Konzern, wohl aber ein sehr stattliches Einkommen, das von Krupp und den Kruppianern, wie sich die Arbeiter des einstigen Familienunternehmens mehr oder weniger stolz nennen, erwirtschaftet werden muß. Dieses Einkommen aus Essen beläuft sich auf jährlich mindestens zwei steuerfreie Millionen, von denen die eine durch einen sogenannten Förderrentenvertrag erheblich vermehrt werden konnte und auch wurde. Die besonders wertvolle und ergiebige Krupp-Zeche Rossenray war mit einer Art von Hypothek, einem lebenslänglichen Nießbrauch, zugunsten des Krupp-Sohnes Arndt belastet worden: Je mehr die Kumpel auf Rossenray ›malochten‹, je mehr Rossenray-Kohle gut verkauft wurde, desto mehr bekam Arndt, mindestens eine Million, nach sachverständigen Schätzungen aber etwa vier Millionen jährlich. Das mußte geändert werden, als Rossenray aus dem Krupp-Konzern gelöst und in die neue Ruhrkohle-Interessengemeinschaft eingebaut wurde. Aber im Grunde hat das am Sachverhalt nur insoweit etwas geändert, als zwar immer noch die Zeche Rossenray und ihr Ertrag den Maßstab für einen Teil der Arndtschen Einkünfte liefern, nur zahlt nicht mehr Rossenray selbst die Zeche, sondern die Firma Krupp.
Die Millionen aus Essen sind aber nur ein Teil der Apanage, die der junge Märchenprinz mit den Seidenwimpern erhält. Das gesamte Privatvermögen seines Vaters – und dazu gehörte nicht nur das Besitztum Blühnbach, das Palais in Marokko und die Gemäldesammlung im Werte von vielen Millionen, sondern auch ein sehr dickes Aktienpaket, mancherlei ausländischer (und inländischer) Grundbesitz, eine Menge Bankkonten in der ganzen Welt und sogar ein eigenes Bankhaus in Essen. Alles in allem

vielleicht eine Milliarde Mark, vielleicht erheblich mehr, vielleicht etwas weniger. Blühnbach allein ist schätzungsweise 300 Millionen wert...
Nein, Arndt von Bohlen und Halbach und infolgedessen auch seine Frau Hetty brauchen sich keine großen Sorgen um ihr Ein- und Auskommen zu machen, und das tun sie wohl auch nicht. Und schon gar nicht brauchen sie an den Krupp-Konzern und die dort beschäftigten fast hunderttausend Menschen und deren Familien zu denken. Das geht sie nichts mehr an (oder nur noch insofern, als eine blendende Ertragslage bei Rossenray auf dem Umweg über die Verpflichtungen der Firma Fried. Krupp GmbH die sofortige Anschaffung des Privatjets ermöglichen würde, ohne Kredite in Anspruch zu nehmen...)
Der junge Herr war verschnupft, als ich ihn zuletzt besuchte, nicht verärgert, nein, er hatte einen Schnupfen. Er war, wie immer, sehr liebenswürdig, ein exquisiter Gastgeber mit wirklich blendenden Manieren. Er sprach mit sanfter Stimme. Er betrachtete sich besorgt im Spiegel, ehe wir gemeinsam das Georgenpalais verließen, in dessen Treppenhaus von unheimlicher Pracht es immer noch etwas nach Weihrauch riecht. »Wissen Sie«, sagt er, »ich wünschte, die Leute würden einsehen, daß ich ein Recht habe, auf etwas größerem Fuß zu leben als sie...«
Und dann drückt er Boujemaa, dem marokkanischen Butler, sein schnupfenfeuchtes Taschentuch in die ergebene braune Hand, empfängt von ihm ein blütenweißes Tuch als Ersatz sowie ein Bündel Geldscheine – für nachmittägliche Einkäufe und Bewirtungen. »Tausend DM Klimpergeld am Tag, die brauche ich«, meint der junge Märchenprinz nachdenklich.

Der Krupp-Erbe und seine Ausgaben		
Seine jährlichen Fixkosten:		
Jagdschloß Blühnbach	200 000 DM	Zuschuß
Villa in Marrakesch	60 000 DM	Unterhalt
Stadtwohnung München	24 000 DM	Miete
Jacht Antinous II	300 000 DM	Unterhalt
Wagenpark	70 000 DM	Unterhalt
Privatbüro	60 000 DM	Miete und Sekretärin
Mutter Anneliese	150 000 DM	Zuschuß
Frau Hetty	120 000 DM	Taschengeld

Günter Wallraff
Treue gegen Treue

»Zwischen einer Massage durch den marokkanischen Judomeister und den Vorbereitungen an der Hausbar auf das Dinner wird Arndt von Bohlen und Halbach von einem Reporter gefragt, ob der Herr einmal zu arbeiten gedenkt.
»Das hat mir gerade noch gefehlt.«
»Eine waranige Idee«, sagt Frau Hetty, Prinzessin von Auersberg, »wissen Sie, was ein Waran ist? Eine Echse. Der Waran ist immer häßlich, immer schlecht gelaunt, immer fletscht er die Zähne, so wie die meisten Menschen.«

Jürgen F. gehört zur Gattung der ›schlechtgelaunten Meistenmenschen‹. Die ›schlechte Laune‹ ist bei ihm Folge 26jähriger Arbeit unter Tage auf Krupp-Zechen und der Staublunge, die sie ihm eingebracht hat. Auch die ›Häßlichkeit‹ ist ihm nicht angeboren; daß er aussieht wie über 60 und erst 48 ist, könnte ihm als Häßlichkeit ausgelegt werden. Vielleicht auch die schwarzblauen Narben an Gesicht und Händen: die hat er von zahlreichen Arbeitsverletzungen. Als er die Arbeit wiederaufnahm und kleinere Verletzungen noch nicht auskuriert waren, »heilte«

die Kohle in die Haut. Und wenn er seine ›Zähne fletscht‹, tut er es nicht, weil es ihm Spaß macht oder um furchterregend auszusehen, vielmehr, wenn das Wetter seiner Staublunge zu schaffen macht, bei Nebel etwa oder bei trockenem Gewitter, wenn er nach Luft japst und ihm nachts die Sauerstoffpumpe neben seinem Bett kaum Erleichterung verschafft.

Jürgen F. gehört zu den Fällen, in denen vom Grubenarzt Silikose knapp unter 30 % diagnostiziert wurde. (Bei ihm genau 29,5 %.) Hätte der Arzt noch ein halbes Prozent mehr Staub in seiner Lunge entdeckt, wäre er rentenberechtigt. Jedoch eine seltsame Laune der Natur will es so, daß in der Bundesrepublik weitaus mehr Bergleute mit knapp unter 30 % Staublungen herumlaufen als mit etwas über 30 %.

Jürgen F. nennt den Fall eines Kumpels: »Bei dem hat der Krupp-Arzt nur 20 % Silikose festgestellt. Ein paar Wochen später, als er zusammenklappte und anfing, Brocken aus der Lunge zu husten, wurde plötzlich in der Lungenheilanstalt über 50 % Staublunge bescheinigt.«

Als ich F. fragte, ob er seinem Sohn, wenn er im nächsten Jahr aus der Schule kommt, auch anrät, auf Zeche zu arbeiten, sagt F.: »Auf gar keinen Fall«, fügt dann aber hinzu: »Mein Vater hat das auch gesagt – und mein Großvater auch!«

Wie sich das Krupp-Vermögen in der Krupp-Dynastie von Generation zu Generation vererbt hat, so hier beim Krupp-Bediensteten die Maloche. Das zum Gesetz erhobene Wort des Firmengründers Alfred Krupp »Anfangen im Kleinen, Streben zum Großen« und »Treue gegen Treue« verhalf nur seiner eigenen Familie zu unermeßlichem Reichtum, seinen Untertanen war ein anderer Leitsatz aus dem gleichen Gesetz zur Verwirklichung vorbehalten: »Treue, Pflicht und Fleiß sei unser Preis.«

Jürgen F.s Vorfahren waren von der Willkür und Gnade Krupps in einem Maße abhängig, wie es die Sklaven Roms von ihren Herren auch nicht stärker waren. Jürgen F.: »Wir wohnten immer in Häusern, die Krupp gehörten. Heute zahle ich für die Kruppwohnung hier in Kamp-Lintfort 200 Mark Miete. Fliege ich bei Krupp raus, zahle ich sofort 380 Mark.« F.s Eltern noch kauften alles Lebensnotwendige mit Kruppschem Geld in Geschäften, die Krupp gehörten. Sie gingen in Schulen von Krupp und lernten aus Schulbüchern, die in Krupp-Druckereien in seinem Geiste gedruckt wurden. Nach dem Motto: »Mein Ziel ist, dem Staate viele treue Untertanen zu erziehen und der Fabrik Arbeiter eigener Façon.« Und die Untertanen funktionierten dann so gut, daß sie sich 1914 in einen Krieg hetzen und von britischen Granaten zerfetzen ließen, auf denen die Buchstaben KPZ (Krupp-Patent-Zeitzünder) eingeprägt waren. So konnte sich Krupp an dem Krieg doppelt bereichern. An gefallenen englischen und an toten deutschen Soldaten. Für jeden gefallenen deutschen Soldaten kassierte Krupp 60 Mark an Lizenzgebüren vom britischen Waffenkonzern Vickers. Als Deutschland den Krieg verloren hatte, war Krupp 400 Millionen Goldmark reicher, um dann vor 1933 rechtzeitig 4 738 440 Mark in den neuen Kriegsvorbereiter Hitler zu investieren. Wo es Profite herauszuschlagen galt, da schlug sie Krupp heraus, im kleinen wie im großen, aus gefallenen Soldaten und aus gerade noch so eben am Leben erhaltenen zigtausenden Zwangsarbeitern. Jürgen F.: »Zu Zeiten meines Großvaters mußte man bei Krupp sogar für seinen eigenen Rausschmiß bezahlen. Da kassierte die Werksfeuerwehr von jedem, der fristlos rausflog, noch 6 Mark Gebühr.« Nach dem 1. Weltkrieg, als es nichts mehr zu zerschießen gab und der Markt auf diesem Sektor eine längere Flaute befürchten ließ, eigneten sich vorübergehend die Zerschossenen für einen zwar kleinen, aber feinen Absatzmarkt. Jürgen F.: »Gustav Krupp hatte damals die Idee, den zuvor für Waffen verwendeten korrosionsbeständigen V2A-Stahl einem neuen Verwendungszweck zuzuführen. Daraus ließen sich prima Gebisse und Kinnladen herstellen. Krupp ließ in Essen eine Spezialklinik errichten, in der von Krupp angestellte Chirurgen und Dentisten Gebisse in die Münder von 3000 Deutschen einsetzen, die zuvor von mit Kruppschen Patentzündern ausgerüsteten Granaten für diesen neuen Markt reifgeschossen worden waren.«

»*Wir machen alles*«, lautet ein Werbeslogan des Konzerns, wobei hinzuzufügen wäre, alles, was Profit bringt. Zur Zeit des »Versailler Vertrages«, als Deutschland zum absoluten Rüstungsstopp verpflichtet war, rüstete Krupp bereits wieder heimlich auf, wurden neue Waffensysteme in Tarnfirmen in Holland erprobt und hergestellt. Nach dem letzten Weltkrieg, als Alfred Krupp, kaum entlassen aus dem Kriegsverbrechergefängnis, sich zu der Erklärung durchrang, der Konzern werde »nie mehr Waffen produzieren«, wurde er ein paar Jahre später mit neu aufgenommenen Rüstungsaufträgen für die Bundeswehr wieder wortbrüchig. »Wir machen alles« ist die Parole des Kapitalismus, und wenn bisher, von Versuchen im 3. Reich abgesehen, z. B. noch keine Menschen zu Seife geschmolzen werden, ist das nicht der Humanität zu verdanken; sondern es ist nur so, daß es sich nicht lohnt, aus Leuten Seife zu machen. Krieg dagegen lohnt sich.

Jürgen F. zog nach Schließung der Kruppzeche Helenen vor 4 Jahren nach Kamp-Lintfort, um auf Rossenray einzufahren. Rossenray war lange Zeit die ertragreichste Zeche Europas. »Wir kamen uns wie Leibeigene vor, die dem Nichtstuer Arndt sein ohnehin süßes Leben noch mit weiteren Millionen versüßten«, sagt Jürgen F. »Je mehr

wir schufteten und förderten, um so mehr scheffelten wir dem, der noch nie gearbeitet hat, in die Tasche. Mindestens 2 Millionen im Jahr aufgrund einer Leibrente, die ihm von jeder von uns geförderten Tonne Kohle einen Anteil auf Lebenszeit garantiert. Da kapierten plötzlich auch Kumpels, die sonst meinten, alles sei gerecht verteilt hier im Lande. Da fielen plötzlich Worte, die fast in Vergessenheit geraten sind, wie ›Enteignung‹. Und unsere Oberen machten sich ernsthafte Sorgen, was sich da alles noch dran entzünden könnte, und schlossen sich scheinbar unserer Empörung an. So offensichtlich und in aller Öffentlichkeit sollte die Ausbeute unserer Arbeit nun auch wieder nicht verpraßt werden. Ausbeutung, na klar, aber, bitte schön, etwas seriöser. Da setzten sich einige Politiker — Schiller, Strauß und Arendt — zusammen und tüftelten einen neuen Vertrag aus, der dem jungen Krupp die gleiche Absahne garantiert, uns aber besänftigen soll. Es geht hier nicht allein um den jungen Krupp. Da muß man Flick, Thyssen, Henkel, Oetker und die vielen Großaktionäre genauso sehen, die sind es insgesamt, die sich auf den Knochen der Kumpels ausruhen. Jetzt meinen alle, wir schuften nicht mehr für das ›high-life‹ des Krupp-Söhnchens, tun wir aber doch, wie ich mir hab sagen lassen. Der neue Vertrag wurde nie veröffentlicht, aber es soll so laufen, daß der seine Rente weiter nach unserer Förderungsquote einsteckt, nur daß wir sie nicht mehr direkt zahlen, sondern die Kumpels vom Gesamtkruppkonzern. So einfach können die sich das zur Zeit noch mit uns machen. Auf die Optik kommt es an, was dahintersteckt, soll uns nichts angehen.«
Jürgen F. erzählt, wie die »Optik reguliert« wurde, als Kiesinger mal zu einem Wahlbesuch in die Zeche einfuhr.
»Damit der auch nur strahlende Gesichter sah, wurde

alles, was etwas linksabweichend war, für diesen Tag auf Nachtschicht abkommandiert.«
Jürgen F. berichtet aus dem Alltag der Krupp-Zechen: »Ein paar Jahre arbeiteten wir in ›kombiniertem Gedinge‹. Es basiert auf den Quadratmetern, die der einzelne an Kohle raushaut, und an der Menge der Wagen, die von der Gruppe zusammen gefördert werden. Grundsätzlich stellt die Zechenleitung die Gedinge so zusammen, daß nicht etwa Gleichstarke in einer Gruppe arbeiten, sondern die Gruppenleistung vom Stärksten bestimmt wird. Wer schwächer ist, hängt immer hinten, quält sich ab und wird von den Stärkeren bis zum Geht-nicht-mehr angetrieben, das liegt in der Natur der Sache. Wir waren lange Zeit eine Gruppe, da gab es keine höheren Lohnunterschiede zwischen den einzelnen Kollegen als 20–30 Pfg. Diese Gruppe wurde systematisch von der Werksleitung geteilt, bis praktisch die Gruppe nicht mehr vorhanden war. Wir haben versucht, die neuen Schwächeren in unsere Gruppe zu integrieren, aber das ist auf Dauer kaum möglich, weil die Werksleitung ganz systematisch die Schwächsten in die Gruppe reinsetzt. Man kann zwar mal einen Meter Kohle für einen Mann mehr nehmen, das kann man auch für eine Woche oder 14 Tage durchhalten, aber dann ist Schluß mit der Solidarität, dann geht's einfach körperlich nicht mehr, da fängt, worauf es die Zechenleitung ja anlegt, die gegenseitige Antreiberei an.
Als ein neues Revier eingerichtet wurde, das war ein Schrägbaubetrieb, die Kohle etwa um 55 Grad geneigt, die Kohle rutschte also ab, und durch das Abrutschen der Kohle nach dem Losbrechen war eine große Staubentwicklung zu erwarten. Nach bergbaubehördlichen Vorschriften muß bei solcher übermäßigen Staubentwicklung die Zechenleitung eine Tränkleitung legen und eine

Hochdruckpumpe einsetzen, damit die zu fördernde Kohle angefeuchtet und der Staub auf ein Minimum herabgesetzt wird. Das verteuert natürlich die Förderung, verlängert aber das Leben der Kumpels; wenn man bedenkt, daß etwa jeder 3. Bergmann über 50 silikosekrank ist und in den letzten 4 Jahren in der Bundesrepublik 9000 Bergleute an Silikose gestorben sind. In unserem Fall sparte sich die Zechenleitung, wie schon mehrmals vorgekommen, das zeitraubende und kostspielige Tränken. Wir mußten im dicksten Staub arbeiten, die Kopflampe brachte keinen Meter mehr Licht, und bei einigen kam es bereits zu Erbrechen. Auf Beschwerden ließ uns der Obersteiger ausrichten, die Geräte zum Tränken seien alle defekt, und neue müßten erst bestellt werden. Nach einer Woche legte ich Beschwerde ein bei der Bergbaubehörde. Die mußten kommen und stellten nach weiteren 3 Tagen fest, daß die Staubentwicklung in dem Streben 130 hoch war, also mehr als doppelt über dem erlaubten Wert. Die Förderung mußte sofort unterbrochen werden, und seltsamerweise waren am anderen Morgen die erforderlichen Geräte alle vorhanden. Die verantwortlichen Direktoren wurden mit Geldstrafen belegt, der Zechendirektor, der etwa 50 000 im Jahr verdiente, mußte 1000 Mark Strafe zahlen und unser Betriebsführer unter Tage 600 Mark. Der herausgewirtschaftete Mehrgewinn der im Staub geförderten Kohle dürfte um ein Hundertfaches über diesen Geldbußen liegen, ebenfalls die in diesem Fall herausgeholte Erfolgsbeteiligung der Direktoren. Du siehst also, es gibt zwar Gesetze, deren Einhaltung du notfalls auch erzwingen kannst, aber die Gesetze sind so lasch, daß sie aus Profitsucht jederzeit gebrochen werden können, ohne daß ein großes Risiko damit verbunden ist. Außerdem bekam ich meine Beschwerde ein Jahr lang zu spüren, ich bekam einfach nur noch die schlechtesten Arbeiten zugewiesen und verlor so pro Schicht bis zu 10 DM an Lohn, das war in dem Jahr eine Einbuße für mich von 2000 Mark. Der wirklich Bestrafte war ich, weil ich nichts weiter gemacht hatte, als unser Recht durchzusetzen.«

Hubert B., 66, ist ein Stück Firmengeschichte. Alles, was er denkt, sagt und tut, war nie Ausdruck seiner eigenen Fähigkeiten und Möglichkeiten. Er hatte zu denken, was verlangt wurde, nur das zu sagen, was erwünscht war, ohne je selbst die Möglichkeit gehabt zu haben, etwas zu sagen zu haben; tun mußte er, was andere ihm auftrugen.
Hubert B., 45 Jahre im Hause Krupp tätig, seit einem Jahr pensioniert, war selber Werkzeug bei Krupp, »Krupp-Zeug«.
Stolz legt mir Herr B. das Trauerheft der Werkszeitung zum Ableben von Alfred Krupp vor. Darin hat er den Passus dick unterstrichen, wo verkündet wird, daß laut Testament das Werk in eine Stiftung umgewandelt würde: »Zweck dieser Stiftung soll es sein, die Einheit des Unternehmens Fried. Krupp zu wahren und nach näherer Bestimmung philanthropischen Zwecken zu dienen.« Zu »philanthropisch« hat sich Herr B. die Deutung aus dem Lexikon daneben geschrieben: »menschenfreundlich, menschlich gesinnt, griech.« »So war unser Chef«, sagt Herr B., »das Gesamtwohl geht ihm vor seinem eigenen Sohn.«
Aus der Vitrine holt Herr B. ein Etui, läßt es aufspringen und präsentiert eine vergoldete Uhr. »Meine Jubiläumsuhr, 21 Steine«, sagt er, »und alles eingraviert, mein vollständiger Name und gleich daneben der Name Krupp.« »Für 40 Jahre treue Mitarbeit«, steht eingraviert. »Man darf nie unangenehm aufgefallen sein und keine großen Fehlzeiten haben, sonst bekommt man zum Jubiläum nur eine Treueurkunde«, sagt Herr B.

»Ich bin pensioniert«, sagt B., »aber deswegen bin ich immer noch Kruppianer. Wir sind mit der Firma Krupp 100 %ig verbunden, von den Eltern angefangen, da gibt es nichts anderes. Selbst die wenigen Kommunisten, die es bei Krupp gab, waren verhältnismäßig harmlos, sie waren an erster Stelle Kruppianer, dann erst Kommunisten.«
»Kruppianer zu sein, ist eine Auszeichnung«, sagt B., »das müssen Sie wissen. Wir sind an erster Stelle gute Deutsche, dann Kruppianer, eine andere Partei gibt es für uns nicht. Ein Türke z. B. kann nie ein Kruppianer sein.«
Auf Krupps enge Liierung mit Hitler angesprochen: »Hören Sie mal, der alte Krupp hat den Hitler nie richtig empfangen, das war ein Etepetete, der Alte, drei Schritte Abstand. Da hat Hitler auf einmal gesagt, wenn Sie nicht wollen, werde ich Ihre Firma requirieren, annullieren. Was wollte er denn machen, der war doch selbst ein Gefangener. Es wäre besser gewesen, das Attentat auf Hitler wäre wirklich 100 % geglückt. Deutschland wäre dann noch eine Einheit und Millionen Menschen wären dann noch am Leben, und wir brauchten keine Fremdarbeiter. Millionen Deutsche, die in der Normandie und in Stalingrad und unterm Rasen liegen, wo der Stalin oder die Kommunistische Partei heute den Rasen sät, das wäre uns erspart geblieben.«
35 Jahre war Hubert B. als Montage-Facharbeiter bei Krupp beschäftigt, die letzten fünf Jahre wurde er wegen eines Betriebsunfalls zum Werkschutz abgeschoben.
»Dort hatte ich unter anderem ein riesiges fabelhaftes Büro zu bewachen, wo außer den Sekretärinnen, die meist Illustrierte lasen und sich die Zeit mit Kreuzworträtsellösen vertrieben, nie jemand drin war. Es war die für Arndt von Bohlen und Halbach vorgesehene Büro-Etage,

Eingang B, 2. So wußten alle, daß es ihn als Erben gab, gesehen wurde er dort nie.«
An die Entlassung seines obersten Chefs Alfried Krupp aus dem Kriegsverbrechergefängnis Landsberg erinnert sich der Werkschutzmann: »Presse aus der ganzen Welt war erschienen und Wochenschau. Die Direktoren standen in einer Reihe Spalier. Berthold, der Bruder von Alfried, stand mit einem großen Strauß Tulpen und Narzissen empfangsbereit. Seinen neuen roten Porsche, einen der ersten, der in Deutschland auf den Markt kam und der erst eine Woche zuvor gekauft war, hatte er unauffällig in einer Seitenstraße geparkt, um den Journalisten aus dem Ausland keinen Vorwand zu liefern; damals galt noch das Urteil, daß der Konzern zwangsentflochten werden sollte. Für Alfried war ein VW-Kleinbus gemietet worden, auf einer Seite dieses Wäschereilieferwagens stand die Aufschrift: »Schneeweiße Wäsche«, erinnert sich der Werkschutzmann – »Später in der Firma hielt Alfried Krupp eine kurze Ansprache an die versammelte Belegschaft. Da versprach er uns, daß er es nie dulden werde, daß der Konzern auseinandergerissen und entflochten werde. ›Ich verkaufe meine Leute nicht wie Stücke Vieh‹, so sagte er wörtlich, und dieses Versprechen uns gegenüber hat er ja auch gehalten«, sagt der Werkschutzmann.
Nach seinem schönsten Erlebnis bei Krupp befragt:
»Das war die Ehrung zu meinem 40jährigen Firmenjubiläum. Wir Jubilare mußten uns unten in der Ehrenhalle treffen, dann wurden wir raufgeschleust. Da empfing uns Alfried Krupp persönlich, richtete einige Worte an uns und drückte jedem von uns die Hand. Er, der selbst Nichtraucher war, stellte uns eine Kiste Zigarren hin. Obwohl die meisten unten in der Halle noch geschmaucht hatten, wagte es jetzt keiner, die Zigarren anzurühren. Plötzlich waren da alle ›Nichtraucher‹. Ich ärgere mich noch heute,

daß ich mir nicht wenigstens eine von dieser teuren Sorte eingesteckt habe. Der Alfried hätte uns so gerne eine geschenkt, aber wir waren halt zu feige.«
Hubert B. ist Freizeitmaler. Die Wände des engen Wohnzimmers sind mit selbstgemachten Bergidyllen behangen.
Hubert B.: »Hobby wurde bei der Firma Krupp stets gefördert. Von Prof. Hundhausen bekam ich immer Ehrenkarten für Kunstausstellungen in der Villa Hügel. Manchmal konnte ich wegen meines Dienstes nicht hin. Da mußte ich mir aber trotzdem den Luxus leisten, zur Villa zu fahren und die Karten da knipsen zu lassen. Denn der Prof. Hundhausen kontrollierte das, der wollte wissen, ob man auch da war; wenn ich einmal weggeblieben wäre, dann wäre ich bei dem Prof. Hundhausen unten durch. Der hätte genau sehen können, wer nicht da war, die Karten waren ja numeriert. Die waren ja auch nicht dumm. Wir sind auch nicht dumm, wenn wir auch für dumm verschlissen werden.«
Je mehr sich die Flasche Korn während unseres Gesprächs leert, um so offener wird Herr B. in seinen Äußerungen.
»Es gibt Dinge, über die man nicht sprechen kann, um nicht verachtet zu werden, wie es hier in diesem Krupp-Revier ist, verpönt oder schlechter gestellt zu werden, man muß mit den Wölfen heulen.
Aber ich will Ihnen jetzt mal was sagen. Im Grunde genommen scheiße ich auf die ganzen Auszeichnungen hier. Da war ich viel zu lange drauf stolz, da hab ich mich mit einwickeln lassen, ich war ja direkt ›Krupptoman‹. Ich habe bei Krupp als Monteur malocht wie ein Affe. Und immer brav, immer, immer nur deinen Dienst gemacht, keine Überstunden hast du versäumt, und was hatte ich zu guter Letzt davon! Ein Leistenbruch genügte, und ich war

für die Arbeit als Spezialmonteur nicht mehr tauglich und wurde zum Werkschutz abkommandiert, und seitdem war ich eine Null. Ich habe keinen Betrug oder sonst was begangen, ich war ehrlich bis auf die Haut. Im Hügel gab es für jede Ratte, die man totschlug, 50 Pfennig. Ich habe im Hauptverwaltungsgebäude, wenn ich nachts da war, die meisten Ratten kaputtgeschlagen, pro Woche mehr als 20 Stück. Ich bin 32 Jahre als Garantiemonteur für Krupp rausgefahren, war am Westwall für Krupp zum Montieren von Spezialwaffen, und zuletzt als Garantiemonteur auf dem Panzerkreuzer Prinz Eugen. Alles nichts genützt, zuletzt ließ man mich's spüren, daß ich einmal das falsche Gebetbuch hatte – der Chef vom Werkschutz hatte fast alle Mitglieder seiner katholischen Schützenbruderschaft bei Krupp rekrutiert, aber noch schlimmer, ich hatte nicht das richtige Parteibuch, ich war nie in der NSDAP, hatte mich immer an den Leitsatz vom alten Krupp gehalten: ›im Hause Krupp wird nicht politisiert‹. Daß ich das allzu wörtlich genommen hatte, ließ man mich nun spüren. Ich wurde schikaniert vom Werkschutzchef, wo es nur ging. Er eiferte seinem Vorgänger nach, dem Walter Hassel, einer Bestie, der im 3. Reich Vorgeführte zwang, mit einer Tasse eine Wassertonne im Hof leerzuscheppen, und wenn sie es nicht schafften, die Leute derartig durchgeprügelt hat, daß sie nicht sitzen und nicht stehen konnten.

Hubert B. legt mir seine Belobigungen und Firmenpräsente vor: »Das hat mich immer mit Stolz erfüllt, und plötzlich war alles einen Dreck wert. Hier die beiden Vasen, hab ich vom Graf Zedtwitz, dem Leiter der Abteilung Öffentlichkeitsarbeit, dem, der das Buch geschrieben hat ›Tu Gutes und rede darüber‹, persönlich überreicht bekommen, weil ich immer meine Pflicht getan habe, und er hat schöne Worte zu mir gesprochen.

Und genau das, wo mich Krupp am meisten für auszeichnete und belobigte, daraus ist mir zuletzt ein Strick gedreht worden, da war ich vom Fenster weg. Hier diese Anerkennung von Prof. Hundhausen für meine Bilder auf der großen Krupp-Ausstellung. Eigenhändige Widmung: ›Herrn Hubert B. für seinen hervorragenden Beitrag zur Ausstellung ›Schöpferische Freizeit 1964‹ in dem Buch ›Welt der Malerei – Das Wissen unserer Zeit‹. Und hier: noch einmal extra eine Ehrenurkunde dafür: ›Sehr geehrter Herr B.! Rund 8600 Besucher haben unsere 6. Ausstellung: – Schöpferische Freizeit in der Informationshalle der GRUGA gesehen. Vielleicht haben Sie selbst gemerkt, daß die Ausstellung bei den Besuchern und in der Presse ein sehr positives Echo gefunden hat. An diesem schönen Erfolg haben Sie durch Ihre Teilnahme maßgeblich mitgewirkt. Als Anerkennung für Ihre Mitarbeit überreichen wir Ihnen das beigefügte Buch und hoffen Ihnen damit eine kleine Freude zu bereiten. Wir wünschen Ihnen ein schönes Weihnachtsfest und für das kommende Jahr Gesundheit und Erfolg.« (Das Buchgeschenk ist ein prachtvoll illustrierter Werbeband »Krupp – Meilensteine der Firma«, worin allerdings die wesentlichen Geschäftserfolge ausgespart sind. Keine einzige Abbildung der Kaiser, Feldmarschälle, Großadmirale oder des Führers und nicht eine einzige von Krupp produzierte Waffe findet Erwähnung.)

»Durch meine Erfolge auf dieser Ausstellung«, sagt B., »entstand im Werk eine regelrechte Nachfrage nach Bildern von mir. Direktoren wollten welche von mir haben für ihre Empfangszimmer, und Sekretärinnen bestellten welche für ihre Abteilungen. Es kam dann so, daß ich die ganzen Bestellungen für die Firma zu Hause nicht mehr bewältigen konnte, obwohl ich schon wie am Fließband produzierte und Himmel, Berge und Almhütte nach Schablonen jeweils für sich einpinselte. Da ja die Firma meine Bilder sozusagen als Reklame gebrauchte, habe ich mir diese Arbeit mit auf meine Arbeit genommen. Wenn ich Nachtschicht hatte, habe ich in den Pausen gemalt und auch schon mal, wenn sonst nichts zu tun war. Als das der Werkschutzleiter gewahr wurde, hat er das zum Anlaß genommen, mich endgültig fertigzumachen. ›Dienst ist Dienst und Schnaps ist Schnaps‹, hat er gesagt, er ließ mich vor sich antreten und hat mich vor der ganzen Mannschaft abgekanzelt. Lohnmäßig wurde ich vom Facharbeiter zum Hilfsarbeiter degradiert. Die Direktoren, die meine Bilder da hängen hatten und die ich wegen Hilfe anging, konnten oder wollten mir auch nicht helfen. Ich habe seitdem nichts mehr zu lachen gehabt beim Werkschutz, ich habe mich nur noch auf den letzten Tag gefreut.«

Die folgende Geschichte würde glaubhafter klingen, wenn sie sich im Mittelalter zugetragen hätte, zur Zeit der Hexenverfolgungen. Sie ist aber passiert in der zweiten Hälfte des 20. Jahrhunderts, genau vor 2 Jahren bei der Weltfirma Krupp in Essen.
Heinrich K., der die Geschichte erlebte, kann sie sich nur so erklären, daß bei ihm ein Krupp-Gesetz aus der Gründerzeit des Werks, obwohl längst überholt und nicht mehr in der alten Form gültig, zur Anwendung gelangte: »Wer trotzen will oder seine Pflicht weniger tut, wird bei Ertappen entlassen.«
Dabei hatte Heinrich K. seine »Pflicht« nicht verletzt, darüber hinaus glaubte er sich in einer gesicherteren Position als mancher Krupp-Direktor: er war aufgrund gesetzlicher Bestimmungen unkündbar.
Seinen unkündbaren »Pflichtplatz« als schwerbeschädigter Bote hatte er indirekt der Firma »Krupp« zu ver-

danken. 1942, als Soldat eingezogen und direkt an die Front versetzt, hatte er am 4. Tag bereits das große Glück – seine Kompanie wurde zusehends aufgerieben –, daß ihm seine Krupphandgranate durch Fehlzündung zu früh losging und seinen rechten Arm abriß. Damit war der Krieg für ihn zu Ende und sein späterer Pflichtplatz bei Krupp gesichert. Hätte er nicht das Glück mit dem weggesprengten Arm gehabt, so sieht es Heinrich K. heute, wäre er von Krupp nach dem Krieg nicht mehr eingestellt worden. Denn Heinrich K. galt im 3. Reich im Hause Krupp als Roter. Bei Haussuchungen, die die Gestapo bei ihm erfolglos durchführte, wurde er gefragt: »Haben Sie Schriften oder Waffen?« Selbst unter Folter konnte die Gestapo nichts aus ihm herauspressen, nicht zuletzt, weil er die Genossen selbst nur unter Tarnnamen und -adressen kannte. Allerdings seinem Schwager nützte sein Nichtswissen letztlich nichts. »Den haben sie vor mir geholt, der hatte Pech, den haben sie bis zur Unkenntlichkeit grün und blau geschlagen, der ist am nächsten Tag an einer zerquetschten Niere gestorben.«

K., einmal in Verdacht, kein nazitreuer Kruppianer zu sein, nützte seine Unabkömmlichkeitseinstufung als Spezialmechaniker für Flugwaffen nichts. »Die Firmenleitung ließ die Spreu vom Weizen scheiden.« K. war Spreu. »Alle, die nicht nazitreu waren, wurden freigestellt, obwohl es qualifizierte und gute Arbeiter waren. Die oben im Büro sagten: wir kennen unsere Vögelchen. Obwohl ich unabkömmlich war. Krupp hat mich freigestellt. An die Front.«

K., im doppelten Sinn krupp- und kriegsgeschädigt, erhält nach dem Krieg vom Arbeitsamt den Pflichtplatz bei Krupp in Essen zugewiesen. – Der Gesetzgeber hat der Großindustrie zur Auflage gemacht, einen bestimmten Prozentsatz Kriegs- und Schwerbeschädigte in unkündbare Stellung aufzunehmen. In der Regel sollen 6 % der Arbeitsplätze derartige Pflichtstellen sein. Krupp, als Waffenschmiede der Nation überdurchschnittlich an der Produktion von Kriegskrüppeln beteiligt, sieht sich nach Ausstoß auf den Markt nicht in der Lage, seinen gesetzlichen Verpflichtungen nachzukommen. Einmal drückt Krupp über Beziehungen zu den zuständigen Behörden die Pflichtplätze von 6 auf 4,3 % herunter, stellt in Wirklichkeit dann jedoch nur 3,3 bis 3,5 % dieser nicht voll einsatzfähigen Kriegs- und Arbeitsunfallopfer ein. Für jeden nichtbesetzten Pflichtplatz hat die Firma laut Gesetz 50 DM monatlich in einen Schwerbeschädigtenfond einzubringen. 200 000 DM wurden allein auf diese Weise in den letzten drei Jahren vorenthalten.

Heinrich K., armamputiert, mit steifem Rücken und stark sehbehindert, versieht seinen Dienst als Bürobote, eine Tätigkeit, die weit unter seinen intellektuellen Möglichkeiten liegt. Er leert Papierkörbe, trägt Akten von einer Abteilung zu anderen, legt Bestellungen – darunter auch wieder Rüstungsaufträge – den zuständigen Bearbeitern vor. Und er kann es – nach seiner Meinung gefragt – nicht lassen, auch seine wirkliche Meinung kundzutun und nicht, wie es einem Kruppianer anstünde, dazu noch in seiner unteren Untertanenstellung, die offizielle Meinung des Hauses nachzuplappern. Er sagt »DDR«, als es noch nicht die Politik des Hauses ist, mit Ostblockstaaten Geschäftsbeziehungen anzuknüpfen, und widerspricht, wenn Vorgesetzte von ihm erwarten, daß er kuscht. Obwohl er seine Arbeit gewissenhaft und regelmäßig macht, sucht man nach Vorwänden, ihn zu maßregeln. Sein Vorgesetzter verbietet ihm, seine erforderlichen Arztbesuche während der Arbeitszeit zu machen, und erst nach einigen Monaten wird ihm dieses Recht über den Betriebsrat ausdrücklich zugestanden. Heinrich

K. erkennt: »Obwohl ja nach außen hin immer der Anschein erweckt wurde, daß die Firma Krupp so eine soziale Firma ist; ich habe immer andere Erfahrungen machen müssen. Meine Frau ist sehr kränklich. Sie sollte mehrmals in Kur, ich habe um Vorschüsse gebeten, die hat man mir immer rundweg abgelehnt.«
Heinrich K., der seine Meinung sagt, wie er sie aufgrund seiner Erfahrungen sagen zu müssen glaubt, ist bei seinen Vorgesetzten unbeliebt und ihnen wegen seiner Unkündbarkeit doppelt verhaßt. Wie sehr man an ihm Anstoß nimmt, entnimmt er einer Äußerung seines Direktors: »Herr K., wir haben uns über Sie Gedanken gemacht. Geben Sie's zu. Sie sind Kommunist.« In K.s Antwort, der sich nach dem Kriege außer in seinen Gedanken und Meinungsäußerungen nicht mehr politisch betätigt hat, muß der Direktor Aufruhr und Subversion gewittert haben, zumindest sieht er darin eine Provokation. »Leider nein«, antwortet ihm K., »es gibt ja keine Kommunisten mehr, seit sie verboten worden sind, aber ich bin ein konsequenter Sozialist.« Die Existenz von K. muß für die Hüter der Kruppdynastie eine ständige Bedrohung gewesen sein. Ein Betriebsratsmitglied heute zur damaligen Situation: »Die hätten ihm glatt ein Haus geschenkt, wenn er dafür seinen Mund nicht mehr aufgemacht oder die Firma verlassen hätte.« Diesen Gefallen tat K. ihnen nicht.
Dann passierte, was entweder ein willkommener Anlaß für K.s Vorgesetzte gewesen sein muß oder sogar direkt von ihnen inszeniert wurde, um ihm, wenn ihm schon politisch nichts anzuhängen war, anders beizukommen.
K., der wegen seines Augenleidens eine dunkel getönte Brille trägt, wird in einer Abteilung, in der 16jährige Mädchen beschäftigt sind, von einer Arbeiterin angesprochen: »Sagen Sie, Herr K., ist diese Brille, die Sie da

immer tragen, so eine Röntgenbrille, mit der Sie durch unsere Kleider durchsehen können?«
K. geht auf den Scherz – dafür hält er es anfangs – ein. »Ja«, sagt er, »das kann ich damit.« Und als eine andere Arbeiterin den Beweis erbracht haben will und fragt, welche Farbe denn ihr Slip habe, rät K. zufällig die richtige Farbe. Gelächter der Umstehenden, und der aufsichtsführende Abteilungsleiter tritt hinzu. Zwei Stunden später erhält K. eine Vorladung zum Werkschutz. »Ich hatte die Sache bereits vergessen und wußte nicht, was die von mir wollten. Die benahmen sich sehr arrogant und machten ein regelrechtes Verhör. Ich hätte Unruhe hervorgerufen und den Betriebsfrieden gestört. Ob ich eine Brille hätte, wo man alles mit durchsehen könnte?!« Am nächsten Tag wurde das Verhör fortgesetzt. Unter Leitung des Werkschutzleiters Dr. Pütz. Ich hatte meine sämtlichen Brillen mitgebracht, und der Werkschutzleiter probierte sie der Reihe nach aus. Statt sich zu entschuldigen, behandelte er mich wie einen Sittenstrolch, und ich brachte zum Ausdruck, daß das Methoden seien, die mich an die Nazizeit erinnerten. Im Beisein des Betriebsrates kam er letztlich jedoch nicht daran vorbei zu erklären, daß alles ein Mißverständnis gewesen sei und, falls es tatsächlich so eine Brille geben sollte, ich jedenfalls nicht im Besitz einer solchen sei.«
Heinrich K. glaubt sich rehabilitiert, jedoch dem ist nicht so. Eine Woche später wird ihm eine strenge Rüge zuteil, als Aktennotiz unwiderruflich in seinen Personalpapieren festgehalten und ihm per Einschreiben mit der Post nach Hause zugestellt. Unterschrieben vom Prokuristen Direktor Steck, mit dem Wortlaut, daß ihm aufgrund der ihm bekannten Vorkommnisse eine strenge Rüge dahingehend erteilt werden müsse, die ihm zur Auflage mache, daß er künftighin nicht mehr den Arbeiterinnen auf fest-

gestellte Weise mit Blicken nachstelle; daß er sich dadurch in der Fa. Krupp erwiesenermaßen ›arbeitsfriedenstörend‹ verhalten und bei diesbezüglicher Wiederholung mit fristloser Kündigung zu rechnen habe.
Heinrich K. nahm kurz darauf ein Angebot der Krupp-Werke an, worin ihm unter Zusicherung der Weiterzahlung sozialer Sonderleistungen wie Weihnachtsgeld usw. die »Auflösung des Beschäftigtenverhältnisses« nahegelegt wurde. Er unterschrieb die vorgelegte Erklärung, wonach er »aufgrund der zwischen ihm und der Firma getroffenen besonderen Vereinbarung hin aus gesundheitlichen Gründen mit dem Ausscheiden aus den Krupp-Werken einverstanden« sei.

> »Die von Alfried Krupp praktizierte Ausbeutung der Sklavenarbeiter* übertraf die in allen anderen Industriebetrieben, einschließlich der IG-Farben. Nirgendwo wurde ein derartiger Sadismus geübt, eine so sinnlose Barbarei, eine so schockierende Behandlung von Menschen als seelenloses Material. Alfrieds Macht war absolut und daher auch absolut korrumpierend...« (D. A. Sprecher, Jurist aus Washington, Teilnehmer des «Nürnberger Prozesses»)
> * sog. »Fremdarbeiter« im Dritten Reich. G. W.

»Dieses Alte, längst Vorhandene näher zu betrachten, ist der Mühe wert. Man kann die Gegenwart nicht verstehen, die Zukunft nicht abschätzen, wenn man nicht in die Vergangenheit greift.«
(aus einer Jubiläumsschrift der Fa. Krupp 1961)

Ein ehemaliger höherer Krupp-Angestellter, jetzt Rentner und die letzten Jahre bei einer anderen Firma beschäftigt, erinnert sich nur ungern an eine Zeit, die dem Werk zu einmalig hohen Profiten verhalf, bisher jedoch keinen Einlaß in die Jubiläumsschriften der Firma fand.
Es bedarf mehrerer Vorsprachen und Überredungsver-

suche, um den jetzt 66jährigen ehemaligen Kruppianer zum Sprechen zu bringen. Er hat offensichtlich Angst, er könnte durch sein gutes Gedächtnis in erhebliche Schwierigkeiten kommen. Er verweist auf den Fall eines befreundeten ehemaligen Kollegen, der, wie er sagt, »zuviel gewußt« hat und zuerst hohe Geldzuwendungen erhielt und nachher, als er dennoch sein Wissen nicht für sich behalten konnte, um sein Leben fürchtete und heute in einer Art erzwungener Emigration im Ausland leben würde. Das sei nicht der einzige Fall dieser Art gewesen, behauptet der frühere Krupp-Angestellte. Einige der Zeugen, die es gewagt hätten, vor dem Internationalen Militärgerichtshof in Nürnberg ihren obersten Gebieter zu belasten, seien später, als Krupp sein Reich wieder übernahm, verschollen gewesen.

Sein Wissen habe er aus Erzählungen seines früheren Freundes und aus eigenem Erleben.

»Die ersten ausländischen Arbeiter«, berichtet der Augenzeuge, »wurden noch durchaus menschlich behandelt. Da lohnte es sich rein wirtschaftlich noch nicht, sie einer Sonderbehandlung zu unterziehen. 1942 änderte sich das, da gab es 10 000 Slawen, und etwa die gleiche Anzahl war von Krupp noch ›nachbestellt‹ worden. Da lohnte es sich für Krupp, ihre Arbeitskraft optimal zu verwerten. Damit schon äußerlich klar ersichtlich war, daß ihnen das Äußerste abverlangt werden konnte und Rücksichtnahmen, die Menschen gegenüber in irgendeiner Weise meist immer noch bestehen, bei ihnen fallengelassen werden sollten, wurde zuerst eine Sprachregelung von der Firmenleitung aus durchgeführt. An den Außenmauern der Krupp-Werkstätten wurden Schilder angebracht mit dem Hinweis: ›Slawen sind Sklaven.‹ In den Werksmitteilungen wurde ausdrücklich von ›Sklavenarbeitern‹ und von ›Sklavenmarkt‹ gesprochen, ansonsten

von ›Judenmaterial‹. Im Hauptbüro war der gebräuchliche Ausdruck für die Zwangsverschleppten ›Stücke‹. Da wurde die Parole ausgegeben, die Fließbänder würden jetzt ›durch Judenmaterial verlängert‹. Da mit Vieh aus landwirtschaftlichem Nutzeffekt heraus wesentlich härter umgesprungen wird als mit Menschen, wurde für die Sklavenarbeiter ein Terminus aus diesem Bereich eingeführt. Das bei der Viehfütterung angewandte Wort ›Fressen‹ galt für sie. ›Ohne Arbeit kein Fressen‹ war oft das erste Wort, das die Deportierten von Krupp-Aufsehern hörten, wenn sie aus den Güterwagen in Essen herausgetrieben wurden, während man sie mit Tritten und Schlägen traktierte, auch Kranke und Kinder, damit sie von Anfang an merkten, daß es ernst gemeint war.
An die Neuankömmlinge wurden Holzschuhe verteilt und Decken mit dem Kruppzeichen, den drei ineinandergreifenden Ringen, sowie die Gefangenenuniform des Werkes, blau mit einem breiten gelben Streifen. Namen waren untersagt, ihre Unterscheidungsmerkmale waren Nummern, die mit weißem Faden auf die Anzüge aufgesteppt waren. Junge hübsche Jüdinnen wurden sehr häufig noch in einer besonderen Weise gekennzeichnet, um bei deutschen Arbeitern die sich leicht einstellende Sympathie jungen Mädchen gegenüber gar nicht erst aufkommen zu lassen. Wahrscheinlich mit aus diesem Grund wurde ihr Haar zu grotesken entstellenden Mustern geschoren. Überhaupt wurde vom Werkschutz neben Prügelstrafen und Essensentzug bis zum Verhungern als Strafmaßnahme das Haar in Form eines Kreuzes geschoren.
Die Sklavenarbeiter waren in Ruinen, in ungeheizten Schuppen, auf Schulspielplätzen und in Zelten untergebracht. Manche mußten auf dem Boden schlafen, oft ohne Schutz vor dem Regen. Die französischen Zwangs-

arbeiter waren z. B. in Hundehütten einquartiert, knapp 1 m hoch, 2½ m lang und 2 m breit; jede Hundehütte war mit 5 Mann belegt, um hineinzugelangen, mußten sie auf allen vieren kriechen. Andere waren in öffentlichen Bedürfnisanstalten und alten Backstuben untergebracht. Allein in Essen gab es 55 Arbeitslager von Krupp. Mit den Außenstellen in den Konzentrationslagern (u. a. in Auschwitz) hatte Krupp insgesamt an die 100 000 Sklavenarbeiter für sich eingespannt.

Für ständig frischen Nachschub und schnellste Einfuhrwege des billigen ›Menschenmaterials‹ sorgte Krupp-Direktor Lehmann, der in fünf besetzten Ländern die Auswahl traf. Und wenn die ausgesuchten ›Stücke‹ sich nicht freiwillig in die Transporte einfügen wollten, wurden sie mit Handschellen nach Deutschland versandt.

In den Kruppwerken wurden 12- bis 14jährige Kinder als volle Arbeitskräfte verwendet, und 1944 gab es sogar 6jährige, die zur Arbeit gezwungen wurden. In allen Sklavenlagern bei Krupp war die Ernährung katastrophal. Zu einem Zeitpunkt, als es durch die eroberten Ernten in den besetzten Gebieten in Deutschland noch keine Lebensmittelknappheit gab, wurden die Krupp-Sklaven aus Sparmaßnahmen heraus auf Hungerration gesetzt. Die Krupp-Rationen für sie lagen noch weit unter den sonst in Deutschland festgelegten Sätzen für Zwangsarbeiter, die schon minimal genug waren.

Laut behördlichen Erlassen sollten zur Zwangsarbeit rekrutierte Russen und Polen mindestens 2156 Kalorien pro Tag bekommen und Schwerstarbeiter 2900. Krupp gehörte jedoch zu den wenigen Unternehmen, denen es der mit der SS abgeschlossene Vertrag erlaubte, die Verpflegung der Arbeitssklaven nach eigenem Dafürhalten zu regeln, so daß er durch Rationalisierung dieses kargen Fraßes selbst noch Gewinne einheimste. ›Hart wie Kruppstahl‹, nach diesem Prinzip wurden im Werk seit je Gewinne erzielt. Die Tagesration der Sklavenarbeiter bestand häufig nur aus der sogenannten ›Bunkersuppe‹, einer Wassersuppe aus Kohlblättern und einigen Scheibchen Steckrüben, einer Scheibe Brot mit Marmelade oder Margarine, alles in allem vielleicht an die 500 Kalorien, wenn es hochkommt. Viele der Sklaven-Kruppianer starben an Unterernährung, viele hatten durch Hunger aufgetriebene Bäuche und Hungerödeme. Die Krupp-Ärzte weigerten sich zuletzt aus Angst vor Ansteckung, die Menschenzwinger der Krupp-Sklaven überhaupt noch zu betreten. Alfried Krupp war der Gebieter über Leben und Tod. Er hatte mit den Nazibonzen ausgehandelt, sich Sklaven für 4 Mark je Kopf und Tag auszuleihen und noch 70 Pfg. für Essen einzubehalten, Umtauschrecht vorbehalten. Er hatte sich ausbedungen, schlechte, das bedeutete oft, bei ihm in kurzer Zeit verschlissene Ware zurückzugeben. Der entsprechende Passus dieser Handelsbeziehung lautete: ›Es gilt jedenfalls als vereinbart, daß für die Fabrikarbeit gänzlich ungeeignete Leute ausgetauscht werden können.‹ Es gab deutsche Arbeiter, die trotz Androhung harter Strafen das Risiko auf sich nahmen und den verhungerten Zwangsarbeitern heimlich etwas von ihrem Essen zusteckten. Aufseher einzelner Abteilungen, z. B. der Bürovorsteher der Lokomotivenfabrik, richteten Beschwerden an die Firmenleitung, daß diese extremen Rationalisierungsmaßnahmen der Essensrationen sich letztlich doch unrational auf die Produktivität der Sklavenarbeiter auswirkte, daß sie vor Entkräftung selbst durch Antreiben durch Lederknüppel, Peitschen und andere Schlagwaffen die erforderliche Arbeitsleistung nicht mehr brächten und beinah jeder Dritte ganz ausfiel. Da nützte es oft nichts, daß aus den Deportiertentransporten nur die Stabilsten und Jüngsten herausgesucht wurden.«

»Herr Hassel vom Werkschutz, der gleichfalls anwesend war, schaltete sich ein und sagte..., daß man es hier mit Bolschewisten zu tun habe, die besser Prügel statt Essen bekommen sollten.«
(Kruppsche Aktennotiz über eine Besprechung über das Verpflegungswesen, Werkschutzleiter Hassel war einer von Alfrieds einflußreichsten Gefolgsleuten.)
»Die Tatsache, daß Klagen wegen unzulänglicher Verpflegung ausländischer Arbeiter häufig erhoben (wurden)... (ist)... mir wohl erinnerlich.«
(Alfried Krupp als Angeklagter vor dem Nürnberger Kriegsverbrecher-Tribunal.)

> »Niemand weiß, wer die hinterhältig treffende Formel von der ›Ausrottung durch Arbeit‹ prägte, aber schon vier Wochen später trug Krupp die Sache dem Führer vor. Er sagte, jeder Parteigenosse sehe natürlich die Beseitigung von ›Juden, ausländischen Saboteuren, gegen den Nationalsozialismus eingestellten Deutschen, Zigeunern, Verbrechern und Asozialen‹ gern, doch sehe er nicht ein, warum diese nicht etwas fürs Vaterland leisten sollten, bevor sie umgebracht würden. Wenn man sie scharf antreibe, könne jeder von ihnen in den Monaten vor der Liquidierung die Arbeitsleistung eines ganzen Lebens erbringen... Die Lösung des Problems war, wie sich herausstellte, eine Frage der Wirtschaftlichkeit...«
> (aus: William Manchester: »Krupp«)

»Wie die meisten Schreibtischtäter«, fährt der ehemalige Krupp-Angestellte fort, »wollte auch Alfried Krupp nach dem Zusammenbruch nichts mehr von der viehischen Behandlung seiner Sklavenarbeiter gewußt haben, er, der sich stets um alles kümmerte und nach typisch patriarchalischem Standpunkt fast alle wichtigen Entscheidungen selbst traf, wälzte nun die Verantwortung auf andere ab. Dabei wußte fast jedes noch so kleine Licht in Essen, wie im Hause Krupp mit den Zwangsarbeitern verfahren

wurde. Jeden Morgen wurden z. B. die Jüdinnen in einem 6-km-Anmarsch in Scharen wie Vieh durch die Böcklerstraße an der Ecke Altendorferstraße zur Arbeit vorbeigetrieben. Dort residierte Alfried in seinem Büro. Dort marschierten im Winter die Arbeitskolonnen vorbei, 14jährige ausgemergelte Mädchen darunter, mit Frostbeulen an Füßen und Händen, denen es verboten war, gegen die noch so eisige Kälte Handschuhe zu tragen, deren Schuhbekleidung ohne Strümpfe nur aus einer Holzsohle bestand, die sie sich mit abgerissenen Fetzen aus ihrer Schlafdecke umwickelt hatten.
Den Juden ging es am allerdreckigsten bei Krupp. Bei Fliegeralarm war es ihnen ausdrücklich verboten, Luftschutzkeller oder Schutzräume aufzusuchen, sie mußten bleiben, wo sie gerade waren.
Um allen klarzumachen, daß es sich bei Juden nicht um Menschen handelte, sondern um ›Tiere‹, auf die die für Menschen geschaffenen Gesetze nicht anwendbar seien, wurden den Jüdinnen die Benutzung der Toiletten in der Fabrik verboten. Sie mußten draußen im Hof, wo sie jeder sehen konnte, wie Tiere ihre Notdurft verrichten.«
Später vor dem »Internationalen Kriegsverbrecherprozeß« in Nürnberg konnte Alfried Krupp folgerichtig erklären, daß er sich »keiner Verletzung der Menschenrechte bewußt« sei. Er hatte in seiner Art recht. Sklavenarbeiter waren keine Kruppianer. Und da sie keine Menschen waren, konnten bei ihnen auch keine Menschenrechte verletzt werden.

»Eine zweckmäßige Kontrollorganisation zur Sicherung der Rechte aller Fremdarbeiter zu schaffen, wurde von der Firmenleitung als Pflicht angesehen; sie wurde eingerichtet und hat gute Dienste geleistet. Um gerade die ausländischen Arbeiter wirksamer zu betreuen, waren alle

für sie wirksamen Verwaltungszweige unter einer Oberlagerleitung zusammengefaßt... Die Prüfer des ›Revisionsbüros‹ befaßten sich laufend mit der Überwachung der für die ausländischen Arbeiter vorgeschriebenen *Fürsorgemaßnahmen*... Beanstandungen wurden ohne Rücksicht gemeldet und Fehler abgestellt. Die leitenden Angestellten und auch die Angeklagten selbst kümmerten sich immer wieder persönlich um die Verhältnisse in den Lagern, machten Essensproben und besichtigten die Unterkünfte. Die Betriebsordnung der Firma verpflichtete alle Vorgesetzten zu einer ›ruhigen und gerechten Behandlung der Gefolgschaftsmitglieder‹, zu denen selbstverständlich auch die Fremdarbeiter gerechnet wurden...
Die Gesamtheit dieser Einrichtungen zeigt, daß die ausländischen Arbeiter nicht rechtlos waren. Sie hatten vielmehr durchaus die Möglichkeit, den Mund aufzutun, wenn sie glaubten, Anlaß zu Beschwerden zu haben.‹

(Tilo Freiherr von Wilmowsky [Onkel von Alfried Krupp] in einer vom Hause Krupp in Auftrag gegebenen Rehabilitationsschrift »Warum wurde Krupp verurteilt? Legende und Justizirrtum«)

Die Krupp-Opfer hatten tatsächlich »die Möglichkeit, den Mund aufzutun«, allerdings konnten sie ihre Beschwerde dann nur in Form von Schreien vorbringen. Besonders ausgebildete Krupp-Aufseher und -Aufseherinnen ließen den Krupp-Sklaven ihre »Fürsorgemaßnahmen« mit Peitschen und Knüppeln angedeihen. Im Lager Humboldtstraße gab es z. B. den Aufseher Rieck, der die »Betreuung« der Sklavenarbeiter zu einer Art Sport kultiviert hatte. Er trug Reitstiefel, hatte in einer Hand stets ein Stück Gummischlauch, in der anderen eine lange Lederpeitsche.

Seine Jüdinnen waren zwischen 14 und 25, eine war über 30. Als sie bei der Arbeit nicht mehr mit den andern mithalten konnte, peitschte sie Rieck systematisch zu Tode. Er hatte mit der Zeit eine einzigartige Fertigkeit entwickelt. Er brüstete sich vor den anderen Aufsehern damit, aus 2½ Meter Entfernung genau ins Auge treffen zu können. Er machte das bei seinen Jüdinnen mit Vorliebe. Einmal hatte er einer auf diese Weise die Augen ausgepeitscht, so daß sie blind wurde.

Auch Alfried Krupp selbst wurde als oberste Beschwerdeinstanz mit den Beschwerdeschreien seiner Opfer konfrontiert, obwohl er später vor Gericht angab, von allem nichts gewußt zu haben. Seine eigene Sekretärin hatte ein besseres Gedächtnis. Sie gab an, häufig durch allzulang anhaltende Beschwerdeschreie beim Diktat gestört worden zu sein.

Im Kellergeschoß von Alfrieds Hauptverwaltungsgebäude hatten Werkschutz und Werkschar ihr Hauptquartier. Hier war zur Sonderbehandlung von Sklavenarbeitern der »Käfig« errichtet worden. Ein fensterloses Stahlgehäuse mit einigen Trennwänden, jede Kammer 55 cm breit, 55 cm tief und 1,50 m hoch, so eng und niedrig, daß die dort Eingepferchten mit der Zeit vor Schmerzen fast wahnsinnig wurden. Zur Abwechslung wurden sie dann bei kaltem Wetter durch Luftlöcher von oben mit Wasser begossen und wurden so bis zu mehreren Tagen eingeschlossen. Für Schwangere eignete sich der »Käfig« vorzüglich. Sie wurden oft aus den geringsten Anlässen heraus, z. B., wenn sie morgens statt um 4.30 Uhr erst um 4.45 Uhr die Arbeit aufnahmen oder wenn sie bei der Arbeit vor Entkräftung einmal einschlafen sollten, dieser Sonderbehandlung unterzogen, manchmal Frauen darunter, die im 6. Monat und darüber waren. Dann blieb es ihnen meist erspart, ihre Kinder erst lebend zur Welt bringen zu müssen, da sonst in einem Krupp-Kinder-KZ die Vernichtung des unproduktiven Lebens besorgt worden wäre.

Das war eine besondere Einrichtung von Krupp, der vielleicht aus nichteingestandener religiöser Pietät heraus schwangere Slavenarbeiterinnen ihre Kinder erst mal austragen ließ, um sie dann im kruppeigenen Säuglings- und Kinderlager Buschmannshof langsam verhungern zu lassen. Januar 1943 beherbergte das Lager etwa 120 halbverhungerte Säuglinge und Klein-Kinder; keins dieser Kinder unter 2 Jahren überlebte.

> »Dann ging Alfried Krupp ins Gefängnis; mit Haltung und mit Würde trat er, der Schuldlose, vor den Militärgerichtshof. Er verantwortete sich für das Haus Krupp, aber er verantwortete sich zugleich für Deutschland mit Rang und Noblesse. Dafür dankt Deutschland an diesem Sarg.« (Aus der Trauerrede des damaligen Bundestagspräsidenten Eugen Gerstenmaier.)
> »Wer von uns wollte sich erkühnen, in die Geheimnisse eines solchen männlichen, verschlossenen, großen Lebens hineinzuschauen, sie zu entziffern. Wir stehen vor den Tatbeständen, daß in diesem Leben manches in die Dunkelheit der Geheimnisse der Fügung Gottes mit uns hineingetaucht ist. Aber wir wissen, gerade in dieser Tiefe erscheint ein Widerschein des Lichtes, jenes Lichtes, das aus Gott kommt; jenes Lichtes, das Jesus ans Licht gebracht hat.« (Aus der kirchlichen Traueransprache von Präses Beckmann.)
> »In Antwort auf eine Frage, warum die Familie sich für Hitler erklärt hat, sagte ich: Wir Kruppianer sind keine Idealisten, sondern Realisten. Mein Vater war Diplomat. Wir hatten den Eindruck, daß Hitler uns eine gesunde Entwicklung bescheren würde. Tatsächlich hat e- das getan ... in diesem harten Kampf brauchten wir eine harte und starke Führung. Hitler gab uns beides. Nach den Jahren seiner Führung fühlten wir uns alle viel besser. Als ich über die antijüdische Politik der Nazis befragt wurde und was ich davon wußte, sagte ich, daß ich nichts von der Ausrottung der Juden gewußt habe, und weiterhin, daß, wenn man ein gutes Pferd kauft, muß man ein paar Mängel hinnehmen.«

(Aussage von Alfried Krupp vor dem Internationalen Militärgerichtshof in Nürnberg. Schuldig gesprochen wegen Plünderung von Wirtschaftsgütern im besetzten Ausland; und Ausmerzung und Mißhandlung breiter Massen ausländischer Zwangsarbeiter. Verurteilt zu 12 Jahren Haft; jedoch nach drei Jahren – im Zuge der Wiederaufrüstungspolitik – entlassen.)

Thurn und Taxis

Bernt Engelmann
Deutschlands reichster Junggeselle
Johannes von Thurn und Taxis

Der mit Abstand reichste Junggeselle der Bundesrepublik wohnt – wie könnte es anders sein? – in einem pompösen Schloß. Das riesige, von ausgedehnten Parkanlagen umgebene Gebäude liegt im Herzen einer süddeutschen Großstadt, nämlich mitten in Regensburg, und enthält ganze Fluchten von prächtigen Sälen voller Antiquitäten und Gemälden alter Meister. Doch die meisten Räume des alten Schlosses dienen nur gelegentlicher, dann allerdings sehr aufwendiger, nach altspanischem Hofzeremoniell verlaufender Repräsentation. Für seinen junggesellen Alltag hat sich der Schloßherr in einem der Seitenflügel eine vergleichsweise kleine und bescheidene Wohnung eingerichtet, in deren Vestibül ein Springbrunnen plätschert und wo ihn seine Hampels aufs vortrefflichste umhegen.
Der Hampel-Mann waltet, vorbildlich ergeben und umsichtig, als des ledigen Krösus persönlicher Kammerdiener und Haushofmeister; die Hampel-Frau versieht das Amt einer Wäschebeschließerin, leitet den Einsatz der Putzerinnen und komponiert als vortreffliche Köchin jene erlesenen Menüs, für die die Tafel ihres Herrn berühmt ist, denn Durchlaucht – so wird er angeredet – lieben gut zu speisen. Sein voller Name lautet übrigens: Erbprinz Johannes Baptista de Jesus Maria Louis Miguel Friedrich Bonifazius Lamoral von Thurn und Taxis.
Prinz Johannes hat bereits (und vermutlich zur Einspa-

rung der Erbschaftsteuern) den gewaltigen Familienbesitz zu einer Zeit übernommen, als der kürzlich verstorbene Chef des Hauses, des Prinzen Onkel, Fürst Franz Joseph, noch recht rüstig war. »Dreihundert Sauen haben wir's letzte Mal geschossen...!« wußte der fast Achtzigjährige noch ein Jahr vor seinem Tod stolz zu berichten, und man war fast geneigt zu glauben, daß er diese Strecke selbst erlegt hatte. Um den Familienkonzern kümmerte sich der alte Herr jedoch nicht mehr; das überließ er gern seinem Nachfolger, dem Prinzen Johannes. Der Thurn und Taxissche Besitz ist ebenso umfangreich wie höchst ungewöhnlich zusammengesetzt, zudem von ehrwürdigem Alter. Ursprünglich war die Familie weder reich noch adlig. Unter dem schlichten Namen Daxis walteten die Vorfahren im ausgehenden Mittelalter südlich der Alpen und in Tirol ihres Amtes als Briefträger, dann als kleine Posthalter. Vielleicht wären sie heute wohlhabende Hotelbesitzer in Bozen, aber keineswegs hocharistokratische DM-Milliardäre, hätten es die Ahnen mit ihren Pflichten so streng genommen, wie man es heutzutage von Postbeamten verlangt. Statt dessen begannen sie frühzeitig damit, die ihnen anvertrauten Briefschaften heimlich zu öffnen und sich mit den daraus gewonnen Informationen teils selbst geschäftlich zu betätigen, teils hohen geistlichen wie weltlichen Herren nützlich zu machen. Das führte zu wachsendem Wohlstand, mit dessen Hilfe sie ihr Postgebiet immer weiter ausdehnen konnten. Sie schlugen bald alle Konkurrenten aus dem Felde und erwarben das Postmonopol im Reich, nicht zuletzt mit dem Argument, daß sie nur dann wirklich alles erfahren und der kaiserlichen Regierung mitteilen könnten, wenn sämtliche Post durch ihre Hände ginge... Als Inhaber des europäischen Postmonopols, das auch die Personenbeförderung einschloß, und mit der Möglichkeit, Gebühren,

Fahrpreise und die Löhne ihrer Angestellten selbst festzusetzen, wurde die Familie unerhört reich, kaufte gewaltige Ländereien zusammen und stieg auf der gesellschaftlichen Stufenleiter immer höher. Als Barone, Grafen und am Ende sogar Fürsten ließen sie natürlich auch Familienforschung betreiben, nicht zuletzt in der Hoffnung, eine etwas vornehmere Herkunft nachweisen zu können. Tatsächlich fand sich ein Genealoge, der behauptete, seine Auftraggeber stammten von den uradligen de la Torre ab. Später erwies sich dies als Irrtum, doch da hatten sich die Daxis oder Taxis bereits diesen klangvollen Zweitnamen zugelegt und ihn mit ›von Thurn‹ ins Deutsche übersetzt. Und bei ›von Thurn und Taxis‹ ist es bis heute geblieben, ebenso bei dem Wohlstand der Familie.

Der weitgestreute und sehr umfangreiche Grundbesitz der Thurn und Taxis wurde in den Jahren bis 1867 noch dadurch gewaltig vermehrt, daß die Staaten, die die Post- und Personenbeförderung in eigene Regie nahmen, der Familie Entschädigungen für den Verlust des Monopols zukommen ließen, vornehmlich auf Kosten reicher Klöster, deren Immobilien konfisziert und den Thurn und Taxis übertragen wurden. 1914 verfügte die Familie über rund 130 000 Hektar Grundbesitz, darunter ein Fürstentum in Polen, große Güter in Böhmen und riesige Wälder in Kroatien. Das meiste davon ist im Gefolge zweier Weltkriege verlorengegangen, doch blieb der Rest – in Bayern, Württemberg und Österreich – übrig. Und heute zählen die Thurn und Taxis mit 34 000 Hektar (= 340 Millionen Quadratmeter) Grundeigentum, allein in der Bundesrepublik, zu den bedeutendsten privaten Landbesitzern Mitteleuropas.

Wie angenehm eine solche Basis ist, zeigt der einzige Grundstücksverkauf, den die Familie in den letzten zwanzig Jahren getätigt hat, beileibe nicht aus Geldnot, sondern einem Projekt zuliebe, das dem damaligen bayerischen Kultusminister Huber sehr am Herzen lag: dem Bau der neuen Landesuniversität Regensburg. Für diese Hochschule gab es Anfang der sechziger Jahre schon dreierlei: einen (wie sich dann erwies, ganz entschieden zu niedrigen) Kostenvoranschlag, eine goldene Amtskette und einen dazugehörigen Gründungsrektor, den Baron Götz von Pölnitz, Hofchronisten eines anderen bayerischen Hochadelshauses, der Fürsten Fugger, und Favorit des reaktionären Flügels im bayerischen Episkopat, doch mußte der Baron wegen einiger brauner Fleckchen auf dem Beffchen noch vor dem eigentlichen Amtsantritt wieder zurücktreten. Es fehlte hingegen noch ein Platz für die Grundsteinlegung, auch das Gelände für die Hochschule selbst, doch hoffte man hinsichtlich des benötigten Terrains auf das Fürstenhaus Thurn und Taxis, dem der kühne Plan, in der Hauptstadt der volksbildungsmäßig auch für bayerische Verhältnisse stark unterentwickelten Oberpfalz eine Universität zu schaffen, schon frühzeitig unterbreitet worden war. Man hoffte nicht vergebens: Schon bald durfte die Landesregierung in München vom Fürstenhaus etwas von dessen städtischen Grundbesitz in Regensburg erwerben, nämlich 600 000 Quadratmeter, und zwar – wie einem erschütternden Bericht über das Finanzgebaren des Freistaats Bayern zu entnehmen war – zu einem Rekordpreis, der sehr schmeichelhafte Rückschlüsse auf die Geschäftstüchtigkeit auch der Posthalter-Erben zuläßt und dessen Bekanntwerden den wenigen sonstigen bedeutenden Immobilienbesitzern von Regensburg vor Freude und Bewunderung die Augen feucht werden ließ; 60 DM je Quadratmeter! (Es war dieses Terrain übrigens ein kleiner Teil dessen, was die Thurn und Taxis einst vom bayerischen Staat ge-

schenkt bekommen hatten – aus dem Besitz des Klosters St. Emmeran und zum Trost für den Verlust des Bayerischen Postregals.)
Indessen sind die Liegenschaften der Thurn und Taxis in der Bundesrepublik erstens nur die Basis ihres Inlandvermögens, zum anderen nur ein kleiner Teil ihres internationalen Großgrundbesitzes, der u. a. rund 50 000 Hektar bestes Weide- und Plantagenland im brasilianischen Matto Grosso, 5000 Hektar Wald in Britisch-Kolumbien sowie einige große Farmen an der Peripherie rasch wachsender kanadischer Städte wie Edmonton und Toronto umfaßt. Zum Thurn-und-Taxis-Konzern gehören auch Ziegel- und Baustoffwerke, eine Beteiligung an der Flachglas AG Delog-Detag, Fürth und Gelsenkirchen, und manches andere. Es steht zu hoffen, daß die fürstliche Familie nicht nur das Terrain, sondern auch Bauholz, Ziegel, Bausteine und Fensterglas für den Universitätsneubau liefern konnte. Was die Thurn und Taxis mit an Sicherheit grenzender Wahrscheinlichkeit den Bauarbeitern lieferte, und dies natürlich nicht umsonst, war das Bier, denn die Fürstl. Thurn-und-Taxis-Brauerei, die fünftgrößte in Bayern, hat im Raum Regensburg und weit darüber hinaus eine marktbeherrschende Stellung, auch eine eigene Malzfabrik, eigene Hopfenfelder sowie eine beträchtliche Menge verpachteter Gastwirtschaften.
Neben Terrains, Baumaterial und Bier bildet eine weitere Säule des fürstlichen Konzerns die Verarbeitung eines Materials, das bescheiden als Nichteisenmetall bezeichnet wird, nämlich Gold. In Pforzheim befassen sich ein halbes Dutzend Thurn-und-Taxis-eigene Firmen mit der Prägung von Medaillen und Münzen, mit der Herstellung von Schmuck und Uhrengehäusen sowie mit der Verarbeitung von Gold zu industriellen Zwecken. Und auch für den Absatz der Produkte ist gesorgt, teils durch eine kon-

zerneigene Handelsfirma, teils durch eine private Bank, die in München, Regensburg, Nürnberg, Frankfurt und Hamburg vertreten ist.
Als vor ein paar Jahren die Zentrale der ›Fürst Thurn und Taxis-Bank‹ von Regensburg nach München verlegt wurde, war die Isarmetropole Schauplatz eines so prunkvollen Festes, daß es den an mancherlei gewöhnten Münchnern vor Staunen fast die Sprache verschlug. Fünfhundert, in der Mehrzahl sehr prominente Gäste waren von Prinz Johannes geladen und wurden wahrhaft fürstlich bewirtet. Er kaufte dafür zwar nicht gleich das ganze prächtige Cuviliés-Theater, aber immerhin eine geschlossene Gala-Vorstellung der Mozart-Oper »Die Entführung aus dem Serail«; »Käfers Käfer«, das sind die hübschen, für dieses Fest in Rokoko-Pagen-Verkleidung auftretenden Serviererinnen des mit Liefer-Rolls-Royce ausgestatteten Münchner Prominenten-Gastronomen und Party-Architekten Gerd Käfer, fütterten die Eingeladenen mit feinstem Kaviar, getrüffelter Gänseleberpastete, geräuchertem Bärenschinken, Helgoländer Hummer und anderen Delikatessen ab. Dann erhielt noch jeder der fünfhundert Gäste zum Andenken an diesen berauschenden Abend eine talergroße, eigens aus diesem Anlaß geprägte Goldmedaille geschenkt!
Prinz Johannes liebt solche Feste. Seit Jahren trifft man ihn bei jedem großen gesellschaftlichen Ereignis – ob bei der Märchenhochzeit seines Freundes Arndt von Bohlen und Halbach, ob auf der Soirée im Schloß Kleßheim, die Dimitri Pappas, Salzburgs reichster Grieche, für achthundert handverlesene Jetsetters veranstaltete, bei einer Galapremiere der New Yorker ›Met‹ oder – mit zwei haselnußgroßen Smaragden an der gestärkten Hemdbrust – auf dem »Wohltätigkeitsball« der Fürstin Gracia Patricia von Monaco. Wohltätigkeit ist – wenn man den Versiche-

rungen des fürstlichen Domänendirektors Dr. Dr. Schneider glauben will – das besondere Steckenpferd des Prinzen. Er läßt ›Päckchen nach drüben‹ an notleidende Verwandte, die in Böhmen zurückgeblieben sind, schicken; es gibt ein zwar nicht fürstliches, aber Fürstlich Thurn und Taxissches Altersheim in einem Nebengebäude des Familienschlosses Garatshausen am Starnberger See und eine »Fürstliche Notstandsküche« zum Zwecke der Armenspeisung im Schloß zu Regensburg, auf deren etwas tristen Eingang Seine Durchlaucht hinabblicken kann, wenn er ans Fenster seines Speisezimmers tritt. Sicherlich gibt es in den rund zwanzig Thurn und Taxisschen Schlössern Süddeutschlands – die genaue Anzahl wußte selbst Prinz Johannes nicht zu sagen – noch mancherlei Einrichtungen der Nächstenliebe, die das Fürstenhaus mit dem gewöhnlichen Volk verbinden. Und auch im fernen Brasilien, wo Prinz Johannes mitunter nachschaut, wie sein Pfeffer wächst, scheint er Mildtätigkeit zu üben. Wie anders wäre es zu erklären, daß ihm die Menschen dort die Hände küssen, wie Farbfotos in des Prinzen Privatalbum dokumentieren?

Nun, Prinz Johannes könnte sich viel Caritas leisten, denn er ist nicht nur Brauherr, Privatbankier, Industriemagnat auf dem Baustoffsektor, Goldfabrikant und der größte private Latifundienbesitzer der Bundesrepublik, sondern auch Großaktionär, u. a. bei der Bayerischen Handelsbank AG und bei der mächtigen Bayerischen Vereinsbank, in deren Aufsichtsrat er sitzt. Wie reich er wirklich ist, läßt sich nur schwer sagen. Sehr konservativ (also den Neigungen des Fürstenhauses entsprechend) geschätzt: mindestens drei-, vielleicht auch vierfacher Milliardär, in harter D-Mark, aber möglicherweise bald auch schon in nicht ganz so harten amerikanischen oder kanadischen Dollars.

»Sind Sie sich eigentlich der ungeheueren Macht bewußt, die in einem solchen Milliardenvermögen liegt?« fragte ich ihn einmal. Der Prinz nickte.
»Und sehen Sie darin eine Verpflichtung?«
»Wissen Sie, mit den Pflichten, da sehe ich das so: Vor einigen Jahren schrieb ein Bischof an meinen Onkel, den Fürsten, einen wenig freundlichen Brief. Er begann mit der Anrede: ›Sehr geehrter Herr Graf!‹ und schloß mit der Mitteilung, daß man in der betreffenden Diözese die Pfarrstellen künftig ohne die Mitwirkung unseres Hauses besetzen werde... Wir haben nämlich noch zahlreiche sogenannte Patronate, wo wir die Entscheidung haben, wer dort Pfarrer wird. Allerdings waren uns schon seit längerem keine Vorschläge mehr unterbreitet worden. Nun, auf diese Kündigung des Bischofs hin erwiderten wir, daß wir gerne auf unser Recht verzichten, dann aber auch alle Pflichten als erloschen betrachten, also für den Unterhalt der Gebäude, insbesondere der Kirchen, hinfort nun nicht mehr aufkommen würden... Ich darf Ihnen verraten, daß wir seitdem wieder laufend Vorschlagslisten für die Besetzung der Pfarrstellen unterbreitet bekommen...«
Also belehrt, daß auch und gerade Multimilliardäre für ihre Spenden mit Rechten belohnt sein wollen, nahm ich Abschied. Prinz Johannes kam mit bis zum Springbrunnen in der Garderobe, Herr Hampel geleitete mich über eine schöngeschwungene Treppe bis zum Ausgang. Die breiten Alleen und Plätze der Thurn und Taxisschen Residenz waren jetzt am Nachmittag menschenleer – bis auf zwei säbelbewehrte, in üppiges Scharlachrot und Gold gekleidete Türhüter am Hauptportal des Schlosses, wo auch der große Mercedes des fürstlichen Onkels von Prinz Johannes stand, lackiert in jenem prächtigen Gelb, das die Bundespost für ihre Briefkästen verwendet... Aus

der ›Fürstl. Notstandsküche‹ kam noch ein Hauch von grünen Bohnen, aber ich hatte schon gespeist – gefüllte Artischockenböden, klare Oxtailsuppe, Cordon bleu nebst Spargelspitzen, geeiste frische Ananas mit Schwarzwälder Kirsch und Petits fours zum Mokka –, zudem auch keinen Berechtigungsschein. Im ausgedehnten, für die Öffentlichkeit gesperrten Schloßpark – ›Unser städtischer Grundbesitz ist nicht sehr beträchtlich‹, hatte der Prinz gesagt – spielten die Eichhörnchen. Man war mitten in einer Großstadt des ausgehenden 20. Jahrhunderts; jenseits der rund 75 000 Quadratmeter Schloßpark, der Quadratmeter zu 60 DM, sah man den Regensburger Hauptbahnhof, und doch konnte man sich des Gefühls nicht erwehren, erst gerade den Beginn der Neuzeit zu erleben.

Günter Wallraff
Feudalismus in Regensburg

Die städtischen Beamten des Regensburger Kataster- und Liegenschaftsamtes wachen über die Milliarden des fürstlichen Hauses. Über Besitz in dieser Größenordnung reden zu wollen, ist indiskret, schamlos; Besitzverhältnisse dieses Ausmaßes, zusammengeballt und sich der öffentlichen Kontrolle entziehend, offenzulegen, käme der Verletzung der Intimsphäre gleich.
Die städtischen Beamten, die für die Eintragungen der fürstlichen Besitztümer zuständig sind, weigern sich, die Grundbucheintragungen, die bei kleineren Grundstücksbesitzen ohne weiteres einzusehen sind, vorzulegen. Da müsse ich mich schon direkt ans Fürstliche Haus wenden. Jedoch der fürstliche Archivar Pindl scheint nicht auf dem laufenden zu sein. Gerade bis zur Mitte des 19. Jahrhun-

derts reichen die Dokumente, die er herausrückt, und selbst hier sind es fast ausschließlich kulturelle Güter und nicht die harten materiellen Werte, die da in hauseigenen Schriften besungen werden.
Der Tod seiner Durchlaucht Fürst Franz Joseph von Thurn und Taxis läßt plötzlich sichtbar werden, was so überaus diskret gehütet wird. Für die fürstlichen Besitzungen ist Trauerbeflaggung angeordnet, halb Regensburg bekennt sich nun als fürstliches Eigentum.
»Regensburg trauert um seinen verstorbenen Fürsten«, weint der Regensburger *Tagesanzeiger* der »teuren«, »hochherzigen« Leiche von »wahrhaft adeliger Gesinnung« nach, und der Stadtrat legt Trauerkleidung an und hält eine »Trauersitzung« ab.
Die Woche, die regionale Wochenzeitung von Regensburg, die sich selbst »unabhängig, kritisch, mutig« nennt und sich gegen den stockkonservativen, rechtsradikalen *Tagesanzeiger* liberal ausnimmt, obwohl sie sich auch in CSU-Hand befindet, wagt es, anläßlich des Fürsten-Todes mit der respektlosen Schlagzeile aufzuwarten »Wem gehören die Taxis-Milliarden?« Obwohl im Begleittext fettgedruckt hervorgehoben wird, daß der Fürst »ein wirkliches Symbol für Noblesse – in unserer nicht sehr noblen Zeit« gewesen sei, reagiert das fürstliche Haus mit Boykott. Wegen »dieser höchst ungebührlichen Schlagzeile«, so ein Sprecher der fürstlichen Domänenverwaltung, erhält die *Woche* keine Eintrittskarte zur kirchlichen Trauerzeremonie. Gäste sind geladen aus dem Hoch- und Geld-Adel wie – laut *Mittelbayerischer Zeitung* – der »Herzog von Braganza, Chef des portugiesischen Königshauses«, und Hermann Josef Abs.
»Dem soll hier so viel Land gehören?« frage ich einen Regensburger, als ich mich nach einer Straße erkundige. »Nein«, sagt der etwa 50jährige bestimmt, »unser Fürst,

der hat doch damals fast alles verloren in Ungarn, dem gehört fast nichts mehr hier.« Aus seiner Stimme ist deutlich Mitleid herauszuhören.
Eine 75jährige Frau, die in einem der verfallenen fürstlichen Mietshäuser in der Altstadt wohnt (2 Zimmer, ohne Bad, der Verputz der Decke abbröckelnd, 200 Mark Miete), weiß noch nicht, daß der Fürst 78jährig gestorben ist. Ich sage es ihr. Da fängt sie zu schluchzen an. »O mei, unser Fürscht, so ein guter Mensch, warum müssen die guten Menschen immer wieder fort, warum ist nicht ein Verbrecher gestorben, die Lumpen laufen miteinander rum.« Der Grund ihres Wehklagens ist, wie es schließlich unter Tränen aus ihr herauskommt, daß sie eine persönliche Begegnung mit dem Fürsten gehabt hat. Kein Verhältnis oder ein näheres Kennenlernen, einfach die Gnade, daß sich der hohe Herr anläßlich eines Spaziergangs vor 20 Jahren einmal zu ihr herabließ, als sie auf einer Bank saß, und die Feststellung machte: »Da schau, da kommen die Knospen ja schon« – »Da hat er mit mir geredt«, sagt sie, und es klingt, als sei ihr der liebe Gott erschienen.
Selbst bei Jüngeren schlagen solche persönlichen Begegnungen schnell in Ehrfurcht um. Ein 35jähriger Schreiner: »Der alte Fürst, das war ein feiner Kerl. Der hat alles fürs Volk ausgegeben. Der hat gar nicht ausgeschaut wie ein Fürst, ist dahergegangen mit ganz alten Sachen. Der Förster ist mal zu uns in die Klasse gekommen und hat gesagt: ›Meine Kinder, ich habe eine erfreuliche Nachricht für Euch, Seine Durchlaucht wird uns begleiten.‹ Da ist er mit uns bis zur Fürstlichen Hammermühle gewandert, und wir bekamen umsonst zu essen und zu trinken.«
Ein anderer, der mit Prinz Johannes die Schulbank drückte: »Damals auf der Volksschule wurde er vom Chauffeur im Mercedes gebracht und abgeholt. Da holte

er sich vor der Schule immer den Klassenbesten in den Mercedes und schrieb von ihm ab. Der brauchte sich selbst nie anzustrengen, der hatte immer schon seine Leute. Damals galt schon, daß wir ihn nie zuerst anreden durften, wir mußten abwarten, bis er zuerst das Wort an uns richtete. Er ist aber ein dufter Typ«, sagt der Klassenkamerad, »auch heute noch.« Und er erzählt, wie Seine Durchlaucht Prinz Johannes ihm neulich noch auf der Straße begegnete und über »intime Dinge« Rede und Antwort stand. »Ich habe ihn gefragt, ›was macht Soraya‹, mit der er ja oft zusammen gesehen wurde. ›Geh mir damit weg‹, hat er mit einer wegwerfenden Handbewegung darauf erwidert, ›diese olle Scherben mit den O-Beinen.‹ Und die Hetty von Auersperg, mit der er ja auch lange befreundet war, will er seinem Freund Arndt Krupp überlassen haben, indem er sie tröstete: ›Sei froh, daß du den Arndt hast, das ist ein guter Botschen (Trottel).‹«

Die meisten Informationen über das fürstliche Haus sind verklärt oder anekdotisch angehaucht. Einem ehemaligen fürstlichen Leib- und Kammerdiener bricht der Schweiß aus, als ich ihn nach seinen Erfahrungen im fürstlichen Hause frage. »Ich darf nicht, ich darf nicht«, sagt er ängstlich. Seine Frau erzählt mir anläßlich eines späteren Besuchs, wie ihr Mann unter dem »spanischen Hofzeremoniell« gelitten habe, wie er zu jeder Begegnung mit den durchlauchtigen Familienmitgliedern mit einem Bückling aufwarten mußte und vor lauter Verbeugungen abends oft Kopfschmerzen gehabt habe, wie er, wenn er mal einen Formfehler in der Etikette beging, Ohrfeigen erhielt, wie die Lakaien eigentlich nicht als Menschen angesehen wurden, mehr als treue Haustiere, vor denen man sich folglich nicht zu schämen brauchte, sich vor ihnen auszog oder, wenn man der Jagdleidenschaft auf Tiere gerade mal nicht frönte, sie abends als »Postillon

d'amour« zur separat schlafenden Gattin schickte, ob sie geneigt sei, den Fürsten noch zu empfangen.
Bei Konkurrenten der fürstlichen Betriebe überwiegt, wenn es hart auf hart kommt, untertänigste Unterwürfigkeit statt Wahrnehmung eigener Rechte. Brauereibesitzer K., den ich aufsuche, einer der wenigen kleineren, der von der »Fürstlichen Brauerei« noch nicht geschluckt wurde, schimpft zuerst über die Methoden der »Thurn und Taxis«-Brauerei. 24 Brauereien seien in den letzten Jahren vom Fürsten in die Knie gezwungen worden. »18 davon hat er stillgelegt«, sagt K. »Das weiß man in der Branche, welche Brauerei gerade vom Fürsten zum Abschuß freigegeben ist. Der bezahlt extra einen Grafiker, der die eroberten Brauereien vorher noch ›porträtiert‹, dann werden sie im Schloß wie die Geweihe der kapitalen Hirsche als Trophäen an die Wand gehängt. Weil dem das ganze Land gehört, kann er diktieren, daß auf seinem Land auch nur sein Bier ausgeschenkt wird, selbst wenn er Land verkauft, wie das der Uni, zu überhöhten Preisen, weil er überall seine Leute hat, preßt er Verträge ab, daß bis in alle Ewigkeit auf diesem seinem früheren Besitz nur sein eigenes Bier ausgeschenkt werden darf. Zur Uni fuhr mal ein Bierwagen vor, der anderes Bier, dazu 5 Pfennig billiger pro Flasche, verkaufte. Da schritt er am selben Tag noch ein. Das ließ er verbieten. Dem gehören die meisten Gaststätten hier«, sagt K., »und noch eine Groß-Tankstelle, Apotheken, eine Bar, und ganze Hopfenernten läßt er über seine hauseigene Bank finanzieren und diktiert so die Preise. Die Stadt hat billigeres und günstigeres Bauland mitten in der Stadt gehabt. Aber sie mußte ihm auf Geheiß des Fürsten den doppelten Preis fürs Uni-Gelände hinblättern, die Stadt übernahm sich und mußte Stützungsverkäufe machen, und alle Grundstückspreise in der Stadt wurden so hochgetrieben. Ich selbst habe zu der gleichen

Zeit für ein Stück Land neben dem seinen von der Stadt 7,50 pro qm bekommen, er kassierte 60 Mark, insgesamt 36 Millionen, da konnte er sich nachher leicht durch eine Spende von 400 000 Mark zur Mitfinanzierung eines Studentenheims als Wohltäter aufführen.« K. erzählt, daß in dem Vertrag über den Verkauf des Uni-Geländes noch eine haarsträubende Klausel mitaufgenommen sei, nämlich wenn die Universität einmal von nichtfürstlicher Seite Land dazukaufen sollte und einen höheren Preis als 60 Mark pro qm dafür bezahle, müsse die entsprechende Differenz ans Fürstliche Haus nachgezahlt werden. Als K. merkt, daß er sich in Wut geredet hat, schwenkt er plötzlich um. »Ich hätte Ihnen das alles nicht sagen dürfen«, sagt er, »eigentlich haben wir ein Stillhalteabkommen mit dem Fürsten.« Dann geht er zum Panzerschrank und legt mir mit sentimentaler Geste und nicht ohne Stolz ein Dokument vor: ein Dankesschreiben des alten Fürsten an seinen Vater. Sein Vater hatte einmal untertänigst dem fürstlichen Hause aus irgendeinem Jubiläumsanlaß heraus ein Faß Bier verehrt.
Ein Regensburger Geschäftsmann sagt: »Wir sind ja alle erpicht darauf, mit dem Fürstlichen Hause in Geschäftsbeziehungen zu treten, weil wir uns sagen, ›wie man sich bettet, so liegt man‹. Viele merken erst später, wie der Fürst aufgrund seines Monopols überall gerade die kleinen Handwerksbetriebe oft bis an die Rentabilitätsgrenze drückt, mit der Drohung, sonst die Aufträge halt anderswohin zu vergeben. Lange genug hat es der Fürst verstanden, daß sich hier im Gebiet keine Industrie ansiedelt, damit sich keine Lohn- und sonstigen Strukturveränderungen hier ergeben, damit er billige Arbeitskräfte hat. Selbst an der Irrenanstalt hier verdient er. Da beackern Patienten seine Ländereien.«
»Schon formal schüchtert er die Leute ein und hält sie auf

Abstand«, berichtet ein anderer kleiner Ladenbesitzer. »Da schickt er einen seiner Kammerherren oder Beamten aus, wie sie sich ja nennen — er unterhält ja so eine Art Staat im Staate —, die den Geschäftsleuten erst mal beibringen, wie sie formgerecht ihre Rechnungen und Briefe an den Allerdurchlauchtesten zu richten haben. Nämlich ›An Seine Durchlaucht den Regierenden Fürsten zu Thurn und Taxis‹ und in der dritten Person und dann untertänigst und ergebenst.«
Die Macht des Fürstlichen Hauses erstreckt sich auf alle Bereiche. Als der Besitzer des Kinos am Ostertor den schwedischen Aufklärungsfilm »491« in sein Programm aufnehmen wollte und im Vorprogramm bereits angekündigt hatte, fand das nicht die Billigung des Fürstlichen Hauses. Die Fürstliche Brauerei schickte ihm einen Brief, mit dem Wortlaut, daß er nicht gut daran täte, einen solchen Film zu zeigen: Der Kinobesitzer setzte den Film vom Programm ab. Das Gebäude, in dem er sein Kino unterhält, ist Eigentum der Fürstlichen Brauerei.
Ein alter Waldarbeiter berichtet: »Der Fürst kann es sich leisten, weniger zu zahlen als der Staat. Wenn ihm hier nicht alles gehören würde, würden viele bestimmt lieber zum Staat gehen. Beim Staat heißen die gelernten Waldarbeiter Haumeister, beim Fürsten Rottenführer oder Partieführer. Fünf Prozent vom Lohn zahlt der Fürst auf ein Konto ein. Das ist der Anreiz, bei ihm dazubleiben. Die kriegt man nur, wenn man bis zur Rente bei ihm bleibt, wer vorher weggeht, kriegt sie nicht. Als der Fürst 70 Jahre alt wurde, bekam jeder 50 Mark. Gesundheit wird zum Weihnachtsfest belohnt, für jede geleistete Stunde zahlt der Fürst ein ›Fünferl‹, also wenn man nie gefehlt hatte, an die 150 Mark.«
Auf der Jagd hatte der alte Fürst immer einen Büchsenlader dabei und einen, der seinen Buckel hinhielt, wenn er

schoß, er brauchte eigentlich nur abzudrücken. Die Förster, die mit ihm zu pirschen hatten, wurden gerügt, wenn sie ihre Schrittlänge und ihre ganze Art zu gehen nicht dem vorangehenden Fürsten anpaßten. Der hatte sehr kurze trippelnde Schritte auf der Pirsch, und wenn sie also in langen Schritten hinter ihm herliefen, wurden sie regelrecht beschimpft, ob sie denn nicht anständig gehen könnten, ob sie wie die Bauernlackeln da durch den Wald marschieren müßten.

Die Sauen durften alle Jagdgäste schießen, die kapitalen Hirsche nur der Fürst. Wenn da mal ein Tier verletzt war und abgeschossen werden mußte, mußte der Fürst – egal, wo er gerade war – benachrichtigt werden, und meist ließ er es sich nicht nehmen, anzureisen und den Abschuß selbst zu besorgen. Ein Hirsch kostet ihn ca. 32 000 Mark, bis er zum Abschuß reif ist, hat der Fürst ausgerechnet. Sauen darf jeder schießen. Der 75jährige Fürst Franz Josef, der schon stark den Datterich hatte, verwechselte mal einen an der Jagd teilnehmenden Oberstleutnant mit einer Sau und schoß ihm eine Ladung Schrot ins Gesäß. Als Schmerzensgeld wurde dem blessierten Militär gestattet, jährlich einmal zur Saujagd in den Fürstlichen Thiergarten zu kommen, und da hat er jeweils ein Wildschwein zum Abschuß frei. Wenn hohe Gäste an der Jagd teilnehmen, werden die Abschüsse standesgemäß durchgeführt. Dann werden die Sauen vorher in Gattern eingefangen und durch eine Gasse den Prominenten vor die Flinten getrieben. Zuerst steht dann der alte Fürst, dann z. B. Prinz Philipp von England und so weiter, und je höher der Rang, um so mehr Abschüsse. Die Treiber haben Umhänge mit den fürstlichen Farben.

Die fürstlichen Arbeiter bekamen das Holz immer 20 Prozent billiger, die fürstlichen Angestellten, die mehr verdienten, um 40 Prozent. Früher hatten wir einen Gewerkschaftssekretär von Landwirtschaft und Forsten, wenn er dem alten Fürsten ein Recht für die Arbeiter abhandeln wollte – der Fürst hatte nichts für die Gewerkschaft übrig –, paßte der den Zeitpunkt ab, wo der Fürst in die Emmeranskirche beichten ging. Dann kniete sich der Gewerkschaftssekretär neben ihn in die Kirchenbank, und manchmal lieh ihm der Fürst dann sein Ohr.

> »Wir gedenken in Ehrfurcht und Stille des großen Toten.« So eröffnete Oberbürgermeister Rudolf Schlichtinger (SPD) seine Ansprache anläßlich der Trauersitzung des Stadtrats. »Seine Durchlaucht bedeutete Regensburg sehr viel«, so fuhr er nach der Gedenkminute fort. »Der Fürst hat die engen Bindungen, die das Fürstliche Haus seit Jahrhunderten zur Stadt besitzt, immer gewahrt, er hat sie eifrig gepflegt und in verstärktem Maße aufrechterhalten.« Von den Einzelmaßnahmen des Fürsten Franz Joseph auf dem sozialen Sektor nannte Oberbürgermeister Schlichtinger die Modernisierung und Weiterführung der Notstandsküche. »Ich darf mich zum Sprecher der vielen hundert Personen, darunter einer großen Anzahl von Studenten, machen, die täglich kostenlos vom Fürstenhaus gespeist wurden und werden, und darf mich für diese hochherzige Einrichtung aufrichtig bedanken«, sagte der Oberbürgermeister. (*Regensburger Tagesanzeiger*, 20. Juli 1971)

Meine »Bedürftigkeit« muß ich mir bei der »Caritas« erst bescheinigen lassen, um als Kostgänger in die Fürstliche Notstandsküche eingelassen zu werden. Ich gebe an, auf der Durchreise zu sein, und das Geld sei mir ausgegangen. Etwa 200 Kostgänger werden täglich mit fürstlichen Notstandsgerichten durchgefüttert. Das Essen wird in zwei dickwandigen Porzellanschüsseln verabreicht, keine Teller und keine Bestecke, Napf oder Trog nannte man früher derartige Essensbehälter. Der eine Napf wird mit schlabbrigem Kartoffelsalat gefüllt, darauf wird eine Scheibe Fleischwurst gelegt, in den anderen Trog eine undefinierbare fleischlose, dunkle Suppenbrühe ge-

schüttet. »Keine Reste übriglassen«, mahnt mich die Essenausgeberin, als sie merkt, daß ich nicht gerade begeistert den Fraß an mich nehme. »Hier wird grundsätzlich alles aufgegessen, sonst haben wir zuviel Arbeit mit dem Spülen«, sagt sie. Als ich frage, ob ich das denn mit den Fingern zu mir nehmen soll, schiebt sie mir ärgerlich einen Blechlöffel hin. »Ausnahmsweise«, sagt sie. »Bestecke nächstens selber mitbringen.«
Studenten und arme Leute speisen in zwei Sälen voneinander getrennt. Ich sitze bei den armen Leuten. Am Eingang des Eßsaals hängen zwei gerahmte Fotografien der fürstlichen Spender und Wohltäter: Fürstin Elisabeth, Infantin von Portugal, und Seine Durchlaucht Fürst Franz Joseph. Ein großes Kreuz hängt an der Wand, daneben ein Weihwasserkessel. Als Fresken an die Wand gepinselt einige der im Besitz der fürstlichen Familie befindlichen Schlösser und ein wildbuntes Gemälde mit dem Titel: »Speisung der 4 000, Darstellung nach Matth.«
Das Essen, vitamin- und geschmacklos, aber leere Bäuche füllend, wird von den ›Abgespeisten‹ still und gefügig, von einigen beinah andächtig hineingeschlürft. Fast ausschließlich Ältere sind hier versammelt, verschämte Arme mit winzigen Renten oder Sozialunterstützung, die teils wegen der teuren Mieten in den Altbauten des Fürsten auf dessen Gnadenbrot angewiesen sind. Keine »Pennertypen«, wie ich es erwartet hatte, darunter, vielleicht werden sie gar nicht erst reingelassen. 200 000 Mark setzt der Fürst für diese »Notstandsküche« – im wahrsten Sinne des Wortes – jährlich von der Steuer ab, rechnet mir ein alter Mann vor. »Dafür könnte das Essen besser sein«, sagt er. Der Arzt habe ihn gewarnt, wenn er sich nicht zusätzlich mit frischem Obst, Salat oder Vitaminen versorge, würde ihn diese fürstliche Speisung vorzeitig unter die Erde bringen.

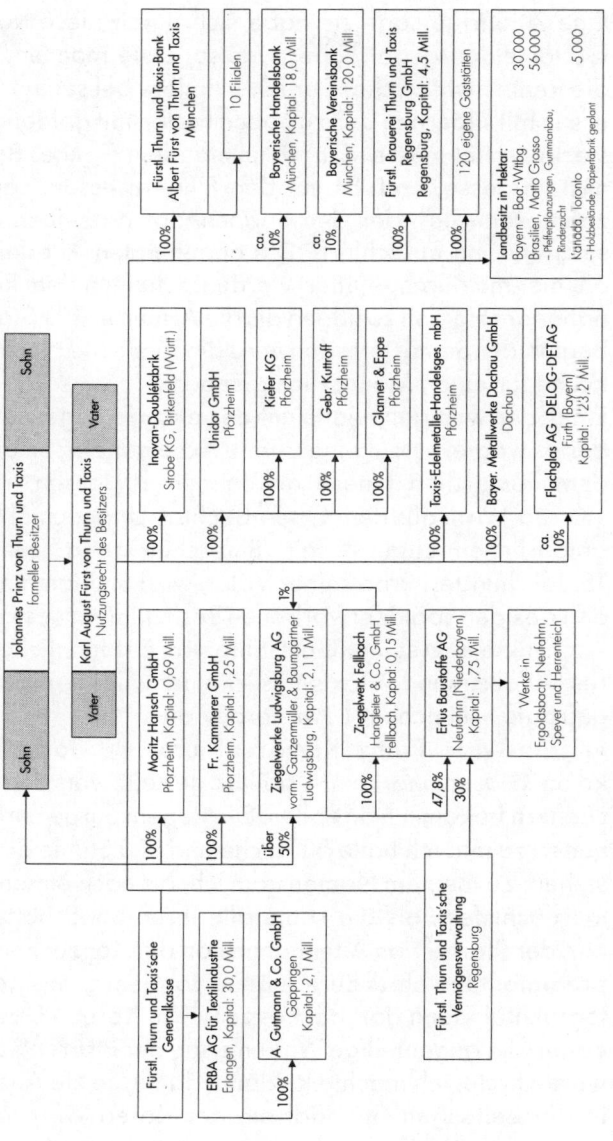

Eine 70jährige sagt, sie habe sich durch diese Kost ein Gallenleiden geholt, aber was solle sie machen, wenn die Rente nicht reiche. Der Fürst diniere bei seinen Galaessen mit silbernen und zu hohen Festen mit goldenen Bestecken. Hier müsse man, wenn man sein eigenes Besteck mal vergesse, notfalls mit den Fingern essen, sagt ein zahnloser Alter, der den Suppennapf an seinen Mund setzt und ihn ausschlürft. Die angehenden Akademiker, die hier mit durchgefüttert werden, scheinen dem Fürsten näher am Herzen zu liegen als die Armen seiner Stadt. Zu Beginn der Semesterferien wird die fürstliche Notstandsküche für einen Monat dichtgemacht.

Einer der wenigen, vielleicht der einzige Regensburger, der es wagte, es auf eine offene Auseinandersetzung mit dem Fürstlichen Hause ankommen zu lassen, ist der »Korea-Wirt« aus dem Otternbachtal. Ungeachtet seiner gefährlichen Lage – sein Stückchen Land, seit dem 15. Jahrhundert Erbe seiner Väter, wird umklammert von den riesigen später erworbenen Besitztümern des Fürsten – schenkte er in seiner Gaststätte statt des fürstlichen Bieres (– Volksmund: »Taxis-Pils – keiner will's« –) das mehr gefragte »Münchner Löwenbräu« aus.

»Korea-Wirt« Franz König: »Thurn und Taxis hätten keine Gläser und kein Mobiliar gestellt, von den Münchenern bekam ich das alles. Die Regensburger strömten nur so zu mir. Ich hatte 50 Tische und 300 Stühle draußen stehen. Zu meinem Namen kam ich, als nach einem Sommernachtsfest, als die Leute alle ihren Spaß hatten bei mir, der Pfarrer von Altenhamm von der Kanzel herunterpredigte: ›Bewahret Eure Jugend vor dem grausigen Otterbachtal, denn dort geht es zu wie in Korea.‹ Das hatte genau die gegenteilige Wirkung, die der Pfarrer wohl erwartet hatte, ich machte Reklame damit, setzte Anzeigen in die Zeitungen: ›Es lädt ein der Korea-Wirt‹, und es

kamen noch mehr. Bis mir die Fürstliche Brauerei den Hals abschnitt. Sie errichtete Schranken mitten auf den Zufahrtswegen, stellte Verbotsschilder auf den Hauptweg, der bis dahin als öffentlicher Gemeindeverbindungsweg galt. Kunden blieben aus, Brauereiwagen konnten nicht mehr passieren, sogar der Krankenwagen, der meinen Sohn, der schwer erkrankt war, holen wollte, kam nicht durch. Meine Existenz ist seitdem vernichtet, das Haus verfällt. Ich ging zwar vor Gericht, es kam zu einem Wegerechtsprozeß, der Domänenverwalter des Fürsten, Dr. Dr. Schneider, gestattete allenfalls ein ›Notwegerecht‹ zu meinem Anwesen. Ich bin seitdem ruiniert. Das bißchen Land, das ich bestelle, wird oft noch von den Sauen des Fürsten umgewühlt, die Saat teilweise vernichtet. Wenn ich Schadensersatzansprüche stelle, heißt es, den Schaden hätten keine fürstlichen Schweine angerichtet, es müsse sich da um eingewanderte Sauen aus dem Spessart handeln.
Ich hätte mich nicht gegen den Fürsten stemmen dürfen, dann wäre ich heute eines der besuchtesten Ausflugsziele der Umgebung. Leute von den Behörden hatten mir schon immer gesagt: ›Sie Sturkopf, verkaufen Sie doch Fürstenbier, dann haben Sie auch Ruhe.‹ Aber ich bin trotz allem froh, daß ich's nicht gemacht habe, so bin ich wenigstens frei und mein eigener Herr!«

Bischof Dr. Graber in seiner Predigt während der Totenmesse: »Tradition ist auch eine Haltung, eine christliche Haltung, so wie es Paulus seinem Schüler Timotheus anempfiehlt: ›Behüte das anvertraute kostbare Gut!‹ Und dies hat der verstorbene Fürst getan... Und so hat der Fürst unserer Zeit im wahrsten Sinne des Wortes gedient durch den Ausbau und die Modernisierung seines Besitzes. Er hat uns allen damit ein Beispiel gegeben, wie echte Tradition Zukunft baut. Und dafür danken wir ihm.«
(*Mittelbayerische Zeitung*, 21. Juli 1971)

Den Oberlehrer Günter Halx aus Wörth an der Donau störte es, daß ein 2 600 ha großes fürstliches Waldgebiet in der Nähe Regensburgs, der fürstliche Thiergarten, ein Erholungsgebiet für viele Regensburger, Jahr für Jahr für »gewöhnliche« Menschen gesperrt wird. Er besann sich auf die bayerische Verfassung, die garantiert, daß Wälder und Seeufer allen Bürgern offenzustehen haben. Er schrieb an den Ausschuß für Verfassung-, Rechts- und Kommunalfragen: »Laut Verfassung des Freistaates Bayern, Artikel 141, Abs. 3 ist das Betreten des Waldes jedermann gestattet. Die Zugänge zu landschaftlichen Schönheiten sind der Allgemeinheit... freizuhalten... Ein Waldgebiet von ca. 3500 ha (!) ist mit einem Zaun umgeben. Das Betreten dieses ›Thiergartens‹ müßte laut Gesetz jederzeit gestattet sein. Alljährlich Mitte September werden an den zahlreichen Eingängen jedoch Tafeln mit folgendem Hinweis angebracht:
ACHTUNG JAGDGEBIET
ZUTRITT WEGEN SCHUSSGEFAHR VERBOTEN.
... Wir können nicht verstehen, daß in einer Zeit, wo immer wieder der Wald als Allgemeingut und notwendiges Erholungsgebiet propagiert wird, die Allgemeinheit wegen der ›Privilegien‹ eines einzelnen auf Monate (heuer vom 16. 9.–20. 12.1968) am Betreten des Waldes gehindert wird. Die Schußgefahr erscheint uns als eine allzu billige Begründung, zumal die Jagd 1968 erst am 25.9. begann, bis zum 31. 9. schon die Hälfte des Abschusses getätigt war und vom 1. 10. ab der Jagdherr nicht mehr anwesend war. Auch ist uns bekannt, daß jeder Jäger seine Waffe so zu führen hat, daß niemand gefährdet werden kann. Tausende Stück Wild werden alljährlich auf unseren Feldern oft inmitten der arbeitenden Bevölkerung erlegt, und es ist noch niemandem verboten worden, die Felder zu betreten, weil gerade eine Jagd abgehalten wird.

Ich wende mich deshalb an obigen Ausschuß mit der Bitte, mir Klarheit darüber zu verschaffen, ob oben angeführtes Verbot mit zit. Artikel der Verfassung vereinbar und daher berechtigt ist oder nicht.«
Die Eingabe des Lehrers Halx wird mehr oder weniger abschlägig entschieden. In einem neuen Schreiben wendet er sich daraufhin direkt an den Mitbegründer der bayerischen Verfassung, den Ministerpräsidenten a. D. und Vizepräsidenten des Bayrischen Landtags, Prof. Wilhelm Högner: »... Am 29. 5. 69 erhielt ich dann die umfangreichen Stellungnahmen des Bayrischen Staatsministeriums des Innern und des Bayrischen Staatsministeriums für Ernährung, Landwirtschaft und Forsten, denen sich der Ausschuß anschloß und meine Eingabe als ›erledigt‹ betrachtete. Allgemein wurde eine relativ kurzfristige Sperrung befürwortet mit der Begründung, daß die uneingeschränkte Gewährung eines Vertretungsrechtes für jedermann einen über die Sozialbildung des Eigentums hinausgehenden Eingriff in das Eigentumsrecht darstelle, der vom Verfassungsgeber nicht gewollt sei. Ich bin aber der Ansicht, daß dies der Verfassungsgeber sehr wohl gewollt hat; denn er spricht sogar von einer ›Einschränkung des Eigentumsrechts‹. In den herrschenden Zuständen ist keine Änderung eingetreten! Seit dem 26. 9. 1969 sind wieder an sämtlichen Zugängen Schilder angebracht: ›Rotwildpark – Achtung Hegeabschuß – Betreten wegen Schußgefahr verboten.‹ ...
Es geht nicht um die ›Schußgefahr‹ und den ›Hegeabschuß‹, sondern lediglich darum, daß eine privilegierte Gesellschaftsschicht ungestört die Jagd ausüben kann. Das geht schon daraus hervor, daß von vielen Revierbeamten nicht ein einziger einen Hirsch schießen darf, sondern der Abschuß bis zum letzten Spießer vom Jagdherrn und seinen ›hohen‹ Gästen selbst getätigt wird. Der nicht

minder große Abschuß von Kahlwild wird zu einer Zeit getätigt, in der der Wald nicht gesperrt ist, und es hat hierbei nie irgendwelche Schwierigkeiten gegeben!...« Verfassungsmitbegründer Prof. Högner stimmt Halx in einem Antwortschreiben voll zu, jedoch um eine Änderung dieser verfassungswidrigen Verhältnisse herbeizuführen, dafür scheint sein Amt zu schwach. Er schreibt an Halx: »...Es zeigt sich immer mehr, daß man gegen meinen Willen bei der Schaffung der Bayrischen Verfassung mit den Resten des feudalen Mittelalters nicht aufgeräumt hat. Für veraltete Vorrechte sollte aber in der Demokratie kein Platz mehr sein.« Das ist kein Trost für Halx. Nach seinem bisher erfolglos verlaufenen Kampf gegen das fürstliche Haus lebt er ausgesprochen gefährlich. Er, der sich an die Verbotsschilder auch weiterhin nicht hält und als Spaziergänger und Botaniker die Jagdgründe des Fürsten für seine Wenigkeit in Anspruch nimmt, wurde von einem fürstlichen Förster vorgewarnt: er solle sich nur ja vorsehen, sonst könnte es ihm passieren, daß man ihn eines schönen Tages mit einem Stück Wild verwechsele!

Günter Wallraff
Fürstmönch Emmeram und sein Knecht Wallraff*

Pax! Kloster Prüfening,
84 Regensburg

Grüß Gott!

Schon ist wieder ein Jahr ins Meer der Ewigkeit gesunken, seit der letzte Rundbrief des Klosters Prüfening an unsere lieben Freunde und treuen Wohltäter ausging. Zahlreiche liebe Spenden gingen uns seither wieder zu; so viele, daß wir nicht für jede einzelne zu danken vermochten. Alle lieben Wohltäter haben wir aber mit allen ihren Anliegen in unsere Gebete eingeschlossen und möchten nun in diesem Brief zu allererst unseren warmen Dank für alle liebe Hilfe Ihnen allen gemeinsam aussprechen. Manches zum inneren und äußeren Ausbau des Klosters haben Ihre lieben Spenden wieder ermöglicht.

Die Instandsetzung der alten St. Andreaskirche, von der unser letzter Brief Erwähnung tat, hoffen wir heuer zum Abschluß bringen zu können und zwar bis zum Festtag des hl. Apostel-Patrons (30. XI.), der schon vor 840 Jahren Tag der ersten Kirchweihe war. Einige wervolle Zuwendungen erhielt unsere Klosterbibliothek, darunter eine ganze Privatbücherei.

Das ansonsten noch etwas spärliche Klosterinventar bzw. -mobiliar wurde mit gestifteten alten Stücken, darunter alten Bildern von Mönchen, Heiligen und Klöstern des Ordens bereichert.

Der stille Klostergarten erhielt einen zweiten fürsorglichen Betreuer, so daß nun die guten Früchte keinen Eintrag durch das lebenskräftigere Unkraut zu erleiden haben.

---

* In das Klosterschloß begleitete mich der Pädagoge Wolfgang Erdle, ohne dessen profundes klerikales Wissen ich dieser Rolle nicht gewachsen gewesen wäre. Mit Rat und Tat stand er mir zur Seite.

In den Haupttrakten des Klosters konnte, nach langem Warten und Hoffen, der für den geistigen Ausbau des Klosters und für die monastische Erziehung und Heranbildung junger Mönche so notwendige Rahmen klösterlicher Abgeschiedenheit und Stille geschaffen werden, indem einige wohnungsbedingte Mietverhältnisse gelöst wurden. Wir freuen uns, daß damit gleichzeitig auch den ausgezogenen Mietern der Wohnungswechsel zum Vorteil gereichte, weil nun auch sie für Privatparteien geeignete Behausungen beziehen konnten. Gott sei in aller Namen dafür gedankt!

Da bei einer Gemeinschaft zudem auch noch für den zeitlichen Lebensunterhalt gesorgt sein will, muß mit deren Entfaltung auch das Wachstum der wirtschaftlichen Existenzgrundlage Schritt halten. Auch diesbezüglich haben wir Gott zu danken: Durch besonders glückliche Fügungen der göttlichen Vorsehung konnten wir unseren kleinen Grundbesitz arrondieren.

Mögen nun weitere gute Berufe folgen und im treuen Streben nach Ganzhingabe an Gott, Ihrer aller liebe Mithilfe rechtfertigen und sich derselben stets würdig erweisen. Bitte helfen Sie uns weiter beten, daß zur Verherrlichung Gottes recht viele edle Berufe den Weg nach Prüfening finden. Vielleicht ist es Ihnen sogar möglich, selbst braven und tüchtigen jungen Menschen gelegentlich Wegweiser zum Gotteshause an den Ufern der Donau zu werden?

In dankbarer Gebetsverbundenheit begrüßen wir Sie, liebe Freunde und Helfer, und schließen mit dem Wunsche, Gott möge Sie für alle Güte mit der Fülle seines heiligen Gnadensegens beschenken, beschützen, stärken und begleiten.

In Christo ergeben, stets Ihr
Mönch des Klosters Prüfening

Spenden können von den steuerpflichtigen
Einkünften abgezogen werden.
Erbitten Sie von uns eine Bescheinigung.
Unsere Anschrift: Kloster Prüfening, 84 Regensburg.
Unser Postscheckkonto: Nürnberg 103035
Unsere Bank: Bayerische Vereinsbank Regensburg

Unterzeichner dieses Rundbriefes ist der Bruder des Regierenden Fürsten von Thurn und Taxis, Seine Durchlaucht Fürst Emanuel, jetzt schlicht Pater Emmeram genannt. Er ist Schloßherr und Prior zugleich. Seit 20 Jahren bewohnt er ein an die hundert Zimmer großes Schloß, eins der mehr als 20 Schlösser des fürstlichen Besitzes. Er ist Verwalter des fürstlichen Familienbesitzes und Diener Gottes in einer Person. In einem kirchlichen Klosterführer ist das »Kloster Prüfening« mit aufgeführt, Zahl der Mönche, neben ihm, dem Prior, 1. Aber auch dieser eine Getreue hat sich inzwischen abgesetzt. Pater Emmeram hat das Reich für sich, ein von einer hohen Mauer umschlossenes 11 Hektar großes Terrain am westlichen Stadtrand von Regensburg.
Eine hagere schwarze Gestalt steht winzig vor dem Eingang eines gewaltigen Schlosses mit 90 dunklen Fensteröffnungen an der Vorderfront. Auf der knirschenden Kiesauffahrt nähern wir uns dem Schloßherrn. Als wir nach ein- bis zweiminütigem Aufihnzugehen auf Begrüßungsnähe heran sind, reicht er jedem zwei Finger seiner rechten Hand, und als wir – voreilig – unser Anliegen vorbringen wollen, bringt er uns mit einer kurzen Handbewegung zum Schweigen und weist auf die eben hinter dem Klosterpark versinkende Sonne.
Nach kurzer Andacht fragt er nach unserem Begehren. Ich erkläre, ein Begleiter und ich seien fest entschlossen, der Welt zu entsagen, um in ein Kloster einzutreten. Wir hätten uns bereits einige angesehen, hofften hier jedoch die günstigsten Bedingungen anzutreffen, da bei ihm, wie wir gehört hätten, ja alles leerstünde. Er scheint unserer »Berufung« nicht so recht zu trauen, bittet uns nicht herein und meint, Übernachtungsquartiere habe er nicht. Es sei ungewöhnlich, da er seit Jahren vergeblich um Nachwuchs bemüht sei, daß da plötzlich gleich zwei Bewerber

»hereingeschneit« kämen. Es habe zwar schon einmal jemand auf ungewöhnliche Weise bei ihm um Aufnahme als Mönch nachgesucht, indem er morgens vor seiner Klostertür gelegen habe, der auch später für niedere Arbeiten getaugt habe, aber das sei schon lange her. Mit dem Hinweis, daß er noch seine Komplet zu beten habe, bevor es ganz dunkel sei, schickt er uns wieder fort. Wir sollen kirchliche Führungszeugnisse und sonstige Unterlagen über unsere bisherige Tätigkeit in der Welt beibringen und dann wiederkommen.
Zwei Tage später, sonntags zur Frühmesse, finden wir uns erneut bei ihm ein. Nachdem der letzte Kirchgänger die Kirche verlassen hat, winkt er uns zu sich an den Altar. Von dort führt er uns zur näheren Prüfung in die Bibliothek. Die verlangten Papiere sind zwar noch nicht beigebracht, jedoch die Ausforschung des religiösen Lebens tritt in den Hintergrund als ich durchblicken lasse, daß ich eine 100 000-Mark-Erbschaft gemacht hätte. »Das wären ja denn 600–700 Mark Zinsen im Monat«, beginnt er zu rechnen, »da brauchte man das Vermögen vorerst gar nicht angreifen, da könnte man von den Zinsen..., bei unserer Sparsamkeit.«
Dann stellt er uns seine Erfolgsbilanz auf: »Wir haben hier schon ganz nett aufgebaut, und es gedeiht mit Hilfe der göttlichen Vorsehung und mit eigenem aktivem persönlichem Mitwirken immer mehr. Mit 8 Mark bin ich hierhingekommen, jetzt haben wir schon einen ganz prächtigen Grundbesitz und Gelder, die nett Zinsen werfen. Ich habe geschaut, daß wir Waldgrundstücke erben, und da haben wir jetzt schon 50 Hektar zusammen, zum Teil neu aufgeforstet. Dann haben wir noch einige Erbschaften in letzter Zeit bekommen. Häuser, bei denen Mieten rauskommen und Grundstücke dabei sind, die sehr wertvoll jetzt allmählich werden, sie liegen am Rand-

gebiet der Stadt, da kostet der qm jetzt schon 40 Mark. Wir wollen zwar nicht wuchern, aber sollen mit den Talenten, die Gott uns geboten hat, schon wuchern, wir wollen das göttlich verwerten. Da ist eine gute Frau, die uns ihr Vermächtnis schon lange gemacht hat, teils wertvolle, teils weniger wertvolle Grundstücke, aber auf jeden Fall immer in der Nähe der Stadt, und 26 Tagwerk sind in dieser Gegend auf jeden Fall immerhin etwas Wertvolles, zwar ist manches im Hochwassergebiet, aber das kommt für die Kiesbaggerung in Frage, da ist eine große Kiesbaggerei in der Nähe, und die interessierten sich immer für diese Sachen, und da kann man das auch mal gut anlegen, und das Haus ist noch dabei, und hier haben wir auch mal geerbt, ein Häuschen und einen Garten, was jetzt auch einen ziemlichen Wert repräsentiert.« Er redet pausenlos, sein blasses Asketengesicht rötet sich, sein meistgebrauchtes Wort ist »aufbauen«. »Ich nehme mir halt die Zeit, die notwendig ist zum Aufbauen, und ich baue da auf, wo es möglich ist, ich kann nicht da aufbauen, wo es momentan nicht möglich ist, aber wir haben schon manches so aufgebaut, mit Gottes Hilfe werde ich schon einiges zusammentragen. Habe zum Beispiel vor 8 Jahren ein Haus geerbt von einer Frau, die ich vorher gar nicht gekannt habe, voriges Jahr auch. Dann sag ich dann zu anderen Äbten, die mich fragen, wie machen Sie das, wir kriegen nie was? ›Ja, da sieht man den Willen Gottes sich kundtun, hier soll halt was aufgebaut werden‹.«

Direkt zu mir gewandt: »Man muß sich halt wie ein Geschäftsmann, der neu anfängt, hineinknien in die Sache«, und dann noch ein Spruch aus seiner Unternehmermoral, aus dem Stammbuch der von Thurn und Taxis, ein Leitsatz des Kapitalismus: »Es muß vorwärtsgehen, denn wenn es nicht vorwärtsgeht, dann geht es zurück!«

Er faßt uns scharf ins Auge (spricht ständig im Pluralis majestatis): »Wir nehmen nur solche auf, die wirklich Gott dienen wollen und bewegt von einem Ideal sind und Ganzeinsatz leisten. Wir sind keine Versorgungsanstalt für Arbeitslose und für solche, die vielleicht draußen in der Welt nicht zurechtkommen.«
Meine Aktentasche, die ich neben mir stehen habe, hat es ihm angetan, mehrmals fragt er nach der Bewandtnis dieser Tasche. Ich sage ihm, es sei unsere Provianttasche. Als er uns das Gästebuch zum Eintragen vorlegt und ich die Tasche auf den Tisch stelle, erwacht erneut sein Mißtrauen. »Sie tragen da immer diese Tasche mit sich herum. Nicht, daß da ein zerlegtes Maschinengewehr drinsteckt und zuletzt sind Sie noch von dieser ›Roten Truppe‹ da!« Wir beruhigen ihn, und schließlich lacht er mit über diesen makabren Scherz. Seine unterschwellige Angst, womöglich durch Waffengewalt um seinen zusammengerafften Besitz gebracht zu werden, mündet später in eine besondere Drohung: Am Ende unserer 2. Vorsprache sagt er, einer, der es mit der »treuen observanten Haltung« nicht ernst gemeint und sich später »als Intrigant« und sein Feind herausgestellt habe, sei bald darauf »von Gott sehr prompt und ganz eigenartig abberufen« worden.
Dann nimmt er uns noch einzeln ins Gebet, wobei ihn neben den Gründen für unsere Berufung »zum monastischen Leben« das Sexuelle interessiert. Mein Begleiter Wolfgang gesteht eine Liebschaft mit einer Kirchenchorsopranistin, und bei mir ist er nach einigem vergeblichen Nachbohren sichtlich enttäuscht, als ich angebe, daß ich es nur bis »zu dem, was man heute Petting nennt«, gebracht hätte.
Um uns von Anfang an in unsere Aufgaben und auch Grenzen zu weisen, spricht er davon, daß wir unseren

Weg als Laienmönche machen sollten. Denn, um Priester zu werden, müßten wir zu lange außer Haus sein und nachstudieren, und das sei dem Aufbau des Klosters abträglich, so etwas könne er sich hier nicht leisten. (So sind wir für ihn für alle Drecksarbeiten zu gebrauchen.) Um uns die Sache recht schmackhaft zu machen, bringt er noch einen Vergleich: ein Laienbruder, vor dem er immer besonders Respekt und Achtung gehabt habe, der seinen Dienst vor Gott »in heiterer Demut« vorbildlich und unermüdlich erfüllt habe, dem das halbe Gehirn im Krieg weggeschossen worden sei, »der befolgte jede Anweisung doppelt sorgfältig und gehorsam und machte immer so brav und nett die Führungen in der Kirche«.

Bevor er auf dem Umweg über Gott unsere Arbeitskraft jedoch endgültig für sich in Anspruch nehmen will, möchte er unsere Gesundheit noch bescheinigt haben. Nicht von irgendeinem Arzt, am besten von seinem Leibarzt persönlich, »der ist da besonders gewissenhaft«. Er erwähnt auch, daß wir ihm später eine Bescheinigung unterschreiben sollen, daß wir damit einverstanden sind, nicht kranken- und sozialversichert zu sein: »Überhaupt, die ganzen Versicherungen heute bei den jungen Leuten. Auf den Himmel gibt es ja auch keine Versicherung.«

Die Verpflegung ist noch ein Hindernis für unsere Aufnahme ins Kloster. Er jammert uns vor, daß »die brave Frau, die ihm immer kostenlos das Essen bringe«, nicht auch noch für uns mitkochen könne. Wir beruhigen ihn damit, unsere Verpflegung selbst mitbringen zu wollen und daß wir in der Lage wären, für alle drei gut kochen zu können. Ihm kommen neue Bedenken: »Es ist nicht Übung bei uns, daß man Novizen das Kochen überläßt, das kann zu Unregelmäßigkeiten führen; die ganzen Vorräte, ich möchte Ihnen kein Mißtrauen, aber...«

Am nächsten Tag rücken wir, schwer mit Gepäck und

Lebensmittelkartons im Wert von 100 Mark bepackt, ins Prüfeninger Schloß zum Klosterleben ein. Die kirchlichen Führungszeugnisse stehen zwar noch aus, aber mit einem wohlgefälligen »ist schon recht« schließt er unseren Proviant in der Küche ein. Mit dem Bibelspruch »Wer einmal an den Pflug gefaßt, der schau' nicht mehr zurück« weist er uns unsere Zelle in einem Seitentrakt des Schlosses zu. Im Raum, sicher seit Jahren nicht gelüftet, schlägt uns Modergeruch entgegen. Der weißlackierte Tisch wimmelt von kleinen Tierchen. Die Doppelfenster sind mit Spinngeweben verhängt. Beim Hochnehmen des klammen Plumeaus wirbeln tote Motten hoch, alle Wolldecken sind von Motten zerfressen und durchlöchert. Beim Kopfkissenbezug fallen bei der ersten Berührung die Knöpfe ab. Pater Emmeram öffnet die Fenster und gibt den Blick frei auf einen chinesischen Pavillon im Schloßpark. Einer seiner fürstlichen Vorfahren habe ihn sich hier errichten lassen, heute diene er als Holzschuppen.
Ein Stück abseits davon steht düster die »alte Sternwarte«, ein hochgestrecktes fünfstöckiges Gebäude, völlig leerstehend. Fünf bis sechs Familien könnten darin wohnen. Pater Emmeram: »Die letzte Familie habe ich vor einigen Jahren da rausgestellt, damit wir hier im Klostergarten unter uns sind und in unserer Kontemplation nicht gestört werden.« Mit einer Handbewegung malt er uns aus, wie er durch einen ca. 30 Meter langen Neutrakt das Kloster mit der Sternwarte zu verbinden gedenkt, »damit wir die Klausur schließen können«.
Unseren Spontaneinfall, diese Menge ungenutzten Raumes durch ein paar hundert Mönche (falsche) zu nutzen und zum Leben zu erwecken, bremst er ungehalten: »Allenfalls dreißig. Wir sind doch kein Massenbetrieb. Wir müssen eine Elite (er spricht's französisch ›Elitt‹ aus) sein, die unter sich bleibt und ihre Kraft behält und ausbaut.

Nur wenige Auserwählte aus dem Volk dürfen wir zu uns heranlassen, die es dann in die Welt tragen können, damit wir nicht verweltlichen und ›vermassen‹. Man muß sich entscheiden, ob man sich mit Menschen unterhält oder auf dem Weg zur Heiligkeit den Dialog mit Gott führt.« Der »Kavaliersbau«, ein besonders gut hergerichteter separat stehender Gebäudekomplex mit ca. 70 Fenstern, Fernsehantennen auf dem Dach, auch leerstehend, soll dann irgendwann die weltliche ›Elitt‹ beherbergen, die dann, von der monastischen »Elitt« befruchtet, die Welt beglücken soll. (»Das, was sich bewährt hat in jahrhundertelanger Tradition, bewahren und zu neuem Leben erwecken.« Denn: »Reformieren artet ja doch meist in Deformieren aus. Reform ist Deformierung.«)

Nun geht er zu den praktischen Demutsübungen über, auf daß wir uns als würdige »Postulanten« erweisen. Zuerst bringt er uns Handfeger und Dreckschaufel, unter seiner Anleitung fegen wir Staub und Spinngewebe von Jahrzehnten zusammen. Anschließend führt er uns in den Klosterpark und tastet mit seinem Fuß im wuchernden Unkraut nach Kanten früherer Wege. Mit bloßen Händen läßt er uns Grasbüschel, Efeuranken und Brennesseln ausrupfen. Er kontrolliert das Ausschütteln der einzelnen Büschel. »Ihr müßt es in jedem Loch so ausklopfen, daß der Kies auch restlos aus den Wurzeln herausfällt, damit nichts verlorengeht. Ich selbst kann mich leider nicht mehr so gut bücken wegen meines Bandscheibenschadens.« Er berichtet, wie sich der Schaden bei ihm bemerkbar gemacht habe. »Hatte mal einen Schweizer hier, der war faul und trank heimlich Bier und war zudem noch anmaßend. Der wagte es mir vorzuschreiben, daß die Wege statt mit Hand und Harke viel schneller und rationeller mit einem Bulldozer in Stand gesetzt werden könnten. Dem habe ich mal vorgemacht, wie man arbeitet. Ich habe

doppelt so große Unkrauthaufen zur Schubkarre getragen wie er, da muß ich mich wohl bei überhoben haben. Seitdem hab ich meinen Bandscheibenschaden.«
Wir »roden« die Wege der Wege wegen, keiner, vielleicht außer ihm, wird sie wohl je benutzen. Während unseres zweiwöchigen Aufenthaltes rupfen wir ihm gut hundert Meter Weg frei, nachher mit Hacke, Harke, Mistgabel und Schubkarre, weil es so effektiver für ihn ist. Wir rechnen uns aus, daß wir ein paar Jahre damit zu tun hätten, da, wie uns unser Lehrmeister verheißt, einige Kilometer überwucherter Wege freizulegen wären. Während wir uns schwitzend abmühen, ermuntert uns der Pater zuweilen: »Die Frische, die ihr euch bei der Arbeit holt, könnt ihr später wieder in die geistige Betätigung miteinbringen. Das hat Gott so wunderbar eingerichtet, daß alles in Harmonie geschieht.« Und: »*Es ist auch wieder wichtig und eine Verantwortung, daß wir nicht zu bequem und zu üppig unseren Park hier gestalten, damit die Seelen sich nicht so verlieben und beheimaten, so daß sie gar keinen Drang mehr haben nach etwas Höherem. Man kann nur sagen, wie schön wir es doch haben in unserem Klostergarten, so daß man sich fast fragen muß: Wieviel schöner kann denn dann noch der Himmel sein? Aber es darf nicht sein, daß wir sagen: In den Himmel brauchen wir dann gar nicht mehr rein.*«
Die »Frische«, die wir uns bei der körperlichen Arbeit geholt haben, dürfen wir unter Pater Emmerams Aufsicht in seiner Bibliothek in geistige Kraft umsetzen. Wir haben Bücher auf ihre Vollständigkeit hin zu überprüfen, das heißt, müssen Seite für Seite durchblättern, ob auch keine fehlt. Lesen ist uns nicht gestattet, da das ablenke und ins »Uferlose führe«. Unsere Tätigkeit macht er gewichtig, indem er sie »Kollektionieren« nennt.
Auch die Bibliothek, von Pater Emmeram auf den stolzen

Bestand von 20 000 Bänden zum Teil zusammengeerbt, ist um ihrer selbst willen da. Ab und zu nimmt er einmal einen besonders kostbaren Band heraus und streicht mit seinen Händen über den vergilbten Pergament- oder Schweinsledereinband. Lesen oder wissenschaftliches Arbeiten scheinen ihm fremd. Begeistert berichtet er mehrmals über einen soeben verstorbenen Professor, der ihm einen Großteil seiner wertvollen Bibliothek vermacht habe und ihm schon zu Lebzeiten nach der Testamentsabfassung erklärt habe, »jetzt werden Sie sicher beten, daß ich bald sterbe.« – Im Kondolenzschreiben an die Familie habe er vorsorglich seinen Erbanteil angemeldet.

Neben alter Mönchsliteratur, angefangen von kolorierten gotischen Bibelhandschriften, beherbergt die Bibliothek auch das einschlägige Schrifttum der Adelschroniken und Kriegs- und faschistische Literatur, wie zum Beispiel ca. 20 Bände *Depeschen aus dem 1. Weltkrieg*, *Volk ohne Raum* und *Als Feldkurat in Sibirien*.

Hier scheint Emmeram einschlägig vorbelastet: »Es nützt uns nichts, wenn wir da so judenfreundliche Sachen reinstellen, obwohl Christus ja auch jüdisches Blut hatte, wir müssen uns auf unsere eigene Vergangenheit und beste Tradition zurückbesinnen, zum Beispiel auf Religion, Kultur usw. der Germanen und die ganzen Gründerväter unserer Klöster.«

Einige Aufregung gibt's, als Emmeram erfährt, daß sich Spaziergänger mit Kindern durch ein offengelassenes Seitentörchen in den Klosterpark verirrt haben. »Das wird immer schlimmer, die gehen einfach überall hin, das kommt davon, wenn jetzt alles sozialisiert wird. Zuerst betreten sie einem das Grundstück, nachher nehmen sie's in Besitz. So fängt's an. Die würden ja auch keinen Fremden in ihr Wohnzimmer reinlassen. Wenn Sie noch mal einem Fremden auf unserem Gelände begegnen, erklären Sie ihm, das ist hier Privatbesitz, das ist Hausfriedensbruch. Ich will nicht, daß hier überall rumgeschnüffelt wird, nachher reden die Leute darüber, und dann heißt es gleich wieder, auf Prüfening sind die Räume leer und ungenutzt, das geht niemanden was an. Da wirft man mir von draußen vor, ich bewohnte hier alles ganz allein, und dabei sehen diese Schwachköpfe gar nicht, daß ich erst mal schaffen mußte, die Familien, die nach dem Krieg drinsaßen, wieder rauszubekommen.«

Er bereitet uns auf unsere Einkleidung vor. Ein- und ausgehende Post soll von ihm geöffnet und gelesen werden, die Privatsachen von uns will er wegschließen.

Wir dürfen uns – obwohl wir angaben, uns acht Jahre zu kennen – nicht mehr duzen, sondern müssen uns mit »Frater« und Sie anreden, ihn sollen wir schlicht »Ehrwürdiger Vater« nennen. In den Klostergängen untersagt er uns lautes Reden, falls wir uns einmal etwas äußerst Wichtiges mitzuteilen hätten, sollten wir uns in die Fensternischen beugen und es uns zuflüstern. Auch unser Gehen müssen wir verändern; keine normalen Schritte mehr, sondern gedämpftes schallschluckendes Schlürfen ist von nun an die Vorschrift. Abends nach der Komplet (Abendgebet) ist uns absolutes Schweigen auferlegt, falls sich jetzt noch eine unerläßliche Mitteilung ergibt, ist die Verständigung nur durch Aufschreiben auf Zettel erlaubt. Der Kontakt mit der Außenwelt soll endgültig abgebrochen werden. Falls wir wider Erwarten doch einmal im Kloster oder in der Kirche von Menschen angesprochen werden sollten, sollten wir »höflich, aber bestimmt« zu verstehen geben, daß uns die heilige Regel Sprechen nicht erlaube, in so einem Fall sollten wir unbedingt auf ihn verweisen.

Da er uns gegenüber die Postzensur eingeführt hat, begegnen wir ihm mit der gleichen Offenheit. In seiner Kor-

respondenz findet sich ein Brief des obersten Abtes der Benediktiner in Rom (des Abt-Primas Benno Gut). Darin heißt es, daß nach geltendem Kirchenrecht Schloß Prüfening »keinerlei kanonischen Status (habe), weder Postulat, Noviziat, noch Profeß sind also gültig«.
Das Essen ist im Scheinkloster ein besonderes Ritual. Der Eßsaal oder das »Refektorium«, wie er es nennt, wird von uns, früher von ihm allein, ausschließlich zur Essenseinnahme benutzt. Ein etwa 100 qm großer Saal (Parkettboden, wie überall im Schloß) mit Stuckdecke und über den Türen die fürstlichen Thurn und Taxis-Embleme, eine Fläche, wie sie den meisten Familien als Gesamtwohnung nicht zur Verfügung steht. »Dort stand die Wiege meines Bruders«, erklärt uns Fürstmönch Emmeram gedankenversunken, während wir Suppe löffeln. Und als ich, von der Gartenarbeit müde, den Ellenbogen auf den langgestreckten Abendmahltisch aufstütze, erteilt Pater Emmeram einen Verweis: »Gerade hinsetzen! Dieses Hinlümmeln wie bei den Engländern hätte es bei meinem Papa nie gegeben.« Und: »Ich bin wie meine Mutter ganz die alte Schule; sie saß mit 80 noch kerzengerade und lehnte sich nie an.«
Vor und nach den Mahlzeiten haben wir rechts und links von unserem Prior Aufstellung zu nehmen und in seinen Singsang miteinzustimmen: »Benedicite, benedicite...« (»gebenedeit, gebenedeit«), er achtet streng darauf, daß wir ihn in der Lautstärke nicht übertönen und an der richtigen Stelle uns lange und tief genug verneigen. Es kommt vor, daß er mitten im Choral einem von uns zuzischelt, »schnell; die Suppe kocht über« oder daß er während der Schlußsequenz eine Fliege auf dem Boden scharf ins Auge faßt und sie bei »deo gratias« mit seiner Serviette mit gezieltem Schlag erlegt.
Uns wundert, daß er den Tischchoral stets mit dem Rük-

ken zum Kreuz mit uns abhält. Als ich ihn frage, ob das der Gekreuzigte nicht als Unhöflichkeit empfinden könnte, verblüfft er uns mit der Erklärung, daß er sich immer vorstelle, daß rechts und links von ihm die Schar der Mönche in Hufeisenform, zum Kreuz hin gewandt, stünde. Er habe das von Anfang an so eingeführt, dann brauche er sich später, wenn die »Elitt« einmal beisammen ist, nicht mehr umzustellen.

Beim Kochen überwacht er jeden unserer Handgriffe. Er besteht darauf, daß wir bei den Suppen jeweils doppelt soviel Wasser nehmen, wie auf der Verpackung angegeben, und selbst beim Strom fürs Wasser ist er noch auf Sparen aus. Das Eiwasser wird zum Würstchenwasser und das Würstchenwasser zum Teewasser.

Zum Frühstück genehmigt sich unser Prior Johannisbeermarmelade, die, wie er betont, aus einem der ererbten Gärten stamme. Als Bruder Wolfgang auch danach verlangt, weil sie, wie er sagt, so »lecker aussehe«, wird das von Pater Emmeram aufs schärfste mißbilligt. »Man kann sich nicht allen leiblichen Genüssen hingeben«, sagt er und »was heißt hier lecker; lecker gibt's im monastischen Leben nicht.« Noch Tage später hält er ihm das »lecker« vor. Das Brot, das er uns aufnötigt, ist alles andere als »lekker«. Er verwahrt alles so lange, bis es kurz vorm Verderben ist. Das Weißbrot, das er uns reicht, schmeckt muffig. Frisches Weißbrot ist da, aber er verwahrt es so lange, bis es den ersten Schimmel ansetzt. Ähnlich verfährt er mit den Semmeln, die täglich vom Bäcker gebracht werden (adressiert an »hochwohlgeborener Pater Emmeram«). Es sind zuviel für uns, 12 Stück. Die frischen steckt er in ein Leinensäckchen mit den aufgestickten Initialen »P. E.«, er teilt sie an uns aus, wenn sie, vom Vortag, alt sind.

Mit sonorer Stimme hält er, wenn wir auf den dreibeinigen rohgezimmerten antiken Stühlen Platz genommen und uns

zum zweitenmal bekreuzigt haben, die Tischlesung. Aus einem Alten Testament von 1900 wählt er auf unsere Situation zugeschnittene Stellen aus, wie die aus dem Buche Jesus Sirach, 33. Kapitel, Vers 33—40:
»Von der Behandlung der Sklaven.
Heu und Stock und Last sind für den Esel; Brot und Züchtigung und Arbeit für den Sklaven. Halt Deinen Knecht zur Arbeit an, sonst sucht er Weichlichkeit und wird, wenn er sein Haupt erhebt, sich wider Dich empören. Den Nacken krümmen Joch und Strick und für den schlechten Sklaven ziemt sich Block und Folter. Halt Deinen Knecht zur Arbeit an, sonst wird er widerspenstig: denn wenn er müßig geht, kommt er auf manche Bosheit. Befiehl ihn zu der Arbeit, wie es ihm gebührt, und wenn er nicht gehorcht, leg ihn in schwere Ketten!...
Hast Du jedoch nur einen Knecht, dann sei er ganz Dir gleich, denn wie Dein eigen Ich so würdst Du ihn missen... Denn beutest Du ihn aus und er entläuft und geht verloren, auf welche Weise wirst Du ihn dann wiederfinden?«
Bei diesem altbiblischen kapitalistischen Lehrstück scheint nicht der zweite, sondern der erste Teil auf uns gemünzt, da er in uns gleich zwei Lakaien hat.
Die 100 000-Mark-Erbschaft, mit der ich ihn geködert habe, scheint ihn zu beschäftigen. Gleich dreimal, an verschiedenen Tagen, hält Emmeram als Tischlesung das 58. Kapitel der Ordensregel des heiligen Benedikt »Vom Verfahren bei der Aufnahme von Brüdern« mit der Stelle:
»...Wenn er etwas zu eigen besitzt, verteile er es entweder vorher unter die Armen oder vermache es durch eine rechtskräftige Schenkung dem Kloster, ohne sich irgend etwas vorzubehalten; er weiß ja, daß er von jetzt an nicht einmal mehr über seinen eigenen Leib frei verfügen kann.«

Er nimmt mich anschließend beiseite, meint, bevor ich nun alles hinter mir abbreche, müsse das mit meinen Vermögenssachen geregelt sein. »Das kostet Sie doch sicher hohe Verwaltungsgebühren beim Notar«, erkundigt er sich und: »Sie können Ihr Vermögen bis zur endgültigen Profeß hier bei mir in ein Depot zu treuen Händen legen.« Ich zeige mich von seinem Vorschlag angetan. Dann sprechen wir noch über meine Waschmaschine, die er von mir, »einem reichen Mann«, als Einstand erhofft. Auch hier zeige ich mich nicht abgeneigt. Schließlich will ich ihm noch eine Liste meiner Verwandten (folgerichtig auch vermögend) aufstellen; er will mir dann bei den Spendenbittbriefen behilflich sein. Ich sei »ein echter Trost« für ihn, meint er und (obwohl ich im Gegensatz zu Bruder Wolfgang weder Meßdienen noch Choralsingen, noch sonst so echt religiös mimen kann) meint er, über die Berufung des Bruder Wolfgang sei er sich längst nicht so klar wie bei mir, und so kommt es, daß ich, Ivo, einige Tage früher als Bruder Wolfgang eingekleidet werde.
In einer Kammer im Dachgeschoß hängen an einem Holzgestell zehn schwarze Kutten. Ich probiere einige an. Die längste und wärmste (dicker Wollstoff) erklärt Pater Emmeram für die schicklichste. Meine Hose muß ich ausziehen; – »wir halten es mit der alten monastischen Tradition, obwohl sich da in einigen Klöstern schon ganz modernistische Tendenzen einschleichen, wo die ihre Hosen drunter anbehalten.« – »Aber man muß schon seine Unterhose tragen, damit nicht mal etwas aufs Parkett fällt.«
»Hier in diesem Raum hat mal Regina, unsere frühere Haushälterin, gewohnt«, erinnert sich Emmeram, »aber sie war zuletzt so ungeschickt und fiel immer hin, daß ich sie vor einiger Zeit ins Altersheim gestellt habe.« Emmeram nimmt an, das häufige Hinstürzen habe bei ihr »in

der Familie gelegen«. Nach dem ersten Sturz im Treppenhaus des Schlosses (sie brach sich dabei das Schlüsselbein) sei sie mit herabhängender Schulter ganz schief gelaufen; Emmeram demonstriert, wie es ausgesehen hat. Nach dem zweiten Sturz – Emmeram spreizt die Beine und humpelt ein paar Schritte vor – habe sie die Beine nicht mehr richtig voreinandersetzen können. Und zu guter Letzt sei sie auch noch mit dem Meßbuch die Altarstufen runtergefallen, »da war das ganz Buch voll Blut.« – »War es ein wertvolles, altes Meßbuch?« will ich wissen. »Nein«, sagt er, »nichts besonders Wertvolles, aber von Blut beschmiert, ich war sehr konsterniert.«
(Damalige Besucher von Schloß Prüfening führen das Hinstürzen der 80jährigen Regina nicht auf deren Erbfaktoren zurück, sondern viel eher auf den familienbedingten Geiz des Pater Emmeram, der selbst das Licht im Schloß sparte; bei dem sich das Besitzstreben der fürstlichen Familie und das Prinzip des Zusammenraffens auf absurde, aber um so sichtbarere Weise verselbständigt hat.)
Regina, der im äußersten Winkel des Schlosses die Dachkammer zugewiesen war, diente dem Fürstmönch für ein »vergelt's Gott« und zahlte ihm noch für diese Ehre (»ich hätte nie gedacht, daß ich in meinem Alter noch das Glück habe, einem Fürsten dienen zu dürfen«) den Kaffee und 25 Mark monatlich für die Unterkunft. Als sie sich nicht mehr nützlich machen konnte, wurde sie wie ein ausgedienter Besen in die Rumpelkammer (Altersheim) »gestellt«.
Nach meiner Einkleidung führt mich Emmeram erstmals in seine Privatgemächer. Drei Türen schließt er auf und hinter sich wieder ab. In seinen Räumen sieht es aus wie im Lager eines Antiquitätenhändlers, Bauernschränke, ererbt, Uhrengehäuse und zwei alte bronzene Kirchen-

glocken. Auf einem Stehpult liegt das *Goldene Buch der Liebe*, eine Buchhaltungskladde, in die er alle Erbschaften und Geschenke eingetragen hat; in seinen Spendenrundbriefen auf folgende Weise hochstilisiert: »...Treulich und dankbar haben wir die Namen und Gaben aller unserer lieben Freunde und Wohltäter in das im Kloster gewissenhaft geführte *Goldene Buch der Liebe* eingetragen, und stets gedenken wir aller im Gebet und beim heiligen Opfer am Altare.« Hier ist der Schaffner, der ihm, als er ohne Fahrkarte im Autobus angetroffen wurde, die Fahrkarte aus eigener Tasche spendierte, mit der industriellen »geldadeligen« Baronin Amalia von Thyssen, die ihm 10 000 Mark spendete, vereint. Aus einer Schublade legt er mir vorgedruckte Formulare vor, Quittungen fürs Finanzamt, die Schloß Prüfening seit 1957 als »gemeinnützig« einstufen und die Spenden »von der Steuer absetzbar«; »falls Ihre wohlhabenden Verwandten uns für unseren Aufbau einmal etwas zukommen lassen wollen«.

Statt »Gemeingefährlichkeit« wird ihm hier Nutzen für die Allgemeinheit bescheinigt, obwohl es sich in Wirklichkeit um gemeinen Nutzen für ihn selbst und die fürstliche Familie handelt. Die Klostergründung ist allenfalls ein Traum von Emmeram, für den als 14jähriger der Entschluß feststand, »wie sein weiteres Leben verlaufen« sollte; der vielleicht aber auch weniger von Gott als der fürstlichen Familie – traditionsbedingt – als Kontaktmann vom Adel zur Kirche und Repräsentationsfigur auserwählt war. Als Jüngster von 7 Geschwistern kam er als »regierender Fürst« ohnehin nicht in Betracht, jetzt hat er für seine fürstliche Sippe die Funktion eines nützlichen Idioten. Stirbt er, ohne daß es zu einer Klostergründung gekommen ist, was abzusehen ist, fällt der von ihm in Schuß gehaltene und weiter »arrondierte« zusammenge-

hortete Besitz denen von Thurn und Taxis anheim. Prinz Johannes, der Erbprinz, hätte sich schon einige Male mit dem Gedanken getragen, Schloß Prüfening zu einem seiner Domizile zu machen, erzählt uns Emmeram über die Absichten seines Neffen.
In einer obskuren Vereinssatzung »Verein Kloster Prüfening e. V.« aus dem Jahre 1957, unterzeichnet von fünf fürstlichen Mitgliedern und dem damaligen Erzbischof Buchberger, mit dem sich Emmeram seinerzeit Arm in Arm im Schloßpark erging, ist ebenfalls von »Gemeinnützigkeit« die Rede. »§ 2: Der Verein verfolgt ausschließlich und unmittelbar kirchliche, gemeinnützige und mildtätige Zwecke... Der Verein verwirklicht diese Zwecke insbesondere durch a) Abhaltung des Gottesdienstes, b) Pflege der Wissenschaft, Kunst und Heimatkunde, c) Unterricht und Ausbildung für religiöse, wissenschaftliche, künstlerische und handwerkliche Berufe; d) Ausübung der Werke christlicher Nächstenliebe.«
Der Akt »christlicher Nächstenliebe« und »Mildtätigkeit« dürfte einzig und allein darin bestehen, daß dem fürstlichen Haus durch diese Satzung Körperschafts- und Vermögenssteuer und eventuell auch Erbschaftssteuer erspart bleiben und dazu noch das Schloß eine ständige Wertsteigerung erfährt. Aber auch indem z. B. durch staatliche Mittel die Schloßkapelle St. Andreas (weder zum Beten noch zur Besichtigung freigegeben) restauriert wurde.
In § 8 der Vereinssatzung ist festgelegt: »Der Vorstand leitet und verwaltet die Vereinsangelegenheiten nach seinem Ermessen.« Da zur Zeit der Vereinsvorstand nur aus fürstlichen »Durchlauchtheiten« besteht und Vereinsmitglieder ganz fehlen, ist zu ermessen, in wessen Sinne und Ermessen hier »Vereinsangelegenheiten« verwaltet werden.

Ob »christliche Nächstenliebe« mit im Spiel ist, wenn Pater Emmeram Antiquitätenhändler zu Tauschgeschäften empfängt oder z. B. Ehefrauen von Gerichtsreferendaren Stickereien verkauft oder Studenten Möbel, sei dahingestellt. Und ob es andererseits etwas mit christlicher »Mildtätigkeit« auf sich hat, wenn die fürstliche Thurn und Taxis-Bank dem Pater die zuvor dort diktierten »Bettelbriefe« vervielfältigt und verschickt oder ob handfeste materielle Interessen dafür ausschlaggebend sind, sollte man überlegen. Auch wie es der fürstliche Pater mit der »Nächstenliebe« in Einklang bringt, wenn er sich bei ererbten Häusern alter Leute, die dort Wohnrecht auf Lebenszeit hatten, entledigt.

Mehr und mehr sieht der fürstliche Pater in uns seine Vertrauten. Zunehmend spricht er weniger über Gott und jenseitige Dinge als über alten, neu erworbenen und noch hinzuzuerwerbenden Besitz. Meist jedoch bemüht er Gott oder so etwas noch zur Rechtfertigung herbei. »Mit allen Gegenständen hier im Kloster, und wenn es nur der Fensterhaken ist, habt Ihr umzugehen wie mit göttlichem heiligem Altargerät.« – »Nun konnte ich mit Hilfe der göttlichen Vorsehung schon an die 100 Hektar arrondieren.« Eine alte Frau, die ihm täglich kostenlos die Eier bringt, ihn mit »werter Herr« anredet – sie wohnt in einem fürstlichen Haus zur Miete –, bedenkt er gnädiglich mit einem »ist schon recht« oder, wenn er gut gelaunt ist, mit »vergelt's Gott«. Einmal empfängt er sie: »Nun, wieviel Eier hat Sie uns denn heute gelegt?« (Er meint nicht etwa das Huhn, sondern er identifiziert die Frau mit dem Huhn.) »Sechs diesmal nur, werter Herr«, antwortet die Frau, die in respektvollem Dreimeter-Abstand von ihm stehengeblieben ist und darauf wartet, bis er ihr durch Kopfnicken zu verstehen gibt, daß sie ihr Rad wieder besteigen und weiterfahren kann.

Als wir zum Sonnenuntergang außerhalb der Klostermauern über die zu seinem Besitz gehörenden Felder schauen, bemerkt er zwei Frauen, die ihren Abendspaziergang dort machen. »Die müßten barfuß über die Stoppeln laufen«, sagt er, »dann könnten sie was bei abbüßen.« Und über einen »Sommerkeller«, eine ehemalige Gaststätte der fürstlichen Familie, der am oberen Feldrand gestanden hätte, zuletzt lange Zeit leer, da sich kein geeigneter Pächter fand, stellt er frohlockend fest: »Wir ließen ihn abreißen, weil sich die jungen Leute ganz unverschämt darin amüsiert haben.«
»Eva, die dumme Gans, die an allem Übel der Menschheit schuld«, sei, sieht er zwei Tage später in der Kirche personifiziert. Ein junges Mädchen in Hot-Pants, die sich die freskenbestückte Klosterkirche anschaut, regt ihn zu inquisitorischen Gelüsten an (zu Bruder Wolfgang, den er wegen heimlichen Rauchens bereits mehrfach zurechtgewiesen hatte): »Da hätten Sie sich mit Ihrer Zigarette einmal nützlich machen können und die Glut auf deren Schenkel ausdrücken sollen.«
Er, der fürstliche hochwohlgeborene Sproß, im Bewußtsein erzogen und aufgewachsen, kraft seines Adelsprädikates und Besitzstandes allen anderen gegenüber erhaben und begnadet zu sein, das Maß aller Dinge, Mittelpunkt der Welt, jenseits aller Kritik, seit Generationen geistige Inzucht, fühlt sich als »Letzter der Gerechten«, Richter, und wenn er schalten könnte, wie er wollte, als Herr über Leben und Tod. »Ich halte in dieser gottabgewandten Zeit die Stellung für spätere Generationen, die es vielleicht wert sind, eine ›Elitt‹ darzustellen«, erklärt er, als ich ihn einmal frage: »Ehrwürdiger Vater, was wird aus Prüfening, wenn wir so unter uns bleiben und keine Verstärkung bekommen?«
Sosehr »Gott« für ihn Chiffre für etwas Nebulöses, Un-

persönliches, Jenseitiges ist, so konkret, personifiziert, geradezu leibhaftig diesseitig sieht er dagegen den Teufel. »Das Schlimme heute ist, daß die Menschen nicht mehr an den Teufel glauben, der Teufel wird ja leider überhaupt nicht mehr ernst genommen.« – Er, Emmeram von Thurn und Taxis, glaubt an den Teufel mit mittelalterlicher Inbrunst, er sieht ihn überall da verkörpert, wo er annimmt, daß gegen seine Interessen behandelt wird, ja, bereits dort, wo er geringste Zeichen von Kritik wittert. »Wo eine gute Sache wächst (er meint die eigene), tut der Teufel alles, benutzt selbst manche, von denen man es am wenigsten glauben möchte, in seiner Schläue und tut dann das Unkraut in den Acker hineinstreuen.« Er spricht vom hiesigen Bischof Graber, mit dem er ja weltanschaulich und politisch auf einer Linie stehe, der da so völlig integer und konservativ sei (Graber ist Mitglied der erzreaktionären Deutschlandstiftung und Strauß-Freund), aber selbst der unterliege in manchen Dingen der Einflüsterung des Satans. Nämlich, weil Graber unserem Aufbau hier so »skeptisch und mißgünstig« gegenüberstehe, daß er selber auf Prüfening spekuliere. »Ich war so dumm und habe ihm mal die ganzen Unterlagen über Prüfening vorgelegt, weil ich dachte, dann unterstützt er uns. Da hat er sich einfach alles abkopiert, und da hab ich seinen Appetit erst richtig geweckt; ja, der Teufel versteckt sich in den unterschiedlichsten Gestalten.« In den beiden Schwestern des früheren Gemeindepfarrers sieht er den Teufel bereits leibhaftig. (Pfarrer Treml war ihm zu dessen Lebzeiten schon ein Dorn im Auge. Dieser Bauernsohn erdreistete sich, im Wagen bis zur Klosterkirche vorzufahren, um dort die Messe zu halten. Er, Emmeram, darauf bedacht, fürstliche Belange zu wahren, versuchte dem einen Riegel vorzuschieben, indem er für über 2000 Mark ein Tor anfertigen ließ und es 300 Meter vorm

Schloß, noch auf öffentlichem Gemeindeweg, anbringen ließ. Ortspfarrer Treml, durch eine Kriegsverletzung am Fuß schwer gehbehindert, wurde so gezwungen, den Anmarsch zur Kirche humpelnd zu bewältigen. Als es Emmeram zu weit trieb und auch Pfarrmitgliedern, die zur Erstkommunionsfeier ihre Wagen vor der Kirche geparkt hatten, Verwarnungen mit dem Stempel der fürstlichen Domänenverwaltung an die Windschutzscheibe steckte, wurde ihm von Polizei und Bischof untersagt, über den öffentlichen Zufahrtsweg als Privatbesitz zu verfügen.)

Vor den Schwestern des verstorbenen Pfarrers warnt er uns wiederholt und nachdrücklich: »Kein Kontakt zur Bevölkerung und besondere Vorsicht vor diesen alten Dreckschleudern. Früher hätte man sie als Hexen verbrannt. Leider gibt's das ja heute nicht mehr. Ich würde sie ja gerne verbrennen, aber natürlich nur die sterbliche Hülle, die ewigen Teile können dann im Jenseits schmoren. Über so was wollen wir aber eigentlich nicht reden, wir sind ja dazu da, unseren Glauben zu festigen, wir müssen uns um den Aufbau hier kümmern und nicht beirren lassen von dem Viehhändlergeschwätz der Dreckschleudern.« Beim Wegeroden zeigt er auf eine verdorrte Distel: »Rupft die aus; das ist so ein rechter Hexenblumenstrauß, den könnt ihr den Giftspritzen vors Fenster stellen.«

Eine Frau nimmt momentan in seinem Leben eine Sonderstellung ein. Er verdächtigt sie nicht als Hexe, sondern behandelt sie wie eine Vertraute. Rosa, verwitwet, Mitte 40, bringt seit einigen Tagen das Essen (früher für ihn allein, jetzt für uns drei). Wir brauchen es nur warm zu machen; eine fürstliche Verpflegung für uns (sonntags gibt's Entenbraten), nachdem wir beim Selberkochen unter Aufsicht unseres Priors sehr unter seiner Knauserigkeit und Allesbesserwisserei gelitten hatten.

Jeden Abend in der Dämmerung, wenn Emmeram mit uns vorm Schloß – er in der Mitte – Auf- und Abgehen übt und uns dabei belehrt, erscheint Rosa mit ihrem Wolfshund. Dann wird dem Hund, den sie in vertrautem Gespräch mit Emmeram »mein Schutzengel« nennt, ein sich allabendlich wiederholendes Ritual vorgespielt, das meiner Ansicht nach Wastl (so heißt das Tier) längst durchschaut hat, es aber des eigenen Vorteils wegen mitspielt: Rosa reicht möglichst unauffällig Seiner »Durchlaucht« (so nennt sie ihn) ein Stück Hundekuchen. Emmeram läßt's in der Kutte verschwinden und streckt's an der Kuttenöffnung wieder hervor: »Ei, der liebe Wastl, was hab ich denn für ihn.« Der Hund frißt es ihm dankbar, mit dem Schwanz wedelnd, aus der Hand. Als wir diesen Vorgang beobachteten, rechtfertigt sich Emmeram: »Ja, eigentlich schmück ich mich hier mit fremden Federn, aber der Wastl hat mir gleich vom ersten Tag an aus der Hand gefressen.« Und zu Wastls Herrin später: »Sie sind eine so brave Frau, jetzt haben Sie wieder so viel Arbeit mit uns. Vergelt's Ihnen Gott.« Zu uns später: »Sie hätt es gar nicht nötig, bringt immer das Essen umsonst und pflegt auch noch ehrenamtlich Leute im Altersheim, wie jetzt wieder eine wohlhabende Dame von gutem Stand«, die sich, wie er sagt, »mit dem Sterben so abquälen« müsse.

Pater Emmeram hat nicht nur Freude an seinem »arrondierten« Besitz. Manch unverschämte Auflage und Tücke bringt schon mal so ein von kleinen Leuten ererbtes Stück Land und Haus mit sich. Die jährlichen Gedächtnismessen, mit denen die meisten Verstorbenen ihr Erbteil aufrechnen lassen wollen, sind für Emmeram keine Geschäftsbelastungen, da sie über bargeldlose transzendentale Tauschgeschäfte laufen. Ärgerlich wird es erst, wenn »betrügerische Verstorbene«, die ihm ihr Erbe überlassen, nicht ihren Ruheplatz auf dem Friedhof zu

ihren Lebzeiten voll vorfinanziert haben. Als Nachbelastungen wegen Grabverteuerung bei ihm als »rechtlichem und zahlungspflichtigem« Erben eintreffen, empört sich Emmeram: »So eine Schlamperei, mir die Schulden zu hinterlassen. Da konnten sie sich gefälligst zu Lebzeiten drum kümmern. Ich zahl das nicht. Die sollten sich besser verbrennen lassen.«
Jeden Morgen Punkt 6 Uhr holt uns Pater Emmeram vor unserer Tür zum Kirchgang ab. Schweigsam hasten wir über den Vorplatz der Kirche zu. Immer dieselbe alte Frau steht in etwa 100 Meter Entfernung in gebührendem Abstand gebückt in einer Wegkurve und setzt sich, wenn Emmeram den Schlüssel ins Kirchtor steckt, in Bewegung: Insgesamt vier bis sechs alte Frauen feiern mit uns allmorgendlich das Meßopfer. Wir sitzen vor ihnen, der Gemeinde, getrennt im Altarbereich im Chorgestühl. Manchmal kritisiert unser Prior nach der Messe unsere Gebetshaltung: »Nicht so im Chorgestühl hängen und aufstützen. Wenn man zu einem weltlichen Potentaten geht, dann verhält man sich ja auch bescheiden und demütig, so daß man den besten Eindruck macht, denn man will ja schließlich was von ihm.« Auch beim Messedienen am Altar ergreift er die Gelegenheit, seinen Geiz in Miniaturform auszuleben. Beim Anbrennen der Kerzen tadelt er Bruder Wolfgangs Verschwendung, der 2 Streichhölzer dafür brauchte: »Ein Streichholz hätte genügt für beide Kerzen, sie sind zwar nicht teuer, aber man kann überall sparen. Man hält das Zündholz in die Höh, damit es nicht so schnell abbrennt.« Die Streichholzschachtel versteckt er in seinem Sakristeischrank, damit nicht der Ortspfarrer oder dessen Meßdiener sich an seinen Zündhölzern bereichern.
Trotz dieser übertriebenen Sparsamkeit, die Emmeram, wie er sagt, »nicht seinetwegen, sondern Gott zu Gefal-

len einhalte«, konnte es doch geschehen, daß er aus menschlicher Schwäche heraus einmal »zwei Bittstellern einer über alle Zweifel erhabenen Familienzeitschrift« 20 Mark lieh. Die Zeitschriftenwerber, erklärte Emmeram später vor Gericht, »versicherten hoch und heilig, daß sie mir das Geld gleich am nächsten Tag zurückzahlen wollten, sie brauchten das Geld für eine Tankfüllung ihres klapprigen VWs.« Als sie das nicht taten oder konnten, »riß dem Ordensmann, dessen Gutmütigkeit immer wieder von gewissenlosen Betrügern ausgenutzt« worden sei, »die Geduld«, schrieb später die *Bild*-Zeitung über diesen Fall, um im letzten Satz voll Genugtuung die gerechte Strafe zu verkünden: »Adolf S. wurde wegen Betrugs zu 3 Monaten Gefängnis ohne Bewährung verurteilt.«
Derartige Enttäuschungen und materielle Einbußen sind jedoch, falls Fürstmönch Emmerams neueste Pläne Gestalt annehmen sollten, leicht zu verkraften. In den letzten Tagen unseres Noviziats berichtet er uns mehrfach von einem »Bauorden«, einer internationalen Studentenorganisation, die im Rahmen der Wiedergutmachung und zu karitativen Zwecken überall da, wo Not am Mann sei, kostenlos helfen würde. Er glaube, da jetzt einen Draht hin gefunden zu haben, um sie nach Prüfening zu holen, da »hier im Kloster und Park so viel aufzubauen« sei. »Die haben sogar Fachingenieure dabei.«
Nach 14 Tagen Prüfening bereiten wir ihm zum Abschied noch eine Gotteserscheinung. Da wir als normale Sterbliche, zudem unadelig, doch keinerlei Einfluß auf ihn auszuüben in der Lage sind, versuchen wir ihm von allerhöchster Stelle aus beizukommen.
Im Flur vorm Refektorium haben wir eine Lautsprecher-Verstärkeranlage mit göttlichem Hall-Flair eingebaut. Die Voraussetzungen sind günstig. Es stürmt draußen,

von weitem donnert es, und einige Fenster im Schloß schlagen zu. Die Türen des Eßsaals haben wir vorübergehend verschlossen. Auf das Stichwort »Benedicite, benedicite«, wir stehen – er in unserer Mitte – mit dem Rücken zum Kreuz, fängt vom Flur her Gott an zu sprechen:
»Ich bin der Herr, Dein Gott, Emmeram mein Knecht, beuge deine Knie!
Du mein abgefallener Sohn, tue Buße! Leg ab deine Habgier. Was du und deine Ahnen dem Volke nahmen, laß nun des Volkes eigen sein.
Mach aus dieser Stätte der Habgier, der Menschenverachtung, des Stolzes, einen Tempel zum Wohlgefallen der Wohnungssuchenden, Kinderreichen, Gastarbeiter und bedürftigen Studenten. Sie alle sollen hier kostenlos wohnen und leben. Übergib ihnen auch dein zusammengerafftes Land. Du selbst tue Buße und verbring den Rest deines Lebens erstmalig den Menschen dienend als Pfleger im Altersheim. Wenn du aber in deiner Hoffart, deiner Besitzgier und deinem Standesdünkel weiter verharrest, wird sich das Volk auch so holen, was ihm zusteht, und dich mit, und dann gnade dir Gott!«
Während der Erscheinung fallen wir mit Emmeram in die Knie. Anschließend ist er sehr verunsichert. Er meint: »Das war nicht Gott, so spricht nicht Gott. Das war ein vom Teufel Besessener oder Satan selber.« Wir erklären ihm, daß nach unserer Vorstellung Gott so sprechen müsse.
In derselben Nacht verlassen wir ihn. Wir hinterlassen ein Schreiben, in dem wir ihm mitteilen, daß uns »besondere Umstände zwingen würden, unseren gemeinsamen Klosteraufbau so plötzlich zu unterbrechen«. Er möge noch etwas Geduld haben, alles Nähere würden wir ihm zu gegebener Zeit mitteilen.

Ansichten und Meinungen einer Durchlaucht:
Prior Pater Emmeram von Thurn und Thaxis

Neger: »Ich mußte in meinem Leben schon viel erdulden; man muß sich das vorstellen, hier in unserem Schloß haben nach dem Krieg Neger gehaust, syphilitische Neger in unserem wertvollen Mobiliar.«
Juden: »Nicht so ein individualistisches Gehudel anstimmen wie in der Judenschule, wo alles drunter und drüber geht.«
Demokratie: »Diese Regierung heute, keine Vaterlandsliebe mehr. Alles kommunistisch unterwandert, bis zu unserem Rektor hier an der Universität.
Das wird noch schlimmer kommen, die Gleichmacherei jetzt überall, wo keine Achtung und kein Respekt mehr ist. Die Demokraten sind in Wirklichkeit die wahren Despoten.«
»Die werden noch sehen, wenn die Schattenseite der Demokratie erst allen sichtbar wird, werden sie sich wieder nach einer Monarchie zurücksehnen; da wäre unser Franz der rechte Mann für, der würde das schon machen.«
Über den CSU-Politiker Höcherl: »Ihn besuch ich hin und wieder; ist zwar mit seiner Geburt nicht alles einwandfrei, er ist nichtehelicher Abstammung, aber er ist sonst ein wackerer und fähiger Politiker.«
Über den Bundeswehr-General Grashey: »Er war auch auf der Beerdigung meines Bruders zuletzt, ein guter Freund unseres Hauses.«
Über den bayerischen Weihbischof Defregger, gegen den der Vorwurf erhoben wird, daß er in Italien Geiseln erschießen ließ: »Er ist ein so vorbildlicher Christ, wie er ein vorbildlicher Soldat war. Er ist damals eigens zur Beisetzung meines Schwagers nach Tirol gekommen; ein sehr Lieber, hat mir noch das Weihwasser gehalten und ganz demütig, obwohl er schon Bischof war; er hat einen so schönen Nachruf auf meinen Schwager gehalten, so gewandt und gut gemacht, er hatte das Wort in der Gewalt.«
Eigentum: »In Kroatien, das früher zu Ungarn gehört hat, hatten wir viel Land verloren, dafür sind wir nach dem 1. Weltkrieg entschädigt worden über den Völkerbund. Als die rote Regierung noch nicht dran war, hat man uns recht großzügig abgefunden für Land, das uns der Osten geraubt hat. Wir kennen die brave Leute im Ministerium, da haben wir über 30 Millionen Mark Wiedergutmachung bekommen; das haben wir jetzt in Brasilien und in Kanada im Umkreis großer Städte in Landbesitz gut angelegt.«

Henkel

Bernt Engelmann
Am Hof der Persilfürsten

Deutschland hat – von den Thurn und Taxis und zwei Dutzend anderen einmal abgesehen – kaum noch Fürstenhöfe, jedenfalls nur noch wenige, wo nicht bloß repräsentiert, konsumiert und prätendiert, sondern auch noch handfest regiert und fast unumschränkte Macht ausgeübt wird. Es gibt indessen einen nahezu vollwertigen Ersatz, nämlich den Hof des Persilfürsten aus dem Hause Henkel zu (Düsseldorf-)Holthausen. Und die Schahbanu, zwar nicht auf dem Pfauen-, doch auf dem Pril-Enten- und zweitmächtigsten Waschmittel-Thron Europas, ist so fotogen, public-relations-bewußt und glamourous, wie man es von der Herrscherin über ein Reich nur erwarten kann, dessen erklärtes Ziel es ist, alle Grauschleier wegzuziehen.
So fiel dem bundesdeutschen Volk der Name dieser Schahbanu, Gabriele Henkel, denn auch spontan ein, als die Meinungsforscher des Frankfurter Contest-Instituts einem repräsentativen Querschnitt der Bevölkerung die Frage stellten, ob hinter dem Waschmittelkonzern der Henkel GmbH zu Düsseldorf-Holthausen eine Familie stehe.
Die Kenntnis des Volkes stammt aus Illustrierten, und infolgedessen weiß ›man‹ eben, wie die Henkels leben, und vor allem, wie Gabriele hofhält: Ihr Salon ist theaterreif; sie gestaltet die Bewirtungen von jährlich weit über tausend Gästen zu jeweils »unvergeßlichen Abenden«. Bis zu 180 Personen finden bequem Platz in der geräumigen

Villa Henkel in der Düsseldorfer Chamissostraße, und das nicht nur zu Steh-Parties, sondern auf komfortablen Edelholz-Polsterstühlen (die sonst außerhalb eingelagert werden). Bei noch größerem Andrang wird im Garten der Luxusvilla ein riesiges, natürlich vollklimatisiertes Zelt errichtet...
Noch besser Eingeweihte wissen, daß die Tischordnungen und Menüs für die gesellschaftlichen Ereignisse im Hause Henkel in nervenzerrüttender Generalstabsarbeit von der Hausfrau und ihrem Sekretariat ausgearbeitet, verworfen, von neuem geplant und schließlich perfektioniert werden; daß alles genau zueinander passen muß: Tapeten, Vorhänge, Stuhlbezüge, Blumen, Porzellan sowie die Abendrobe und der Schmuck der Gastgeberin; das hierfür berühmte Designer und Innenarchitekten von weit her, sogar aus den USA, eigens eingeflogen werden; daß dabei auch der sogenannte ›kulturelle Rahmen‹ genau eingeplant wird. Denn seit es Gabriele Henkel einst einmal, nein, sogar zweimal gelungen ist, den Dramatiker Ionesco in ihrem Hause einer faszinierten Schar von Gästen aus Industrie und Bankwelt zu präsentieren, ist es ihr Ehrgeiz, jedes Abendessen zu einem bedeutsamen und niveauvollen Ereignis werden zu lassen, in dessen Gestaltung sie – so einmal ›Der Spiegel‹ – »mehr Kraft investiert als etwa ihr Stammgast Stroux in eine neue Inszenierung«. Das Programm, auf handgeschöpftes Bütten gedruckt, das Deckblatt zumeist geziert von der Reproduktion eines Kunstwerks, (dessen Original – wie ein dezenter Vermerk verrät – »der eigenen kleinen Sammlung Gabriele Henkels entnommen werden konnte«), sieht im allgemeinen einen Vortrag oder eine Dichterlesung, ein fünfgängiges hochfeines Menü nebst besten Weinen sowie Musikdarbietungen durch bekannte Solisten oder Orchester vor: Natürlich steht das Ganze stets unter

einem gemeinsamen Motto und wird streng aufeinander abgestimmt: spricht etwa ein katholischer Wissenschaftler über ›Das Leben Jesu‹, so wird das Abendessen – »ganz, ganz schlicht« – etwa aus gebeizter Regenbogen-Forelle mit iranischem Schahkaviar, Essenz von jungen Tauben, Gazellenrücken ›Bambi‹, Käsesoufflet ›Rothschild‹, frischen Mangofrüchten und Mokka sowie 1969er Wiltinger Gottesfuß Feine Auslese, 1964er Château Lafite und 1957er Möet & Chandon Brut Impérial bestehen, von den Herren auch nur Smoking getragen werden und das Orchester der Accademia di Santa Cecilia di Roma mit Werken von César Franck die Gäste unterhalten. (Dagegen würde nach einem Vortrag zum Thema ›Die Grenzen der Blasphemie unter Papst Alexander VI. Borgia‹ ein Solist ›Pavanas, Galliardes y Diferencias‹ aus dem Programm spanisch-genuesischer Fürstenhöfe des 16. Jahrhunderts zur Renaissance-Laute vortragen und damit der Hausfrau Gelegenheit bieten, sich in kleidsame dunkelblaue und goldene Brokate zu hüllen...)
Leider – und dies ist der Öffentlichkeit bislang verborgen geblieben – hat sich Gabriele Henkel in jüngster Zeit mitunter selbst zu übertreffen versucht mit dem Ergebnis, daß beispielsweise nun den Tischgästen von einem befrackten Ober eine umfangreiche Speisekarte zur beliebigen Auswahl vorgelegt wird – ein höchst bedauerlicher Amerikanismus à la Vanderbilt, der auch durch noch so schwere Goldbrokate nicht ausgeglichen werden kann...
Soweit das Image der Waschpulver-Königin Gabriele Henkel, geborener Hünermann, speziell aufpoliert für rheinisch-westfälische Snobiety sowie gelegentlich für ein breiteres Illustrierten-Publikum, nämlich immer dann, wenn die Eröffnung einer Kunstausstellung, eine Theaterpremiere oder andere glanzvolle kulturelle Ereignisse

günstige Gelegenheit dazu bieten, den Käufern von Henkel-Produkten zu suggerieren, daß sie mit regem Verbrauch von ›Persil 70‹, ›Weißem Riesen‹, ›Ata‹, ›Imi‹, ›Pril‹ und ›Ladon‹-Seife, aber auch von ›Polifac‹-Autopflegemitteln, ›Sigella‹-Bohnerwachs, ›Paral‹-Spray, ›Ooti‹-Möbelpolitur, ›Sapur‹-Teppichreiniger, ›Poly-Color‹-Haarpflegemitteln, ›Jessica‹-Make-up, ›Panache‹-Parfüm, ›Creme 21‹, ›Pattex‹-Leim und über achttausend weiteren Henkel-Erzeugnissen sich nicht allein zivilisatorischer Großtaten rühmen können, sondern auch zu kulturellen Meisterwerken ihr Scherflein beitragen. Denn wie sonst sollte die schöne Donna Gabriela die Künste fördern, wenn nicht alle fleißig ›Ata‹ scheuern, mit ›Sigella‹ bohnern oder den ›Weißen Riesen‹, abwechselnd mit ›Persil 70‹ und ›Fakt‹, am Grauschleier ihrer Tisch-, Bett- und Leibwäsche zerren lassen?
Zieht man indessen einmal diesen goldenen Schleier von den grauen, der Öffentlichkeit weitgehend unbekannten Henkel-Fakten, so kommt ein Mammut-Trust zum Vorschein, der beileibe nicht nur den bundesdeutschen Wasch- und Putzmittel-Markt beherrscht, sondern weit mehr.
Frau Gabrieles Ehemann, Dr. Konrad Henkel, ein Mann des Jahrgangs 1915, ist gelernter Chemiker und beteiligt sich wenig am gesellschaftlichen und kulturellen Betrieb seiner Frau. Seit er nach dem Tode seines Bruders Jost im Jahre 1961 das holzgetäfelte Chefzimmer im Erdgeschoß des roten Henkel-Turms zu Düsseldorf-Holthausen bezogen hat, ist er der Anführer eines etwa 90köpfigen Clans von steinreichen Henkel-Erben, auch der Vorsitzende des aus den 33 Gesellschaftern gebildeten Beirats, dessen Mitglieder übrigens beileibe nicht alle Henkel, sondern zumeist anders – Bagel, Canessa, Frey, Manchot, Thorbecke oder Woeste – heißen, und er steht als Chef dem

sechsköpfigen Top-Management vor, dem auch sein Schwager, Dr. Willy Manchot, der Chef jener Kommission zur Abwürgung allzu weitgehender Forderungen nach Mitbestimmung und jetzige Generalsekretär der CDU angehört.

In dieser dreifachen Führungsrolle ist Dr. Konrad Henkel jedoch nicht allein der Arbeitgeber von knapp 40000 ›Henkelanern‹. Europas Waschmittel-König ist auch zugleich der führende Hersteller von Verpackungsmaterial aller Art – von der einfachen Tüte über Schachteln, Kartons und Konservenbüchsen bis zu Plastikkanistern und Großbehältern. Er ist ferner – mit maßgeblichen Beteiligungen an Reedereien wie ›Neptun‹ oder auch der ›Globus‹, die mit vier 20000-Tonnen-Frachtern zwischen Europa und Afrika fährt, sowie mit einer eigenen großen Walfang-Flotte – einer der bundesdeutschen Großreeder (und so, ähnlich wie der ›Puddingprinz‹ Rudolf August Oetker, einer der branchenfremden Nutznießer der enormen Steuerbegünstigungen der Investitionen im Schiffsbau).

Sodann ist die Familie Henkel, zusammen mit den Fürsten von Thurn und Taxis, am Flachglas-Delog-Detag-Konzern beteiligt, dessen Hauptbetriebe rund 7000 Beschäftigte haben und der wiederum selbst an einer Vielzahl in- und ausländischer Glaserzeugerfirmen maßgeblich beteiligt ist.

Noch weit bedeutsamer ist die Schlüsselposition, die der von Dr. Konrad Henkel geführte Clan bei der von Branchen-Kennern seit Jahren mit Spannung erwarteten Fusion zweier Konzern-Riesen haben wird, nämlich des Edelmetall-, Großchemie- und Bank-Trusts ›Degussa‹ und der nicht minder mächtigen und vielseitigen ›Metallgesellschaft‹. Beide haben ihren Sitz in Frankfurt, zählen zusammen mehr als 22000 Beschäftigte und verfügen

über zahlreiche Tochtergesellschaften und Beteiligungen im In- und Ausland.
Bei der ›Deutschen Gold- und Silber-Scheideanstalt‹ (Degussa) haben Dr. Konrad Henkel, sein Schwager Dr. Willy Manchot und weitere Mitglieder der Familie rund die Hälfte des Aktienkapitals von 174 Millionen DM Nenn-(und etwa dem sechsfachen Kurs-)wert; die Herren Dr. Henkel und Dr. Manchot sind auch die beiden ›Degussa‹-Aufsichtsrats-Vizepräsidenten.
An der ›Metallgesellschaft AG‹ (Grundkapital: 201 Millionen DM im gleichfalls rund sechsfachen Kurswert) ist die Familie Henkel mit einem etwas kleineren Aktienpaket beteiligt. Und alles in allem kann schon der Gesamtwert dieser wichtigsten waschmittelfernen Industrie-, Bank- und Reederei-Interessen des Henkel-Clans auf weit über eine Milliarde Mark geschätzt werden. Da der Kern des Henkel-Reichtums, die Waschmittel-Produktion und die ihr angegliederte Erzeugung von Pflegemitteln, Kosmetika, Chemikalien, Verpackungsmaterial sowie von Spirituosen (›Helbings feiner Kümmel‹), Hefe, Speiseöl und sogar Gemüsekonserven der Marke ›Roever‹, zusammen einen noch weit größeren Wert hat, gehört die Familie ohne jeden Zweifel zu den DM-Multimilliardären (und dabei kann ihr gewaltiger Grundbesitz, nicht allein in und um Düsseldorf, sondern auch in Bayern, wo ihr große Wälder gehören, außer Betracht bleiben).
Wie wird man so enorm reich? Im Falle der Familie Henkel war es Dr. Konrads Großvater, Kommerzienrat Fritz Henkel, der mit einer im Grunde sehr simplen Idee den Grundstein zu einem Waschmittelimperium legte, dessen Inhaber, seine Erben, geradezu automatisch immer reicher und reicher werden müssen. Die Idee bestand – ähnlich wie bei Dr. Oetker – darin, allgemein bekannte und auch bei den Hausfrauen gebräuchliche Pfennigartikel,

in exakt wirksamer Zusammenstellung und mit narrensicherer Gebrauchsanweisung versehen, abgepackt anstatt lose und unter einem Markennamen anstatt anonym zu vertreiben, einen für die Hausfrau erschwinglichen, ein Vielfaches der Herstellungskosten darstellenden Preis zuzüglich einer attraktiven Handelsspanne zum Einzelhandels-Festpreis zu machen und aus dem überreichlichen Gewinn Werbe-Feldzüge zu finanzieren. Es blieb dann immer noch genug Profit, nicht allein zum Ausbau des Betriebs und für Investitionen außerhalb der eigenen Branche, sondern auch zur privaten Vermögensbildung.
Heute weiß jedes Kind, daß ›nur Persil 100prozentig Persil‹ ist und daß ›Pril‹ das Wasser so entspannt, daß selbst Enten darin untergehen. Damit es niemand vergißt, gibt Henkel alljährlich einiges für Werbung aus: gegenwärtig weit über 100 Millionen DM!
Doch neben der reinen Markenartikel-Reklame betreibt Henkel auch noch eine Goodwill-Kampagne, die den Bundesbürgern klarmachen soll, daß ›Deutschlands größer Waschmittelhersteller‹ – so der Text der ganzseitigen Anzeigen in Tageszeitungen – ihr Leben auch durch Blumendünger, Nahrungsmittel, Mückenspray und Kümmelschnaps ›ein wenig angenehmer machen will‹. Kosten dieses Feldzugs: 1,5 Millionen DM.
Rechnet man diesen Werbungskosten auch noch die enormen Ausgaben hinzu, die von Frau Gabriele Henkel, teils für gepflegte Geselligkeit, teils zur Förderung der Kultur, public-relations-wirksam gemacht werden, so erhöhen sich die Gesamtaufwendungen für Propaganda aller Art noch sehr beträchtlich. Aber auch Dr. Konrad Henkel betreibt auf seine Weise Öffentlichkeitsarbeit: So ist er beispielsweise Förderer und Präsident des Düsseldorfer ›Industrie-Clubs‹, einer Vereinigung, die durch einen Empfang, den sie in den frühen dreißiger Jahren für

Adolf Hitler gab, dessen späterer ›Machtergreifung‹ beträchtlich Vorschub leistete. (Im Dritten Reich wurde dann Henkel-Schwiegersohn, Vorstandsvorsitzender und ›Betriebsführer‹ Werner Lüps, zum Wehrwirtschaftsführer ernannt.) Der ›Industrie-Club‹ hat übrigens sein Domizil im Düsseldorfer ›Park-Hotel‹-Komplex, und Aufsichtsratsvorsitzender der ›Park-Hotel‹-Gesellschaft ist der Henkel-Erbe Reinhold Woeste, Mitinhaber der Fittings- und Flanschenfabriken Woeste & Co. sowie stellvertretender Aufsichtsratspräsident des Henkel-Konzerns.
Im Jahre 1972 löste der Industrie-Club-Präsident und Konzern-Chef Dr. Konrad Henkel den wortgewaltigen Farben-Bayer-Generaldirektor Kurt Hansen als Präsident des ›Verbands der Chemischen Industrie e. V.‹ – und damit auch im Präsidium des mächtigen Bundesverbands der Deutschen Industrie (BDI) – ab, so daß die Weißen Henkel-Riesen nun über noch mehr Einfluß verfügen. Und natürlich sitzt Konrad Henkel auch im »Wirtschaftsrat der CDU e. V.«, jenem Gremium, das – neben mehr oder weniger heimlicher Wahlkampf-Finanzierung – unter der Flagge der »sozialen Marktwirtschaft« den Kampf gegen jede Verschärfung der Kartellaufsicht führt. Was aber den persönlichen Stil des Henkel-Bosses angeht, so ließ er sich kürzlich, als er sich krank fühlte, zunächst eine telefonische Ferndiagnose der Mayo-Klinik stellen, sodann beorderte er den Masseur der (Henkel-geförderten) Düsseldorfer ›Fortuna‹-Fußballer an seine Couch, während seine blonde Persil-Principessa, eben noch in knöchellangem Brokatkleid, nun im Mini-Mini, zur nächsten Vernissage eilte und kraft ihrer Persönlichkeit den versammelten Künstlern und Kritikern die Überzeugung vermittelte: Persil bleibt Persil!

Günter Wallraff
Die Krankmacher von Henkel

> »Die freie Wirtschaft muß schließlich funktionieren, und ohne Unternehmer geht das nicht.
> Vielen scheint noch nicht klar zu sein, daß die Industriefirmen produzieren und Gewinne machen müssen, die unter anderem wiederum für Forschung und neue Investitionen unumgänglich sind. Dieser Mechanismus hält schließlich unsere Volkswirtschaft und damit unseren Staat in Gang. Diese Einsicht fehlt vielfach in der Öffentlichkeit.
> Wenn die Wirtschaft dauernd angegriffen wird und versucht wird, ihre Erträge zu schmälern, entsteht eben jenes Klima, in dem sich nicht effektiv genug arbeiten läßt.
> Viele Unternehmer haben sich schon früher – und auch heute – ihren Mitarbeitern sehr verpflichtet gefühlt.
> Ich glaube, um ein Unternehmen richtig zu führen, bedarf es der ganzen Kraft und Arbeit eines Mannes. Und darüber ist bisher leider die Politik vergessen worden. Die Unternehmer sind apolitisch. Aber ich glaube, das wird sich jetzt ändern. Jawohl, die Unternehmer werden politischer. Sie werden in Zukunft ihre Soziale Marktwirtschaft stärker verteidigen und deren Vorteile allen plausibler, klarer und transparenter machen. Nicht ohne Grund habe ich mich bereit erklärt, mich zum Präsidenten des Verbandes der Chemischen Industrie wählen zu lassen.«
> (Konrad Henkel, am 17.1.1972)

1. Arbeiter:

»Konrad Henkel meint, er ist ein Schlauberger. Er denkt sich, weil er so viel Vermögen und Macht ererbt hat, kann er uns austricksen. Weil er den Rachen nicht voll genug kriegen kann und seine einsamen Entscheidungen trifft, hat er sich zuletzt ins eigene Fleisch geschnitten. Bei der letzten Lohnrunde in der Chemie wollte er uns aufs Kreuz legen, da hat er sich mit unternehmerischem Weitblick besonders gut drauf vorbereitet. Der zeigte sich – und mit ihm sein ganzer Verband – unnachgiebig und wenig verhandlungsbereit und setzte auf Streik. Wir mußten im Sommer Überstunden fahren noch und noch, die Produktion wurde unheimlich forciert damals. Die Lager wurden aufgefüllt bis unters Dach, er hat dazu noch andere Lagerhäuser gemietet und die auch noch vollgestellt, um für einen Streik von 1 bis 2 Monaten auch ohne Produktion voll da zu sein, genug auf Lager zu haben zum Verkauf. Jetzt kam kein Streik zustande, durch den unerwarteten Tarifabschluß. Das war ein Strich durch die Rechnung. Da konnten sie sehen, wie sie den ganzen Kram verkaufen konnten, da war wohl auch eine schlechte Absatzlage, da hatten wir überhaupt nichts mehr zu tun. Die Anlagen standen still, das kostete unheimlich viel Geld. Wir wurden dann mit so Klüngelsarbeiten beschäftigt. Fußboden putzen und wurden verliehen in andere Abteilungen, wo noch etwas Arbeit anfiel, das war dann meist eine schlechtere Arbeit, als wir sie vorher in unserer Abteilung hatten. Da hatten wir jetzt Angst um unseren Arbeitsplatz, nur weil wir vorher doppelt schuften mußten, weil der uns übertölpeln wollte.«

2. Arbeiter:
»Die machen hier einen auf ›Betriebsfamilie‹. Jeder soll hier das Gefühl von Sicherheit, Geborgenheit, ja so eine Art ›Sich-zu-Hause-fühlen‹ eingetrichtert bekommen, damit er sein möglichstes hergibt. Jeder soll glauben, daß der Mehrwert, den er für Henkel erarbeitet, letztlich allen und damit wiederum ihm selbst zugute käme. Angelehnt an die ›Volksgemeinschaft‹, wie wir im 3. Reich genannt wurden, spricht Henkel immer von der ›Werksgemeinschaft‹. Dieses Vorgaukeln von ›Gleichheit‹ erweist sich nicht erst am Arbeitsplatz als Täuschung. Als kürzlich die Parkplätze zu klein wurden, weil dort Neubauten ent-

standen, mußten Arbeiter und ›normale Angestellte‹ auf weiter wegliegende Plätze ausweichen. Sie, bei denen mehrmaliges Zuspätkommen – und wenn es sich nur um Minuten handelt – zur Entlassung führen kann, konnte man jetzt oft das letzte Stück zur Arbeit im Dauerlauf zurücklegen sehen. Leitende Angestellte, denen das Laufen bestimmt besser täte, die jedoch Beginn und Ende ihrer Arbeit weitgehend selber bestimmen können, haben die nächstliegenden Parkplätze. Auch in den Kantinen speist die ›Werksgemeinschaft‹ getrennt. Da weisen Schilder auf Werksgelände drauf hin, wie z. B.: ›Zugang nur zum Mittagstisch der Chemiker und Ingenieure‹.
Da ist eine große Ungerechtigkeit mit den Lohngruppen. Da sind alte Kollegen – oft 20 Jahre und länger im Werk –, die sind lohnmäßig schlechter eingestuft als junge Neueingestellte. Obwohl sie sich in ihrer Arbeit qualifiziert haben und dasselbe machen wie Gelernte, sind sie oft noch in Lohngruppe 2 als Ungelernte eingestuft. Der Grund ist klar: sie sind in ihrem Alter oft gesundheitlich angeschlagen, haben sich fürs Werk kaputtgeschunden, da nimmt sie eine andere Firma nicht mehr. Ihre Arbeitskraft ist auf dem *freien* Markt nicht mehr gefragt, da kann man sie im Lohn beliebig drücken.
Da sind in meiner Abteilung allein drei ältere Kollegen, ihre Arbeit unterscheidet sich in nichts von der der jüngeren, ihr Effektivlohn liegt um etwa 1 Mark niedriger. Mit einem älteren Kollegen, der es sich leistete, während des Urlaubs einen Herzinfarkt zu bekommen, wurde kürzlich kurzer Prozeß gemacht. Man hat seine Frau angerufen und gesagt, ihr Mann könne sich einen neuen Arbeitsplatz suchen, er war gekündigt worden.
Ein anderer Kollege, der war so 10–15 Jahre bei uns im Einsatz, er ist ungefähr 60 Jahre alt, der macht am Tag so 5 Ansätze, da hebt man 50–70 Zentnersäcke, manchmal

auch 100, denn da kommen noch andere Sachen dazu. Jetzt hat er Bandscheibenleiden, am Rücken die ganzen Knochen verschlissen, der kann die Arbeit nicht mehr machen, das kommt nur vom Säckeheben; alle Leute, die da arbeiten, sind kaputt, und er muß sich dann noch vom Meister sagen lassen: ›Wenn Sie die Arbeit nicht mehr machen können, müssen wir uns leider trennen.‹
Die Unfälle nehmen durch die Arbeitshetze zu. Z. B. in der Abteilung Pappfässer, wo fast ausschließlich ausländische Kollegen arbeiten, ist kaum einer von einem Unfall verschont geblieben. Das Werk hat in letzter Zeit eine Methode entwickelt, dem Unfallopfer – auch wenn es eindeutig am Unfall völlig unschuldig ist – moralisch die Schuld zuzuschieben: durch eine förmliche Ermahnung, wobei gleichzeitig oft noch die dem Werk durch den Unfall entstandene Ausfallquote vorgerechnet wird.
Für die schmutzigsten und gesundheitsschädlichsten Arbeiten sind die Ausländer gut genug. Etwa 1700 Ausländer, hauptsächlich Griechen, am zweitstärksten vertreten die spanischen Kollegen. Henkel meint, Arbeiter aus Diktaturen sind über ihre Rechte am wenigsten aufgeklärt, mit ihnen kann er's machen. Viele sind in der untersten Lohnstufe 1 eingruppiert, obwohl ihnen 2 zustünde. Sie bekommen bei sehr gesundheitsschädlichen, staubigen Arbeiten vielleicht 2 oder 3 Pfennig ›Umweltzulage‹ – so nennt man das hier –; da nützt ihnen aber nicht viel, wenn bei einem durch so eine Arbeit eine Tb durchbricht, wird er aufgrund des neuen Ausländergesetzes kurzerhand ausgewiesen. Für die Feste der Henkel-Lady kaputtarbeiten durfte er sich, Heilbehandlung steht ihm in so einem Fall nicht zu, er kann dann sehen, wie er sich den Rest seines Lebens in seinem Heimatland vielleicht als Bettler durchschlägt. Für den Herrenmenschen-Standpunkt des Henkel ist folgendes bezeichnend: von den

1700 Ausländern, die zum Teil schon an die 10 Jahre ihre Gesundheit bei ihm aufs Spiel setzen durften, hat sich bisher nur ein einziger zum Vorarbeiter qualifizieren dürfen.«

> »Ob wir heute anders sind, als wir 1933 waren? Ich glaube nicht, daß wir jemals so schlecht waren, wie Sie meinen... Wir waren nicht für die Nazis, sondern gegen die Kommunisten. Von den Dutzenden von Parteien, die vor 1933 im Reichstag saßen, gab es nur eine 100prozentige antikommunistische Partei, und das war die Nazi-Partei. Als uns Hitler 1932 erklärte, daß er mit den Kommunisten aufräumen würde, entschlossen wir uns, ihn zu unterstützen.«
> (Henkel gegenüber dem amerikanischen Schriftsteller Charles W. Thayer, als Rechtfertigung der finanziellen Unterstützung Hitlers durch die deutsche Schwerindustrie 1932 im Düsseldorfer Parkhotel.)

3. Arbeiter:
»Man sollte mal in der Werkszeitung *Blätter vom Hause* eine Gegenüberstellung veröffentlichen: die Slums der Henkel-Gastarbeiter und zum Vergleich die Paläste des sich an ihnen mästenden Henkel-Clans. Da hat die 90köpfige Henkelfamilie sich in einem ganzen Villenviertel eingenistet, Springorumstraße, Hans-Sachs-Straße, alles unter den Nagel gerissen, ganz zu schweigen von den 2. oder 3. Wohnsitzen an südlichen Stränden. Da leistet sich noch das letzte Mitglied aus dem 3. Zweig der Henkel-Kette als Zweitwohnsitz eine Villa in Rom auf unsere Kosten. In den familieneigenen Henkel-Gettos für Gastarbeiter würde die Gabriele nicht mal ihren Hund unterbringen. Es gibt einige davon: ob auf der Halbuschstraße, Hinter den Höfen oder auf dem Hennekamp, ob ›Villa Gabriele‹ oder ›Conny's Ranch‹, die Verhältnisse sind ziemlich die gleichen. Lagerräume für die Ware Arbeitskraft, als Ställe für das Produktionsvieh sind diese

miesen Schuppen gut genug. Mehrere Personen sind in winzigen Räumen zusammengepfercht. Bad oder Dusche gibt es nicht. Familien, die hier auch untergebracht sind, müssen ihre Säuglinge in einer Schüssel waschen. Selbst aus diesen erbärmlichen Quartieren schlägt der Henkel-Clan noch Profit, und nicht zu knapp. In einem winzigen Verschlag von ca. 9 qm sind z. B. 3 Personen untergebracht, Monatsmiete je 45 DM, macht zusammen 135 DM, da kommt ein qm-Wucherpreis von 15 DM raus. Das entspricht einem qm-Preis von Luxuswohnungen in bester Lage.

Wir müssen schuften, damit es auf ihren Festen immer rundgeht. Sie repräsentiert, und wir zahlen. Da tummeln sich auf unsere Kosten der amerikanische Milliardär Rockefeller jr. neben Karajan, dem Prinzen von Thurn und Taxis und Gunter Sachs, da werden Politiker wie Schütz und Scheel mitaufgetafelt und untergebuttert und sind sich nicht zu schade, zur Hebung der Feststimmung Reden zu schwingen. Da werden zu ihren Künstlerabenden bewußt ›Provokateure‹ eingeladen, auf daß deren Witzchen und Mätzchen den Snobs der High-Society den rechten Prickel besorgen.

Da hängt in ihrer Luxusvilla der größte handgeknüpfte Teppich Deutschlands. Eigens in Lateinamerika in Auftrag gegeben, da haben Kinder jahrelang dran geknüpft für einen Hungerlohn.

Letzten Sommer lief in ihrer Villa in Breitscheid eins der üblichen Feste für 200 Gäste. Da hatte sich die Henkel etwas Neues ausgedacht. Da gab es Kunst zum Fressen, eigens für sie kreiert, sogenannte ›Eat-Art‹. Den Düsseldorfer Bildhauer Prof. Norbert Kricke und noch so einen Hofnarren hatte sie dafür angeheuert, die fabrizierten für ihr Fest z. B. Tauben aus Marzipan und ›blaue Busenengel‹ aus Lebkuchen. Der Düsseldorfer Kunst-Clown

Spoerri gehört zu den von ihr Geförderten. Der jagte neulich zum Gaudi der übersättigten Luxusspießer eine zuvor gehäutete Robbe durch die Bude.
Als vor 2 Jahren die jüngste Henkel-Tochter mit dem Raketenforscherneffen Christoph Freiherr von Braun gepaart wurde, wurde die für die Hochzeit auserkorene leicht vergammelte Waldkapelle von Linnep bei Hösel auf Firmenkosten renoviert und von außen neu verputzt. Unser Werkschutz, Henkels Privatpolizei, mit Sprechfunk ausgestattet, wurde zur Hochzeit – wie sonst auch zu anderen Festen – abkommandiert, um Schaulustige auf gebührenden Abstand zu halten. Derselbe Werkschutz schikaniert uns auf Firmengelände. Taschenkontrollen, bis zur Leibesvisitation. Einer von uns, der im Verdacht stand, schon mal Artikel für die DKP-Betriebszeitung ›Die Rote von Henkel‹ zu schreiben, wurde ohne Angabe eines Grundes fast tagtäglich am Tor kontrolliert. Als es ihm eines Tages zu bunt wurde und er sich weigerte, bekam er eine Verwarnung. Nach zwei Verwarnungen folgt unweigerlich Entlassung. Dieser Werkschutz führt so eine Art Betriebsjustiz bei uns durch. Bis zu Geldbußen. Ein Lehrling, der seinen Wagen auf Firmengelände nicht vorschriftsmäßig geparkt hatte, fand eine Vorladung zum Werkschutzbüro an seiner Windschutzscheibe vor. Als er da vorsprach, knöpfte man ihm 20 DM ab.
Das ist oft die reine Willkür. Der Werkschutz-Staffelführer Klein, als besonders scharf bekannt, verpaßte vor kurzem einem Lehrling einen Strafzettel, der sein Werksfahrrad in einem dafür bereitgestellten Fahrradständer abgestellt hatte. Da stand ein Schild ›Parkverbot‹, das allerdings nur für Autos gilt. Da hatte er das Fahrrad extra rumgedreht, um die Fahrgestellnummer festzustellen, und einen Zettel, wie bei der echten Polizei – drange-

klemmt: ›Ihr Fahrzeug, Nummer..., hat dann und dann dort und dort im Parkverbot geparkt‹.
In solchen Fällen müßte eigentlich der Betriebsrat eingreifen. Aber unser Vorsitzender Zugowski ist längst die treue Stimme seines Herrn. ›Wes Brot ich eß, des Lied ich sing‹. Ihm, der sich lauthals seiner guten Beziehungen zur Henkel-Familie rühmt, ist bei Abwahl ein Posten in der Geschäftsleitung von Konrad Henkel zugesagt. Jahrelanges Wohlverhalten wird in so einem Fall dann öffentlich belobigt, damit es Schule machen kann.«

> »Eigentümer können naturgemäß in sozialen Belangen fortschrittlicher sein, weil der Inhaber – wenn er im Betrieb sozial handelt – im Gegensatz zum Manager sein eigenes Geld gibt. Nein, ich glaube im Gegenteil, daß sich ein guter Unternehmer seinen Mitarbeitern mehr verpflichtet fühlt, als es der allgemeine Vorstand einer anonymen Aktiengesellschaft sein kann.«
> (K. Henkel am 17.1.1972 in einem Interview mit der Zeitschrift »Der Spiegel«)

4. Arbeiter:

»Die Anlage, an der ich arbeite, produziert mindestens 150% über den Sollwert. Es gibt Spezialfirmen, die nur solche Anlagen errichten. Durch geschickte Änderungen, wie Neuanordnung von Aggregaten, haben die das so weit getrieben, daß etwa das 2½fache überproduziert wird. Das ist sträflicher Leichtsinn aus Profitwut heraus, da ist die Einhaltung der Sicherheitsvorkehrungen einfach nicht mehr gewährleistet. Es entsteht so viel gesundheitsschädlicher Staub, daß die Kapazität der Atemmasken nicht mehr ausreicht. – Die Oxydationsanlage zum Beispiel, die den Schwefel oxydiert, ist total überbelastet. Wenn wir wenigstens dann eine entsprechend höhere Prämie bekämen. Sämtliche Vorgesetzten, die du ansprichst, versichern, ›Ja, die Prämie errechnet sich aus der

Produktionsmenge‹. Wenn das tatsächlich so wäre, müßten wir eine enorm hohe Prämie haben, das ist aber ganz und gar nicht der Fall. Unsere Produktion ist etwa 200–250 Prozent, die Prämie aber liegt unter Henkel-Durchschnitt. Du hast überhaupt keine Kontrollmöglichkeit, du bist von der Gnade der Geschäftsleitung abhängig!«

5. *Arbeiter:*
»Die fordern uns immer auf, uns für die Firma den Kopf zu zerbrechen und Verbesserungsvorschläge einzureichen. Die Prämie steht dann meist in überhaupt keinem Verhältnis zu dem Nutzen für das Werk. Zuletzt hat ein Kollege in jahrelanger Feierabendarbeit ein Verfahren ausgetüftelt, das dem Henkel eine enorme Einsparung bescherte. Für eine Wischkammer, wo Lauge mit Ester neutralisiert wird, hat der einen neuartigen Einsatz konstruiert, der statt wie bisher zwei Wochen, jetzt drei bis vier Monate hält. Ein Einsatz kostet die Firma etwa 5000 Mark, da kann man sich ausrechnen, was die Firma spart. Der Erfinder wurde mit ›Dankeschön‹ und 500 Mark abgespeist.«

6. *Arbeiter:*
»Wir werden nicht gefragt und aufgeklärt, man verfügt hier über uns wie über Maschineninventar. Plötzlich wurde die Anlage, an der ich jahrelang gearbeitet hatte, stillgelegt. Das war längst geplant und vorgesehen, nur es uns vorher zu sagen, hielt man nicht für nötig. Die Anlage war zwischendurch in letzter Zeit immer wieder für einige Tage ausgesetzt worden, und wir hatten nichts zu tun. Statt uns in dieser Zeit auf eine neue, gleichwertige Arbeit vorzubereiten oder umzuschulen, wurde sogar noch ein Neuer wochenlang an dieser Anlage angelernt: Eines Tages war es soweit, wir wurden nicht davon in Kenntnis gesetzt, sondern zum Jahreswechsel, um die Weihnachtszeit herum,

wurde uns gesagt, wir müßten unseren Resturlaub nehmen, da die Anlage vorübergehend zur Reparatur stillgesetzt würde. ›Ihr braucht erst am 3. Januar wieder anfangen.‹ Frohgelaunt kommen wir da wieder zur Arbeit, und da wird uns gesagt, ›die Anlage steht, Sense, das war seit Jahren geplant, wir wollten nur keine Unruhe aufkommen lassen.‹ Dann hieß es von einem Augenblick zum anderen. ›Du in diese Abteilung von nun an, du in jene.‹ Die meisten haben sich lohnmäßig verschlechtert, ich um 300 Mark im Monat, weil in der neuen Abteilung keine Samstags- und Sonntagsschichten gefahren wurden, dadurch bin ich mit Ratenzahlungen ziemlich ins Schleudern gekommen.«

7. Arbeiter:
»Da gibt's die Abteilung 524, Sulfonate. Da steht eine alte Welterturmanlage. Da werden Zwischenprodukte für Kosmetika, Ata, Persil usw. hergestellt. Da versuchen die andauernd auf Teufel komm raus die Produktion noch zu steigern, indem sie einfach größere Düsen installieren. Wenn du da ins Erdgeschoß reinkommst, kommt dir der ›Weiße Riese‹ in Form eines Waschpulvernebels entgegen. Diese Wand aus beißendem und ätzendem Pulverstaub bringt dich zum Husten und Röcheln, und das Wasser schießt dir aus den Augen. Die Kollegen (meist Ausländer), die hier eingesetzt sind, um das überlaufende Pulver in Säcke zu schaufeln, reißen sich dauernd ihre Atemschutztücher vom Gesicht, um sich auszurotzen. Das ist eine unheimliche Arbeit, man sieht die Hand nicht vor den Augen, die haben die Lunge total voll Waschpulver, und das greift die Lunge sehr an.
Auch in anderen Abteilungen machen die ihre Profite auf Kosten unserer Gesundheit. Die sprechen von ›Weißmachern‹, wir nennen es ›Krankmacher‹.

Da ist eine Abteilung, wo Chlorwasserstoffgas mit Wasser berieselt wird, dabei entsteht dann Salzsäure. Die Anlage ist uralt und ganz sicher zigmal abgeschrieben, da sind dann undichte Stellen, da tritt die Salzsäure aus, und die Luft ist ständig angereichert mit Salzsäure, das atmen die ein, intensiv, acht Stunden am Tag. Ich habe zum Nachweis schon einige Male da Indikationspapier, Lackmuspapier in die Luft gehalten, das verfärbt sich in 2 Minuten knallrot. Wie sich deren Lungen verfärben und zersetzen, möchte ich nicht wissen. Die typische sichtbare Krankheit, die sie da alle haben, sind Zahnfleischwunden. Das einzige, was sie an Schutz dagegen kriegen, ist Handcreme.

In der Abteilung 533 haben es die Kumpels schwer mit den Bronchien zu tun. Da wird Schwefel oxydiert. Dieses SO_3 ist außerordentlich schädlich für die Atmungsorgane. In der Henkel-Werkzeitschrift ›Blätter vom Hause‹ werden in der Spalte ›Nachrufe‹ die verstorbenen Kollegen ›Ehre Ihrem Andenken‹ namentlich genannt. Mich erschreckt immer wieder, wieviel junge dabei sind, 28, 31, 37, 42 Jahre. Da steht dann nur ›plötzlich‹, ›unerwartet‹, ›nach schwerer Krankheit ging von uns‹, die Todesursache ist nie genannt. Genau wie die zur Offenlegung ihrer Bilanzen gezwungen werden müßten (Henkel als Familien-GmbH hat das nicht nötig), müßten sie gezwungen werden, die berufsbedingten Todesfälle zu veröffentlichen. Ich glaube, dann würden viele Kollegen hier gegen einiges Sturm laufen.

Die Mehrzahl der an gesundheitsgefährlichen Arbeitsplätzen eingesetzten Kollegen, die in Staub, giftigen Gasen und Dämpfen arbeiten müssen, ist noch nie vorsorglich untersucht worden. Für seine 14 000köpfige ›Werksfamilie‹ gibt es nur einen einzigen Werksarzt. (In einem etwa gleich großen chemischen Betrieb in der DDR, den ich in den Ferien einmal besuchen konnte, stehen ständig zwölf Ärzte zur Verfügung. Dort wird auch für Arbeitssicherheit mehr getan. Die Zahl der Betriebsunfälle ist dort nur halb so hoch.) Dafür haben die in ihrer Planwirtschaft den ganzen wahnwitzigen Werberummel nicht nötig. Da werden dem Verbraucher mit allen psychologischen Tricks und noch auf seine Kosten Produkte angedreht, die in Wirklichkeit absolut schädlich für ihn und die gesamte Umwelt sind. Da sprechen die bei ›Persil 70‹ und bei ›Fakt‹ von ›Revolution‹ auf dem Waschmarkt und von ›fasertief gesund‹, wobei sie die Leute krank und sich gesund machen. Diese ›Enzyme‹ oder ›biologischen Schmutzlöser‹ sind von Universitätskliniken längst als für den menschlichen Körper gefährlich erkannt und in den USA bereits wieder aus den Waschmitteln entfernt worden. Enzymhaltige Waschmittel rufen Entzündungen an Haut und Augen hervor, das Einatmen kann zu dauernden Lungenschädigungen und schwerem Asthma führen. Die Frauen, die an diesen Anlagen bei Henkel stehen und schon mal mit den Fingern reingreifen, wenn mal ein Karton kaputtgeht, haben sich zum Teil an den Fingern Ekzeme geholt, und einigen wird es kotzschlecht bei der Arbeit.«

Allein 16 Millionen Mark gab Henkel 1968 für Werbung aus, um seinen ›Krankmacher‹ Fakt den Leuten aufschwätzen zu lassen. 1970 wurden 100 Millionen Mark für Werbung rausgeschmissen, aber nur 15 Millionen Mark in Umweltschutz investiert. Davon dient über 1 Million Mark jährlich ausschließlich einer Public-Relations-Aktion, einer sogenannten Sauberkeitskampagne, nur um der Öffentlichkeit vorzugaukeln, als seien Henkel und Sauberkeit deckungsgleiche Begriffe.
35 000 cbm Abwässer gehen aus dem Henkelwerk täglich ins Düsseldorfer Kanalnetz, ungereinigt und unge-

klärt – nur vom allergröbsten Dreck mechanisch befreit –
verseuchen diese 35 Millionen Liter Brühe Tag für Tag
den Rhein. Diese Menge entspricht dem Abwasser von
350 000 Düsseldorfer Einwohnern.

»Umweltprobleme hat jedes Großunternehmen, somit auch
Henkel. Schließlich produzieren wir in Holthausen jeden Monat über 100 000 Tonnen Ware. Aber wir tun unser Bestes, um
alle Umweltprobleme, vor allem die des Geruchs, zu lösen.«
(Konrad Henkel, am 29.1.1972 in einem Interview mit der
Rheinischen Post)

8. Arbeiter:
»Die Werbung ist meist ein Riesenschwindel. Da lassen
sie bei der Werbung für Pril rosé z. B. eine ›Französin‹
auftreten, die gar keine Französin ist. Damit will man die
Leute ansprechen, die meinen, sie wären was Besseres,
und dafür auch bereit sind, mehr zu bezahlen. Dafür
haben sie dann zusätzlich einen rosa Farbstoff drin.
›Sofix‹ von der Tochtergesellschaft Henkels Thompson ist
nichts weiter als in Wasser aufgelöste Schmierseife. Ein
Pfund Schmierseife kostet 60 Pfg. – 500 g ›Sofix‹, wo etwa
ein Viertel Pfund Schmierseife drin ist, kosten an die
3 Mark.
Procter & Gamble ist Henkels größter Konkurrenzkonzern. Die liefern sich in der Öffentlichkeit riesige
Werbeschlachten und schreiben ihren Produkten die
unterschiedlichsten Qualitäten zu, wobei sie hinter den
Kulissen jedoch gemeinsame Sache zu machen scheinen. Henkel stellt ›Silan‹ her, ein Spülmittel, wovon die
Wäsche angeblich so ›federweich‹ werden soll. Jetzt
war ein Kollege auf Nachtschicht und wollte sich für
seinen Hausgebrauch so einen Kanister abfüllen. Er
ist zum Kesselwagen gegangen und hat sich einen

Kanister abgefüllt und war nicht wenig erstaunt, daß dieser Kesselwagen mit dem ›Silan‹ für Procter & Gamble bestimmt war, was aus den Begleitpapieren eindeutig zu ersehen war. Das Interessanteste ist, die stellen das Konkurrenzprodukt ›Lenor‹ her, was sich nur durch beigegebene Farbe und Geruch unterscheidet. In der Lehre war uns gesagt worden, daß die beiden Konzerne früher ein sogenanntes ›Gentlemen's Agreement‹ hatten und sich die Weltmärkte aufteilen.

Übrigens liefert Henkel neben seinen Weißmachern auch Grundsubstanzen für ›Totmacher‹, in großen Mengen Palmitinsäure an Dow-Chemical, die zu Napalmbomben für Vietnam weiterverarbeitet werden.«

Waldburg zu Zeil und Trauchburg
Waldburg-Wolfegg und Waldsee

Bernt Engelmann
Der schwarze Häuptling zu Zeil:
Georg von Waldburg zu Zeil und Trauchburg

Wer mit dem Auto durch das Allgäu zum Bodensee unterwegs ist; wer als Sportflieger im schwäbischen Alpenvorland einen Landeplatz sucht; wem das Glück widerfahren ist, von seiner LVA zur Kur nach Bad Wurzach, Füssing, Neutrauchburg oder Oberstaufen verschickt worden zu sein; wem zwischen Stuttgart, Friedrichshafen und Ulm der Sinn nach Nägeln, Muttern oder Maschendraht steht oder wer das (zweifelhafte) Vergnügen hat, in den umrissenen Landstrichen auf eines der Regionalblätter abonniert zu sein, der kommt sich – gleich ob als Autotourist, Pilot, Kurgast, Bastler oder Zeitungsleser – vor wie im Märchen vom Gestiefelten Kater: Wälder und Felder, Wiesen und Flugplatz, Schlösser und Seen, Eisenwarenhandlungen und Zeitungsverlage gehören samt und sonders »dem Herrn Grafen«. Doch anders als bei den Brüdern Grimm ist dies kein Heiratsschwindel, durch den ein Müllerssohn eine Königstochter zur Frau bekommen soll. Es ist ein sehr realer Besitzstand, der auch noch Hotels, Wirtshäuser, ein Elektrizitätswerk, Papierfabriken und manches andere umfaßt. Und der Eigentümer des Ganzen, der längst mit einer Königstochter – Ihrer Königlichen Hoheit Gabriele Prinzessin von Bayern – vermählt ist, heißt Georg Maria Konstantin Ignatius Antonius Felix Augustinus Wunibald Kilian Bonifacius Reichserbtruchseß 7. Fürst von Waldburg zu Zeil und Trauchburg.

Fürst Georg, wie wir ihn kurz und ohne seine gütige Erlaubnis nennen wollen, verdankt seinen 100 Millionen Quadratmeter umfassenden Grundbesitz und seine sonstigen Reichtümer, deren Gesamtwert auf mindestens 1 Milliarde DM zu schätzen ist, einer Reihe von Umständen, die es wert sind, kurz berichtet zu werden:
Die Truchsesse von Waldburg kamen in der Stauferzeit als Proviantmeister, Servierer und Küchenfeldwebel zu etwas Vermögen und Ansehen. Doch erst im frühen 16. Jahrhundert gelang ihnen der große Coup, von dem das Haus heute noch zehrt. Damals wurde der Truchseß Georg von Waldburg Anführer des mit Fugger-Geld bezahlten Söldnerhaufens, der die erste deutsche Revolution, den Bauern- und Arbeiteraufstand von 1522/26, unter Einsatz der gerade modernsten Mittel niederwarf. Der ›Bauernjörg‹ von Waldburg, wie man diesen Chef der Konterrevolution nannte, verfuhr zunächst nach dem Prinzip der ›verbrannten Erde‹, zwang dann die als Partisanen bis dahin erfolgreichen Aufständischen zu offener Feldschlacht, bei der er seine Artillerie und gepanzerte Kavallerie gegen die schlechtbewaffneten Kleinbauern und Handwerker voll einzusetzen vermochte, und hielt nach errungenen Siegen bei Böblingen, Königshofen und Sülzdorf aus eigener Vollmacht ein Strafgericht, an das man sich in Franken und Schwaben noch heute mit Schaudern erinnert. Obwohl er nicht als Richter eingesetzt worden war, ließ er entgegen dem geltenden Recht, selbst nach der völligen Unterwerfung der Aufständischen, Abertausende foltern und hinrichten. Sein Henker rühmte sich später, mit eigener Hand 1200 Köpfe abgeschlagen zu haben, und in einer Liste, die erhalten geblieben ist, lesen wir:
»... unter andern folgende hingerichtet worden: zu Öttingen 9 Bürger, zu Bürtzburg der Bauern Obrister Haupt-

mann, Jacob Keel samt 4 anderen Bürgern auf dem Marckt, 19 vor der Kapellen, 36 auf dem Rennweg, 10 bey dem grünen Baum... Zu Kitzingen sind Donnerstag nach Pfingsten 5 von Burg-Bernheim die Köpffe abgeschlagen, Freytags hernach 62 Männern die Augen ausgestochen, dann Samstags darauf noch 4 die Köpfe abgeschlagen...« So geht es schier endlos weiter, durch fast alle Städte und Marktflecken Frankens.

In Württemberg wütete der ›Bauernjörg‹ noch schlimmer, dort aber immerhin im Einklang mit den strengen Ausnahmegesetzen, die nach dem Aufstand des ›Armen Konrad‹ erlassen worden waren. Zum Dank dafür ließ ihn der Kaiser zum Baron avancieren. Übrigens verbreitete der ›Bauernjörg‹ von Waldburg nicht nur Terror, er kassierte auch fleißig Bußgelder. Mitunter erpreßte er zunächst Lösegeld von den Angehörigen seiner Gefangenen, die er dann trotzdem abschlachten ließ. Meist jedoch hielt er seine Versprechen, das Leben der Bauern und Bürger (gegen hohe Summen) zu schonen und sie (gegen weitere Zahlungen) freizulassen. Nur wurden den Begnadigten zuvor die Hände abgeschlagen (mitunter auch nur gebrochen und verstümmelt, wie es Meister Tilman Riemenschneider, dem großen Holzschnitzer und Bildhauer, widerfuhr), alsdann die Augen ausgestochen und die Hoden abgeschnitten.

Der Terror, den der ›Bauernjörg‹ von Waldburg verbreitete, lähmte jahrzehntelang ganz Süddeutschland. Hausmacht und Grundbesitz des Waldburgers aber schwollen gewaltig an, und sie bleiben seinen Nachfahren erhalten bis auf den heutigen Tag.

Noch heute wird im Allgäuer Hinterland dem Massenmörder »Bauernjörg« ein ehrendes Andenken bewahrt. Die »Bauernjörg-Straße« in Weingarten ist nach ihm benannt. »Persönlichkeiten, die sich auf geistigem, wirtschaftlichem, kulturellem oder sozialem Sektor überdurchschnittlich für ihre Heimat verdient gemacht haben«, sollen für die Namensgebung von Straßen und Plätzen berücksichtigt werden, so die Statuten. Durch den Einfluß des Fürstenhauses – bekanntlich lassen sich Unwissende und verdummte Untertanen um so bereitwilliger und widerstandsloser bei der Stange halten und ausbeuten – war das Analphabetentum in dieser Gegend mit am längsten und stärksten beheimatet: bis 1810 hat es in den fürstlichen Gefilden noch 90 % Analphabeten gegeben. In den Gebieten, wo der Fürst seinen Einfluß geltend macht, grassiert bis in die heutige Zeit ererbte Unterwürfigkeit; hier erreichte die CDU in den einzelnen Wahlkreisen bis zu 80 % der Stimmen.

In der Pädagogischen Hochschule Weingarten – der Vetter des Fürsten gehört zum Freundes- und Förderungskreis – sind Examensarbeiten künftiger Lehrer, die die Geschichte des Hauses Waldburg-Zeil zum Thema haben, in erschreckender Weise unkritisch bis untertänigst abgefaßt. Dies wohl nicht nur, weil die Studenten um Einsicht in die historischen Dokumente des fürstlichen Archivs nachkommen müssen und die Erlaubnis vom positiven Ergebnis der Studien abhängig gemacht wird, vielmehr tritt deutlich eine bestimmte Vorstellung von der Lehrer-Rolle hervor: in dieser Umgebung verstehen sich Pädagogen als Privilegierte, verpflichtet den herrschenden Mächtigen, desinteressiert an den Bedürfnissen des »gemeinen Volks«: Geschichtsbetrachtung mit den Augen der Unterdrücker, den entrechteten Opfern zum Hohn.

In ihrem unfreiwilligen Sarkasmus einer Unternehmerfestschrift ähnlich, liest sich folgende Zulassungsarbeit: »Einen großen Waldburger möchte ich nun noch erwähnen. Er machte sich und sein Haus nicht nur in Deutschland bekannt, sondern in der ganzen Welt. Es ist Georg der III., bekannt unter dem Namen Bauernjörg ... Georg war ganz Soldat, Ritter und Heerführer. Daß er im Bauernkrieg gegen seine eigenen Stammesbrüder kämpfen mußte, war nicht seine Schuld, sondern tragisches Schicksal. Seine Kriegführung war wohlüberlegt, seine Gegner fürchteten und seine Untertanen achteten ihn.« Die begangenen Greueltaten werden auf eine Weise verdinglicht und verniedlicht, daß sie sich lesen wie die Vollzugsmeldungen des obersten US-Armeekommandos in Vietnam: »Nun zog der

Trugseß nach Weinsberg. Das Urteil lautete: ›Die Stadt wird mit allem Inhalt an Geräten und Vieh im Boden ausgebrannt.‹ Nur das heilige Sakrament durfte weggetragen werden... In Eile füllte Georg die Lücken seines Heeres wieder auf und eilte dem Allgäu zu, wo wieder alles brodelte und gärte. Die Bauern belagerten Memmingen. Auf seinem Wege durchs Illertal verbrannte er alle Pfarrhöfe der neugläubig gewordenen Pfarrer. Um zu verhindern, daß sich die Bauern von neuem zusammenrotteten, ließ er auf seinem Marsch nach Kempten alle Orte niederbrennen. Diese Maßnahme wirkte. – Diejenigen, die geflohen waren, durften getötet werden, da sie ›geächtet und vogelfrei‹ waren. Ihre Habe wurde eingezogen.« Das Niedermetzeln von Wehrlosen, die sich ergeben hatten, wird dem ›Bauernjörg‹ in dieser Arbeit noch als besondere Großmut ausgelegt: »...Über 1000 Bauern fanden hierbei den Tod. Von da aus ging es schnellstens nach Wurzach, wo sich die Bauern zu neuen Taten zusammenrotteten. Es kam jedoch zu keinem Kampf, da die Bauern die Waffen weglegten. *Nur 400 von ihnen verloren das Leben.*«

Sinn für Realitäten beweist der Junglehrer, wenn er seinen Helden nach dem Unternehmerleitsatz »Erfolg-gibt-uns-recht« klassifiziert: »...Diese Taten jedoch gereichten ihm (Bauernjörg) weniger zur Ehre, als vielmehr die Tatsache, daß er es war, der die *solide* Grundlage zur späteren Größe des Hauses Waldburg legte. Aus diesem Grunde wird er auch heute noch als der hauptsächlichste Stifter und Ahnherr verehrt.«

Von seltenem Zynismus ist ein weiteres Beispiel einer Zulassungsarbeit: Nachdem der Verfasser lakonisch festgestellt hat, daß der »Bauernkrieg 120 000 Bauern das Leben gekostet« hat, kommt er zu dem Schluß: »Sein Tod (d. Bauernjörg) war ein schwerer Verlust für Österreich, denn er war ein treuer Diener seines Herrn, des Erzherzogs Ferdinand, sowie Kaiser Karls V. Verantwortung und Arbeit hat er nicht gescheut, und seine Geschäfte besorgte er so gut er konnte. Sich selbst hat er am wenigsten geschont, wenn der Dienst rief, nahm er keine Rücksicht auf seine Krankheit. Dies führte sicher zu seinem frühen Tod. In allen seinen Geschäften bewahrte er Ruhe, Kaltblütigkeit, Umsicht, Überlegenheit, Taktik, Berechnung und Nachsicht...« Eine typische Rechtfertigungsideologie, bei der die noch so grauenhaften Taten der Herrschenden als Ausdruck eines göttlichen Ordnungsprinzips sanktioniert werden, folgt: »Wenn Truchseß Georg blutige Schlachten lieferte, Dörfer verbrennen und Rädelsführer

> hinrichten ließ, so hatte das besondere Gründe: ›Ringsum von Bauernhaufen umgeben, konnte er sich nur durch entschiedene Schläge Luft und zugleich die Möglichkeit verschaffen, den Krieg jemals zu endigen, während Weichheit und unentschlossene Halbheit das sichere Mittel gewesen wäre, den Zustand der Anarchie zu verewigen und somit tausendfach größeres Unheil über Deutschland zu bringen, als die blutigste Strenge bei der kurzen und scharfen Unterdrückung der Rebellion jemals in ihrem Gefolge haben konnte. Wenn dieser Aufruhr nicht durch einen so milden, friedlichen, klugen, weisen Feldherrn, wie Truchseß Georg einer war, gestillt worden wäre, welch große Übel hätte Deutschland dann zu kosten bekommen, welche Ströme von Blut wären dann geflossen!‹...«
> Die folgende Feststellung scheint einer Art Wunschdenken des künftigen Erziehers zu entstammen, nämlich daß brave Untertanen ihren Unterdrückern letztlich noch für die eigene Unterdrückung dankbar zu sein haben: »Auch seine Untertanen haben ihn im Grunde nicht gehaßt, eher geliebt, obwohl sie im Bauernkrieg gegen ihn aufstanden. Dies aber war unter dem Zwang von außen geschehen...« –
> Wiederum Realitätssinn zeichnet den Autor aus, wenn er dem ›Bauernjörg‹ unternehmerischen Weitblick zuerkennt: »...Ihm war es nicht daran gelegen, möglichst viele Bauern zu töten, sondern sie wieder zurück an die Arbeit zu bringen...«
> Weitere fatalistische Geschichtsauffassung: »Das Verbrennen von Häusern und Dörfern und die Hinrichtung gehörten überhaupt zur Kriegführung des 15. und 16. Jahrhunderts, und zudem geschah das meiste davon im Auftrag des Bundes...« ›KZ und Massenvergasungen gehören zum 3. Reich‹. ›Napalm und Splitterbomben zu Vietnam‹, ließe sich daraus folgern und ›zudem geschieht das meiste davon ja in höherem Auftrag‹.
>
> Günter Wallraff

Der gegenwärtige Chef des Hauses Waldburg-Zeil, zum dankbaren Andenken an den vermögenbildenden ›Bauernjörg‹ ebenfalls Georg geheißen, ist ein Mann des Jahrgangs 1928, Jesuitenzögling von »konsequenter Katholizität«, wie die FAZ ihm bescheinigte, Mitglied der württembergischen CDU *und* der bayerischen CSU, denn doppelt genäht hält besser, auch studierter Volkswirt und – so seine hauseigene ›Schwäbische Zeitung‹ – »eine

abendländische Symbolfigur, ein Mann, dem Christentum kein bloßes Lippenbekenntnis ist«.
Fürst Georg, der in einem prächtigen, mit Steuermitteln renovierten Renaissance-Schloß zu Zeil residiert, rund zweitausend Bedienstete beschäftigt und über einen eigenen Flugplatz verfügt, praktiziert seine Nächstenliebe für jedermann sichtbar, wenngleich nicht völlig selbstlos. So hat er die »Fürstl. Waldburg-Zeil'sche Kurverwaltung« gegründet, die ihrerseits an die 50 Millionen DM – Staatszuschüsse eingerechnet – in herrliche Anlagen und nicht ganz so schöne Gebäude investierte. Die Rentabilität des Unternehmens ist erfreulich hoch: Kunstvoll ausgetüftelte Verträge mit Kriegsopferversorgungs- und Landesversicherungsanstalten sichern den fürstlichen Heil- und Kurstätten, wovon Hoteliers nicht einmal zu träumen wagen, nämlich eine auf Jahre hinaus garantierte, praktisch hundertprozentige Bettennutzung. Derzeit kommt der Kur-Fürst auf rund eine halbe Million Übernachtungen im Jahr, wozu er durch seinen Generaldirektor bemerken läßt: »Wir bestreiten nicht, daß dabei auch verdient wird.«
Wichtiger als die rund 80 bis 100 Millionen DM Jahreseinnahmen, die diese und andere fürstlich waldburgsche Unternehmen Seiner Durchlaucht nach Kennermeinung erbringen, ist dem ›Bauernjörg‹-Erben die Mehrung des Großgrundbesitzes seines Hauses. So erstand Fürst Georg vor einigen Jahren für nur drei Millionen Mark ein riesiges Alpenrevier zwischen Immenstadt und Oberstaufen, ein Kunststück, das sich viele nur erklären können durch die glänzenden Beziehungen Seiner Durchlaucht zur bayerischen Staatsregierung. Aber auch, wenn sich nur kleckerweise Terrain erobern läßt, ist der Fürst zur Stelle:
So erwarb Seine Durchlaucht von der Hausgehilfin Maria

Natterer ein 63 000 Quadratmeter großes Grundstück gegen eine Leibrente auf Lebenszeit der Verkäuferin von immerhin monatlich 150 DM; weitere 2 Hektar Wald kaufte er für monatlich 210 DM, und es ist nicht einmal sicher, ob die Verkäufer nicht auch noch stolz und dankbar waren, denn der in Zwergschulen gepflegte Unverstand der Landesbewohner ist groß.
Fürst Georg ist indessen nicht nur Grundbesitzer (und -sammler), sondern auch ein rühriger Unternehmer. Er verarbeitet das Holz seiner riesigen Wälder in eigenen Sägewerken und Papierfabriken, mit eigenem Wasser und selbst erzeugtem Strom. Und einen Teil seiner Papierproduktion verwendet er zur Reproduktion dessen, was ihm am Herzen liegt. »Wir möchten dabeisein, wo Meinung gemacht wird, und wir möchten nicht, daß sie ganz ohne uns gemacht wird«, meint er dazu. Oder, wie es in seinen hauseigenen »Schwarz-Gelben-Blättern« umschrieben wird: »Seine Durchlaucht haben sich entschlossen, auf dem publizistischen Sektor Verantwortung zu tragen.« So hat er sich beispielsweise in den ›Schwäbischen Verlag‹ eingekauft, dessen ›Schwäbische Zeitung‹ (Auflage: rund 170 000) inzwischen auch in den Stadtkreis Ulm vorgedrungen ist; dabei ist er auch beim Allgäuer Zeitungs-Verlag, dessen ›Allgäuer Zeitung‹ (Auflage: knapp 100 000), ein Ableger der ›Augsburger Allgemeinen‹ (knapp 200 000), seit 1968 mit dem Kemptener ›Allgäuer‹ verschmolzen ist.
Wenn im Schloß die Diener in schwarz-gelber Livree Champagner servieren; wenn der Fürst einen Brunnen einweiht oder eine neue Bergbahn eröffnet und dabei Launiges und Bedenkenswertes äußert; wenn das sehr kinderreiche fürstliche Haus ein Familienfest feiert oder wenn CDU/CSU-Prominenz unter dem Patronat Seiner Durchlaucht mit hohen Gästen aus Spanien oder Portugal über

die Vorzüge einer christkatholisch-faschistischen Diktatur plaudert – stets wird die Bevölkerung darüber in geeigneter Form unterrichtet, denn des Fürsten Redaktions-Bedienstete verstehen sich auf Öffentlichkeitsarbeit. Trotzdem konnte es geschehen, daß dem Kreisbauernverband des Fürsten Landerwerb zuviel wurde; er strich Seine Durchlaucht kurzerhand von der Mitgliedsliste, wodurch die Staatliche Subventionierung des fürstlichen Hauses aus Mitteln des Grünen Plans gefährdet war. Dazu meinte der Nachfahr des ›Bauernjörg‹: »Man nimmt mir gegenüber stets eine feindselige, gehässige und unsachliche Haltung ein.« Was mag das für Gründe haben? Nun, das Oberlandesgericht in Stuttgart empfand die fürstliche Bodenkonzentration zwar auch als ›ungesund‹, doch der 5. Zivilsenat des Bundesgerichtshofs entschied in letzter Instanz, daß der Kläger im Hauptberuf Land- und Forstwirt sei und daß es »keine obere Grenze für den Umfang eines land- und forstwirtschaftlichen Betriebes« gebe.

Der Fürst hält sich an diese höchstrichterlichen Grundsätze: »Natürlich kaufen wir ständig Grundbesitz dazu, wenn wir die Gelegenheit und die Mittel dazu haben«, erläuterte er im Pluralis majestatis. An andere höchstrichterliche Entscheidungen hält er sich hingegen nicht. Als das Bundesverwaltungsgericht 1966 feststellte, daß das sogenannte Primogeniturprinzip, wonach etwa ein als Graf Wunibald von X. geborener Ältester nach dem Hinscheiden des Vaters, des Fürsten Y., dessen Titel und Namen erbt, seit 1919 nicht mehr gelte, da erklärte der erst 1953 zum Fürsten avancierte Waldburger, dies interessiere ihn wenig. »Ein solches Urteil betrifft unser Haus nicht«, befand er, »denn, bitt schön, in Afrika ist ein Häuptling eben ein Häuptling, auch wenn er nicht Häuptling heißt...«

So einfach und logisch ist das.
Der hauptberufliche Land- und Forstwirt, nebenberuflich Heilgehilfe, Papierfabrikant, Drucker und Zeitungsmonopolherr, der — wohl nur noch zum Zeitvertreib — mit zahlreichen Filialen landauf, landab Haushalts- und Eisenwarenhandel unter dem Firmennamen ›Eisen-Fuchs‹ betreibt, auch dem ›Aero-Club von Deutschland‹ als Präsident vorsteht und Ehrenritter des Souveränen Malteser-Ritterordens ist, kennt genau seine Macht, die sich auf Milliardenreichtum, jahrhundertelange Vormachtstellung in einem Landstrich, dessen Bevölkerung zu ›Thron und Altar‹-Treue erzogen und von Bildung nach Möglichkeit ferngehalten wurde, sowie auf Beziehungen gründet, deren Wurzeln zurückreichen in jene Zeit, da der ›Bauernjörg‹ von Waldburg mit seinen Söldnern für ›Law and Order‹ sorgte.
Was diese Beziehungen des Fürsten von Waldburg-Zeil betrifft, so reichen sie über das Verbreitungsgebiet seines Provinzzeitungs-Imperiums weit hinaus. Nicht zuletzt diesem Umstand verdankte zum Beispiel die Universität München im Sommer 1971 einen neuen Rektor: den Professor Nikolaus Lobkowicz, Rechtsaußen unter den Ordinarien, Sprecher des reaktionären ›Bundes für die Freiheit der Wissenschaft‹ und (als gebürtiger böhmischer Prinz aus einer Hochadelsfamilie, die jahrhundertelang die tschechischen Klerikalen im Kampf gegen Deutsche, Juden, Protestanten, Liberale und Sozialisten angeführt hat, sowie als Ehemann der geborenen Gräfin Maria Immakulata Josefine zu Waldburg-Zeil) Standesgenosse und Schwager des Fürsten Georg und dessen Gemahlin, der Wittelsbacher-Prinzessin.
Zur Rektorenwahl selbst war in der ›Süddeutschen Zeitung‹ zu lesen: »Die Zusammensetzung der Wahlversammlung (416 Professoren für 324 Lehrstühle und 23

Vertreter für 24 000 Studenten) schien selbst dem noch amtierenden Rektoratskollegium so absurd, daß es versuchte, andere Paritäten festzusetzen: Abschaffung des Stimmrechts der pensionierten Professoren, Gleichstellung aller Hochschullehrer, verstärkte Beteiligung der Assistenten und Studenten. Auf der Senatssitzung vom 8. Juni 1971 war es gerade der designierte Rektor Lobkowicz, der im Hinblick auf seine Wahl, für die er auf die Stimmen der Pensionäre angewiesen war, sich am schärfsten gegen diese überfällige und ungenügende Wahlreform wandte...«
Nun, Waldburg-Schwager (Prinz) Lobkowicz, obwohl amerikanischer Staatsangehöriger, konnte gegen den Willen der überwältigenden Mehrheit der akademischen Bürger Münchens Rektor dieser größten bundesdeutschen Universität werden und »alles erhalten, was sich in der Vergangenheit bewährt hat«. Der Arm des Schwagers und ›Bauernjörg‹-Erben reicht weit...
Nicht nur in München und erst recht in Stuttgart wissen die Waldburger Familienpolitik zu machen und die richtigen Drähte zu ziehen. Auch in Bonn und in Wien, in Rom und Madrid haben sie »ihre Leute«. Alfons Dalma zum Beispiel, heute Chefredakteur des Österreichischen Rundfunks, zuvor politischer Berater des Franz Josef Strauß und Mitherausgeber des ›Bayernkurier‹, noch früher (unter seinem richtigen Namen Stefan Tomicic) Ideologe der militant antisemitischen und klerikal-faschistischen Ustascha-Bewegung Kroatiens, bezog jahrelang monatlich 2000 DM Salär aus den fürstlichen Kassen, abgerechnet über die Tageszeitung ›Der Allgäuer‹.
Zu den Jagd- und Ballgästen des Waldburgers zählten Franz Josef Strauß und Altbundesminister Oberländer tiefbraunen Angedenkens, ›Spiegel‹-Anzeiger Friedrich August Freiherr von der Heydte und Richard (›Kopf ab‹-)

Jaeger, der francospanische Informationsminister Iribarne und viele andere prominente Faschisten, aber auch Prälaten und Generale, Industriebosse und Bankmagnaten.
Politik betreibt Fürst Georg von Waldburg zu Zeil insoweit, als sie der Erhaltung seines Besitzstandes und seiner Vorrechte dient, das »Bewährte« zu erhalten trachtet und Reformen, die ihn und seinen Hofstaat berühren könnten, bis zur Unkenntlichkeit verwässert oder ganz verhindert.
»Für die CDU, bitt' schön, da setzen wir uns ein! Keine Experimente – das ist auch unser Programm!« Es war ja schon das Programm des ›Bauernjörg‹, net woa?!

Günter Wallraff
Fürstenanarchie
Fürst von Waldburg zu Zeil und Trauchburg

> »Meine Familie fühlt sich heute noch für das Land, in dem sie geboren wurde und in dem sie seit 800 Jahren lebt, verantwortlich. Es ist eine große Familie, die hier lebt und die letzten Endes ja auch in Zukunft hier leben will. Und sie wird hier nur leben können, wenn sie auch in Zukunft dokumentiert, daß sie eine nützliche öffentliche Funktion erfüllt.«
> (Fürst Georg von Waldburg zu Zeil und Trauchburg)

Mit ›unternehmerischem Weitblick‹ stampfte Fürst Waldburg zu Zeil ab 1958 eine der größten Kuranstalten Europas sozusagen aus dem Nichts. Langfristige Verträge mit Sozialversicherungsträgern und zinsvergünstigte öffentliche Kredite in Millionenhöhe garantieren ihm eine volle Belegung der zur Zeit 2000 Plätze. An dem Geschäft mit den Kranken kann sich der Fürst fast ohne Risiko stetig gesundstoßen. An seinem Vermögenszuwachs von 20

Millionen in den 20er Jahren auf inzwischen weit über 2 Milliarden (Jahreseinkommen z. Zt. über 100 Millionen) haben seine »Rehabilitationszentren« einen wesentlichen Anteil. Außer der »Güte der Luft mit ihrer Reinheit« und »heilspendendem Wasser«, in den Kurprospekten übermaßen angepriesen, hat der Fürst seinen ihm anvertrauten Rekonvaleszenten kaum etwas zu bieten. Der »wichtige innere Heilfaktor«, so wird im Prospekt über die »Besonderheiten der Neutrauchburger Kur« denn auch offen bekannt, liege »im Bereich des Seelisch-Geistigen jedes einzelnen Kurpatienten« und wird ausdrücklich in »dessen persönliche Freiheit gestellt«.

»Es wird dringend empfohlen, Unterhaltungen über Krankheiten und das Vergleichen der Kurverordnung zu unterlassen. Sie führen lediglich zu Beunruhigungen...«, vermerkt die Kurordnung nicht ohne Grund. Würden die in den Kuranstalten quasi einkasernierten Patienten nämlich ihrem angestauten Unmut gemeinsam Ausdruck verleihen, könnte es dem Fürsten und seinem anvertrauten Erfüllungsgehilfen, dem Kurdirektor Seiner Erlaucht Graf Waldburg, wohnhaft Schloß Igaufstal, unter Umständen an den Kragen gehen. Schon die Hausordnung enthält Punkte, deren Geist einer Zeit entlehnt scheint, als man über Untertanen noch total verfügen konnte. Heute muß man einiger formaldemokratischer Spielregeln wegen wenigstens den Schein wahren.

Den Patienten der Verdienstklasse bis zu 1500 DM, die dem Fürsten zur Behandlung von »Abnutzungserkrankungen«, »Überforderungssyndromen« und »psychosomatischer und psychoneurotischer Erkrankungen« in die Einöde geschickt werden, wird bei Verstößen gegen die Kurdrillordnung Rausschmiß angedroht. »Als schwerer Verstoß wird z. B. Benutzung des eigenen Wagens angesehen«, heißt es in Ziffer 14. Auch »Ausflüge sind in den ersten 2 Wochen untersagt«, und »später nur mit Genehmigung durch den Chefarzt«. – »Besuche von Verwandten und Bekannten werden grundsätzlich nur in dringenden Fällen und nur mit Genehmigung des Chefarztes in den dafür vorgesehenen Aufenthaltsräumen des Haupthauses gestattet.« – »Dem Charakter des Hauses angemessen« dürfen »Speise- und Gesellschaftsräume nur in korrekter, geordneter Kleidung betreten« werden. Wer sich bei den ausgedruckten Tischzeiten (Frühstück von 8 bis 9 Uhr) auch nur um 5 Minuten verspätet, bekommt nichts mehr. Auch wenn der Grund der Verspätung eine für diese Zeit angeordnete kurärztliche Behandlung war. Der Fürst, durch seine langfristigen Verträge seiner Kundschaft sicher, hält sie entsprechend knapp. Ausgenommen die Möglichkeit zur religiösen Betätigung, die dem Fürsten sehr am Herzen liegt. Hier schuf er in Verpflichtung der eigenen katholischen Tradition seiner Sippschaft und seiner Beteiligungen an großen kirchlichen Verlagshäusern ein Aushängeschild. Gegen den Willen des zuständigen Bischofs, der auf die bestehende Gemeindekirche verwies, baute der Fürst seine eigene Kirche, verpflichtete einen Priester, der in fürstlichem Mobiliar wohnt und mit fürstlichem Altargerät und in fürstlichem Geiste den Patientenuntertanen Demut, Entsagung und Unterordnung predigt. Als kleines Extra bietet der Fürst seinen Patienten noch in jedem Zimmer ein schlichtes Kreuz.

»Ein Fernsehbericht mit Filmausschnitten aus der Ostzone: Leute, die von Arbeitsnormen schwärmen, andere, die versuchen, dabei noch was für sich rauszuschlagen – ein Ehekrach, bei dem der Ehemann seiner Frau mit der Partei droht – mürrische oder verkrampfte Gesichter, ohne Freude, ohne Humor. Gott bewahre uns vor diesem

›roten Paradies‹!... Der Mensch bleibt nicht in dieser Welt. Nach Jahren von Arbeit und Mühe, von Erfolg und Mißerfolg, von Freude und Leid wird er sie verlassen und soll dann sich und sein Werk Gott dem Herrn zu Füßen legen... Jeder einzelne hat sein Stück Verantwortung, wenn auch nicht jeder die gleiche. Wo Menschen zusammen arbeiten, muß Ordnung sein. Das bedeutet Rücksicht auf den Mitarbeiter und aufs Ganze, bedeutet Unterordnung unter den Vorgesetzten, weil wir unter den Folgen der Erbschuld leiden.
... Wo Christen zusammen arbeiten, herrscht nicht unpersönliche Kälte, rücksichtsloser Machtkampf oder gar Terror und Spitzelwesen wie in den Betrieben kommunistischer Staaten. Der Christ weiß, daß die rechtmäßige Befehlsgewalt von Gott geschützt ist. Achtung und Gehorsam gegenüber dem Vorgesetzten sind Gewissenssache...
Wer die Arbeit als Auftrag Gottes anschaut, wird nicht nur haben, nicht nur genießen wollen, sondern er weiß: ich muß dienen...
Gott hat jedem hier auf Erden seinen Platz, seine Aufgabe zugewiesen. Der eine führt und schafft an, der andere gehorcht... Hauptsache: Du erfüllst Deine Pflicht da, wo Du stehst, und so gut, wie Du kannst...
Mit Gruß und Segen
Ihr Pater Franz Georg Waldburg-Zeil SJ
(der Bruder des Fürsten in den »Schwarz-Gelben-Blättern«, in der Rubrik: »Aus den Standesherrschaften«. Der Fürst stellte das Erscheinen seiner internen Hauszeitschrift ein, als die Landesbibliothek Stuttgart es wagte, Belegexemplare zum Archivieren anzufordern.)

Wo das seelische Wohl der Patienten – aufs Jenseits ausgerichtet – so umhegt wird, kann das leibliche Wohl ganz

dem diesseitigen fürstlichen Profitinteresse anheimfallen. Den 2000 Patienten, zum Teil wegen Haltungsschäden zur Kur überwiesen, denen Schwimmen als wesentlicher Bestandteil der Kur verordnet wurde, steht nur ein Hallenbad von 5×12 Meter Ausmaß zur Verfügung, in dem sich allenfalls 10 Patienten frei bewegen können. Viele Patienten, denen das Schwimmen von den Kurärzten verordnet wurde, werden wieder fortgeschickt. Im Sommer spart man sich das Aufwärmen des Freibades, 13—16 Grad ist dann oft die Temperatur, wesentlich zu kalt für zum Teil rheumatische Kranke. Die den 2000 Patienten anempfohlene Sauna ist kaum größer als eine beliebige Heimsauna. Allenfalls 15 können hier wie im Backofen gestapelt die für ihre Leiden wohltuende Wärme genießen. Freiluftraum und Ruheraum, für den Heileffekt einer Sauna unerläßlich, hat man sich gleich ganz gespart. Selbst das Wasser wird hier rationiert. Ein hierfür zuständiger fürstlicher Angestellter: »Morgens von ¼ vor 7 bis 8 Uhr drängeln sich 50—60 Patienten zu den verordneten Kneipp-Güssen. Als einzelner bin ich dem Ansturm von vorneherein nicht gewachsen. Einen Teil muß ich wieder wegschicken, weil das warme Wasser nicht ausreicht. Die Kneipp-Therapie verspricht nur Erfolg, wenn so viel Wassergüsse verabreicht werden, bis eine Rötung der Haut eintritt, nach 3—4 Güssen in der Regel. Eine Zeitlang wurden noch 2 Güsse zugestanden. Inzwischen wird wegen Kostenersparnis nur noch ein Guß gestattet, wodurch die ganze Therapie in Frage gestellt ist.«
Die Kurärzte sind überlastet, ihre Behandlung kommt bei den fehlenden therapeutischen Möglichkeiten nicht zum Tragen. Einige Ärzte haben die Konsequenzen gezogen und gekündigt. Einer dieser Ärzte, auf seinem Gebiet eine Kapazität: »Ich konnte es nicht mehr mit meinem ärztlichen Gewissen vereinbaren, wie hier Kranke und Re-

konvaleszente zu Objekten von Gewinnsucht gemacht wurden und es am Nötigsten hinten und vorne fehlte.«
Im Winter spart man es sich, das Kurgelände schnee- und eisfrei zu halten. Im vorigen Jahr, als sich die Stürze mehrten, haben einige Kurgäste einen Vorstoß zur Kurdirektion des Grafen Waldburg-Zeil unternommen. Dort wurde ihnen beschieden, daß »an der Nordsee ja auch keine Schilder stehen, daß man bei Ebbe nicht hinauslaufen soll«. Ein Kurgast brach sich das Steißbein, eine Frau das Handgelenk, einer kugelte sich den Arm aus. Er erinnerte sich: »Als ich am nächsten Tag in der Kuranstalt zu meiner behandelnden Ärztin ging, sagte diese zu mir, wenn ich nach Hause käme, solle ich so schnell wie möglich zum Arzt gehen, mein Schulterblatt würde nämlich ca. 3 Zentimeter herausragen. Das war die ganze ärztliche Betreuung dort.«
In den letzten Tagen vor Weihnachten, als zum »Fest der Liebe« gerüstet wurde, wurden in einigen fürstlichen Kuranstalten Renovierungen vorgenommen. Im Haus Mechensee z. B. wurden Parkettböden herausgerissen und Tapeten herunter, ohne Rücksicht auf die in den Zimmern noch verbliebenen Patienten.
Das Personal der fürstlichen Kuranstalten wird kaum besser als frühere fürstliche Lehensknechte gehalten. Ein Masseur: »Da kommt man sich vor wie ein Sklave. Wenn in der Woche ein Feiertag ist, wird der uns nach dem Gesetz zustehende freie Tag einfach gestrichen. Wenn mal bei der Zuteilung der Patienten eine Lücke entsteht – was nicht unsere Schuld ist – und wir eine halbe Stunde früher mal weg können, wird uns die Zeit von den Überstunden wieder abgezogen.« Selbst das in unserem Staat von den Oberen so überstark propagierte und gepriesene Vermögensbildungsgesetz scheint unter fürstlichen Gesichtspunkten ein noch zu großes Zugeständnis an die

Untertanen. Es wird ignoriert. Der Masseur: »Ich hatte bei einer Bank einen Vertrag nach dem ›Vermögensbildungsgesetz‹ abgeschlossen, die entsprechenden Unterlagen im Büro abgegeben. Jetzt, nach einem Jahr, mußte ich feststellen, daß die Kurverwaltung die vom Gesetz vorgeschriebenen Überweisungen einfach nicht vorgenommen hat, obwohl auf meiner Lohnabrechnung die Eintragungen stehen. Die Sparprämie und die Zinsen sind dadurch verloren. Ich will jetzt dagegen klagen.«
Ein anderer Pfleger der fürstlichen Kurkaserne: »Wir sind hier alle vergessen und verlassen. Als gesunder Mensch kam ich hierher. Jetzt habe ich Rheuma an Hals und Nacken und einen Nasentubenkatarrh. Wir sind hier in einem feuchten Keller untergebracht. Andere haben sich eine Mandelentzündung geholt.« Dem Pfleger wurde der Heizungskeller als Wohnstätte zugewiesen, ein Raum von 4 m × 2,50 m, Höhe nur 1,90 m. Fünf Heizungsrohre führen noch durchs Zimmer, einige sind undicht, so daß oft Öldünste im Raum stehen. Zwei schmale Kellerluken sorgen für Frischluftzufuhr. Der Kellerbewohner hält sie aber meist geschlossen, weil es sonst vorkommt, daß ihm »Hunde durchs Fenster pissen«.
57 Mark knöpft ihm die fürstliche Kurverwaltung noch für dieses Kellerloch ab, das Waschbecken muß er sich mit einem anderen teilen. In anderen Häusern ist es den fürstlichen Angestellten nicht gestattet, abends Besuch in ihren Privatquartieren zu empfangen, da sich die Zimmer der Kurpatienten über ihnen befinden.
Aufgrund seiner Verwandtschaft mit dem Hause Habsburg und seiner Besitztümer in Spanien ist es dem Fürsten gelungen, einen Vertrag mit dem spanischen Arbeitsministerium abzuschließen, daß seine Kuranstalten als Ausbildungsstätten für ungelernte Hilfskräfte aner-

kannt sind, wodurch er in den Genuß besonders billiger und ausbeutungsfähiger Arbeitskräfte kommt.
Als besondere Ironie muß noch angemerkt werden, daß es dem Fürsten gelungen ist, seine Kuranstalten als ›gemeinnützig‹ erklären zu lassen. Dies bedeutet Freistellung von Gewerbe- und Umsatzsteuer und somit gesteigerte Wirksamkeit der fürstlichen Übersetzung des Wortes »Gemeinnutz«: Gemeiner Nutzen für die eigene Tasche.

»Reichtum, wie wir ihn haben, dient ja ganz bestimmten Zwecken, ... er hat eine dienende Funktion.«
(Fürst Georg von Waldburg zu Zeil und Trauchburg)

Selbst die gute Luft, die der Fürst seinen Kurgästen zu bieten in der glücklichen Lage ist, ist hin und wieder — wie der Wind gerade steht — durch bestialischen Gestank versetzt und dann alles andere als geeignet, »die Quellen der eigenen Lebenskräfte wiederzufinden« (Kurprospekt). Verursacher des Gestanks ist der Schwager des Fürsten, Fürst von Quadt-Wykradt, Isny, aus der Wittelsbacher Linie entstammend und mit 1521 Hektar Landbesitz im Verhältnis zum Waldburger Fürsten nur eine Viertelportion.
Fürst von Quadt zu Wykradt gehörte auch — womöglich als Strohmann seines Schwagers — zu den Industriellen und Bankiers, die unter einer anonymen Deckadresse für die CDU und gegen die SPD große Gelder für den Wahlkampf lockermachten. Vereint mit Springer, Schickedanz und dem Frankfurter Bankier Freiherr von Bethmann investierte er größere Beträge in Anzeigenkampagnen unter dem Motto »Enteignung durch Steuern«.
Fürst von Quadt, vor kurzem noch über eine Annonce in den Zeitungen seines Schwagers um einen Diener bemüht, der »Gewehre und Silber« pflegen kann, betreibt eine Schweine- und Hühnerfarm. Mit dem Hühnerdung

versucht der Fürst zusätzliche Geschäfte zu machen, indem er für 40 000 DM eine Trockenanlage installierte und nicht in Geld umsetzbare Teile des Dungs durch den Kamin wieder der Luft zuführt, die ja bekanntlich Allgemeingut ist und über den Wind wiederum den Kurpatienten zugute kommt. Einwohner der in der Nähe gelegenen Siedlung Kleinhasloch, die besonders unter dem oft zum Erbrechen führenden Gestank zu leiden haben, taten sich zusammen und schickten ein Protestschreiben ans zuständige Gesundheitsamt. Von dort aus tat sich jedoch nichts, weil, wie ein betroffener Anwohner meint, »die sich nicht ranwagen, weil die sich alle immer noch vor denen verneigen. – Wenn Sie als kleiner Mann aber mal vor Ihrem Hof da Gras verbrennen, kommt gleich die Polizei.« Einem Bauern, der mitten im Gelände des »Schweinefürsten« eine 200 Jahre alte Enklave besitzt, floß einige Zeit lang Jauche aus dem Wasserhahn, der ins Grundwasser eingesickerte Mist des Fürsten.

Breite Schultern:
»Ein Standesherr ist ganz sicherlich aufgefordert, Partei zu ergreifen in Fragen, die seinen Verantwortungsbereich betreffen, die aber über seinen Verantwortungsbereich hinausgreifen, die praktisch die Zukunft seiner Familie, seines Hauses und all der Menschen, die ihm anvertraut sind, betreffen. Schließlich ist ja jeder Bürger, ob er nun über größere Machtmittel verfügt oder über kleinere, aufgerufen, die Bundesrepublik auf seinen Schultern mitzutragen. Im allgemeinen ist es eine öffentliche, wenn man so will, fast eine politische Funktion, die wir freiwillig übernehmen.«
(Fürst Georg von Waldburg zu Zeil)

Es gab einmal ein Gesetz, das sollte »eine gerechtere Verteilung des landwirtschaftlichen Grundeigentums herbeiführen«, sprich Grafen, Freiherren, Fürsten und anderen Großagrariern ein wenig von ihrem Überfluß

abnehmen. 1948 lief das unter der Bezeichnung Bodenreform.
Genau 21 Jahre später wurde wieder einmal unter Beweis gestellt, daß bei uns wirtschaftliche Macht stärker ist als alle Gesetze. Die beiden bundesdeutschen Größtgrundbesitzer – Prinz Johannes von Thurn und Taxis und Fürst Georg von Waldburg zu Zeil – setzten rechtskräftig durch, daß ihnen nicht nur nichts genommen wird, sondern für eine symbolische Landabgabe noch Riesensummen gezahlt werden müssen.
Baden-Württembergs Landtagsabgeordnete, die darüber zu entscheiden hatten, behandelten die delikate Angelegenheit vertraulich. Nur wenige der 127 Parlamentarier kannten überhaupt die Akten, doch alle Parteien stimmten für »Antrag Drucksache 732 betr. Abschluß der Bodenreform« und bewilligten 1,35 Millionen Mark für die beiden Großagrarier.
So kam es dazu: Die Siegermächte machten nach 1945 fast allen Landtagen die Auflage, durch Boden-Gesetze die Macht der Großgrundbesitzer zu reduzieren. In Bayern sollten die Großgrundbesitzer 37 000 Hektar, 39 Prozent ihrer Flächen, abgeben. Die britische Militärregierung wollte in ihrer Zone nur noch bis zu 150 Hektar dulden. Für die französische und die US-Zone galten detaillierte »Landabgabetabellen«.
So war dem Fürsten Waldburg-Zeil zum Beispiel auferlegt, von seinen 9820 Hektar Grund und Boden ein »Abgabesoll« von 1024 Hektar zu entrichten. Anders als im sowjetisch besetzten Teil Deutschlands, wo Großgrundbesitz und Gutsbesitzer gleich 1945 entschädigungslos enteignet worden waren, sollte im Westen die Reform »regulär« vonstatten gehen, gegen sogenanntes »angemessenes« Entgelt, berechnet nach dem Ertragswert – Boden gegen bar. Das Haus Waldburg-Zeil ließ sich erst

nach vier Jahren zur Abgabe herab – zu kläglichen 20 Hektar, und später weiteren 133 Hektar. Aber nicht zu dem vom Staat festgesetzten Preis, sondern nur unter dem »Rechtsvorbehalt späterer Nachforderungen«.

Über zwanzig Jahre lang spannten die beiden Mächtigen die Gerichte für sich ein, bis sie das erreichten, was sie »ihr Recht« nannten: Zusätzlich 600 000 Mark kassierte der Fürst Thurn-Taxis von der baden-württembergischen Staatskasse, 750 000 Mark Steuergelder sackten Fürst Georg und sein Bruder, Graf Alois, ein. Ein Vorgang, der selbst dem CDU-Finanzminister Robert Gleichauf aus Stuttgart die Bemerkung abrang: »Diejenigen, die am hartnäckigsten Widerstand geleistet haben und zudem noch die wirtschaftlich stärksten sind, werden nun gegenüber allen anderen Landabgebern bevorzugt, und das empfinde ich als unbefriedigend.«

Auf ein Bundesgerichts-Urteil gestützt, war den Fürsten »im Namen des Volkes« zugesprochen worden, was sie dem Volke vorenthalten hatten. Statt sie zu enteignen, wurden sie großzügig entschädigt, wobei nicht mal, wie 1948 vorgesehen, vom bescheidenen »Ertragswert« ausgegangen wurde, sondern vom sogenannten »gemeinen Wert«, also dem durch Landknappheit und Bodenspekulation überhöhten Verkehrswert.

Mitgedreht am Zustandekommen der fürstlichen Abfindungssumme hatte der CDU-Abgeordnete Gerhard Weng, der bereits vor der Entscheidung in weiser Voraussicht festgestellt hatte: »Der Wind weht gegen das Land.«

Woher beim damaligen CDU-Landtagsabgeordneten Dr. Weng der Wind weht, wird deutlich, wenn man weiß, daß er neben den Ruhegehaltsbezügen eines Ministerialrates und neben den vollen Bezügen eines Abgeordneten noch ein fürstliches Jahressalär von über 100 000 Mark

bezieht. Volksvertreter Weng ist gleichzeitig »Generalbevollmächtigter« des Waldburger Fürsten; bei Firmengründungen tritt er in den Vordergrund, wenn es seinem Herrn ratsam erscheint, selber zunächst im Hintergrund zu bleiben.
Lehensmann Weng, mit Zweitwohnsitz im Tessin, wurde langfristig und systematisch aufgebaut. Zuerst Finanzreferent des Bischofs von Rottenburg, dann beim späteren Bundeskanzler Kiesinger in der Stuttgarter Staatskanzlei, inzwischen Staatssekretär beim baden-württembergischen CDU-Landesvorsitzenden und Ministerpräsidenten Filbinger, der wiederum über seine Gattin an der Kuranstalt Bad Krotzingen beteiligt ist. Weng ist im Handelsregister Ravensburg unter dem 10. August 1971 eingetragen als Prokurist für das Projekt seines Herrn »Hochgratbahn GmbH«, das in den Allgäuer Alpen mit Bergbahn, Skilifts und Gaststätten ein Wintersportgebiet wirtschaftlich erschließen soll, übrigens ein Gebiet, das bis dahin als »eines der schönsten Naturschutzgebiete« nicht bebaut werden durfte.
Weng tat sich in letzter Zeit hervor, als es um die Schaffung einer sogenannten privaten »Stiftungsuniversität« ging, die der Wirtschaft nicht vom demokratischen Virus infizierte Leute zuführen soll. Weng in einem Schreiben an einen der Initiatoren der geplanten Stuttgarter Stiftungsuniversität, den General a. D. Hass: »...Ansatzpunkt einer neuen privaten Hochschule sollte aber nicht die jetzige Universität sein, die in sehr vielen Dingen Krankheitsmerkmale aufweist; die Hauptaufgabe der Heranbildung von Führungskräften, nicht nur für die Wirtschaft, sondern für Kultur und öffentliches Leben ist so wichtig, daß neue Ausbildungsformen gesucht werden müssen... Der Hauptmangel der heutigen deutschen Staatsuniversität ist die Tatsache, daß sie nicht mehr er-

ziehen kann, und daß sie für die ganzheitliche Bildung der Menschen sehr wenig Chancen bietet. Ich denke insbesondere auch an die körperliche und charakterliche Ertüchtigung. ... Dabei sind auch Mutprüfungen nicht zu übersehen. Ich bin überzeugt, daß bei sorgfältiger Ausarbeitung einer solchen Vorlage eine Menge von Stiftern bereit wären, diese Lücke im deutschen Bildungswesen auszufüllen...«
Der exklusive Arbeitskreis der Unternehmeruniversität kommt regelmäßig im Hause des Stuttgarter Großkaufmanns Hezinger zusammen, um, laut Statuten, die Stiftungsuniversität aus »Sorgen um den Bestand unserer Freiheit, Kultur und Wirtschaft«, als Bollwerk gegen »fanatische Ideologisierung« und »linksradikale Einflüsse« zu gründen.
Weng kann überaus empfindsam reagieren, wenn es um die Aufdeckung seiner wirtschaftlichen »Abstammung« geht. Nachdem ein SPD-Flugblatt über Wengs Bezüge erschienen war, rief er den verantwortlichen SPD-Mann an und erklärte diesem: Falls das Flugblatt nicht widerrufen würde, werde er, Weng, der Öffentlichkeit mitteilen, daß die Abstammung des SPD-Mannes »blutschänderischer Natur« sei.
Wengs Handschrift findet sich auch in den Akten eines gigantischen Feriensiedlung-Projekts. Die »Kanaris-Immobilien GmbH«, ein 125-Millionen-Unternehmen, weist im Prospekt auf die »Vorteile des Angebots« hin: »Durch die hohe Verlustzuweisung ist eine Finanzierung der Beteiligung weitgehendst aus Steuermitteln möglich... Durch die Verlagerung der Einzahlungen in die Kalenderjahre 1972 und 1973 sichert sich der Kommanditist Steuervorteile nach altem Recht auch für die Zukunft.« Im Beirat dieser Gesellschaft findet man neben dem »NUR-Nekkermann«-Verkaufsleiter Methner auch den Regierungs-

Liebe Mitbürger und Kollegen!

Haben Sie sich nicht auch schon gefragt, warum die CDU eine Politik gegen die Interessen der arbeitenden Bevölkerung unseres Landes betreibt?

Nun, der CDU-Kandidat für Tübingen, Gerhard Weng, ist Generalbevollmächtigter des schwerreichen Super Großgrundbesitzers und Fürsten zu Waldburg-Zeil.

> Ist es da ein Wunder, daß CDU-Weng gegen das neue Betriebsverfassungsgesetz war?

Der CDU-Kandidat Gerhard Weng

- sitzt im Beirat der Kanaris Immobilien GmbH, die Grundstücksgeschäfte auf den Kanarischen Inseln betreibt;
- ist bei der Hochgratbahn GmbH mit 200.000,-- DM beteiligt.

Der CDU-Kandidat Gerhard Weng

- bezieht die Ruhegehaltsbezüge eines Ministerialrats;
- stellt daneben seine volle Arbeitskraft dem Fürsten zu Waldburg-Zeil zur Verfügung und erhält dafür ein fürstliches Gehalt.

    Gerhard Weng stellt daneben auch noch seine volle Arbeitskraft dem Landtag zur Verfügung und erhält auch hierfür die vollen Bezüge eines Abgeordneten.

Ist es da ein Wunder, daß CDU-Weng die sozialgerechte Steuerreform als "sozialistisch" zu verteufeln sucht?

Denn diese Steuerreform sieht eine Entlastung der Jahreseinkommen bis zu ca. 50 000,-- DM, aber eine Erhöhung des Spitzensteuersatzes auf 60 % für Einkommen ab 200 000,-- DM vor.

Es ist kein Wunder, daß die CDU und Gerhard Weng nicht die Interessen von Arbeitern, Angestellten, Beamten und Angehörigen des Mittelstandes vertreten.

Sie haben anderes zu tun.

Das muß zu denken geben.

SPD Tübingen

direktor Dr. Paul-Dieter Mehrle, einen Kollegen Wengs aus dem Kultusministerium.
Ein weiterer Strohmann im Beirat der »Kanaris-Immobilien« ist »Seine Exzellenz Georg von Gaupp-Berghausen, Konsul von Spanien«. Gaupp ist Angestellter der »Fürstlich-Waldburg-Zeilschen Hauptverwaltung« in Leutkirch, und in seinem österreichischen Reisepaß fehlt das »von«. Aber dafür ist er Konsul des Steuerflucht-Staates Liechtenstein.
Zusammen mit Prinz Heinrich von Liechtenstein und Werner Schulz, dem Madrider Korrespondenten der fürstlichen »Schwäbischen Zeitung«, ist Gaupp wiederum neben seinem fürstlichen Herrn Herausgeber der Zeitschrift »Aconcagua«, Erscheinungsorte Vaduz und Madrid. Die Zeitschrift, ein Kolonialblatt für alle »Länder iberischer und deutscher Sprache«, ist streng antikommunistisch, pro-falangistisch und erzkatholisch. Ein anders fürstliches Kolonialblatt, »Aconugia« verherrlicht die portugiesische Politik in Angola.

> Wenige Tage, nachdem Günter Wallraff die Geschäfte des Herrn Weng zu Ende recherchiert hatte, meldete die »Stuttgarter Zeitung«: Staatssekretär Dr. Weng vom baden-württembergischen Kultusministerium hat nach eigenen Angaben seinen Anstellungsvertrag als Berater und Bevollmächtigter des Fürsten von Waldburg-Zeil aufgelöst.
> Soweit die Abwicklung von Geschäften durch ihn noch notwendig sein sollte, will Herr Dr. Weng die Einwilligung der Landesregierung einholen. Wie der Staatssekretär weiter bekanntgab, gehört er zwei Aufsichtsgremien im Kulturbereich an. Von seiten des Staatsministeriums wurde darauf hingewiesen, daß politische Staatssekretäre wie Minister keine vom Parlament nicht genehmigte Nebentätigkeiten ausüben dürfen. Etwaige Einnahmen müssen der Staatskasse zugeleitet werden.

Der Bruder des Fürsten, Graf Alois von Waldburg-Zeil, reist zuweilen im Auftrag der Regierung Portugals herum und hält Vorträge. Lehensmann Weng wiederum dürfte es geschafft haben, den Grafen in das Amt des Vorsitzenden des Landeselternbeirates hineinzuhieven. Seine Ausbildung genoß der junge Graf als persönlicher Referent des damaligen Bundesministers von Merkatz (Deutsche Partei). Vor der Bundestagswahl fungierte er als Landeslistenkandidat der CDU.

Ein weiterer Bruder des Fürsten, Graf Karl, ist Vizedirektor der Deutschen Bank in Tübingen. Er wiederum ist mit einer spanischen Marquesa verheiratet. Über ihn laufen die engen wirtschaftlichen und politischen Beziehungen des Fürsten zur spanischen Regierung. Die Verdienste des Fürsten fürs faschistische Spanien wurden mit Verleihung der höchsten spanischen Auszeichnung, dem Großkreuz, gewürdigt.

Neben Weng, der ihm die Türen zur Politik offenhält, hatte sich der Fürst auch einen Industriemächtigen zum Vertrauten gemacht. Der vor kurzem verstorbene Aufsichtsratsvorsitzende des Flick-Imperiums, Dr. Wolfgang Pohle, ein Mann von ›rechtem‹ Schrot und Korn, war von der fürstlichen Monopolpresse langfristig zum CSU-Bundestagsabgeordneten aufgebaut worden. Bis dahin hatte er mit den Leuten seines Wahlkreises so gut wie nichts zu tun gehabt, sieht man einmal von Festessen anläßlich von Jagdgesellschaften in den fürstlichen Gefilden ab.

Pohle war es dann auch, mit dem der Fürst ins Geschäft kam, als es um die Veräußerung der Papierfabrik Baienfurt ging. Der Fürst, von seinen Mittelsmännern vorgewarnt, sah für seine Papierfabrik Millioneninvestitionen für besseren Umweltschutz auf sich zukommen; und er verkaufte, bevor die Angelegenheit öffentlich ruchbar wurde, über seinen Freund Pohle an die Tochtergesellschaft Feldmühle von Flick. Die fürstliche Papierfabrik gehörte jahrzehntelang zu den Hauptverschmutzern des Bodensees.

> »Es gibt noch einige verwunderliche und von der Gesetzgebung vergessene Winkel, wo die Standesherrschaften noch öffentlich rechtliche Funktionen wahrnehmen.«
> (Fürst Georg von Waldburg zu Zeil)

Auf Titel, Ämter und Etikette wird im Fürstenstaat besonderer Wert gelegt. Hiermit läßt sich bei Untertanen, aber auch im geschäftlichen und kommunalpolitischen Bereich noch Eindruck schinden und Hofstaat machen. Der Fürst vergibt kraft seiner standesfürstlichen Herrlichkeit Titel und Ämter, was nach bürgerlichem Recht unter die unschöne Straftatbestimmung »Titelmißbrauch« und »Amtsanmaßung« fällt und mit Gefängnis bis zu 2 Jahren geahndet wird, aber hier gilt immer noch anderes traditionsreicheres und höheres Recht. Den stellvertretenden Kreisvorsitzenden der CDU, Albert Frey, hat sich der Fürst als »Rechtsrat« in seine Dienste genommen. Neben seinen CDU-Bezügen kassiert der Doppelverdiener vom Fürsten noch das Gehalt eines Regierungsrats. In dieser Doppelfunktion eine Interessenkollision zu sehen, ist im Grunde genommen inkonsequent und unlogisch. Sowohl bei seinen Parteifunktionen als auch innerhalb seines fürstlichen Aufgabenbereichs zieht der Lehnsmann am gleichen Interessenstrang.
Einen anderen Bediensteten hat der Fürst zum »Ökonomierat« ernannt, seinen Archivar zum »Archivrat«, obwohl für diesen Titel im bürgerlichen Leben draußen ein staatliches Diplom Voraussetzung wäre.
Sosehr der Fürst mit seinen Getreuen im lokalen Bereich auf derartigen Titelprunk Wert legt, scheut er sich zuwei-

len, an überregionaler Stelle hiervon allzu heftig Gebrauch zu machen. Bezeichnend ist, daß sich der Fürst in den Lokalausgaben seiner Zeitungen mit dem respekteinflößenden Titel »Seine Durchlaucht« in Szene setzen läßt, sich im überregionalen Teil der »Schwäbischen Zeitung« jedoch schlicht mit »Fürst« begnügt. Ähnlich pflegt es sein Schwager, der reaktionäre Rektor der Münchner Universität von Lobkowicz, zu halten. Im Kemptener Telefonbuch hat er in dem in fürstlichen Gründen liegenden Ortsteil Kreuzbach-Eisenach »Prinz von Lobkowicz, Franziskushof, Tel. Nr. 296« durchgesetzt. Im aufgeklärteren München scheint sich dieser Titel nicht so sehr in Ehrerbietung und klingende Münze umsetzen zu lassen, dort hat er ihn sich und anderen erspart.

Günter Wallraff
Fürst von Waldburg-Wolfegg und Waldsee

> »Mehr oder weniger ist die Tradition dasjenige, was die ganze Sache hält. Sobald die Tradition verlassen wird, aber auch sobald der Halt im alten Grund und Boden verlorengeht, hört natürlich auch sehr bald der Nimbus und damit auch die von außen gesehene Wichtigkeit einer solchen Stellung auf.«
> (Fürst Franz von Waldburg-Wolfegg und Waldsee)

Besitz und Macht der Waldburg-Wolfegger Fürsten, einer Nebenlinie der Waldburg-Zeiler, stammen ebenso aus der Zeit der Bauernkriege. »Firmengründer«: ebenfalls der ›Bauernjörg‹. Unter dem abgewandelten, aber ab einer bestimmten Größenordnung stimmigeren Motto »Unrecht-Gut-gedeihet-gut« wuchs und gedieh das fürstliche Imperium bis auf den heutigen Tag: im Bodenseegebiet 5000 Hektar Wald, das modernste Sägewerk Süddeutschlands, Brauereien, ein Weingut in Meersburg, Aktienkapital in verschiedenen Industrien und die Finger drin in der Kommunal- und Landespolitik, scheint die fürstliche Trutzburg so uneinnehmbar wie eh und je. Touristen und heimatkundlich forschende Schulklassen können im privaten, noch kürzlich mit 250 000 Mark Steuergeldern aufpolierten Stammschloß der Wolfegger in Wolfegg die diversen Folterwerkzeuge bestaunen, mit denen die Söldner des »Bauernjörg« die revoltierenden Bauern zum Maßhalten brachten.

Im Telefonbuch des Landkreises Ravensburg manifestiert sich fürstlicher Besitz durch 15 Telefonanschlüsse. Vom fürstlichen Bauhof bis zur fürstlichen Brauerei, von der fürstlichen Vermögensverwaltung bis zum privaten Herrschaftssitz des jungen Grafen, der »Villa am Finstermoos«.

Spätestens seit 11. März 1966 wurde durch Bundesverwaltungsgerichtsbeschluß dekreditiert, daß fürstliche und gräfliche Titel nicht mehr geführt werden dürfen, nachdem schon die Weimarer Reichsverfassung 1919 auf dem Papier alle Standesvorrechte aufgehoben hatte, um »bisher adlige Namen den bürgerlichen Namen in jeder Beziehung gleichzustellen und das bisherige Adelszeichen nicht anders als eine Silbe im Namen zu behandeln«. Ungeachtet derartiger niederer bürgerlicher Rechtsprechung führen die Wolfegger und mit ihnen 22 weitere ›fürstliche‹ Grund- und Bodenbesitzer ihre sich leicht in klingende Münze umsetzenden Fürsten-Titel weiter und vererben sie an ihre Erstgeborenen. Selbst nach geltendem bürgerlichen Erbrecht ein illegaler Vorgang mit dem Ziel, daß die meist beträchtlichen Vermögenswerte nicht langfristig aufgesplittert und umverteilt werden, sondern jeweils mit einer Person verknüpft — die an die übrigen Familienangehörigen genau gestaffelte

Apanagen zahlt – über Generationen hinweg wachsen und sich vermehren.
Selbst kirchliches Recht wird von den sonst strenggläubigen Waldburgern mißachtet, wenn es um die Aufrechterhaltung ihrer Herrschaftsansprüche geht. Das »Patronatsrecht«, das »Recht« des Fürsten, auf seinem Gebiet von 3 vom Bischof vorgeschlagenen neueinzusetzenden Priestern den ihm genehmsten auszuwählen, wird von beiden Linien der Waldburger nach wie vor in Anspruch genommen, obwohl es seit dem 2. Vatikanischen Konzil 1968 getilgt worden ist. In seinen Patronatskirchen wird der Fürst täglich ins Chorgebet eingeschlossen. Sein Extrasitz ist mit rotem Samt ausgeschlagen. Auch wenn er meist ungenutzt bleibt, darf kein gewöhnlicher Sterblicher Platz darauf nehmen. Schließlich war ein Waldburg-Wolfegger einst auch Bischof von Konstanz und schanzte der fürstlichen Familie kirchliche Weingüter in Meersburg (beste Lagen) zu, ein wenig vorweggenommene private Säkularisierung.
Ein schöner alter Brauch wird in Wolfegg bis heute beibehalten: wenn der Fürst Geburtstag hat, erhalten die Kinder des Ortes schulfrei, auf daß sie früh genug zu dankbaren Untertanen erzogen werden. Und Fürstin Adelheid, Aushängeschild im CDU-Gemeinderat, setzt sich besonders nachhaltig und zäh für Beibehaltung der altbewährten Konfessionsschulen ein. So wie Fürst Georg von Waldburg zu Zeil im Kreistag Wangen residiert, so sein Vetter, der Wolfegger, im Ravensburger Kreistag; infolge der dortigen erdrückenden CDU-Mehrheit konsequenterweise beide als Repräsentanten dieser Partei. Mit sicherem Instinkt hat Fürst Waldburg-Wolfegg schon vor Jahren erkannt: »Außerhalb der Parteien läßt sich ja nun heute eine politische Betätigung gar nicht mit Erfolg einleiten und ausüben. Es sind diese Möglichkeiten jedem

offen, wie jedem anderen auch – das ist persönliche Einstellung, persönliche Eignung.«
Die ›persönliche Eignung‹ war so außerordentlich, daß sich die Heimatstadt des Fürsten, Bad Waldsee, November vergangenen Jahres genötigt sah, zu Ehren ihres großen Sohnes eine eigens gestiftete Ehrenmedaille in Form eines Goldtalers zu prägen und ihm als ersten zu verleihen, für seine »besonderen Verdienste«.
Die Verdienste bestanden unter anderem darin, der Gemeinde das Wassergeld vorenthalten zu haben. So wurde aus dem Fürsten ein ›verdienter Mann‹ und die Gemeinde ärmer.

> »Vom Eigenen her komme ich mir noch nicht viel anders vor als ein Unternehmer irgendwelcher Art, der auch verpflichtet ist, für das aufzukommen und zu sorgen, was er etwa auch von seinen Vätern ererbt hat.«
> (Fürst zu Waldburg-Wolfegg und Waldsee)

In dem von den Vätern zusammengeraubten fürstlichen Grund und Boden sah der Fürst so sehr sein Ureigenes, daß er es nicht mit der Nutzung und Bebauung der Oberfläche bewenden ließ, sondern auch das darunter befindliche Wasser, das laut Gesetz bereits ›sozialisiert‹ ist, seinem Allmachtsanspruch und seiner Verfügungsgewalt unterstellte. Ein paar kritische Bürger kamen dahinter und rechneten vor, daß die Fürstliche Brauerei seit Jahren statt des anderen Bürgern abverlangten Wasserzinses von 75 Pfennig pro m^3 nur ein symbolisches Abgabesoll von 7 Pfg. entrichtete, wodurch der ohnehin armen Gemeinde jährlich zwischen 30 000 und 40 000 Mark vorenthalten würden. Anläßlich einer Stadtratssitzung, bei der es um Gewerbesteuererhöhungen ging, schlug der nicht parteigebundene Stadtrat Steddin vor, daß sich die Erhö-

hungen vermeiden ließen, falls man den Fürsten zur Zahlung des normalen Wassergeldsatzes verpflichtete, worauf CDU-Stadtrat Frei sofort seinen Protest anmeldete: »Diese Sache gehört nicht hierher« und die Versammlung aufforderte, »zur Tagesordnung überzugehen«. Steddin ging nicht zur Tagesordnung über, sondern wagte es, die Angelegenheit an die Öffentlichkeit zu bringen: In der von ihm initiierten Gegenzeitung »Nachrichten«, die dem Monopol des Waldburg-Zeiler Fürsten, der »Schwäbischen Zeitung« (Auflage ca. 200 000), zwar schwach, aber vernehmbar, etwas entgegensetzen sollte. »Die Nachrichten«, getragen von 1600 Bürgern, die mit 10-Mark-Anteilen aufwärts ihr eigenes Blatt gründeten, um »zu beweisen«, daß Pressefreiheit nicht nur das Vorrecht weniger sehr reicher Leute ist, ihre Meinung zu verbreiten, entfachten den ›Wasserkrieg von Waldsee‹.
1. Reaktion der Fürstlichen Brauerei: Schlagzeile der »Nachrichten«: »Fürst droht: Brauerei wird stillgelegt«, Unterzeile: »Stadt soll erpreßt werden – Investitionsstopp bereits angeordnet«. Der Brauereidirektor in einem internen Schreiben: »...Ich meinerseits werde auf jeden Fall sofort einen totalen Investitionsstopp für die Brauerei Bad Waldsee anordnen und ihn erst wieder aufheben, wenn gewährleistet ist, daß unsachliche Polemik bezüglich der Brauerei in der Öffentlichkeit unterbleibt...«
Der Fürst höchstpersönlich befleißigte sich, zur Feder zu greifen und sich in einem Offenen Brief gegen so böse Worte wie »drohen« und »erpressen« zu verwahren: »Die Behauptungen, ich hätte mit einer Stillegung der Brauerei gedroht und die Stadt erpreßt, sind unwahr. Zunächst einmal gehört die Firma Waldburg-Bräu in Bad Waldsee-Steinach nicht mir, sondern meinem Sohn Max Willibald Erbgraf von Waldburg-Wolfegg und Waldsee. Ferner haben weder ich noch mein Sohn, sondern der Lei-

ter der Fürstl. Hauptverwaltung, Herr Dipl.-Kaufm. Kamman, den Brief an Herrn Stadtrat Steddin gerichtet...« Nachdem Fürst Franz die Verantwortung seinem Untertan aufgebürdet hat, kommt er in seinen weiteren Ausführungen in seiner Selbstherrlichkeit zur unfreiwilligen Selbstbezichtigung: »...Nachdem sich die Stadt lange Zeit vergeblich um eine Wasserversorgung bemüht hatte, wurde ihr das Recht eingeräumt, aus den Fürstlichen Grundstücken Wasser zu entnehmen. Im Zusammenhang damit hat die Brauerei ihr bisherige Quelle aufgegeben und sich der neuen städtischen Wasserversorgung angeschlossen, woran die Stadt sehr interessiert war... Wird in polemischer Weise... verlangt, daß die Brauerei einen höheren Wasserzins bezahlt, so muß selbstverständlich die Wirtschaftlichkeit der Brauerei überprüft und überlegt werden, ob weiterhin hohe Beträge in die Brauerei investiert werden können. Der Hinweis auf diese sich aus dem Verhalten der Stadt Bad Waldsee möglicherweise ergebenden wirtschaftlichen Konsequenzen stellt keine ›Drohung‹ dar. Eine Erpressung aber begeht nur derjenige, der einen anderen rechtswidrig mit Gewalt oder durch Drohung mit einem empfindlichen Übel zu einer Handlung, Duldung oder Unterlassung nötigt und dadurch dem Vermögen des Genötigten oder eines anderen Nachteil zufügt, um sich oder einen Dritten zu Unrecht zu bereichern. Keines dieser Merkmale liegt vor. Die Brauerei will sich nicht zu Unrecht bereichern, noch nötigt sie die Stadt in rechtswidriger Weise. Auch von der Drohung mit einem empfindlichen Übel kann nicht gesprochen werden. Vielmehr ist es eine rein wirtschaftliche Entscheidung, ob und wie die Firma Waldburg-Bräu in Bad Waldsee weitergeführt wird, wobei es allerdings auf die Wasserfrage entscheidend ankommen kann.

    gez. Franz Fürst zu Waldburg-Wolfegg u. Waldsee«

Es kam zu einem kuriosen Rechtsstreit. Der Fürst in seinem mittelalterlichen Standesherrenbewußtsein wurde nicht etwa für zurechnungsunfähig erklärt, vielmehr wurde und wird der Prozeß über mehrere Instanzen geführt, die endgültige Entscheidung ist demnächst vom Verwaltungsgerichtshof zu erwarten. In 1. Instanz entschied das Verwaltungsgericht Ravensburg gegen den Fürsten, er sollte statt 7 fortan 60 Pfennig Wassergeld zahlen, was den Fürsten zu um so entschlossenerem Widerstand brachte. Der fürstliche Anwalt Dr. Tatz in 2. Instanz vor Gericht: »Wer das Eigentum überhaupt noch anerkennt, muß sagen, hier gibt jemand das Wasser. Es ist eine abseitige Art, daß jemand, der etwas hergibt, noch zusätzlich belastet wird.« Der Vertreter der Stadt, Dr. Wagner, wurde ungewohnt deutlich: Spätestens seit Inkrafttreten des Wassergesetzes von 1960 habe sich die Situation entscheidend verändert. »Das Gesetz sagt, daß der Grundstücksbesitzer über das Wasser nicht mehr verfügen, daß er damit kein Geschäft mehr machen kann. Die Beseitigung des Eigentums steht hier nicht zur Diskussion. Der Kläger soll nur überlassen, was ihm nicht gehört.«

Der Fürstenvertreter beharrte im Namen seines Herrn darauf, daß es sich hier eindeutig um »rechtswidrige Sozialisierung« handelte. Er zitierte Theodor Heuss: »Zertrampelt mir den Rechtsstaat nicht!« und beschwor längst Überfälliges herauf: »Das Eigentum ist nicht 1960 untergegangen – vielleicht in 8 oder 10 Jahren, wenn die Sozialisierung so weit gediehen ist, aber heute ist es noch nicht so weit!«

Der Fürst ist unternehmungslustig wie eh und je. Sein Versuch, ganz groß in Feriendörfer einzusteigen und zu investieren, mißlang zwar bisher, dafür schaffte es jedoch sein Sohn, der Erbgraf, im vorigen Jahr, den fürstlichen

Schweinestall, in dem bislang die Schweine des fürstlichen Hofgutes grunzten, durch einen »bekannten Architekten in mühevoller Arbeit in ein gemütliches, wohnliches Clubhaus verwandeln zu lassen, in dem sich Golfspieler nach dem Spiel wohl fühlen können«, wie die »Schwäbische Zeitung« zu berichten weiß. Und, womit die Welt wieder in Ordnung scheint: »Heute können wir stolz sein auf das Heim und den Platz, aber noch viel stolzer auf den Geist, der diese Tat vollbracht hat. Der Golfplatz ist einer der schönsten in der Bundesrepublik.«
Stadtrat Steddin, in seinem Privatberuf Architekt, der den Wasserkrieg entfachte und sich in den »Nachrichten« unbelehrbar immer wieder mit dem mächtigen Wolfegg-Vetter Fürst Waldburg zu Zeil anlegte, hatte zeitweilig nichts zu lachen. Gelegentlich einer CDU-Versammlung klagte ein ansässiger Textilhändler über den Versuch des Stadtrats, »unser Städtchen, das wir alle liebhaben, zu diffamieren und fertigzumachen«. Einmal klebte an der Tür eines von Steddin innenarchitektonisch umgestalteten Schuhgeschäfts ein Zettel: »Verkauf nur an Steddinwähler.« Häufig wurde er nachts per Telefon aus dem Schlaf geklingelt und beschimpft, in einem Fall hörte er als Drohung vom anderen Ende in der Leitung nur eine Uhr ticken. Die fürstliche »Schwäbische Zeitung« brachte mehrspaltige Pamphlete gegen ihn, seine Frau wurde in Geschäften von Mitbürgern angepöbelt. Prozesse gegen ihn wurden angestrengt, mehrmals wegen »Zuwiderhandlungen gegen die Vorschriften über das Impressum«. Das »Nachrichten«-Verzeichnis, so die Anklage, halte »die für Beiträge zweifelhaften oder strafbaren Inhalts verantwortliche Person im Dunkel.« – Unbeanstandet und unerwähnt blieb dabei, daß die »Schwäbische Zeitung« gelegentlich ganz ohne lokales Impressum erscheint. Trotz oder gerade wegen des zunehmenden

Drucks setzte sich die Bürgerinitiative des Gegen-Infos (Motto: »Jeder Leser sein Verleger«) langsam durch. Die »Nachrichten« haben zumindest punktuell erreicht, was sie als ihre Aufgabe ansehen: »... haben wir uns zum Ziel gesetzt, alle die Nachrichten zu veröffentlichen, die von der ›Schwäbischen Zeitung‹ unterdrückt oder verfälscht werden...« – Seit einiger Zeit geben sie zusammen mit der unabhängigeren, Fürsten- und CDU-kritischen »Südwestpresse« das auf Kleinanzeigenbasis aufgebaute »Wochenblatt« heraus, Auflage 35000, Verteilung kostenlos. Sie wollen ihr Verbreitungsgebiet demnächst nach Wangen und Leutkirch, den Stammsitz des Waldburg-Zeiler Fürsten, ausdehnen, mitten hinein in die Fürstenanarchie am Bodensee.

Fichtel und Sachs

Bernt Engelmann
... gammelt für Deutschland: Gunter Sachs

Nein, er hat nichts dagegen, wenn man ihn einen Playboy nennt. »Wenigstens, solange der Begriff richtig verwendet wird«, schränkt er ein. »Wenn allerdings irgendein Spießer in Kaiserslautern, bloß weil er in seinem Einfamilienhaus bei einer Sexparty erwischt wurde, von den Zeitungen ebenfalls zum Playboy ernannt wird, dann frage ich mich, ob ich noch einer sein will...«
Er stellt, mit Recht, weit höhere Ansprüche. Sein Playboy-Vorbild war und ist der selige Porfirio Rubirosa, weiland Botschafter der Dominikanischen Republik des ›blutigen Hektor‹ Trujillo. »Das war ein Mann«, sagt er, »ein Kavalier, ein Ritter, ein Sportsmann... Sogar sein Tod war stilecht: Eines frühen Morgens mit einem superschnellen Sportwagen gegen einen Baum rasen – das ist das klassischen Ende!«
Aber das hat noch Zeit. Schließlich hat er eine wichtige Funktion, in der er gebraucht wird: Er ist ständiger Repräsentant der Bundesrepublik Deutschland im internationalen Jet-set, und diesen Titel, der ihm wahrlich nicht in den Schoß gefallen ist, gilt es noch auf Jahre hinaus zu verteidigen...!
Wie wird man Playboy von Weltrang und ständiger Jetsetter? Nun, dazu braucht man zunächst einen Namen. Seiner war ursprünglich Fritz G. Sachs. ›Fritz‹, auf internationaler Bühne nur zum Spott reizend, wurde fallengelassen, das G zu Gunter. Und aus ›Sachs‹, englisch ›säx‹, ausgesprochen, bildete sich ein anspruchsvoller Spitz-

und Kosename: ›Sexy‹. Da, wo es Eindruck machte, wurde auch noch der Geburtsname der Mama angehängt, und das ergab dann, alles zusammen: Gunter ›Sexy‹ Sachs von Opel. Er selbst nennt sich mitunter ganz schlicht: Le grand Sachs lui-même, der große Sachs persönlich.

Daß auch eine weitere, fast noch wichtigere Voraussetzung für den Playboy-Beruf, nämlich der Besitz von viel Geld, von Sexy dem Großen – er mißt immerhin 1,81 m – vorbildlich erfüllt wird, dafür bürgt seine Herkunft. Er und sein Reichtum sind, sozusagen, nicht von schlechten Eltern: Um mit Mutter Elinor, der geborenen von Opel, anzufangen: sie gehört zum Kreis der glücklichen Enkel jenes Adam Opel, dessen Automobilfabrik zu Rüsselsheim von der Familie, gerade noch rechtzeitig vor Beginn der Weltwirtschaftskrise von 1929/33 und zum immerhin Fünffachen des Marktwertes, gegen gute Dollar an den US-Konzernriesen General Motors verkauft wurde; durch geschickte Anlage, beispielsweise in Karstadt-Aktien oder in Grundstücken in der Schweiz, sind aus den Dollarmillionen von 1929 inzwischen DM-Milliarden geworden... Und Vater Willy Sachs war der Alleininhaber des Schweinfurter Fichtel & Sachs-Konzerns, den dessen Vater, Kommerzienrat Ernst Sachs, anno 1895 gegründet hatte. Dieser Konzern, der heute rund 17 000 Beschäftigte zählt, produziert nicht nur den berühmten Torpedo-Freilauf und den nicht minder renommierten Sachs-Zweitakt-Motor, sondern noch vieles, vieles andere, zum Beispiel Star-Kugelschreiber oder Elektromotoren.

Willy Sachs, im Zweiten Weltkrieg einer von Großdeutschlands Wehrwirtschaftsführern, vor allem aber ein passionierter Jäger, der für sein Hobby keine Reviere pachtete, sondern sie, speziell in den schönsten landschaftlichen Gebieten Oberbayerns, landstrichweise zu-

sammenkaufte, hatte mit seiner Frau Elinor, außer Geld, wenig gemeinsam. Die Ehe wurde nach wenigen Jahren geschieden. Von den beiden Kindern, die daraus hervorgegangen waren, blieb der ältere Ernst-Wilhelm beim Vater in Schweinfurt; der jüngere, der 1932 auf dem Sachs-Schloß Mainberg geborene Fritz Gunter, ging mit der Mutter in die Schweiz.
Im französischsprachigen Teil der Eidgenossenschaft, fern von Naziherrschaft, Bombenkrieg, Zusammenbruch und Nachkriegselend, wuchs Gunter heran. Er besuchte das ungemein exklusive Internat von Zuoz, studierte ein wenig in Lausanne und heiratete 1955, gerade 23 Jahre alt, eine junge, bildschöne Algerienfranzösin, Anne-Marie Faure, mit der er in ein idyllisches Landhaus am Genfer See zog.
Vielleicht wäre ›Big Sexy‹, ein kreuzbraver Ehemann und Vater, der bundesdeutsche Ehrenplatz im internationalen Jet-set verwaist geblieben, hätten nicht zwei tragische Ereignisse die Szene gründlich verändert: im Juni 1958 verlor Gunter – bei einer scheinbar ganz ungefährlichen Operation – seine junge Frau, bald darauf – durch Selbstmord – auch seinen fernen und immens reichen Vater. Anne-Marie hinterließ dem jungen Witwer nur einen zweijährigen Sohn, Rolf, der fortan bei Onkel Fritz (von Opel) und der Großmutter ein Zuhause fand; vom Vater dagegen erbte Gunter die Hälfte des gesamten riesigen Industrie-, Grund- und Kunstbesitzes, während die andere Hälfte seinem Bruder Ernst-Wilhelm zufiel.
Die beiden verständigten sich rasch über ihre künftigen Rollen: Der – zumindest nach außen hin zu seriösem Konzernherrenleben bereite, vom Vater auch darauf gedrillte Ernst-Wilhelm übernahm die Geschäftsleitung in Schweinfurt; Gunter begnügte sich mit einem Aufsichtsratsposten sowie mit den Tantiemen und Dividenden, de-

ren Summe bald mächtig anstieg und ihm beispielsweise für 1969 bereits etwa sechs Millionen DM einbrachte. Es blieb ihm viel Zeit und Muße zum Auf- und Ausbau eines eigenen Wirtschaftsbereiches, das vornehmlich aus Immobilien- und Baugesellschaften in der Schweiz, daneben aus ›Micmac‹-Boutiquen und manchem anderen bestand, und er erwies sich dabei als ein geschickter Geschäftsmann mit sehr glücklicher Hand, der zu den siebenstelligen Jahreseinnahmen aus der Erbschaft fleißig weitere Millionen hinzuverdiente.

Indessen genügte ihm dies keineswegs. Schon damals, Ende der 50er Jahre, beschloß er, Playboy zu werden. Wie man weiß, gehören dazu dekorative Gespielinnen, die Gunter nun suchte und leicht fand. Ihre Namen sind, dank der nimmermüden Berichterstattung der Regenbogenpresse, den Bundesbürgern und -bürgerinnen besser ins Gedächtnis geprägt als etwa die einstiger Herrscher. Es regierten an ›Big Sexys‹ Seite und an wechselnden, aber stets mondänen Schauplätzen: von 1959 bis 1960: die sehr sprach- und vielleicht sonst noch talentierte, nur als Filmschauspielerin wenig begabte Mara Lane; 1960–61 die schöne Anka Hahn, heute Starmannequin; 1961–62 die ebenso attraktive wie abenteuerlustige Wasserski-Weltmeisterin Marina Doria, gefolgt von der schon als Chanel-Mannequin und Kunstmalerin bekannten Paule Rizzo. Jedes Jahr eine andere Dame mit Pep, lautete Gunters Parole, doch er kam mit allen diesen beim Rennen um einen Ehrenplatz im Jet-set nur unter ›ferner liefen‹. Das änderte sich aber mit einem Schlage, als er im Herbst 1962 zum Tischherrn, Dauertänzer und ständigen Kavalier, bald auch, zumindest in zahllosen Presseberichten, die teils dementiert, teils bestätigt wurden, zum Verlobten einer um ein Jahr älteren, zwei Köpfe kleineren Frau aufrückte, die ›Der Spiegel‹ einmal

›das Traumschiff der deutschen Seele‹ genannt hat: der Ex-Kaiserin auf dem Pfauenthron, Soraya Esfandiary Bachtiary. Zwar endete diese ›Romanze des Jahrhunderts‹ schon sehr bald; das ›Traumschiff‹ blieb unbemannt, vielleicht eingedenk der sonst verlorengehenden Apanage aus Teheran. Doch nun war ›Big Sexy‹ endgültig ›in‹, sein Playboytum konsolidiert.
Er setzte alles noch einmal aufs Spiel, indem er sich mit einer weiteren Reihe (bis dahin) unbekannter Schönheiten einließ, zuletzt mit Brigitte Laaf, die heute in Rom Modefotografen Modell steht. Doch dann folgte eine weitere Brigitte, die alles wiedergutmachte!
Durch seine Heirat und wildbewegte Ehe mit sowie die schließliche Scheidung von BB, dem schmollmündigen Sex-Symbol aus Paris, mit dem er sich am französischen Nationalfeiertag, dem 14. Juli 1966, vermählte, stahl Gunter Sachs nicht nur dem General de Gaulle die Schau, sondern eroberte sich auch den begehrten Platz in der Jet-set-Weltelite...!
Inzwischen ist ›Big Sexy‹ (wie jedermann weiß, längst wieder mit einer jungen Schönheit, diesmal aus Schweden, verheiratet und zum zweitenmal Vater) schon so etwas wie ein Ehren-Jet-setter und Playboy-Veteran geworden, dem niemand mehr den so sauer erworbenen Ruhm streitig machen will oder kann. Mit dem Polster eines 9stelligen Vermögens und den ihm aus Schweinfurt, der Schweiz und aus manchen anderen Ländern alljährlich zufließenden Millionen könnte er ein geruhsames Rentierdasein führen. Doch dies tut er mitnichten! Das ganze Jahr über gönnt er sich kaum einen freien Tag:
Meist fängt es an mit einer rauschenden Silvesterfeier in (Sankt) Moritz, im ›Palace‹ oder im ›Cresta-Club‹. Dann eilt er nach München, teils des Faschings, teils seiner Boutiquen wegen. Mit Abstechern nach Westerland, Berlin,

Rom und St.-Tropez vergeht der Januar. Den halben Februar und die erste Märzwoche heißt es dann wieder, sich in (Sankt) Moritz zu zeigen, wo Ski und Après-Ski Gunters harren. Dann ruht er sich ein wenig aus, in seinem Haus bei Lausanne, kümmert sich um die Immobilien und bereitet sich auf die Sommersaison in St.-Tropez vor, wo er jedes Jahr – für nur 40 000 DM – die ›Villa Capilla‹ zur Miete bewohnt. Er trägt dann seine Sommeruniform: offenes Hemd, hellblaue Jeans, weder Schuhe noch Strümpfe sowie ungekämmtes Haar, trinkt sein Spezialgetränk, ›Bull Shot‹, eine Mixtur aus Fleischbrühe, Zitronensaft und Wodka, fährt im silbergrauen Sportkabrio ein bißchen auf und ab, hält hof und nimmt die Huldigungen seiner Fans entgegen. Dann folgt ein kurzer Urlaub, am Wörthersee oder in Rottach-Egern, denn es steht die Herbstsaison in Paris bevor. »Da pflege ich Kontakte, gehe zu Premieren und zu den großen Soireen«, erläutert er selbst diesen sehr anstrengenden Teil seines Jahresprogramms.

In Paris, 32 Avenue Foch, hat ›Big Sexy‹ – noch aus seiner Junggesellenzeit – ein eigenes Heim. Die Eigentumsetage von 400 qm Wohnfläche in der teuersten Wohngegend der französischen Hauptstadt und in exklusiver Nachbarschaft – Mitbewohner des Hauses sind Fürstin Grace von Monaco geborene Kelly und der Botschafter Griechenlands – hat für ihre standesgemäße Ausstattung Millionen verschlungen. Selbst der anspruchsloseste Raum, das WC, fand in zweieinhalbjähriger Gestaltung durch die teuersten Handwerker und Künstler eine Dekoration, die des ›grand Sachs lui-même‹ würdig ist: Ein Meister der perspektivischen Täuschung schuf durch Wand- und Deckenmalerei sowie mit Hilfe von Spiegeln etwas, das dem Benutzer des Gunterschen Spülklosetts vorgaukelt, sich inmitten des (sehr belebten) Innenhofs

eines riesigen florentinischen Palazzo zu befinden...
(Kostenpunkt: 200000 DM). Solches und manches andere mehr macht den Abschied von Paris recht schmerzlich, doch zu Weihnachten begibt sich der Vielbeschäftigte dann wieder nach Deutschland und feiert mit Mutter, Bruder und der eigenen Familie das Christfest, um dann das nächste Jahr wieder in (Sankt) Moritz zu beginnen...
So ausgefüllt das Leben des ›Big Sexy‹ nun bereits erscheinen mag – es gibt noch mancherlei mehr, das ihn in Anspruch nimmt: So sammelt er beispielsweise – wenn auch recht dilettantisch, wie man von wirklichen Fachleuten hören kann – divisionsweise Zinnsoldaten. Mit weit mehr Kennerschaft widmet er sich sodann der Förderung (und dem Erwerb) sehr moderner Kunst, und nicht eben selten wird er selbst porträtiert, nicht immer zu seiner Freude. Das größte bekannte Kunstwerk, das seine Züge verewigt, mißt zwei mal drei Meter; das ausgefallenste zeigt ihn als Adam mit Pfeil und Bogen, sehr naturalistisch, und dazu gibt es als Pendant die BB als Eva mit Apfel... Doch diese Arbeiten waren unbestellt, wie Gunter Sachs glaubhaft versichert. So geht es einem eben, der als steinreich und kunstsinnig bekannt ist...
Auch als Filmproduzent hat ›Big Sexy‹ schon vieles geschaffen, ganz zu schweigen von der Zeit und Mühe, die die Pflege seiner Public Relations kostet. Meist ging und geht es dabei um Damen, mit denen er sich sehen ließ – ein Playboy darf ja nicht rasten! – und deren Beziehung zu ihm einer gründlichen Deutung bedarf. Da es ihm nicht immer gelang, sich mit Zelebritäten wie Soraya oder auch Tina Onassis öffentlich zu zeigen, waren es meist Fotomodelle oder Mannequins. »Ich weiß nicht, wie das kommt«, sinnierte er einmal in einem Interview, das er einer großen Frauenzeitung gewährte. Und auf eine wei-

tere Frage, die Intelligenz der von ihm Bevorzugten betreffend, meinte er: »Also, dumme Mädchen – oder besser gesagt: ganz dumme Mädchen, die kann ich nicht ausstehen...!« Sehr begreiflich, übrigens, denn natürlich will auch ›Big Sexy‹ um seiner selbst willen geliebt und bewundert werden, und das ist von ganz Dummen nicht zu erwarten.

Günter Wallraff
An der Schleifstraße

> »Über Geld spricht man nicht, man hat es.«
> Konzernbesitzer Gunter Sachs.
> Woher er es hat, wollte ich erfahren.

Mein erster Versuch, mir das als Recht zu nehmen, was für die 17 000 Lohnabhängigen der Fichtel & Sachs-Werke tagtägliche Pflicht ist, scheitert. »Wir stellen zur Zeit keine Arbeiter ein. In vier Wochen können Sie noch mal vorsprechen, vielleicht, daß wir dann wieder welche brauchen«, so das Mädchen im Personalbüro. ›Sparmaßnahmen‹, ›Rationalisierung‹, ›vorbeugende Maßnahmen‹, unter diesem Motto steht der Einstellungsstopp des Unternehmens... Die Auftragslage ist zwar immer noch bestens, aber das Unternehmen schafft Krisenstimmung bei den Beschäftigten, steigert so die »Arbeitsmoral«: Wo der Arbeitsplatz kein sicheres Recht ist, vergißt der Arbeiter, der seine Existenz in Frage gestellt sieht, allzuleicht über seinen Pflichten seine Rechte. Aus dem Werk Ausscheidende werden nicht ersetzt. Ihre Arbeit wird den mit Kurzarbeit oder Entlassung Bedrohten zusätzlich aufgelastet. (So kommt es zu der in echten wie in angeheizten Krisenzeiten zu beobachtenden Erscheinung: steigende

Produktion und erhöhter Gewinn bei reduzierter Belegschaft.)
Ich greife zu einem banalen Trick, um trotz Einstellungssperre eingestellt zu werden. Mein Aussehen habe ich vorher verändert, um dem von der Industrie verbreiteten Steckbrief, der in größeren und mittleren Betrieben ausliegt und der mich nach zweijähriger Arbeit in Großunternehmen eine Zeitlang davon abhielt, in weiteren Betrieben zu arbeiten, die Wirkung zu nehmen. Der Trick besteht darin, daß ich an die in jedem Großkonzern bestehende starre Befehlshierarchie appelliere.
Drei Tage nach meiner ersten Vorsprache verlange ich den Leiter des Einstellungsbüros. Bei ihm berufe ich mich auf einen der Direktoren. Ich sage: »Mein Vater hat vor einigen Tagen mit ihm gesprochen. Ich soll heute eingestellt werden, er weiß Bescheid.« Der Untergebene im Einstellungsbüro wagt nicht, den allgewaltigen Firmenchef mit einer Rückfrage zu behelligen.
»Er wird auf Empfehlung vom Direktor noch eingestellt. Formulare fertig machen und zum Werksarzt schicken«, gibt er die Order weiter an eine seiner Gehilfinnen. Von mir will er noch wissen, was ich vorher gemacht habe. Meine Lohnsteuerkarte von 1971 – auf einen anderen Namen lautend – hat in diesem Jahr noch keinen Eintrag. (Um nicht wieder, – wie es mir schon früher passiert ist, wegen Fehlzeiten beargwöhnt und als Knastbruder verdächtigt zu werden – gebe ich hier eine der Ausnahmesituationen und auch dem Firmenmitinhaber Gunter Sachs entsprechende Erklärung ab.) Ich hätte bisher in Frankreich, und zwar in einem Yachthafen in St.-Tropez, gearbeitet, sei jetzt in Schweinfurt verheiratet und wolle eine Lebensstellung antreten. Der Herr im Einstellungsbüro schluckt es. »Direktor«, »Gunter Sachs«, »St.-Tropez«, so eine Gedankenkette rastet ein.

Die Arzthelferin des Werksarztes kommt durch mein verändertes Aussehen – lange, schwarz gefärbte Haare – zu einer von mir nicht beabsichtigten Einschätzung. »Du, wo wohnen?« fragt sie und macht sich an einem Karteiblatt zu schaffen. Als ich ihr in akzentfreiem Deutsch antworte, gibt sie ihre zerhackstückte Primitivsprache auf und wechselt vom »Du« zum »Sie«. Einen Gastarbeiter, einen Türken, der sich einen Finger an seiner Maschine gequetscht hat und mit dem ich mich zuvor in normalem Deutsch gut unterhalten konnte, redet sie anschließend besonders laut wieder wie einen Idioten an. Der Türke, für den diese Behandlung nicht neu zu sein scheint, überspielt mit einem gequälten Lächeln die für ihn entwürdigende Situation.

Nachdem ich Urin gelassen und Blut abgezapft bekommen habe, befühlt der Werksarzt mein Knochengerüst und die Beweglichkeit meiner Gelenke. »Morgen, Donnerstag 8.00 Uhr liegt das Ergebnis vor«, sagt er. Wenn der Befund der Blut- und Urinuntersuchung negativ sei, stünde meiner Einstellung nichts im Weg. Ich könne dann sofort anfangen zu arbeiten. 8.00 Uhr, sagte der Arzt. Der Mann auf dem Einstellungsbüro sprach von 7.00 Uhr. Ich schätzte den Arzt als Ranghöheren ein, war aber trotzdem am nächsten Morgen schon gegen ½ 8 Uhr im Einstellungsbüro. Ich hatte mich verrechnet. Der Chef des Einstellungsbüros, durch die allgemeine Einstellungssperre ohnehin nicht ausgelastet, zudem durch ein Ereignis kurz vor meiner Abfertigung gereizt, demonstriert mir die ganze Macht seines Amtes. Kurz zuvor staucht er einen Griechen, der seine Papiere abholen will und der den Klingelknopf – Aufschrift »bitte klingeln« – folgerichtig betätigt hat, worauf sich die verschlossene Milchglasscheibe öffnet, zusammen. »Kannst Du nicht warten, bis von selbst jemand kommt, meint ihr, wir müßten für euch

springen!« brüllt er den Griechen an, der mindestens fünf Minuten gewartet hat, bis er sich entschloß zu klingeln. Schroff macht er dem Ausländer klar, daß er im übrigen für seine Belange nicht zuständig sei, und verweist auf das ebenfalls geschlossene Fenster seitlich gegenüber. Dann knallt er ihm die Scheibe vor der Nase zu. Der Grieche klopft vorsichtig ans verschlossene Fenster gegenüber. Der Mann, der öffnet, fühlt sich gestört, reagiert ebenso beleidigt. Unwirsch gibt er zu verstehen, zuständig sei der Mann von vorhin, ob denn die Ausländer die eigens dafür angebrachte Klingel nicht sehen könnten, obwohl zusätzlich noch geschrieben stünde »bitte klingeln«. Dann schlägt er die Scheibe zu. Der Grieche, unsicher gemacht und ängstlich geworden, setzt sich abwartend auf die vordere Kante der Bank.
Jetzt drücke ich den Klingelknopf. Der, der vorhin geöffnet hat, steckt den Kopf raus. »Ihr Kollege sagte, wir sollen bei Ihnen klingeln«, sage ich. Verbissen stumm fertigt er den Griechen ab.
Kaum ist der Grieche raus, fällt er über mich her. »Ihr meint, ihr könnt machen, was ihr wollt«, schreit er, »7 Uhr sagte ich, und gleich ist es dreiviertel acht. Kannst gleich wieder nach Hause gehen. Wenn du Montag nicht auf die Minute Punkt 7 da bist, kannst du gleich ganz zu Hause bleiben.« Mein Einwand, der Arzt hätte mich schließlich erst auf 8 Uhr bestellt, wird ignoriert. Als ich ihn bitte, mich doch dann wenigstens morgen, Freitag, einzustellen und nicht erst am Montag, jeder Tag sei für mich verlorenes Geld, das ich dringend benötigte, entgegnet er genüßlich: »Montag sagte ich oder überhaupt nicht, solche brauchen wir nicht, die schon so anfangen.«
So bestraft und von vornherein mit den Gesetzen des Konzerns bekanntgemacht, finde ich mich Montag zur Frühschicht im Werk Süd ein. Auf der Stempelkarte steht

die Drohung: »Wer die Karte eines anderen stempelt, wird mit sofortiger Entlassung *bestraft.*«
Die ersten Tage werde ich als Lückenbüßer eingesetzt. Durch ein paar tausend Stoßdämpfer habe ich an der immer gleichen Stelle ein Loch zu bohren. Keiner hat mich auf Unfallgefahren aufmerksam gemacht. Auch was ich bei dieser Arbeit verdiene, wurde mir nicht gesagt. Oft bilden sich Späne beim Bohren, die sehr lästig sind. Würde ich so einen Span mit der Hand zu entfernen versuchen, könnte das zu tiefen Schnitt- oder Sehnenverletzungen führen. Auch die Bedienung der Bohrmaschine ist mir nur unzureichend und widersprüchlich erklärt worden. Ein Meister sagt, ich solle die Bohrung ohne Körperanstrengung – auf Automatik geschaltet – ausführen. Ein Einsteller erklärt mir später, ich könne bessere Akkordzeiten herausholen, wenn ich gleichzeitig noch mit meinem Arm den Hebel so kräftig wie möglich herunterdrücken würde. Das tue ich dann auch und hole mir am ersten Tag einen Muskelkater, werde aber das Gefühl nicht los, daß sich trotz zusätzlicher Muskelanstrengung der Bohrer nicht schneller durch das Metall frißt. Später erfahre ich von einem Arbeiter, daß an den meisten Maschinen ständig Veränderungen vorgenommen würden, um die produzierte Stückzahl noch zu erhöhen, auch wenn das auf Kosten der Arbeitssicherheit ginge. (Z. B. wie bei der Rohrabstechmaschine der Herstellerfirma Brockes, die zum Abstechen von Rohren bis zu 15 mm absticht und zusätzlich noch zwei weitere Arbeitsgänge mit erledigt, eine Nute rollt und eine Schräge anbringt. Der Arbeiter sagt: »Wir wurden nicht gefragt. Die umgebaute Maschine blockiert jetzt häufiger, unser Akkord ist ständig in Gefahr und unsere Sicherheit, aber insgesamt ist es für die Firma ein Gewinn, den sie so auf unsere Kosten rausholt.«)

Als Werk Süd vor zwei Jahren auf das amerikanische Kleinstzeitverfahren »MTM« umgestellt wurde, kam es anfangs zu Protesten unter den Arbeitern. Die Firmenleitung argumentierte: ›Wenn es dir nicht paßt, hau doch ab, draußen stehen zwei Gastarbeiter für dich da.‹ Mehrere hundert Arbeiter befolgten damals diesen Rat und kündigten. Heute sind 70% der Beschäftigten im Werk Süd Ausländer, mit denen man es machen kann, weil sie, an ihre Jahresverträge gebunden, nicht das Recht haben, ihren Arbeitsplatz zu wechseln.

> Das MTM-Verfahren (Measurement Time Methods), in Amerika von einer Gruppe von Wissenschaftlern entworfen, wird vertrieben und verkauft von der US-Firma MTM Corporation Directorat. An die 300 Firmen in der Bundesrepublik sind bisher auf dieses profitintensivste System abonniert. – Bei MTM geht man davon aus, daß es für jeden Arbeitsvorgang ein meßbares Minimum an notwendigen Bewegungen gibt. Für jede dieser Bewegungen wird eine Normzeit festgesetzt, die von jedem Menschen erreicht werden soll, egal ob es sich um einen jungen oder alten, Mann oder Frau, um einen Starken oder Schwachen, um einen ehemaligen Teppichknüpfer oder einen an Fließbandarbeit Gewöhnten handelt.
> Bevor die Methode auf den Markt kam, wurde sie monatelang getestet. Für den Bewegungsvorgang »Gehen« ließ man Menschen von unterschiedlicher Größe, Gesundheit, Rasse, Alter, Geschlecht, entwickelter Intelligenz im Kreis herumlaufen. Immer verfolgt von einem Kameraauge. Aus der Zahl der aufgenommenen Bilder wurde ein Mittelwert errechnet und auf eine Grundeinheit bezogen, die den 100 000. Teil einer Stunde ausmacht. Ergebnis: die sogenannte Normzeit. In der gleichen oder ähnlichen Weise wurden die verschiedenen MTM-Grundbewegungen gemessen. Dabei unterscheiden die Unternehmer und ihre Wissenschaftler drei Arten von Grundbewegungen:

> 1. Wirksame Bewegungen, z. B. Hinlangen, Greifen.
> 2. Verzögernde Bewegungen, z. B. Überlegen, Entscheiden, Lesen.
> 3. Unwirksame Bewegungen, z. B. Sichunterhalten, Träumen, Aufheben eines Teils, das auf den Boden gefallen ist. Als Grundbewegungen anerkannt sind Hinlangen, Greifen, Bringen, Loslassen, Fügen, Trennen, Drücken, Drehen, Kurbeldrehen.
>
> Als Blickfunktionen gelten: Anvisieren, Blickverschieben, Lesen.
>
> Körper-, Bein- und Fußbewegungen sind: Seitenschritt, Beugen, Aufrichten vom Beugen, Fuß bewegen, Knien, Sichsetzen, Sicherheben, Körperdrehung, Gehen.
>
> Auf der Basis dieser Normwerte werden die einzelnen Arbeitsplätze analysiert und eingerichtet. Der ökonomische Vorteil dieser Methode wird in einer Informationsschrift eines Unternehmens so angepriesen:
>
> »Es wird versucht, alle nicht unmittelbar zum Arbeitsfortschritt beitragenden Bewegungen zu eliminieren.«
>
> Über den politischen Vorteil heißt es:
>
> »MTM verlagert Beschwerdegründe von subjektiven Beurteilungen auf objektive.«
>
> Damit ist nichts anderes gemeint, als daß in Zukunft berechtigten Beschwerden der Arbeiter über das hohe Arbeitstempo mit scheinwissenschaftlichen Argumenten begegnet werden kann, die im Auftrag der Industrie von Technokraten gesammelt wurden und heute wohlverwahrt in einem Panzerschrank in Pennsylvania lagern.
>
> Das wirklich Neue an diesem Verfahren ist die Mehrbelastung der Arbeiter. Denn unter dem Vorwand geringfügiger und billiger Änderungen der Arbeitsplätze werden die Normen doppelt und dreifach hochgeschraubt, wird der Mann an der Maschine gezwungen, das letzte aus sich herauszuholen.

Die Praxis bei Sachs sieht dann so aus, daß ein Arbeiter 120–130 Prozent bringen muß, um den normalen Lohn zu erreichen.

Nach zwei Tagen werde ich zu den Schleifstraßen versetzt. Hier soll ich angelernt werden. Ich bin einem Arbeiter zugeteilt, der sich sehr viel Mühe gibt, mir alles zu erklären, der aber selbst nicht durchblickt, wie sich später

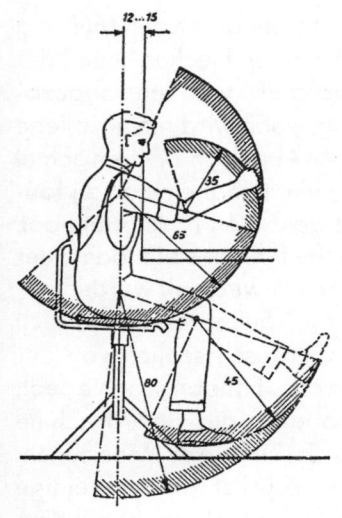

Bewegungen der Hand in vertikaler Richtung über die Schulterhöhe und unter die Höhe der Handhöhle bei herabhängendem Arm sind möglichst zu vermeiden.

MTM-Grundzüge des Bewegungsstudiums 1. Blatt 12 Vertikal-Schnitt durch den Wirkraum der Arme und Beine (nach F. Stier)

herausstellt. Wenn er etwas erklären will, muß er mir ins Ohr brüllen. So stark ist der Lärm, den die Maschinen verursachen. Aber selbst dann verstehe ich erst beim zweiten- oder drittenmal, was er gemeint hat. Der Arbeiter ist verantwortlich für zwei nebeneinanderliegende Schleifstraßen von je 15 Meter Länge. Bevor MTM eingeführt wurde, mußte er nur eine bedienen. »Es waren ein paar Groschen weniger, die wir verdienten«, sagt er einmal während einer Pause, »aber wir wurden nicht so gehetzt.« Er sagt auch: »Falls ich dich mal anbrüllen sollte, wenn irgend etwas nicht klappt, meine ich es nicht so, da gehen einem schon mal die Nerven durch.«

Wir rotieren, umkreisen fortwährend die beiden Schleifstraßen, insgesamt je vier durch einen Fließstrang verbundene, aneinandergekoppelte Maschinen. Wir haben die Stoßdämpfer auf ihre Genauigkeit zu prüfen, die Maschinen neu einzustellen. Ständig verändern sich die

Meßwerte. Wenn ein Stück nicht mehr durch den Meßring geht, wenn sich Unebenheiten oder Flecken unter der Lichtlupe zeigen, wird der »Ausschuß« vom Lohn abgezogen. Das passiert öfter am Tag, dann wird mein Kollege noch nervöser und gehetzter. Mit Augen und Ohren achtet er gleichzeitig auf die Maschinen. Fängt eine an zu fauchen, stürzt er hin und drückt den roten Notstoppknopf. Danach muß die Maschine neu eingestellt oder der Schleifstein abgezogen oder ausgewechselt werden.
Ein Einsteller macht mich darauf aufmerksam, daß ich mich bei einem bestimmten Geräusch seitlich von der Maschine in Deckung werfen solle. Er habe schon erlebt, daß Stoßdämpferteile geschoßartig aus der Maschine geschleudert worden seien. Es sind alte Maschinen, die nur hin und wieder neu gespritzt werden, einige haben noch die glorreiche Zeit erlebt, als Sachs mit dem Prädikat »nationalsozialistischer Musterbetrieb« geehrt wurde. »Sie sind unberechenbar«, sagt ein Einsteller. Gerade hat er mir vormachen wollen, wie man die Maschine genau einstellt. Jetzt weist sie eine noch größere Abweichung als zuvor auf. Er warnt mich auch davor, in die Maschine zu greifen, wenn ein Stoßdämpfer klemmt, dabei sei schon manchem der Finger abgerissen worden. Das erfahre ich nach einer Woche, als ich schon öfter verklemmte Stoßdämpfer aus der laufenden Maschine herausgefingert habe, wie es mein Kollege auch macht, wenn er mit seiner Zeit zurück ist.
Selbst die Pausen sind keine Erholung. Der Lärm ist kaum gedämpft. Die Arbeiter müssen die Maschinen weiterlaufen lassen, um auf ihren Lohn zu kommen. Kaum einer leistet sich außerhalb der beiden offiziellen Pausen den Gang zur Toilette. Man muß ein Stockwerk tiefer laufen, Springer stehen keine zur Verfügung. Und die beiden Schleifstraßen so lange abstellen, damit wäre die Not-

durft zu teuer bezahlt – ein bis zwei Mark Lohneinbuße – wer kann sich das leisten. Für die Arbeiter gibt es drei Toiletten, ohne Brille, ohne Toilettenpapier, verdreckt. Die Meister haben 2 Extra-Klos, mit Schlüssel. Auf der Tür zum Klo dritter Klasse für Ausländer steht mit Filzstift »Kanakenscheißhaus«. Hier ist nur ein Loch in den Boden eingelassen, stehend geht's noch schneller. Mit »Männer« und »Frauen« sind die Eingänge zu den Toiletten der Arbeiter beschriftet, die Angestellten sind mit »Damen« und »Herren« klassifiziert.

Ein Jungarbeiter: »Hier bei uns gibt es kein Klosettpapier, der Sachs spart eben; als ich dem Meister mal sagte, ich gehe jetzt aufs Klosett, da sagte der, paß auf, daß dich keiner von der ›Führungsspitze‹ erwischt, sonst wirst du gestoppt, mich haben sie auch schon mal gestoppt, und es ist mir dann zum Vorwurf gemacht worden, daß ich zu lang geschissen hätte... Da waren Lehrlinge aus dem 1. Lehrjahr, die waren auf dem Klosett ungefähr zehn Minuten, da ist der Lehrwerkstättenleiter Richter rausgegangen, er hatte sich vorher extra einen Schlüssel für die Klosetts anfertigen lassen, und hat dann die Klosetts von außen aufgeschlossen, um nachzuprüfen, ob das Zigarettenrauchverbot in der Lehrwerkstatt eingehalten wurde, die waren gerade beim Verrichten des berühmten Geschäfts.«

Von dem Kollegen, der mich einarbeitet, weiß ich nicht den Namen, er meinen auch nicht, das erübrigt sich hier. Wir haben zu reagieren auf Maschinen, nicht auf Menschen, und wenn wir uns etwas zurufen, uns warnen, wenn die Maschine blockiert oder sonst was nicht stimmt, schreien wir irgendwas, »he« oder »hallo« oder »paß auf«. Bei dem Lärm sind Sätze nicht zu verstehen, sondern nur Schrumpfworte, Urlaute, die sich kaum von den Geräuschen der Maschinen abheben.

Kaum zehn Sekunden, die einer, der zwei Schleifstraßen bedienen muß, mal einen Zahn langsamer drehen kann. An Hinsetzen ist gar nicht zu denken. Wagt es einer doch, findet er keine Ruhe, denn in der Zeit könnten sich irgendwo Meßwerte verschieben und Ausschuß herauskommen. Hier braucht man keinen Aufpasser oder Antreiber, das alles besorgt die Maschine. Der Mensch ist zu ihrem Anhängsel geworden.
Der Konzern kennt in seiner Profitgier keine Grenzen. Der MTM-Akkord an den Schleifstraßen läßt keine Reserven, da wird die letzte Luft herausgepreßt. Die seltenen Möglichkeiten, der Maschine mal ein, zwei Minuten abzuzwacken, sollen zunichte gemacht werden. Ein Prüfer, der vorbeikommt, bereitet uns vor: »Wir haben jetzt nachts Versuche an den Maschinen gemacht, daß wir ohne ›Abziehen‹ auskommen (der Maschinenschleifstein wird neu eingestellt), daß die Maschinen das selbst erledigen. Dann könnt ihr überhaupt nicht mehr Schmu machen, dann geht's ununterbrochen rund für euch. Nächstes Jahr ist es soweit.« Zur Verdeutlichung führt er eine schnell kreisende Bewegung mit seinem Finger um die Schleifstraße herum.
Durch das Abziehen waren schon mal ein, zwei Minuten Verschnaufpause herauszuholen, wenn man die vorgeschriebene Stückzahl erreichte.
Aus den Maschinen spritzt Schleifwasser und Öl. Haut und Haare werden damit bestäubt, viele haben einen Gesichtsausschlag und stark juckende Flechten. Bei einem Arbeiter, der sich ständig kratzt, hat die Brühe Löcher in die Füße gefressen. Den Geruch des Öls kriegt man trotz gründlichen Waschens nicht mehr los. »Sie riechen jetzt schon richtig nach Fabrik«, sagt die Wirtin, bei der ich zur Untermiete wohne.
Nach zwei Monaten Frühschicht bei Sachs – ½ 5 Uhr auf-

stehen, um Punkt 6.00 Uhr im abgelegenen Werk Süd zu sein, wird mir plötzlich klar, daß ich in Schweinfurt ja nicht erst seit diesem einen Monat bin. Daß ich ja direkt vor meiner Einstellung bereits drei Wochen in der gleichen Stadt war, um von außen zu recherchieren, eben als Journalist, als halber Tourist.
Zwei völlig verschiedene Städte, aus zwei völlig anderen Perspektiven, die ich erlebe...

> »Mit 642,9 Mio. DM erreichte der Außenumsatz der Sachsgruppe 1969 einen Höchststand. Das bedeutet eine Zunahme von rund 21 % gegenüber dem Vorjahr. Der Gesamtumsatz der Fichtel & Sachs AG stieg von 369,6 auf 486,3 Mio. DM, was einer Steigerung von fast 25 % entspricht. An diesem Wachstum waren alle Geschäftsbereiche beteiligt. Der Inland-Umsatz erhöhte sich um 68 auf 327 Mio. DM. Das entspricht einer Wachstumsrate von 26,2 %. Der Auslandsumsatz stieg um 22 % auf insgesamt 159,3 Mio. DM!
> Die Beschäftigtenzahl der Fichtel & Sachs AG verstärkte sich 1969 auf 11 937 – die der Sachsgruppe insgesamt auf 17 000 Mitarbeiter... Allerdings gewährleisten nur erhöhte Anstrengungen auf allen Gebieten auch in Zukunft das kontinuierliche Wachstum unseres Werkes.«
> (Aus Sachs-Journal: »75 Jahre Fichtel & Sachs«, Sept. 70)
> »Zur großen Sachs-Familie herangewachsen. Firmentreue bis in die vierte Generation... Der geflügelte, fast historische Ausspruch des früher selbst bei F. & S. beschäftigten Oberbürgermeisters der Stadt Schweinfurt, Georg Wichtermann, ›Wenn es F. & S. gutgeht, geht es auch der Stadt gut‹, kommt ebenfalls nicht von ungefähr.«
> (Jubiläumsschrift »75 Jahre Fichtel & Sachs«, Sept. 70)

Albert S., der 31 Jahre seiner 54 Lebensjahre mit dazu beitrug, daß es »Fichtel & Sachs« so gutgeht, geht es selber zur Zeit gar nicht gut. Als ich ihn in seiner Werkswohnung direkt neben dem Werk aufsuche – zwei kleine Zimmer Parterre, ein weiteres im ersten Stock –, empfängt er mich im Schlafanzug. Sein Gesicht ist eingefallen, er wirkt viel älter, als er ist, er spricht nur leise, und seine Frau drängt nach einer Stunde, das Gespräch zu beenden, weil sich ihr Mann »jedesmal erneut aufrege, wenn er über seine Arbeit bei Sachs spreche«. Nach vierwöchigem Krankenhausaufenthalt wurde er vor zwei Wochen nach Hause entlassen, es kann bis zu einem Jahr dauern, bis S. wieder gesundgeschrieben wird, und dann, so erklärt er, »hat man mir schon gesagt, daß ich meine bisherige Arbeit nicht mehr machen kann, was dann wird, weiß ich nicht. Vielleicht Fahrstuhlführer oder Pförtner, ein Gnadenbrot für die vorzeitig aus der Produktion Ausrangierten.«

Albert S.s Frühinvalidität ist Folge eines Herzinfarktes, sein Hinfälligsein hat seine direkte Ursache im Aufblühen des Werkes, genauer in der Neueinrichtung des Werkteils Süd, »des großzügigsten Bauvorhabens in der Geschichte der Firma« (so Direktor Hülck bei der Grundsteinlegung).

Das »Werk Süd« wurde vor zwei Jahren nach der amerikanischen »MTM-Methode« aufgebaut. Die Arbeiter übersetzen »MTM« mit »Mehr-Tun-Müssen« — »Mach-Tausend-Mehr« oder »Mit-Teuflischen-Methoden«.

Der Mensch wird der Maschine angepaßt, das heißt, er wird auf wenige Grundbewegungen wie z. B. »Greifen«, »Drehen«, »Strecken«, »Fußhebeldruck«, »einen halben Schritt zur Seite treten« und »5 Minuten Toilettenpause« täglich reduziert. An Hand von Tabellenwerten werden Stückzahlen festgelegt, die keine Reserven offenlassen; der Arbeiter wird zum verlängerten Arm der Maschine, ist ihr unentrinnbar ausgeliefert, wird so seelisch und körperlich ausgelaugt. Die Stoßdämpferfertigung ist, seit sie in Werk Süd nach MTM durchgeführt wird, enorm gestiegen. Vorher wurden nach alter Zeitrechnung 400 000 pro Monat produziert, heute nach »MTM« 600 000 und darüber. Dafür ist der Krankheitsstand in diesem Werk von

10—12 Prozent (im übrigen Werk) auf 20—22 Prozent hochgeschnellt. Die Firmenleitung schreibt das allerdings nicht »MTM«, sondern »schlechter Arbeitsmoral« zu.

Albert S. holt weit aus, bevor er zur Ursache seiner Krankheit kommt. Willi Sachs, Vater von Ernst Wilhelm und Gunter Sachs, sei in der Stadt beliebt und gefürchtet gewesen, der eigentliche Herrscher von Schweinfurt. Etwas Gönnertum, ein gewisses Sich-zum-Volk-Herablassen und ein gerüttelt Maß an Größenwahn hätten ihn ausgezeichnet. So habe er selbst erlebt, wie zur Zeit der schlimmsten Arbeitslosigkeit 1931/1932, als er in der Schlange vorm Arbeitsamt mit leerem Magen gewartet habe, Willi Sachs von einer Tribüne aus Geldmünzen und auch ein paar Scheine in die Menge hineingeworfen habe und sich daran ergötzte, als sich die Ausgehungerten um das Geld balgten und prügelten.

Er, der seiner Stadt z. B. das nach ihm benannte Stadion stiftete und dem Theater einen Vorhang, habe es sich dann auch nicht nehmen lassen, mit dem Motorrad mitten in ein Fest in die Stadthalle hereinzubrausen und mit seinem Revolver die Lüster einzeln auszuschießen, ohne dafür natürlich mit einem Strafverfahren bedacht zu werden.

Er, der als Duzfreund von Göring ein Waffenfetischist gewesen sei, habe seine Söhne Ernst Wilhelm und Gunter auch früh mit Waffen vertraut gemacht. So händigte er seinen beiden Söhnen – als sie 12 und 15 Jahre alt waren – ein Kleinkalibergewehr aus, mit dem er sie an das an sein Schloß Mainberg grenzende Gut Kaltenhof ballern ließ. Die Truthähne, die sie dabei zur Strecke brachten, habe er dem Bauern großzügigst ersetzt.

> »Dieses Vertrauensverhältnis hat sich nach der Umwandlung des patriarchalisch geführten Unternehmens in ein Top-Management nicht geändert: Noch heute, in der dritten Generation, befindet sich die Firma voll im Besitz der Familie Sachs...
> Fichtel & Sachs habe, so stellte Bayerns Regierungschef Goppel (CSU) vor den 720 Gästen aus dem In- und Ausland fest, nicht nur wesentlich dazu beigetragen, daß Schweinfurt ›leistungsfähig geworden ist wie kaum eine andere Stadt in der Bundesrepublik, sondern darüber hinaus für die gesamte bayerische Wirtschaft viel geleistet...‹
> Auf die soziale Leistung der Betriebsführung eingehend führte Alfons Goppel aus, daß Sachs ›nicht nur Arbeitsplätze, sondern eine berufliche Heimat‹ biete.«
> Aus der Ortspresse

»Es mußte immer rundgehen in Werk Süd«, sagt Albert S. »Zwei unserer Direktoren waren ein halbes Jahr in USA auf MTM trainiert worden. Als sie zurückkamen, haben sie einen Stab gebildet von Fachleuten, die haben die Sache unter sich ausgemacht. Die Arbeiter sind nicht aufgeklärt worden. Keiner hat gewußt, was auf ihn zukam. Die Stopper haben sich nicht vorgestellt und gar nichts. Als dann auf MTM umgestellt war, gab's kein Ausweichen mehr, man kann dann nicht mehr weg von seinem Arbeitsplatz, und bevor man pinkeln geht, überlegt man es sich dreimal, da ist es aus, wenn einer eine schwache Blase hat. Der Weg zur Toilette ist 50–100 Meter, für 1200 Arbeiter etwa ein Dutzend Klos, aber auch da ist System drin. Die, die vor den Klos warten, trommeln in der Regel nach drei Minuten spätestens die Kollegen aus dem ›Scheißhaus‹ raus.

Auf MTM sind auch andere Dinge zurückzuführen, beispielsweise, daß überhaupt keine Schalldämpfung vorhanden ist, ein Lärm (95 Phon), von dem man Kopfschmerzen bekommt, daß einem abends der Schädel brummt. Dieser Lärm ist typisch für MTM, weil dadurch jede noch so kleine Unterbrechung, also ein Gespräch, ein Schwatz während der Arbeitszeit, nicht drin ist. Alles, was den Mann von seiner Arbeit ablenken könnte, wird vermieden. Keine Fenster, neben jeder Maschine Milchglasscheiben, in einer Höhe angebracht, wo also sowieso niemand raussehen kann. Sonst Beton. In der großen Halle ist man sich ungefähr so vorgekommen wie der Maikäfer in der Schachtel; empfindliche Gemüter werden darin sicherlich Platzangst kriegen.

Dann die Luft, die manchmal zum Ersticken ist. Durch Einsparmaßnahmen wird es noch ein bißchen unmenschlicher, als es sowieso schon ist. Und zwar war damals vorgesehen, eine Frischluftanlage einzubauen in die Riesenhalle, dafür wollte man einen Schlot bauen, der Frischluft aus 30, 40, 50 Meter Höhe ansaugt, aber das Ding war 2 Millionen teurer als das jetzige, also hat man die wirklich gute Anlage sausen lassen und so eine Umwälzanlage eingebaut, die die dreckige Luft von einem Eck ins andere bläst und umgekehrt. Das Beschissene und Gesundheitsschädigende ist ja, daß von den spanabhebenden Maschinen das Schmierwasser in die Luft zerstäubt wird, das ist schädlich, auch Phontazintanlaugen, Phosphorsäure, Chromsäure und Nitrolacke atmen wir ein. Ständig müssen sich Leute erbrechen, viele haben Magenbeschwerden. Die Kapazität der Lufterneuerungsanlage sollte vorigen Sommer einmal getestet werden. Dazu mußten alle Dachluken und Türen geschlossen werden. Innerhalb einer halben Stunde standen Rauchschwaden in der Halle, es war fürchterlich, da sind sie scharenweise rausgestürzt.

In diesem Sommer hatten wir wochenlang Temperaturen über 40 Grad, in der Stanzerei bis zu 50 Grad und in der Härterei sogar bis zu 60 und 70 Grad. Die Leute sind fast

umgefallen, die Hitze war dermaßen, daß, wenn eine Frau, die eine Leinenschürze anhatte, aufstand, das Gesäß ganz naß war. Ein paar schwangere Türkinnen wurden ohnmächtig.
Im Verwaltungsgebäude, wo die Direktoren sitzen, war die Temperatur zur gleichen Zeit nur etwa 20 Grad. Die sitzen dort unter einem Kaltdach, verbunden mit einer Ventilationsanlage.
Ich war Einsteller im Werk Süd, ich hing dazwischen, ich wurde von oben getreten und von unten. Ich hatte dafür zu sorgen, daß die Maschinen dauernd besetzt waren, sie mußten dauernd laufen. Wenn ich mal einsprang, einem die Maschine einstellte, schrie schon der nächste, daß ihm Material fehle, daß ich mich gefälligst beeilen solle, daß ich ihm seine Zeit stehle. Dann mußte man wieder Sondergutschriften schreiben, falsche Berechnungen nachprüfen; bei diesem komplizierten System waren ständig Fehlerquoten, bis zu 200 Mark Differenz monatlich bei Leuten, die das gleiche geschafft hatten. Die Leute waren ständig so in Druck, daß sie bei der geringsten Störung durch einen Arbeitskollegen aufbrausten, manchmal sogar sich prügelten. Der Hallenleiter Prozeller, früher selber Arbeiter, der sich hochgearbeitet hat, an dem die ganze Verantwortung hing, daß der Laden lief, hat schon mal welche verprügelt. Nach der Betriebsordnung hätte er entlassen werden müssen, aber man brauchte ihn schließlich. Er war ein Wühler. Er arbeitete manchmal zwei Schichten durch und häufig auch samstags und sonntags. Er konnte ganz kollegial sein und auch selbst mit anpacken, aber wenn Sonderaufträge anfielen, konnte er die Leute auch anbrüllen und zur Sau machen.
Die Wochen, bevor ich den Herzinfarkt hatte, mußte ich ständig Überstunden machen. Das heißt, eigentlich war ich auch auf sie angewiesen. Überstunden sind eine exi-

stenznotwendige Sache für einen Arbeiter mit ein paar Kindern, der einen normalen Lebensstandard, Volkswagen, Kühlschrank, Fernseher und Wohnung in der Stadt hat. Wer das haben will als Arbeiter, der hat zwei Möglichkeiten, entweder die Frau arbeitet mit, oder er macht Überstunden, eine andere Möglichkeit gibt es nicht.
Überstunden fielen mehr an, als einem lieb war. Wenn Materialknappheit da war oder Maschinen umgestellt werden mußten auf einen anderen Typ, weil der gebraucht wurde vom Auftragsbüro oder wenn von der Verkaufsstelle kurz vor Feierabend noch angerufen wurde, ihr müßt heute nacht noch das und das machen. Da mußte man runtersausen in die Magazine, sehen, daß man einen Stapler gekriegt hat. Ich habe täglich mindestens zehn Stunden gearbeitet, auch samstags, manchmal auch von 5.00 Uhr früh bis abends 7.00 Uhr. Ja, wenn ich mich geweigert hätte, wär' das als schlechte Arbeitsmoral aufgefaßt worden; das sind dann neben denen, die öfter krank sind, die ersten, die dann in schlechten Zeiten gefeuert werden. Acht Wochen vor dem Herzinfarkt hatte ich bereits einen Kreislaufkollaps auf der Arbeit gehabt.
Ich war verantwortlich dafür gewesen, daß einige Arbeiter nachts einen eiligen Sonderauftrag ausführten. Der wurde aber nach MTM so schlecht berechnet, daß sie damit nie auf ihre Zeit gekommen wären, so daß sie ihre andere Arbeit die Nacht durchmachten. An mir blieb's hängen, ich bekam den Ärger, das hat mich so aufgeregt, daß ich Herzkrämpfe, Luftmangel bekommen habe. Ich hab mich früh rausgesetzt, so 10 Minuten, bis ich wieder ein wenig Luft gehabt habe, dann bin ich wieder rauf und habe weitergemacht. Ja, ich war auch schon mal bei dem Betriebsarzt, dem Dr. Gatemann, da hatte ich so ein Herzflattern gehabt und mit Bandscheiben zu tun. Da hat der zu mir gesagt, ›das Beste für Sie wäre, wenn Sie jede

Stunde 5–10 Minuten kriechen täten auf dem Boden, na ja, wie man's daheim mit den Kindern macht«. Da hat er ein Buch herausgeholt und darin gelesen und gesagt, laut Prof. Kienzle oder so müßten Sie jede Stunde mal so auf allen vieren krabbeln. Ich hab ja nichts gesagt, die Kollegen hätten mich für verrückt gehalten, außerdem fehlte ja auch die Zeit für derartigen Sport.

Abends heimgekommen, war ich fix und fertig, habe gegessen, bin beim Zeitunglesen oft schon eingeschlafen, und um 7 oder ½ 8 abends war ich schon in meinem Bett gelegen. Nur arbeiten und schlafen, meine Frau hat gesagt, nimm dein Bett mit zu Sachs, bleib gleich ganz dort. Netto waren's mit Überstunden höchstens 1400 Mark, ohne an die tausend.

Heute vor sechs Wochen passierte es. Während der Arbeit habe ich es ein paar Tage vorher schon gespürt. Schmerzen, Herzkrämpfe zum Arm reingezogen, zuerst hab ich gedacht, es wäre Rheumatismus. Kurz vor der Arbeit, ¼ vor 6 Uhr, hatte ich furchtbare Schmerzen gekriegt, ich ging zum Sanitäter, aber der war noch nicht da, obwohl da drei Schichten geschafft werden, nachts ist da keiner drinnen. Dann bin ich rauf, habe mich umgezogen, wollte nach Haus zum Arzt, hab mich erst einmal beim Pförtner hingesetzt, durch die zwei Treppen hatte ich wieder einen Krampf gekriegt, dann ist das wieder vergangen. Dann habe ich noch schriftliche Arbeiten vom Tage vorher, das war eine dringende Arbeit, die unbedingt noch zu machen war, weil am Montag Abrechnung war, die hab ich dann noch gemacht, dann ist unser Chef gekommen, der Herr Prozeller, und hat gesagt, ich soll mal runter in den Keller, er hätte eine unaufschiebbare Arbeit für mich. Ich war schon umgezogen in meinem Privatzeug. Da hab ich gesagt, ja, was hast du denn für mich, da hat er gesagt, ja, du mußt da unten Ordnung in den

Laden bringen. Dann hab ich gesagt, du, ich bin heut überhaupt nicht beieinander, ich glaub, mich trifft heut noch der Schlag. Ja, dich trifft der Schlag, hat er gesagt, da müßt er mich schon längst getroffen haben, also runter. Ich bin runter. Man wird ja sehr schnell von der Firmenleitung als Simulant hingestellt. Ich war früher mal ins Krankenbüro gerufen worden, da konnte ich zufällig in eine Liste reinschauen, wo Fehlzeiten von mir und anderen eingetragen waren und der Gewinn, der so dem Werk verlorengegangen war. Da waren bei mir, bei einer 14tägigen Fehlzeit, 4000 DM dem Werk entstandener Verlust eingetragen. Und ein Schreiben der Firmenleitung sprach offen das Mißtrauen aus, daß wir krankmachen würden, obwohl wir nicht krank seien.
Na ja, dann ging es einen Moment wieder etwas besser. Da hat der Prozeller die Einsteller unten zusammengerufen und gesagt, also der S., der kommt nachher runter, dann schafft er mal Ordnung, und wehe, ihr spurt nicht, und wenn ihr nicht spurt, dann sag ich euch was anderes, dann kommt ihr gleich rauf zu mir. Dann hab ich den anderen gesagt, also ihr wißt Bescheid, ihr kennt den alle, wir stellen das Zeug ein bißchen zusammen, damit das ein Gesicht kriegt, es war bloß unordentlich dagestanden, dann ist der wieder zufrieden und dann geht's wieder weiter. Dann bin ich herum, mal dahin, mal dahin, dann ist ein Stapler gekommen, der Stapler mußte zwischendurch auch wieder was anderes stapeln, ich hab zu einem gesagt, also, wenn du Zeit hast, dann komm mal her, dann stellen wir das Zeug ein bißchen zusammen. Lauter Kästen aufeinanderstapeln. Jetzt mußte ich natürlich immer raufsteigen auf die Kästen und schaun, was für Dämpfer da drinnen waren, und hab mit Kreide die Nummer draufgeschrieben, und bums, da hab ich's auf einmal wieder gekriegt. Das war ¾ 7 Uhr, dann bin ich raus an

Fichtel & Sachs AG

Sehr geehrte Mitarbeiterin!
Sehr geehrter Mitarbeiter!

Das Jahr 1970 hat uns neben starken Tariferhöhungen vor allem eine gewaltige Mehrbelastung durch das Lohnfortzahlungsgesetz gebracht. Hierfür mußten einschließlich der Arbeitgeberanteile zur Sozialversicherung zirka DM 9 250 000,- aufgewendet werden.

Wir sind einsichtig und fortschrittlich genug, um uns nicht gegen das Lohnfortzahlungsgesetz an sich zu wenden. Wir sehen uns jedoch verpflichtet, mit allem Nachdruck darauf hinzuweisen, daß durch unseren überhöhten Krankenstand von 8,9 v. H. im Durchschnitt des Jahres 1970 – gegenüber 5,0 v. H. im Durchschnitt bei der AOK – zusätzliche Kosten in einem Umfange entstehen, den wir in der derzeitigen wirtschaftlichen Situation nicht mehr verantworten können.

Ausgehend vom durchschnittlichen Krankenstand der Allgemeinen Ortskrankenkasse Schweinfurt hätten von den insgesamt für Lohnfortzahlung aufgewendeten 9 Mio DM etwa 5 Mio DM anfallen dürfen. In Wirklichkeit mußten wir aber weitere 4 Mio DM mehr ausgeben, d. h. mehr als 40% unserer Gesamtaufwendungen für Lohnfortzahlungen sind für „Krankheitsfälle" gezahlt worden, die zu denken geben, umso mehr, als weder eine Grippewelle noch ähnliches zu verzeichnen waren. Niemand wird im Ernst behaupten wollen, daß unsere Belegschaft krankheitsanfälliger ist als Angehörige anderer Betriebe. Es muß also zweifellos in erheblichem Umfange die Lohnfortzahlung mißbraucht worden sein! Bestätigt wird diese Vermutung durch die Feststellung, daß auch innerhalb unseres Unternehmens der durchschnittliche Krankenstand nicht nur der Angestellten schlechthin, sondern insbesondere der Meister und auch unserer Facharbeiter erfahrungsgemäß kaum über 5 % beträgt, obwohl sie unter gleichen oder ähnlichen Bedingungen arbeiten und häufig sogar noch zusätzlichen Belastungen ausgesetzt sind.

Umgerechnet auf die Zahl unserer Lohnempfänger bedeutet unser gegenüber der AOK überhöhter Krankenstand, daß im vergangenen Jahr pro Kopf zirka DM 400,-, d. h. mehr als die durchschnittliche Weihnachtsgratifikation eines Mitarbeiters, als Lohnfortzahlung für Fehlzeiten gezahlt werden mußten, die bezüglich ihrer Berechtigung angezweifelt werden müssen.

Wir bitten, nicht mißverstanden zu werden und betonen daher noch einmal, daß wir damit nicht Mitarbeiter ansprechen wollen, die tatsächlich erkrankt waren und nach den gesetzlichen Bestimmungen keine Verdiensteinbußen erleiden sollen. Gerade in einer Zeit aber, in der wir gezwungen sind, mit Nachdruck unsere Konkurrenzfähigkeit und damit Arbeitsplätze zu sichern, in der wir gleichzeitig feststellen müssen, daß der Krankenstand der Lohnempfänger des Werkes Schweinfurt im Durchschnitt der ersten fünf Monate 1971 mit 10,24 % noch wesentlich über dem Krankenstand des Vergleichszeitraumes 1970 mit durchschnittlich 8,8 % liegt, wenden wir uns jedoch mit aller Kraft gegen einen Mißbrauch des Lohnfortzahlungsgesetzes.

Wir bitten daher alle Mitarbeiter unseres Unternehmens, sich die in diesem Schreiben aufgeführten Zahlen einzuprägen, sich gegebenenfalls selbst Rechenschaft abzulegen und vor allem dazu beizutragen, daß eine ungerechtfertigte Inanspruchnahme von Mitteln durch die Lohnfortzahlung unterbleibt.

Schweinfurt, im Juni 1971

Fichtel & Sachs AG

gez.: Hülck   gez.: Dr. Eck

die Luft und hab mich da draußen ein bißchen ausgeruht, dann bin ich wieder rein und wollte weitermachen. Dann hab ich gesagt, na du Simpel, geh doch heim, Menschenskind; dann hab ich gesagt, das mach ich. Dann wollt ich auch heim. Dann bin ich rauf zu meinem Meister gegangen und hab mich hingesetzt und hab gesagt, ›du, wie ich die Treppe rauf bin, durch die Anstrengung hab ich ihn schon wieder, den Schmerz‹, dann war es ein wenig vorbei und auf einmal, paatsch, hab ich's wieder gekriegt, und ohne ein Wort, ich war nicht mehr fähig, ein Wort zu sagen, bin ich auf und bin los die Treppen runter und Schmerzen, das hat überhaupt nicht mehr nachgelassen. Vor zum Sanitäter gesaust, und die letzten paar Meter hat mich einer gepackt, ich weiß gar nicht mehr, wie ich da reingekommen bin, – und vorher war ich ja schon bei dem Pförtner und hab gesagt, ich glaub, ich krieg einen Herzinfarkt. Und dann hat der zum Sanitäter gesagt, du, der war vorhin schon da, der hat heut früh schon gesagt, er kriegt bald einen Herzinfarkt, jetzt wird er ihn schon haben. Na ja, sofort hingelegt, ein Sanitätsauto angerufen, über eine halbe Stunde hat es gedauert, bis es gekommen ist. Im Krankenhaus wurde ich sofort unter Sauerstoff gelegt. – Der Posten ist mir sehr wahrscheinlich verloren, der muß ja von einem anderen besetzt werden, ist ja klar.«

Zum Schluß meint S. noch, er hätte es besser so gemacht wie ein Kollege, der auch in seinem Alter sei, der sich auch nicht unbeliebt machen wollte bei der Firmenleitung. »Der hat immer einige Tage Urlaub genommen, wenn er seine Herzbeschwerden hatte. Dadurch kam er nicht auf die schwarze Liste, wo die aufgeführt sind, die häufig krankmachen.«

(Ich suche fünf Arbeiter auf, die in den letzten Monaten in Werk Süd typische Arbeitsunfälle hatten. Schnittverlet-

zungen an den Fingern, als Folge der Akkordhetze. Die Verletzungen scheinen bereits einkalkuliert. Alle Arbeiter gaben an, daß es sie fast jedes Jahr ein- bis zweimal »erwische«. Die Einschätzung der Ursache ist bei allen ziemlich gleich, deshalb hier nur die exemplarische Aussage von einem der Betroffenen.:)
Herbert D., 22 Jahre, seit fünf Jahren bei Sachs:
»Vorher war die Arbeit nicht so hektisch, seit wir da drüben sind in Werk Süd, geht alles drunter und drüber. Der Werkleiter Prozeller ist im Grunde genommen auch nur ein Werkzeug, der spürt auch die Faust im Nacken. 3000 Stück müssen wir am Tag machen, dann kommen wir ungefähr auf 110%. Das ist aber auch schon Höchstgrenze, um 750–850 Mark im Monat rauszubekommen. Das bedeutet voller Einsatz und keine Zigarettenpause zwischendrin.
Ich habe bisher vier Unfälle an der Maschine gehabt, die sind bei MTM unvermeidbar, denn für Arbeitssicherheit hat MTM keine Zeit eingeplant. Es bilden sich immer wieder Späne an den Rohren in der Maschine. Das kommt jeden Tag zigmal vor. Die Unfallschutzvorschriften verlangen, daß wir die Maschine dann anhalten, um den Span zu entfernen, aber diese Zeit, die dadurch verlorengeht, bezahlt uns keiner. Wir langen hin und machen es mit der Hand weg, und dabei passiert es dann hin und wieder. Da kann auch der Finger bei abgeschnitten werden, das ist alles schon passiert. Dies hier, das spür ich heute noch, das ist bis auf den Knochen runtergegangen. Das liegt schon ein paar Jahre zurück, aber wenn ich irgend etwas zwischen die Finger nehme, dann schmerzt das heute noch, wahrscheinlich ist eine Sehne angeritzt worden.
So eine Verletzung heilt erst nach 14 Tagen bis drei Wochen, so lange kann man nicht arbeiten, weil da Ent-

zündungsgefahr besteht. Ich bin schon mit anderen Kollegen aufs Betriebsbüro gerufen worden, weil wir zuviel krankmachen würden, da waren ungefähr zwanzig Leute oben, die sind einzeln reingeholt worden, und dann kam die Moralpredigt. Dann haben wir einen Wisch bekommen ungefähr 14 Tage später, wenn wir mit unserer Gesundheit nicht besser haushalten würden, müßten wir mit Kündigung rechnen. Wir haben erfahren, daß unser Werksarzt an die Ärzte hier in Schweinfurt ein Rundschreiben geschickt hat, daß sie beim Krankschreiben sehr vorsichtig sein sollten, wegen der Wirtschaftlichkeit des Unternehmens.

Unfallschutzbestimmungen sind bei dieser Akkordhetze einfach illusorisch. Jeder ist sich selbst der Nächste. Beispielsweise bei Schleifarbeiten kommt es immer wieder zu gefährlichen Augenverletzungen, Sicherheitsvorrichtungen sind theoretisch zwar vorhanden, können aber nicht benutzt werden. Das sind so Glasscheiben, die man vors Gesicht halten soll beim Schleifen, damit einem nichts ins Gesicht fliegt, aber die werden kaum benutzt, weil sie ständig verschmutzt sind. Die macht keiner sauber, weil das von seiner Akkordzeit verlorenginge. Das Werk müßte eigentlich jemanden anstellen, der solche Arbeiten ausführt, da das aber nicht unmittelbar der Produktion, das heißt dem Gewinnscheffeln, dient, unterbleibt es, also bleiben sie dreckig, also werden sie nicht benutzt.

Die versuchen noch schnellere Zeiten, die allerletzten Reserven aus uns rauszuholen. Dann kommt der Stopper, natürlich inoffiziell. Wenn die Kerle kommen und wir sehen, daß sie schon die Hände in den Taschen haben, also so ausgebeult, also daß sie die Uhr in den Händen in der Tasche haben, dann wissen wir schon Bescheid. Das ist zwar nicht erlaubt, aber das haben wir alles schon erlebt.«

Auf Gunter Sachs hin angesprochen: »Ich weiß, die beiden

Brüder ziehen im Jahr je 10 Millionen aus dem Werk. Aber was geht mich der Gunter Sachs an. Ich habe meine Arbeit, das langt mir.«
Die ca. 1000 Griechen, die Fichtel & Sachs unter Vertrag hat, sind zu einem Großteil in firmeneigenen Baracken untergebracht. Das Barackenlager Weidmannstraße 8 – drei eingezäunte Baracken – liegt in einem Industriegelände. Am Eingang ein Schild: »Unbefugten Zutritt verboten«. Wer befugt ist und wer nicht, bestimmt der von der Firmenleitung eingesetzte Hausmeister. Er und der Dolmetscher der Firma führten auch in einigen Fällen bei »links«-verdächtigen Griechen (das heißt Gegnern der jetzigen Militärdiktatur) Postkontrollen durch und warnen die Neuen vor dem Eintritt in die Gewerkschaft, weil da auch Kommunisten drin seien. Ca. 400 Griechen sind in den drei langgestreckten Barackenunterkünften einquartiert. Nur eine Baracke bietet den Luxus sanitärer Einrichtungen, das heißt Küche, Duschen und Toiletten. Genau 5 Kochplatten, die funktionieren, für 400 Leute, 5 Toiletten und 2 Waschbecken. Kühlschränke stellte Fichtel & Sachs nicht zur Verfügung, vielleicht weil die verantwortlichen Herren der Auffassung sind, daß Südländer zu Hause noch auf ganz andere Dinge verzichten müßten, oder weil sie sowieso von der Hand in den Mund leben. Im Winter stellen die Griechen ihre Lebensmittel vor die Fenster, was ihnen zuweilen den Besuch von Katzen und Ratten bringt. Wer das Vorurteil bestätigt haben möchte, daß Gastarbeiter schmutzig sind und stinken, braucht nur einige Tage in dem Barackenlager zu wohnen, und er wird den gleichen muffigen Geruch an sich und in seinen Kleidern spüren. In einem Zimmer leben 4–6 Personen, die Grundfläche beträgt etwa 25 m, da bleiben bei voller Belegung für jede Person etwa 4 m^2. Selbst die laut Tierschutzbestimmungen vorgeschriebene

Mindestauslauffläche für deutsche Schäferhunde ist noch dreimal so groß wie der Raum, der hier einem Griechen bleibt. Die morschen Holzbaracken sind innen mit Pappe verkleidet, die Zwischenwände bestehen aus Preßpappe, die Decke bröckelt ab, der Fußboden hat große Risse und Löcher. Pro Bettplatz kassiert das Werk 30,- DM; allein an diesem Lager – »Fichtel & Sachs« unterhält noch zwei weitere – bereichert sich das Unternehmen mit ca. 14 000 DM im Monat.

> Gunter Sachs (über seinen Wohnsitz in St. Moritz): »Es begann mit der Badewanne. Ich wollte, daß Roy Lichtenstein sie macht, weil er mit Malerei auf Blech und Emailtechnik besonders gut umgehen kann. Also fuhr ich zu ihm nach New York und erzählte meinen Plan.«
> Es dauerte zwei Jahre, bis endgültig alles fertig war in St. Moritz, nur eine Wand im Wege, die er wieder einreißen ließ, um den Riesenvorhang von Pavlos, samt mitternachtsblauen Falten in dickes Plexiglas gegossen, per Hubschrauber ins Pop-Heim einfliegen zu können. Auch die berühmte Tür aus kugelsicherem Glas mußte auf diese Weise transportiert werden, sie war zu schwer für die Treppen des altehrwürdigen Palace Hotels. (gegründet 1866).
> (STERN, 22. Febr. 1970)

Die dort Untergebrachten unterliegen verschärfter Firmenkontrolle. Nicht nur ihre politische (linkstendierende) Einstellung und Betätigung werden registriert. Für sie gelten auch andere Einschränkungen. Am 19.7.71 führte die Firmenleitung eine Razzia im Griechenlager durch. Alle Krankgeschriebenen, die Punkt 20.00 Uhr nicht im Lager angetroffen wurden, hat man fristlos gekündigt.
Eine Terror- und Säuberungsaktion, ohne jede Rechtsgrundlage. Einmal waren Griechen betroffen, die die üblichen Schnittverletzungen durch Akkordarbeiten hatten, also nicht im Bett bleiben mußten, zum anderen sind die engen stickigen Behausungen der Genesung eines Kran-

Auszug aus einem vertraulichen Besprechungsbericht der Firmenleitung. (Gespräch zwischen Betriebsratsvorsitzendem Ley und von der Seite der Direktion: Schrader, Galle, Wild)

FICHTEL & SACHS AG SCHWEINFURT	Besprechungs -Bericht- am 10.8.71	Blatt-Nr.: 1 Dat.: 18.8.71
Betrifft: Akkordreklamation der C-Kupplungsmontage		Verteiler: Herrn Hülck Herrn Himmer Herrn Paulik Herrn Schrader P F R
Anwesend: die Herren: von BR Herr Ley Herr Seuffert Herr Handschuh Herr Ress Herr Leisner	PP/PFR Herr Schrader Herr Galle Herr Wild	

Zu Beginn der Besprechung stellte Herr Ley die Forderung, die Vorgabezeiten zurückzunehmen und die alten Vorgabezeiten wieder einzusetzen. Er übte Kritik daran, daß die Leistungsgrade den beobachteten Arbeitnehmern nicht mitgeteilt wurden und die Verteilzeitstudien erst nach Herausgabe der Vorgabezeiten durchgeführt worden sind. Weiterhin zweifelte Herr Ley die Höhe der neuen Vorgabezeiten an, nachdem Verrichtungen, die sonst von der Kontrolle durchgeführt wurden, jetzt von den Montagearbeitern ausgeführt werden. Er wies darauf hin, daß durch das große Gewicht der Teile die Arbeiter schon kaputte Handgelenke und Rückenschmerzen hätten und sich teilweise in permanenter ärztlicher Behandlung befinden. Er bestritt das Recht, Neuaufnahmen durchzuführen und kritisierte, daß keine Erholzeit ausgewiesen wurde.

Herr Schrader entgegnete, daß durch Arbeitsablaufänderungen, wie sie Herr Ley in seinen Ausführungen selbst bestätigte, das Recht zu neuen Zeitstudien bestanden habe. Er stellte fest, daß nach der Regelung im Hause, die Erholzeit in der Verteilzeit enthalten ist.

Herr Ley erhob die Forderung, den Nachweis der Veränderungen auf den Zeitaufnahmen zu führen. Er forderte nochmals, die alten Vorgabezeiten wieder einzuführen.

- 2 -

Sollte das nicht der Fall sein, so will er nach § 29a des Manteltarifvertrages die Schlichtungsstelle anrufen. Er stellte fest, daß in Betrieb mit "gezinkten Karten" gespielt würde, nachdem Herr Lässig, PKS, und Herr Seuffert, PKSG, mit der Uhr in der Tasche die Zeiten kontrolliert haben sollen.

Herr Schrader verwahrte sich gegen den Ausdruck "gezinkte Karten" und stellte den Abbruch dieser Verhandlung in Aussicht, wenn weiter solche Ausdrücke verwendet würden. Weiterhin könne nicht in Abwesenheit der betroffenen Herren über dieses Thema weiter gesprochen werden.

Nach Vorlage der Zeitaufnahmen durch PFR, wobei besonders auf die Ablaufänderungen und die hoch geschätzten Leistungsgrade hingewiesen wurde, entgegnete Herr Ley, daß Leistungsgrade ihm nichts sagen und er vermisse, daß an den betroffenen Arbeitsplätzen nicht durch Arbeitsplatzgestaltung die Arbeitsbedingungen verbessert wurden.

Herr Galle wies den Vorwurf, daß die geschätzten Leistungsgrade nicht mitgeteilt wurden zurück und versicherte, daß er, soweit es seine Aufnahmen betreffen, die geschätzten Leistungsgrade mitgeteilt habe. Herr Plettner, der an den Zeitermittlungen beteiligt war, konnte wegen Urlaub nicht befragt werden.

P F R

ken kaum dienlich. Jedenfalls wurden 35 Griechen, die zum Zeitpunkt der Razzia abwesend waren, fristlos entlassen. Sie erhielten folgendes Schreiben: (deutsche Übersetzung)
»Am 19. 7. 71 haben wir eine Kontrolle in den Heimen der Gastarbeiter durchgeführt, nach 20.00 Uhr abends, und mußten feststellen, daß Sie, obwohl Sie krankgemeldet sind, nicht anwesend waren. Die Bestimmungen der Krankenkasse besagen, daß in dem Zeitraum zwischen 19.00 Uhr abends bis 8.00 Uhr früh der Ausgang verboten ist. Diese Ihre Verhaltensweise ist ein grober Fehler und Verstoß gegenüber den Verpflichtungen Ihres Arbeitsverhältnisses. Wir haben uns dazu entschlossen, daß unter diesen Umständen, was das persönliche Arbeitsverhältnis angeht – trotz unseres sonstigen Wohlwollens – wir uns nicht mehr in der Lage sehen, Sie in unserem Unternehmen weiterhin zu beschäftigen. Zu unserem Bedauern sehen wir uns gezwungen, das Arbeitsverhältnis mit Ihnen fristlos zu kündigen.
Außerdem müssen Sie gleichzeitig bis zum 31. 7. 71 die Unterkünfte verlassen. Fichtel & Sachs AG.«

Einige Griechen, die gegen die Willkürmaßnahmen der Firma gerichtlich vorgingen, haben ihren Prozeß gewonnen.
Der Grieche Constantin C. berichtet: »Ein griechischer Kollege war unter Vertrag bei Sachs. Es war kurz vor Weihnachten. Er wollte wegen schlechter Gesundheit Urlaub nehmen. Er hat seinen Meister gefragt. Der hat gesagt, es geht nicht. Es sind so viele weg. Der Mann war wirklich krank. Er war vom Arzt krankgeschrieben, ist aber, um nicht auf die schwarze Liste zu kommen, wieder zur Arbeit gegangen auf Nachtschicht, hat wieder den Meister gefragt, der sagt, es geht nicht, er ist an seine Ar-

beit. Um 7.00 Uhr hat er angefangen zu kotzen, er ist zum Einsteller gegangen, hat gesagt, es ist ihm schlecht, er kann nicht mehr arbeiten. Der Einsteller hat den Krankenwagen gerufen, der hat ihn zum Sanitäter gebracht. Der hat ihm Tabletten gegeben und zu ihm gesagt: ›Morgen gehst du zu Dr. K., weil die meisten Griechen zum Dr. K. gehen. Er konnte nicht wissen, daß der Dr. K. nicht der Hausarzt dieses Griechen war. Am nächsten Morgen geht er zum Dr. K., weil er dachte, er muß zu dem Dr. K. gehen, weil der Sanitäter es gesagt hat. Und der Dr. K. schreibt ihn wieder krank, und daraufhin ist er fristlos entlassen worden. Die Firma hat gesagt, er hat krankgemacht, weil er seinen Urlaub nicht kriegte, und der Hausarzt hat ihn nicht krankgeschrieben, deshalb ist er zu einem zweiten Arzt, dem Dr. K. gegangen, und der hat ihn krankgeschrieben... Aus diesem Grund haben sie ihn entlassen, er hat im Kupplungsbau gearbeitet, sein Name war Dimitrious Bellos. Er ist dann zur Gewerkschaft, die haben ihn vor dem Arbeitsgericht vertreten und er hat recht bekommen. Aber es nützte ihm nichts. Bald darauf war sein Vertrag ausgelaufen, er wurde nicht verlängert, er hat seine Papiere gekriegt.
Ein anderer Kollege, der bei Sachs entlassen worden ist, hat versucht, bei einer anderen Firma anzufangen. Bei der Firma Star. Er wußte nicht, daß es eine Tochterfirma von Sachs war. Zuerst sagten sie ihm, er könne anfangen, dann hieß es, man müsse nur noch mal kurz nachfragen, nur Routine. Dann sagte man ihm, wir haben uns erkundigt, wir können Sie nicht einstellen.«

Philippos Z. berichtet über seine Frau:
»Sie arbeitet im Werk Süd, in der Montage, das ist Schwerarbeit. Vorher war es Arbeit für Männer, jetzt müssen ausländische Frauen da arbeiten, die Frauen ver-

dienen weniger als die Männer, aber sie müssen genau dieselbe Arbeit machen und der Akkord ist sehr schwer, keine Frau bringt ihn.
Meine Frau ist schwanger geworden, trotzdem mußte sie weiter den Akkord machen, obwohl es laut Gesetz verboten ist. Der Einsteller kam jeden Tag zu ihr und hat gesagt, warum bringst du keinen Akkord mehr? Obwohl sie im siebten Monat schwanger war, mußte sie den ganzen Tag stehen. Sie sagte, ich bringe es nicht, aber der Einsteller sagte, du mußt es machen, wir brauchen die Teile, es ist dringend, du mußt es schaffen, die Frau hat geweint.
Die letzte Zeit hat sie an einer Maschine gearbeitet, wo sie den ganzen Tag den Bauch auf der vibrierenden Maschine hatte, der Bauch tat weh. Sie verdiente im Monat 100 bis 150 Mark weniger – weil sie den Akkord nicht mehr vollbrachte –, obwohl das nach dem Gesetz verboten ist.
Noch zwei andere Frauen, eine Griechin und eine Türkin, waren auch schwanger in derselben Abteilung.
Zuletzt wurde meine Frau krank, jetzt muß sie ständig liegen zu Hause. Der Arzt sagt, daß sonst wegen einer Gebärmuttersenkung eine Fehlgeburt zu befürchten wäre.«
Ausländer sind bei Fichtel & Sachs besonders häufig von Unfällen betroffen. Für den Konzern ist das kein besonderer Verlust. Denn es laufen langfristige Einfuhrverträge für Menschen, und verbrauchte Ausländer werden dann gegen unverbrauchte eingetauscht. Wo Entfremdung, Unsicherheit und Angst am stärksten sind, ist die Unfallgefahr am größten. Ein deutscher Arbeiter berichtet über seine ausländischen Kollegen:
»Da ist ein Teil von einer Maschine nicht nachgerutscht, und da war ein Grieche, langt mit dem Daumen hin, will das Ding runterschieben, in dem Moment kommt der Ma-

schinenarm und rückt ihm das erste Glied vom Finger rein, ein Druck von 15 atü, da hat er nach mir geschrien. Ich geh hin und schalte sofort die Hydraulik ab, weil dann der Druck weg ist, und dann konnte er seinen Arm rausschieben, der schiebt ihn raus und schaut seinen Finger an, der war platt wie eine Briefmarke, also nicht viel stärker als der Fingernagel dick ist. Aber denkste, der wollte zum Arzt. Der hat dran rumgedrückt, bis der Finger wieder ein wenig Form annahm und hat dabei gejammert. Ich hab gesagt, geh bloß vor zum Sani, da wollte er gar nicht, er hat gesagt, ›ich will Arbeit behalten, ich will nicht weg nach Griechenland‹. Da bin ich zum Meister, hab gesagt, was passiert ist, und da erst ließ sich der Grieche mit dem Krankenwagen zum Krankenhaus schaffen.«

Der griechische Arbeiter K. ist seit vier Jahren bei Fichtel & Sachs. Im Januar hatte er einen Unfall, der hätte vermieden werden können. Heute ist er verstümmelt. Vor einigen Tagen wurde er aus dem Krankenhaus entlassen. Ich besuchte ihn in seiner Werkswohnung, die er zur Zeit noch mit seiner Familie bewohnt.
Frau K. berichtet: »Die Maschine, die Presse, war zwei Tage vorher schon kaputt gewesen, mein Mann hat immer gesagt, die Maschine sei kaputt, und die haben ihm gesagt, ›weitermachen‹, ›weitermachen‹. Ich war nicht dort, aber mein Mann hat es mir erzählt. Mein Mann hat in der Stadt später nach dem Unfall einen Deutschen getroffen, der vor ihm an der Maschine gearbeitet hat, und der hat gesagt: ›Das hätte nicht passieren müssen! Früher habe ich an der Maschine gearbeitet, und wenn ich gesehen habe, daß die Maschine kaputt war, habe ich die Maschine ausgeschaltet und habe nicht weitergemacht.‹ Und warum passierte es meinem Mann? Warum

konnte er es sich nicht leisten zu sagen ›Schluß da, ich arbeite nicht weiter‹, weil er Ausländer ist?«
Der Arbeiter K.: »Jede viertel, halbe Stunde habe ich gemeldet, die Maschine ist nicht in Ordnung. Einmal blieb die Presse zu weit oben, einmal kam sie zu weit runter. Das ist verboten. Zwei Tage davor, bei einem Deutschen, wo die Maschine nur ein wenig abwich, kam der Einsteller, und die Maschine wurde ausgestellt. Dann passierte, was ich die ganze Zeit befürchtet hatte. Die Presse kam runter, ich zog, kriegte meine Hand aber nicht mehr frei. Etwas oberhalb der Faustknöchel war die Maschine festgepreßt, nicht mal so dick wie ein Bleistift war die Druckstelle. Ich habe einen Kollegen gerufen, gesagt, ›hol den Schlosser und den Einsteller‹, ich war ganz ruhig und bei Bewußtsein. Er holte sie und die, ›Was ist passiert, was ist passiert‹, ich sagte, da guck doch, mach die Maschine auf, aber er machte die Maschine falsch rum auf, und da kam die Maschine noch mehr runter auf meine Hand und ich habe geschrien ›anders rum‹, und er hat nichts gemerkt, wenn ich nicht geschrien hätte, wäre vielleicht die ganze Hand auf der Stelle abgequetscht worden. Er hat einfach falsch rum gedreht. Erst als ich geschrien habe, machten sie die Maschine auf, und ich konnte meine Hand herausziehen. Ich verstehe es nicht, drei andere Maschinen, die gleichen, die ganz waren, standen unbesetzt da, aber ich wurde gezwungen, an der kaputten zu arbeiten. Oder wollen die einen Unfall haben, hatten sie gerade zuviel Griechen?
Kein Tropfen Blut kam aus der Hand. Ich bin zum Sanitäter, und der Arzt hat mich dann mit Krankenwagen ins Josephs-Krankenhaus gebracht. Zuerst wurde ich geröntgt, dann habe ich oben zwei Stunden warten müssen. Ich habe die Ärzte gefragt, was ist denn mit meiner Hand passiert? Ungefähr um 13.30 Uhr kam ein junger Arzt mit

dunklem Haar und Brille mit einer Röntgenaufnahme, ich habe es gesehen, daß da meine Hand drauf war. Ich habe gefragt, ist das meine Hand, und was ist damit passiert? ›Ruhig sein, nicht aufregen‹, und daß die Hand weg war, habe ich erst nach zwei Tagen erfahren. Als mich am Samstag im Krankenhaus ein Kollege besuchte, war ich der Meinung, meine Hand sei noch dran. Warum hat der Arzt das gemacht, ohne mich zu fragen oder meine Frau, die draußen wartete. Bin ich denn ein Sklave? Ich war später bei Spezialisten in Frankfurt. Die haben gesagt, bei solchen Verletzungen machen wir nie eine Hand ab.
Ich kenne andere Griechen, die auch im Josephs-Krankenhaus bei Unfällen Finger amputiert bekommen sollten, aber sie haben gesagt ›nein‹ und sind woanders hin. Heute haben sie die Finger noch. Die haben sie wenigstens vorher gefragt. Da kommt man sich vor wie im Krieg, wenn jemand angeschossen wurde, da haben sie auch nicht versucht, die letzte Möglichkeit auszunutzen, sondern die Hand oder das Bein kam einfach, zack, ab.«
Frau K.: »Ich arbeite auch bei Sachs. Ich wurde krank mit den Nerven, als mein Mann den Unfall hatte. Ich habe gedacht, mein Mann hat keine Hand mehr und mein Mann spielt doch Gitarre, er konnte nicht leben, ohne Gitarre zu spielen. Es war sein Hobby, und es könnte sein Beruf sein.«
Der Arbeiter K.: »Ich war spezialisiert im Gitarrespielen auf Flamenco. Ich habe in Griechenland 12 Jahre gelernt, ich habe zwei Diplome von Musikhochschulen, ich habe fünf Jahre im Rundfunk gespielt. Ich wollte Ende Januar aufhören bei Sachs, weil ich mir an der Presse die Hände kaputtmachte und keine andere Arbeit bekam. Ich wollte mit zwei anderen ein Trio machen, wir waren von Theodorakis nach Paris eingeladen. Ich wollte nur noch bis

Ende Januar bleiben, weil ich das Jubiläumsgeld behalten wollte, das waren 560 Mark. Wenn ich meine Papiere Anfang Januar geholt hätte, hätte ich das Jubiläumsgeld wieder zurückzahlen müssen.«

Frau K.: »Ich wurde sehr krank nach dem Unfall meines Mannes. Ich konnte nicht schlafen, nicht essen, ich war erst vier Wochen und dann noch zwei Wochen krank. Da habe ich drei Briefe vom Krankenbüro bekommen, die schrieben, ich solle an die Krankenstelle gehen, ich war an der Krankenstelle, sie haben mich gefragt, von was ich krank sei, ich habe es gesagt, und dann habe ich den 2. Brief bekommen, da stand, die Kranken hätten Sachs so viel Geld gekostet, und im dritten Brief stand, die Leute würden entlassen, die so viel krankmachen.«

Der Arbeiter K.: »Ich habe meiner Mutter nicht geschrieben, was mit meiner Hand passiert ist. Denn ich habe im Krieg in Deutschland einen Bruder verloren im KZ Dachau. Weil meine Mutter gedacht hätte, erst einen Sohn in Dachau und jetzt dem andern die Hand...«

Das Josephs-Krankenhaus lehnt es ab, die Röntgenaufnahmen herauszugeben. Im Unfallbericht der Fichtel & Sachs-Werke ist über K.s Unfall nur der karge Eintrag: »rechte Hand, schwere Quetschung« vermerkt; kein Wort darüber, daß die Hand amputiert wurde.

Guttenberg
Stauffenberg

Bernt Engelmann
Der Herr Baron »tuot adellichen«:
Freiherr von und zu Guttenberg

Er war ein Gentleman, und dies nicht nur seiner Manieren wegen. Er war auch ein passionierter Jäger, verstand etwas von Pferden, kannte sich aus in den Sorgen und Nöten des Wald- und Gutsbesitzes und bezeichnete die Politik, speziell die Außenpolitik, als sein bevorzugtes Hobby. Daneben galt sein besonderes Interesse den feudalen Traditionen, zumal denen der eigenen Familie. Und fügt man noch hinzu, daß er ein Weinkenner war, der von (und natürlich bei) edlen Kreszenzen ebenso fachmännisch wie liebenswürdig zu plaudern verstand, so sind bereits sämtliche Themenkreise abgesteckt, die für eine Unterhaltung mit ihm, dem Landedelmann von altem Schrot und Korn, überhaupt in Frage kamen. Absolut keinen Gesprächsstoff lieferten hingegen, was ihn betraf, so banale Dinge wie das Ein- und Auskommen. Er hielt sich übrigens selbst keineswegs für sehr reich. Aber das kam wohl daher, daß er sich selbstverständlich nicht mit der Masse des Volkes – den, wie er sagte, ›Leuten‹ – verglich, vielmehr die außergewöhnlich glückliche Vermögenslage einiger Multimilliardäre zum Maßstab nahm. Dabei distanzierte er sich jedoch deutlich von jenen Superreichen, etwa indem er Franz Josef Strauß zitierte, der von seinen Freunden Flick und Quandt gesagt haben soll, sie seien der Preis dafür, daß es allen laufend und stetig bes-

sergehe... Auch er, der Baron, liebte solche verniedlichenden Untertreibungen, und deshalb gab er als seinen Beruf schlicht ›Landwirt‹ an (was insofern stimmte, als ihm weite Teile der landwirtschaftlich nutzbaren Fläche Frankens zu eigen waren). Er hätte sich übrigens mit ebensoviel Recht als ›Winzer‹ bezeichnen können, denn es gehörte ihm auch das ausgedehnte und ob der hohen Qualität seiner Produkte weltberühmte ›Reichsrat v. Buhl'sche Weingut‹ (nebst Hotel) zu Deidesheim an der rheinpfälzischen Weinstraße. Ja, er hätte sich sogar ›Heilgehilfe‹ nennen dürfen, da er, als deren Eigentümer, die Heilquellen, Sanatorien und sonstigen Kuranlagen von Bad Neustadt an der Saale betrieb, richtiger: betreiben ließ, und zwar von der ›Freiherrlichen Hauptverwaltung der zusammengefaßten land- und forstwirtschaftlichen Weinbau- und Kurbetriebe‹. Der Name dieses ebenso reichen wie seinen Reichtum bescheiden unter den Scheffel stellenden Edelmanns, Nimrods und Amateurpolitikers war übrigens Karl Theodor Maria Georg Achatz Eberhard Joseph Freiherr von und zu Guttenberg...
In einem erstklassigen Weinjahr, anno 1921, kam der Baron als Sohn eines fränkischen Großgrundbesitzers, päpstlichen Geheimkämmerers, kaiserlich deutschen Korvettenkapitäns a. D. und ehemals erblichen Reichsrats der Krone Bayern auf einem Familienschloß, Weisendorf, zur Welt. Er bewohnte ein weiteres Familienschloß, Guttenberg bei Stadtsteinach, sowie eine repräsentative Villa in der Bonner Zitelmannstraße. Es standen ihm jedoch noch mancherlei schöne Schlösser und Herrensitze zur Verfügung, sei es als persönliches Eigentum oder als das naher Verwandter, denn der Baron war versippt und verschwägert mit allen nennenswerten gutkatholischen Hochadelshäusern, von den Schwarzenbergs und Wredes bis zu den Habsburgern, zudem verheiratet

mit Ihrer Durchlauchtigen Hoheit — so lautet die laut ›Gotha‹ korrekte Anrede — Rosa-Sophie geborener Prinzessin und Herzogin von Arenberg. Deren milliardenschwere Familie zählt übrigens zu den Besitzern der ausgedehntesten und wertvollsten Latifundien Mittel- und Westeuropas (mit Schwerpunkt im Ruhrgebiet).
Baron Guttenberg selbst konnte sich rühmen, daß seine eigenen Ahnen — »nachweisbar seit 1148 Herren von der Plassenburg bei Kulmbach« — jahrhundertelang über die ländliche Bevölkerung Ober- und Mittelfrankens geherrscht haben — natürlich »von Gottes Gnaden«, jedoch unter gleichzeitiger Anwendung jener sehr strengen irdischen Gerechtigkeit, die nun einmal unumgänglich ist, wenn sich Leute, die als einfache Räuberhauptleute angefangen haben, als etablierte Bosse dauerhaften Respekt verschaffen wollen. So gibt es denn auch noch eine umfängliche Sammlung in Oberndorf Kreis Höchstadt, die ahnherrlich von und zu guttenbergische »Bauernschinderei, Volksausbeutung und unmenschliche Ausnutzung von Leibeigenschaft und Frondiensten«, sowie die dabei von den freiherrlich guttenbergischen Henkern benutzten Folterwerkzeuge, Galgen, Hack- und Blendmesser betreffend. Es gibt sogar noch eine — selbstverständlich längst bezahlte und ordnungsgemäß quittierte — Rechnung Meister Augustins, der als Scharfrichter an einem Tage 80 Aufrührern die Köpfe abgehauen, weiteren 69 Männern die Augen ausgestochen und die Hände abgeschlagen hatte...
Die Erinnerung an diese Schreckenstage, in denen sich (andererseits) das freiherrlich guttenbergische Grundvermögen um etlichen konfiszierten Besitz vermehrte, scheint indessen verblaßt zu sein. Denn bei der Bundestagswahl 1957, als Baron Karl Theodor für die CSU kandidierte, erhielt er in seiner engeren Heimat 86 v. H. der

Stimmmen – wie er selbst dazu stolz bemerkte, auch die mancher Sozialdemokraten, denn – so Guttenberg – »bei uns halten sich die Schwarzen und die Roten traditionell etwa die Waage. So schlimm können es die ›Raubritter‹ in den letzten Jahrhunderten also wohl doch nicht getrieben haben...«
Was den persönlichen Werdegang des Barons Karl Theodor betrifft, der seit 1957 für die CSU des Franz Josef Strauß im Bundestag saß, so bestand er bereits mit 16 Jahren am Würzburger Gymnasium die Reifeprüfung, kam anschließend in den Genuß der Ausbildung durch die hochwürdigen Patres der Gesellschaft Jesu, zunächst auf dem Jesuitenkolleg von Feldkirch/Vorarlberg, dann auf dem von St. Blasien im Schwarzwald, und trat alsdann bei dem als feudal geltenden Reiterregiment Nr. 17 in Bamberg als Fahnenjunker ein.
Im Zweiten Weltkrieg brachte es der Bamberger Reiter bis zum Oberleutnant sowie zu einigen Auszeichnungen, die später von geistlicher wie ziviler Seite Ergänzung fanden: Der Baron war Ritter des Ordens vom Heiligen Grabe zu Jerusalem, Träger des Bayerischen Verdienstordens sowie Inhaber des ›Ehrenpreises der Versammlung der versklavten Nationen Europas‹. (Es handelt sich bei diesen Nationen übrigens nur um eine – vom Standpunkt des Barons aus jedoch repräsentative – Auswahl; die Spanier, Portugiesen oder auch Griechen sind darin nicht vertreten, auch nicht die noch heute Pachtzins zahlenden und Spanndienste leistenden Nachkommen der ehemals freiherrlich guttenbergischen Leibeigenen und Frondienstpflichtigen...) Infolge besonders glücklicher Umstände, die heute von den politischen Freunden des Barons verschwiegen werden – es handelt sich um die Mitarbeit des 1944 in Kriegsgefangenschaft geratenen Oberleutnants von und zu Guttenberg am britischen

Propaganda-»Soldatensender Calais« –, galt der Frühheimkehrer nach 1945 als politisch völlig unbelastet. So konnte er die CSU mitbegründen, Landrat im heimatlichen Stadtsteinach werden und später als CSU-Bundestagsabgeordneter eine Art ›Chefideologe‹ der bayerischen Ultras sein. In dieser Position machte er sich natürlich nicht bloß Freunde. »Es fällt schwer«, meinte einmal der Sozialdemokrat Helmut Schmidt, »bei der Polemik des Herrn Baron von Guttenberg nicht zu beklagen, daß die Deutschen niemals eine Revolution zustande gebracht haben, die dieser Art von Großgrundbesitzern die materielle Grundlage entzogen hätte...« Und als Guttenberg im Kabinett Kiesinger die Nachfolge des Adenauer-Intimus Hans Maria Globke antrat und Staatssekretär im Bundeskanzleramt – sowie Chef aller Geheimdienste – wurde, da kramten Nichtswürdige eine alte Geschichte hervor, die das demokratische Image des Barons beeinträchtigen sollte: Sie wiesen darauf hin, daß der Freiherr geringfügig vorbestraft sei, und zwar mit 300 DM Geldbuße für die Verwendung der in seiner fränkischen Heimat volkstümlichen Bezeichnung ›Saujud‹ gegenüber einem Andersgläubigen.

Nun, erstens war dies in den ersten Nachkriegsjahren gewesen, als manche Leute noch überempfindlich reagierten; zweitens war diese Vorstrafe längst aus dem Register getilgt und daher zu erwähnen verboten, und drittens war ein bißchen verbaler Antisemitismus des nunmehrigen Staatssekretärs im Bundeskanzleramt wirklich so gut wie nichts im Vergleich zu den schriftlichen »Blutschutz«-Kommentaren seines Vorgängers Globke oder gar zu den propagandistischen Leistungen seines Chefs Kiesinger während des Dritten Reiches – ganz zu schweigen davon, daß es angesichts des gewaltigen Reichtums und des gesellschaftlichen Ranges eines Freiherrn von und zu

Guttenberg für jeden eigentlich nur eine Ehre sein konnte, vom Baron überhaupt wahrgenommen und sogar – mehr oder weniger leutselig – angesprochen zu werden. So urteilte nicht nur die Öffentlichkeit; auch ein jüdischer Freund des Freiherrn, Friedrich Torberg in Wien, zitierte eigens und auf Guttenberg gemünzt, den jüdischen Minnesänger Süßkind von Trimberg: »Wer adellichen tuot, den wil ich han vür edel« (Wer adlig sich beträgt, soll mir für edel gelten)!
Der Gentleman-Politiker aber fuhr fort, Politik zu treiben, eine Politik sehr eigenen Stils. »Der Kalte Krieg wird so lange anhalten«, ließ er sich beispielsweise vernehmen, »wie die Sowjetunion kommunistisch ist.« Und ein andermal erklärte er gar: »Ich zögere nicht zu sagen, daß es eine deutsche Verantwortung auch für Osteuropa gibt. Deshalb müssen wir Präsident Kennedy widersprechen, der uns in der Paulskirche aufforderte, ›auf den Tag hinzuarbeiten, da es einen wirklichen Frieden zwischen uns und den Kommunisten geben kann‹... Unsere Forderung geht weiter. Sie besteht darin, die eigene Freiheit zu bewahren und die der (östlichen) Nachbarn *wiederherzustellen*...«
Diese besonders feine Umschreibung der Absicht eines bewaffneten Angriffs ließe den Schluß zu, der Baron sei ein dummdreister, größenwahnsinniger Kriegshetzer gewesen. Aber davon kann nicht die Rede sein! Guttenberg, auch wenn er die Konfrontation mit dem Osten jeder noch so vernünftigen Verständigungspolitik vorzog, war keineswegs unintelligent. Er hatte nur, was der breiten Masse der ›Leute‹ in der Bundesrepublik noch heute völlig fehlt, nämlich Klassenbewußtsein und die richtige Erkenntnis der eigenen Klassenlage. Und was seine demokratische Gesinnung betraf, so kann man nur Mitscherlich beipflichten, der dem Baron einmal schrieb:

»Ich meine, Ihr Verständnis der Demokratie entspricht dem eines konservativen Abgeordneten des preußischen Abgeordnetenhauses mit seinem Drei-Klassen-Wahlsystem...«
Im Herbst 1970 mußte Guttenberg aus gesundheitlichen Gründen seinen fränkischen Wahlkreis abgeben, wurde aus diesem Anlaß gefeiert und zum Ehrenmitglied ernannt. »Sie überreichten mir eine Urkunde, in der viel Ehrendes, Schmeichelhaftes steht«, bemerkte er dazu wenig später, »aber sie konnten nicht wissen, was mich daran am meisten freute: nämlich daß sie dort geschrieben haben: ›Unserem Baron...‹«

Bernt Engelmann
Porträt eines ultrakonservativen
Nachwuchspolitikers:
Franz Ludwig Schenk Graf von Stauffenberg

Bundesdeutschlands letzter Kreuzritter, Karl Theodor Freiherr von und zu Guttenberg, starb 1972 nach langer, schwerer Krankheit. Man könnte meinen, mit ihm wäre nicht nur ein guter Teil, sondern alles zu Grabe getragen worden, was der Baron wie kein zweiter verkörperte: als abendländische Tradition verkleidetes, höchst aggressives ›Bollwerk-gegen-den-Osten‹-Denken, ›christliche‹, will heißen: reaktionär-klerikale Standes- und Eigentumsbegriffe sowie die mit Sorgfalt betriebene Pflege sonstiger gesellschaftlicher und politischer Anachronismen. Doch das wäre ein Irrtum, denn der Baron hat in einem seiner Schwiegersöhne einen Nachfolger gefunden, der sich anschickt, in jeden der nachgelassenen freiherrlich von und zu guttenbergischen Fußstapfen zu treten und den Verstorbenen an Konservativismus womöglich noch zu übertreffen.

Der junge Mann, Jahrgang 1938, heißt Frank Ludwig Gustav Maria Schenk Graf von Stauffenberg und vermählte sich 1965 mit der damals knapp 20jährigen Privatsekretärin ihres Vaters, Elisabeth Reichsfreiin von und zu Guttenberg, die er drei Jahre zuvor auf einem Hausball anläßlich ihres 18. Geburtstags kennengelernt hatte.

Der im Twen-Alter stehende Bräutigam, im Familienkreis ›Luffel‹ genannt, hatte damals sein Jurastudium noch nicht beendet; seine junge Frau war ein Jahr zuvor mit dem Abitur von der höheren Schule abgegangen. Doch wie sich dann zeigte, blieb das Studentenehepaar unberührt von der Gärung, die damals die akademische Jugend aufzurütteln begann. Möglicherweise hängt dies damit zusammen, daß beide Eheleute auf Schlössern aufgewachsen sind und daß zu diesen mancherlei gehört, das sich mit reformerischen oder gar revolutionären Neigungen schlecht verträgt, beispielsweise (etwas) Grundbesitz. Rechnet man zusammen, was die Familie des Bräutigams, die seines Schwiegervaters und die seiner Schwiegermutter, einer geborenen Prinzessin und Herzogin von Arenberg, innerhalb der Bundesrepublik an Grund und Boden ihr eigen nennen, so kommt man auf rund 50 000 Hektar oder 500 Millionen Quadratmeter – genug, um alle in München, Frankfurt und Köln wohnenden Familien mit je einem Grundstück von 500 qm auszustatten, vom Wert dieses Besitzes ganz zu schweigen.

Vor so solidem Hintergrund begann des jungen Grafen berufliche und politische Karriere. Er wurde Direktionsassistent der Firma Krauss-Maffei, eines zum Flick-Konzern gehörenden Unternehmens, das insbesondere den ›Leopard‹-Panzer herstellt. Und so kam es wohl auch, daß sich Baron zu Guttenberg, nachdem er Ende 1969 durch den Regierungsantritt Willy Brandts sein Amt als Staatssekretär im Bundeskanzleramt verloren hatte, heftig darum bemühte, Krauss-Maffei einen schönen Auftrag zu verschaffen, nämlich die Lieferung von 200 ›Leopard‹-Panzern, das Stück zu 1,3 Millionen DM, an das ihm gesinnungsmäßig nahestehende Franco-Regime in Madrid. Daß dieser Handel dann nicht im vorgesehenen Umfang zustande kam, lag nicht am guten Willen der Beteiligten, sondern daran, daß Spanien die Hälfte der Panzer an arabische Freunde weiterzuverkaufen gedachte. Inzwischen war Graf Stauffenberg auch stellvertretender Bundesvorsitzender der Jungen Union geworden und hatte sich zu deren rechtem Flügelmann gemausert. Zur weiteren Profilierung verfaßte er 1971 eine ›Das Spiel mit der Freiheit‹ betitelte Broschüre. »Mit jenen Parteifreunden, die unreflektiert von Sozialreformen, Mitbestimmung und Demokratisierung reden...« hieß es darin, »müssen sich offenbar auch die christlichen Parteien der Union abfinden: Es sind jene, die ihr rosa-violett geblümtes Mäntelchen eilfertig in den Wind eines fragwürdigen Applauses hängen und sich so gern als Salz in der christdemokratischen Suppe bezeichnen... CDU und CSU... sollten dennoch achtgeben, daß sie sich ihre Suppe nicht versalzen lassen. Im übrigen ist rosa-rot nur das Viehsalz, das sich für menschlichen Konsum nicht eignet.« Gefragt, ob sich das ›rosarot geblümte Mäntelchen‹ auf Norbert Blüm, den Hauptgeschäftsführer der CDU-Sozialausschüsse beziehen, antwortete Graf Stauffenberg erfreulich offen mit ›Ja!‹, so daß ihm im Jahr darauf ein sicherer Wahlkreis der CSU, Miesbach-Wolfratshausen, anvertraut werden konnte. Seit dem 19. November 1972 gehört Graf Stauffenberg dem Bundestag an und seit kurzem innerhalb seiner Fraktion dem sogenannten ›Ostausschuß‹, auch ›Prätorianergarde des Kalten Krieges‹ genannt.

Kurz, es ist ihm in relativ kurzer Zeit bereits gelungen, vergessen zu machen, daß er der jüngste Sohn jenes Grafen Stauffenberg ist, der innerhalb des Kreises der Verschwörer vom 20. Juli 1944 als einer der wenigen galt, die nicht von Militärdiktatur, Ständestaat und Rückkehr der Hohenzollern träumte, sondern von demokratischer Zusammenarbeit mit sozialistischen Parteien und freien Gewerkschaften.

Günter Wallraff
Die Geschäfte des Baron Guttenberg*

»Die Politik ist ein faszinierendes *Geschäft*.«
(Baron von u. zu Guttenberg, Dez. 1962)

Im 10 000-Hektar-Landbesitz des Barons macht Bad Neustadt an der Saale nur *ein* Kleinod aus. Die Kurgäste, die von den Landesversicherungsanstalten dorthin geschickt werden, wissen meist nicht, wem ihre Beiträge zugute kommen. Der Reichsfreiherr und Baron von und zu Guttenberg ist ein unsichtbarer, aber allgegenwärtiger Beherrscher der Stadt. Keiner weiß genau, was ihm hier alles gehört. Als ich die amtsgerichtlichen Grundbücher einsehen will, um den Besitz des Barons in dieser Stadt zusammenzuaddieren, erklärt mir der zuständige Beamte, daß nach geltendem Gesetz dazu »kein berechtigtes Interesse« bestehe.

Von älteren Einwohnern erfahre ich, was dem Baron nachweisbar gehört: das Badhotel, das Kur- und Schloßhotel mit Villa Else, das Krankensanatorium, das Kursanatorium mit Haus Aumühle und Haus Fürst, das Park-

---

* Noch zu Lebzeiten des Barons geschrieben. Der Baron ist inzwischen verstorben, sein Besitz lebt weiter.

sanatorium. Neben diesen größten Hotels gehört ihm auch die Kurverwaltung, womit er auch das, was an kleineren Pensionen sonst noch da ist, in seiner Hand hat. Die Kurverwaltung weist die Quartiere zu und kassiert von den Landesversicherungsanstalten die Beiträge; (wobei sie es sich leisten kann, an die kleineren Pensionen die Gelder erst zwei Monate nach erbrachter Leistung weiterzuleiten, nach Einbehaltung von Vermittlungs- und Verwaltungsgebühren). Mit dem Bestehenden gibt sich der Baron längst nicht zufrieden. Er plant, die Kapazität seines »Privat-Bades« (etwa 1600 Betten) zu verdoppeln. Durch den Bau eines »Kur- und Therapiezentrums« für 131 Millionen Mark. Das Projekt wird mitfinanziert aus dem Steueraufkommen aller Staatsbürger: Einmal über die Steuerbegünstigung des sogenannten »Zonenrandgebietes«, zum anderen durch eine Lücke des Steuergesetzes, die demnächst durch den Bundestag geschlossen werden soll, die der freiherrliche Bundestagsabgeordnete aber vorher noch für sich nutzen will; durch einen Abschreibungssatz von 187 Prozent, der es möglich macht, daß das »Eigenkapital« aus Steuermitteln finanziert wird.

> »Ich habe einen nüchternen Mann sagen hören: Der Preis dafür, daß es allen laufend und stetig besser geht, ist die Existenz einiger weniger Flicks und Quandts.
> Kein Wunder, daß dieser nüchterne Mann die Zielscheibe Nr. 1 aller Weltverbesserer, Revolutionäre und Progressisten werden mußte; es ist Franz Josef Strauß.«
> (v. u. z. Guttenberg, 1969)

Mit 30 oder etwa 40 Bediensteten der Guttenbergschen Kurbetriebe habe ich im Beisein von Zeugen Gespräche geführt. Die Zustände, denen sie ausgesetzt sind, d. h. das, was sie am eigenen Leib erfahren, ist unmittelbarer Ausdruck einer Politik, die durch Guttenberg gemacht

und mitrepräsentiert wird und deren gleichzeitiger Nutznießer er auch ist.
Die etwa 35 Lehrlinge waren und sind bevorzugte Ausbeutungsobjekte. Im Bad-Hotel z. B. sind in einem Doppelzimmer 5 Lehrlinge untergebracht. Damit der Raum optimal genutzt wird (und da Lehrlinge aufgrund des minimalen Lohns ohnehin keine Anschaffungen machen können und damit auch keine Unterbringungsprobleme haben dürften), wurde auf Schränke verzichtet. Dafür steht allen fünf auf dem Flur ein einziger alter Wehrmachtsspind zur Verfügung. Da sie nichts zu verbergen haben dürften, sind ihre Zimmertüren auch nicht verschließbar. Mit Arbeit wird bei ihnen nicht gegeizt. So durfte z. B. ein 17jähriger Lehrling im vergangenen Jahr innerhalb eines Monats neben seiner täglichen Arbeitszeit von 8 bis 14.00 Uhr und von 17 bis 22.00 Uhr darüber hinaus noch 43 Überstunden ableisten, für die er 43 × 1,50 bekam. Vier Monate lang hatte er keinen freien Samstag. Lehrlinge im 1. und 2. Lehrjahr durften ebenfalls Überstunden machen, allerdings unbezahlt. Ein Aufenthaltsraum, worauf Lehrlinge nach dem Gesetz einen Anspruch haben, fehlt. In einem anderen Haus der Guttenbergschen Kurverwaltung, der Villa Else, sind dem Personal großzügigst Aufenthaltsräume zur Verfügung gestellt worden: Abstellräume von ca. 1 qm. Das Gesinde darf es nicht stören, daß die Belüftung, falls man es so nennen kann, aus den danebenliegenden Toiletten erfolgt.
Die Kurverwaltung hat 2 Kurdiener in Diensten. Im Frühjahr 1971 erlaubte sich der eine, für einige Wochen krank zu werden. Daraufhin wurde dem 2. Kurdiener die Arbeit des Erkrankten mitübertragen. Eine Bezahlung der dadurch anfallenden erheblichen Überstunden gab es nicht. Mit folgender Begründung (so Personalleiter Bene): »Eine Bezahlung kann nicht erfolgen, weil wir damit rech-

nen müssen, daß Sie ja auch einmal krank werden können und dann ihr Mitarbeiter (der jetzt Erkrankte) Ihre Arbeit auch mitübernehmen muß. Dabei würden ja dann auch wieder Überstunden anfallen, welche wir dann auch bezahlen müßten.« Gegen derartige freiherrliche Unternehmerlogik wagte der Kurdiener nicht zu opponieren. Er ließ Recht Recht sein, dachte an sein fortgeschrittenes Alter (über 65) und daß er kaum noch anderswo Arbeit finden würde. Der Personalleiter der Kurverwaltung dürfte das gleiche gedacht haben.

Die Überstundenregelung findet in den Hotels des Barons auf standesgemäße Weise statt. Was für die Untertanen des Barons abverlangte Pflicht ist – oft noch unter Brechung ihres Rechts – (denn sie bekommen sehr häufig die Überstunden nicht bezahlt), wird ihnen offiziell als Gnade gewährt. Bei anfallenden Überstunden hat die Gefolgschaft des Barons ein vorgedrucktes Formular mit folgendem Wortlaut zu unterschreiben:

»*Betr.* Überstunden

Ich bitte um Genehmigung, am......... von ... bis ca...

Überstunden zu machen.

Genehmigt am..................

Unterschrift...............

Eine pervertierte Umkehrung der wirklichen Sachlage; nicht die Kurverwaltung wendet sich mit einem Bittschreiben an ihre Beschäftigten, ob sie bereit sind, über die laut Tarifvertrag festgelegte Arbeitszeit fürs Unternehmen hinaus zu arbeiten; vielmehr die Untertanen haben die Preisgabe ihres Rechts auf tariflich geregelte Arbeitszeit in die Form eines Bittgesuchs zu kleiden.

> »Was heißt dies – edel? Was heißt jenes andere, in Stamm und Aussage verwandte Wort – Adel?... Ich bestreite nicht, daß zu diesen Erkennungszeichen auch eine bestimmte und schöne Konvention gehört, ein unverwechselbarer Zuschnitt, eine Weise zu sein und sich zu geben... so gehört zu der Gestalt des Adels auch diese besondere, in Jahrhunderten gewachsene Form... Elite nämlich – und das soll doch Adel sein – ist nie, wer sich absondert... Elite ist nur, wer sich im Heute und unter den Heutigen als solche ausweist und sich bewährt durch das, was er ist, und durch das, was er tut. Einen alten Namen zu tragen ist also weiter nichts als ein Auftrag...« (Baron v. u. z. Guttenberg, 14. 2. 1971. Aus der Tischrede zur Vermählung seines Sohnes Enoch mit Christiane Gräfin zu Eltz)

Ein bei Guttenberg im Lohn stehender Elektriker erinnert sich: »Vor 3 oder 4 Jahren war Weihnachten ein großes Hochwasser. Da wurde ich Heiligabend von der Familie weg ins Hotel gerufen. Da mußte ich abends um 22.00 Uhr anfangen, die Reparaturen an den Leitungen durchzuführen; bis früh um 6 habe ich durchgearbeitet, dann kurz heim und mittags mußte ich wieder hin. Ich bekam nichts an Überstunden bezahlt, keinen Pfennig, auch keine Weihnachtsgratifikation, noch nicht einmal Dankeschön.«

Eine Putzfrau (45 Jahre) berichtet: »Die haben damals bei der Einweihung des Parkhotels das Personal eingeladen. Da hat jeder 1 oder 2 Würstchen gekriegt, und der Baron hat sich da hingesetzt und vor aller Augen Rehbraten gefressen. Das Personal, das Tag und Nacht schuftet, hat armselige Würstchen gekriegt. Wir hatten vorher noch und noch Überstunden machen müssen, damit alles rechtzeitig fertig wurde.«

Ein anderer Bediensteter, der zu der feierlichen Eröffnung ebenfalls mit Würstchen abgespeist wurde: »Was mich am meisten geärgert hat damals, soweit ich mich erinnere, hat der Baron wie so oft von christlichen Werten und

Verpflichtungen gesprochen und daß er dieses Haus in den Dienst am Nächsten stellen würde. Und als wir dann auf die Preise geschaut haben, was kosteten da die Zimmer! Einzelzimmer von 25 Mark aufwärts, was für unsereinen gar nicht erschwingbar. Dann hat er noch über seinen Beruf als Politiker gesprochen, er sagte, die Politik wäre sein Hobby. Da habe ich so im stillen gedacht, dann bist du aber gemeingefährlich, denn die Sache ist ja viel zu ernst, um sie so nebenbei als Hobby zu betreiben. Politiker sollten doch eigentlich ihre Zeit und ihr Tun dem Volk zur Verfügung stellen und nicht ein Geschäft nach dem andern machen und die Politik zur Mitfinanzierung benutzen.«

> »Einmal kommt ein Kreisrat der SPD zu mir, der spätere Bürgermeister meines Nachbarorts. Er ist ein wenig unsicher, fürchtet offenbar, daß es in diesem Raum Parteipolitik geben könne. Sein Anliegen ist dringend: Er hat einen bescheidenen Bau begonnen, und nun ist ihm das Geld ausgegangen. Ob ich ihm helfe, einen Kredit besorgen könne?
> Natürlich kann ich ihm helfen und tue es gern... Seither habe ich einen guten persönlichen Freund drüben hinter dem Berg. Einen, der nichts über ›seinen Baron‹ kommen läßt, wenn in der Wirtschaft politisiert wird. Einen, den ich um Rat frage und der sich bei mir Rat holt.«
> (aus von u. zu Guttenberg, *Fußnoten*.   Seewald Vlg. 1971)

Ein Kellner aus einem Guttenberg-Hotel: »Im vorigen Jahr haben wir alle einen Betriebsausflug zu seinem Weingut nach Deidesheim an der Weinstraße gemacht. Da wurde uns vorher in einer Ansprache erklärt, daß das da das größte Weingut Deutschlands sei, damit wir alle auch recht stolz waren, bei ihm arbeiten zu dürfen. Als wir dann durch die Weinkeller geführt wurden, wäre es doch für den eine Kleinigkeit gewesen, jedem eine Flasche Wein in die Hand zu drücken. Brauchte ja gar nicht vom besten zu sein, den man in seinen Kreisen so trinkt. Aber nichts. Da mußte ich eine Liste machen und Geld einsammeln, da hat sich jeder als Andenken eine Flasche Wein kaufen dürfen.«

Ein Hilfsarbeiter aus Guttenbergs Kurbetrieben: »Am Samstagabend, wenn Tanz im Kinosaal im Parkhotel war, mußten die Stühle und alles andere herausgestellt werden, am Sonntagabend sollte aber wieder Kino sein. Dann mußten wir Sonntagmorgen den Saal wieder umräumen, das hat immer ungefähr 2 Stunden gedauert, und wir haben keinen Pfennig dafür bekommen. Das haben alle getan, die zum Arbeiterhof gehörten. Wir haben nichts bezahlt gekriegt, sogar das Fahrgeld mußten wir selbst bezahlen.«

Genauso ist es mit der Parkbeleuchtung. Einmal im Jahr ist für die Kurgäste Festbeleuchtung im Park. Das muß von uns dann organisiert werden. Wir müssen Fächer aufstellen, Kerzen hineinstellen und nachher anzünden. Vorher ist ein Zettel rundgegangen, darauf mußte sich jeder eintragen, der mitmachte. Und auf diesem Zettel stand, Sie sind damit einverstanden, daß es hierfür keine Vergütung gibt. Da hat man sich notgedrungen eingetragen, denn wer wollte schon als Drückeberger angesehen werden. Als Geschenk brauchten wir für unsere Arbeit im Park, das heißt für den nachherigen Anblick unserer Festbeleuchtung, nichts zu bezahlen. Aber unsere Familienangehörigen mußten je ungefähr 3,50 Mark Eintritt bezahlen. – Was uns auch sehr geärgert hat, als der Baron das Schloßhotel ausbauen ließ, da haben die die alten Möbel und das ganze Inventar aus dem Fenster geschmissen, daß es unten zerschellte. Sie sind nicht hingegangen, haben es auf den Hof gestellt und gesagt, hier kann sich jeder heraussuchen, was er braucht. Da waren schöne Möbel dabei, wie wir sie uns zu Haus nicht leisten können.«

Ein inzwischen pensionierter Kellner berichtet: »Wir

kamen uns nicht wie Menschen, sondern oft wie Lakaien vor. Da gab es öffentliche Maßregelungen; an den Pranger stellen nannte man es früher (in den Bauernkriegen, als sich die Vorfahren unseres Barons, auf die er so stolz ist, seinen jetzigen Besitz von den Kleinbauern erpreßten und zusammenraubten, haben sie die Aufsässigen durch Folter und An-den-Pranger-Stellen in die Knie gezwungen).
Heute machen sie es auf die feinere Tour, aber das Prinzip ist doch das gleiche. Verwarnungen und Kündigungen wurden oft von der Kurverwaltung öffentlich ausgehängt, so daß sie nicht nur die Angestellten, sondern auch die Kurgäste lesen konnten. Sogar auf einer Weihnachtsfeier wurde vor 2 Jahren eine öffentliche Ächtung ausgesprochen. Auf der Feier in der Stadthalle hat der Kurdirektor Fritsch, einer der engsten Vertrauten des Barons, der auch einen Aktienanteil am jetzt laufenden 31-Millionen-Projekt hat, eine Ansprache gehalten. Über geschäftliche Investitionen und bauliche Renovierungen und Erweiterungen, aber auch, was das alles kosten würde, und immer mit vorwurfsvollem Blick, über angeblich gestiegene Personalkosten. Und zuletzt hat er öffentlich einen lang angestellten Kollegen, den alt und etwas datterig gewordenen Kellner Russ, madig gemacht. Der schon mal etwas von dem wertvollen Porzellan fallen gelassen hatte und einfach nicht mehr so konnte wie die Jüngeren. – Unter uns war eine allgemeine Empörung, aber keiner wagte, unserem Kurdirektor ins Wort zu fallen. Wir hätten eigentlich geschlossen diese Feier verlassen sollen, aber wer wagt schon dazu aufzufordern und den Anfang zu machen.
Der Guttenberg geht über Leichen, wenn es ihm nützt. Nur ein Beispiel: der alte Herr Höfer, der war sein Geschäftsführer im Schloßhotel und hatte dort eine Dienst-

wohnung, der war noch nicht beerdigt, da hat seine Frau schon ein Schreiben gekriegt, sie muß aus der Wohnung raus. Sie hat die Stellung aber noch gehalten, dann ist die Miete so hoch gesetzt worden, daß die genau wußten, sie kann sie nicht bezahlen. Die wollten neues Personal rein haben und selber an Kurgäste vermieten. Die Frau ist durch diese Ereignisse direkt nach dem Tode ihres Mannes mit einem Nervenzusammenbruch ins Krankenhaus gekommen. Jetzt ist sie etwa 66, sehr krank, vor allem mit den Nerven. – Es war so gewesen, daß sie die Dienstwohnung bekommen hatten und selbst Geld drin hatten, sie hatten drei Zimmer und nebenan noch einmal drei Zimmer, die sie in ihrem Alter, sozusagen als Rente, an Kurgäste vermieten wollten. Man hat ihr dann eilig in einem anderen Personalhaus zwei kleine Räume zugewiesen, wo sie mietfrei bis ans Lebensende wohnt. Und kriegt nun also monatlich von ihrer Finanzeinlage, auf Rente abgezahlt, das läuft aber auch in zwei, drei Jahren aus. Sie wohnt jetzt in diesem Personalhaus über 2 Garagen, da ist es sehr laut und sehr kalt.«
Ein anderer Kellner stellt fest:
»Die sprechen immer von Firmentreue und meinen damit Selbstaufgabe und Untertanenverhalten. Sie selbst halten nichts von Treue, wenn es darauf ankommt. Wie war das damals bei der Rezession, als wir alle stempeln gehen mußten. Da sind wir, die wir langjährig im Betrieb sind, einfach für 10 Tage vor die Tür gesetzt worden. Da ging die Arbeit ungefähr am 22. Dezember aus. Für die paar Tage bis Anfang Januar mußten wir stempeln, und da habe ich mir bei der Betriebsversammlung die Bemerkung erlaubt, ›Herr Direktor, lohnt das denn für die paar Tage zu stempeln?‹ Seine Antwort: ›Das würde uns 20 000 Mark kosten, wenn ich das durchbezahlen würde.‹ Da habe ich im stillen gedacht: bei diesen Millionenobjekten

und diesem riesigen Besitz, was sind da 20 000 Mark, wo bleibt denn da die Betriebstreue?«
Ein Heizer berichtet:
»Wir mußten schuften wie die Leibeigenen. Wir haben 3 Wochen hintereinander gearbeitet, ohne einen freien Tag. Täglich über 8 Stunden hinaus, im Winter in der Regel 11 bis 12 Stunden. Und die Tage, die wir mehr arbeiteten, bekamen wir nicht extra bezahlt; das sei alles schon im normalen Lohn drin, wurde uns gesagt, als wir die Bezahlung der Überstunden verlangten. Dabei war unser Lohn kaum mehr als 800 Mark brutto monatlich. Manche von uns hatten so im Jahr an die 90 Tage Mehrarbeit geleistet, das muß man sich einmal vorstellen.«

> »Nehmen Sie weiter bitte von uns zur Kenntnis, daß in dieser unserer Bundesrepublik alle Chancen für diese Freiheit bestehen, daß diese unsere staatliche Ordnung jeden von uns befähigt, dieser Freiheit Gesicht und Züge zu verleihen. Nehmen Sie bitte zur Kenntnis, daß nach unserer Meinung dieser Staat rechtens ein freier Staat zu nennen ist, weil er uns nicht hindert, dem Begriff der Freiheit Substanz und Wirklichkeit zu geben, weil dieser Staat uns allen doch den Raum gewährt, unser aller Leben in Freiheit zu gestalten.«
> (Freiherr zu Guttenberg, Bundestagsrede vom 18. 11. 1959 / »Wer die Freiheit teilt, tötet sie«)

Im Frühjahr 1970 wurden die feudalistischen Zustände in den Sanatorien des Barons erstmals öffentlich in Frage gestellt. Drei Kriegsdienstverweigerer, als Ersatzdienstleistende dem Baron zugeteilt, machten in einer hektografierten Betriebszeitung auf die unhaltbaren Zustände aufmerksam und wiesen die alteingesessenen Kollegen auf ihr gutes Recht hin, durch die Schaffung eines Betriebsrats ihre Interessen vertreten zu lassen. Gleichzeitig warben sie Mitglieder für die Gewerkschaft. Kurdirektor Fritsch holte sich die drei nach dem Verteilen der Zeitungen zum Rapport und verbot ihnen jede weitere Arbeit für die Interessen der Beschäftigten im Kurbetrieb. Nach drei Monaten Spülküchendienst sah die Kurverwaltung des Barons für die KDVer plötzlich keine Einsatzmöglichkeit mehr. Die Rädelsführer sollten abgeschoben werden. Dagegen trat die Ersatzdienstgruppe am 14. April in den Streik. Das Bundesverwaltungsamt kündigte ihnen Strafanträge und Disziplinarverfahren an. Doch viele Arbeiter zeigten sich solidarisch. In Aussprüchen wie:»Wenn ihr nur immer dableiben würdet. – Ihr könnt euch mehr leisten als wir. – Euch kann man nicht einfach rausschmeißen wie uns.« Unterstützung erhielten sie von Schülern des Neusprachlichen Gymnasiums und von der DGB-Jugend, Bad Neustadt, die ihren Protest gegen die Behandlung der Ersatzdienstleistenden mit der Frage an Kurdirektor Fritsch verband:»Wo steht geschrieben, daß Ersatzdienstleistende sich nicht für die berechtigten Interessen der Arbeiter einsetzen dürfen?«

60 Arbeiter waren in die Gewerkschaft ÖTV eingetreten. Über eine Listenwahl (Stichwort: »Freundschaft« und »Gerechtigkeit«) versuchten sie ihre Kandidaten in den Betriebsrat wählen zu lassen. Die Kurverwaltung antwortete mit Gegenkandidaten, unter Führung des Schwagers von Kurdirektor Fritsch versuchten sie, sie durchzubringen. Der Wortlaut des Flugblatts der Gegenseite (Listenbezeichnung: »Sonnenblume« und »Frühling«) verrät deutlich die Handschrift der Firmenleitung: unter heimlicher Federführung des Kurdirektors versuchte man, Andersdenkende in Guttenbergscher Manier als Kommunisten zu diskriminieren. Flugblattext:
»WÄHLEN SIE RICHTIG! Die Aufgabe des Betriebsrates ist es, *vertrauensvoll* mit dem Arbeitgeber zum Wohle des Betriebes und seiner Arbeitnehmer zusammenzuarbeiten. WÄHLEN SIE RICHTIG! Listenbezeichnungen wie

›Freundschaft‹ und ›Gerechtigkeit‹, die aus dem kommunistischen Sprachgebrauch entnommen sein könnten, garantieren Ihnen nichts. Mancher kandidiert doch nur auf der Gewerkschaftsliste, um sich eigene Vorteile zu schaffen. Ihre Interessen sind dort schlecht vertreten.«
In einem Gegenflugblatt folgerten die Gewerkschaftskandidaten: »Offenbar sind den Verfassern die Begriffe ›Gerechtigkeit‹ und ›Freundschaft‹ nicht geläufig, sonst könnten sie nicht behaupten, daß sie aus dem kommunistischen Sprachgebrauch entnommen sind.«
Die Kandidaten der Gewerkschaftsliste erhalten das Vertrauen der meisten Kollegen, sie werden in den Betriebsrat gewählt. Die Guttenbergschen Kurbetriebe versuchen mit neuen Disziplinierungsmaßnahmen, den Einfluß des Betriebsrats zu schmälern und seine Kampfentschlossenheit zu brechen — mit Teilerfolgen.
Der Betriebsratsvorsitzende erhält von der Firmenleitung eine Verwarnung: (Mit Schreiben vom 29. 10. 70)
»Am 12. 10. 1970, der Geschäftsleitung am 16. 10. 1970 zur Kenntnis gebracht, äußerten Sie während der Arbeitszeit sinngemäß gegenüber Mitarbeitern, daß man seine Arbeitskraft so teuer wie möglich verkaufen müsse, auch wenn der Betrieb daran kaputtgehe. Arbeit gäbe es überall. Diese betriebsbezogenen Äußerungen sind nicht mehr mit den Grundsätzen einer fruchtbaren Zusammenarbeit zwischen Betriebsrat und Arbeitgeber in Übereinstimmung zu bringen. Sowohl als Betriebsratsvorsitzender, der auch das Wohl des Betriebes zu beachten hat, als auch als Mitarbeiter, der einer Treuepflicht gegenüber dem Arbeitgeber unterliegt, kann diese Ihre Äußerung nicht unwidersprochen bleiben... Ihre Äußerungen gehen weit über ein vertretbares Maß hinaus. Wir erteilen Ihnen daher wegen der damit verbundenen Störung des Betriebsfriedens eine Verwarnung.«

Antwortschreiben der Gewerkschaft, worauf die Verwarnung aus der Personalakte entfernt werden mußte: »...Ich weise darauf hin, daß die Äußerung, seine Arbeitskraft so teuer wie möglich zu verkaufen, kein Grund zur Verwarnung ist. Arbeitnehmer haben nun einmal nichts andres zu verkaufen als ihre Arbeitskraft, und diese muß eben so teuer wie möglich verkauft werden.«
In einem Schreiben aus Bonn (Briefkopf des Deutschen Bundestages mit Bundesadler) fährt der CSU-Abgeordnete Guttenberg seinem neu eingesetzten Betriebsrat höchstpersönlich übers Maul: (Schreiben vom 11. 3. 71)
»...Durch Herrn Fritsch habe ich weiter das Protokoll der 15. ordentlichen Betriebsratssitzung vom 21. 1. 71 erhalten. Erstaunlich war für mich die Auskunft von Herrn Fritsch, daß im Betriebsrat Themen behandelt werden, die nicht vorher mit der Geschäftsleitung besprochen wurden, so daß deren Meinung gar nicht gehört werden konnte...«
Zwei Betriebsratsmitgliedern wurde unter Vorwänden gekündigt, eine gleichzeitige Einschüchterung aller Beschäftigten, ihre Interessen dort vertreten zu lassen.
(Die örtliche Presse ist mehr als zurückhaltend. Als der DGB eine Solidaritätsveranstaltung im Veranstaltungskalender der Ortspresse angezeigt haben will, wird dem DGB-Vertreter dieses Ansinnen mit folgendem Argument ausgeredet: »Wenn ich das bringe, sperrt mir die Kurverwaltung die Anzeigen und ich muß einen Ihrer Drucker entlassen.«)
Dem Elektriker Gensler, stellvertretender Betriebsratsvorsitzender, wird gekündigt. (Im Kollegenkreis hatte ihn ein CSU-Mitglied provoziert, Brandt gehöre an die Wand und mit ihm alle Roten, worauf er entsprechend konterte.)
(Schreiben vom 29. 10. 1970): »Am 10. und 12. 10. 1970, der Geschäftsleitung am 16. 10. 1970 zur Kenntnis ge-

bracht, äußerten Sie gegenüber Mitarbeitern während des Betriebes und innerhalb des Betriebsgeländes wiederholt sinngemäß:
›Bis zur letzten Aussprache mit Baron Guttenberg in der Angelegenheit Kilian Griebel war ich noch etwas schwarz gewesen. Aber seit diesem Zeitpunkt ist diese Anschauung für mich vorbei. Ich habe diesen Leuten den Kampf angesagt.‹
›Die Schwarzen gehören alle ausgerottet und aufgehängt. Wenn jetzt die neue Heizzentrale gebaut wird, da werden in die Wand gleich Haken einbetoniert und da werden die Schwarzen hingehängt.‹
Diese aggressiven Äußerungen machen die Fortsetzung des Arbeitsverhältnisses wegen der damit verbundenen Störung des Betriebsfriedens und des unqualifizierten Angriffs gegen die Person und die politische Anschauung Ihres Arbeitgebers sowie vieler politisch anders denkender Betriebsangehöriger unzumutbar.«
Unterschrieben war die Kündigung von Kurdirektor Fritsch, der sich selbst als Schwarzer, bei der CSU politisch engagiert, bekannte.
Der Elektriker Gensler berichtet über die Umstände des erstgenannten Kündigungsgrundes (s. o.): »Den Guttenberg habe ich selbst erlebt, und zwar war da einem ehemaligen Kollegen, dem Kilian Griebel, gekündigt worden. Der Betriebsratsvorsitzende war damals in Urlaub, und da war ich als sein Stellvertreter wegen der Kündigung bei Kurdirektor Fritsch. Da hat er gesagt, an der Kündigung ist nicht mehr zu rütteln, daraufhin bin ich zum Baron Guttenberg gegangen. Da war folgendes passiert: Der Mann hatte Moor gefahren, das muß aufgeladen werden auf Schubkarren, das sind dann von morgens 7 bis mittags um 11 Uhr immer so 10–15 Tonnen, ein ganzer Lastzug voll, die mit der Hand aufgeladen werden und dann in die

Moormühle geschaufelt werden müssen. Am Dienstag hatte es geregnet, der Mann war durch und durch naß, der war schon älter, und dann mittags sollte er auch noch das Tauchbecken in der Sauna saubermachen. Das hat er leer gemacht und dabei ist er eingeschlafen und daraufhin hat man ihn gekündigt, und da habe ich zum Baron gesagt: Wie ist es denn möglich, daß man so einen Mann einfach vor die Tür setzt, der Mann war tatsächlich in Ordnung, wenn es galt, sich für den Betrieb einzusetzen, war der da, auch unbezahlte Überstunden hat er laufend gemacht, er war seit 7 Jahren bei uns, da habe ich das dem Guttenberg gesagt, daß das ein guter Mann ist und daß das passieren kann, daß er einschläft, der war total erschöpft. Da hat er mir wortwörtlich zur Antwort gegeben: ›So schlimm ist das alles nicht, die 15 Tonnen Moor reinzufahren, so was habe ich früher alles selbst gemacht, das hat mir direkt Spaß gemacht, im Garten körperlich zu arbeiten.‹ Von daher mein Ausspruch, daß ich den ›Schwarzen‹ den Kampf ansage, für mich war seitdem seine Einstellung klar und ich durchschaute seine ganze Politik; bis dahin hatte ich selbst noch CSU gewählt.«

> »Nein, Herr Bundeskanzler (Brandt). Ich brauche noch nicht einmal die Verfassung, ich brauche nur mein Gewissen, das mir sagt, daß ich als Abgeordneter Verantwortung trage für mein ganzes Volk. Auch und vor allem für jene, die zum Schweigen verurteilt sind.«
> (v. u. z. Guttenberg auf seiner letzten Bundestagsrede Juni 1970, die bei seiner Fraktion Ergriffenheit auslöste.)

Der zweite Entlassene, das Betriebsratsmitglied Gärtig, berichtet über die Vorgeschichte seiner Kündigung. (Entlassungsschreiben vom 11. 3. 1971):
»Es liegt uns der Beweis vor, daß Sie vor kurzem im Kneippbaderaum des Badehauses Kurgästen gegenüber gesagt haben, daß Sie und auch das übrige Badeperso-

nal so schlecht bezahlt würden. Sie selbst würden z. B. 550,– DM brutto monatlich verdienen. Darüber hinaus haben Sie wenigstens einen Kurgast aufgefordert, er könne dies ruhig weitererzählen...
Wir kündigen daher aus den vorgenannten Gründen das Arbeitsverhältnis aus *wichtigem* Grund...«
»Die haben von oben verlauten lassen, soweit mir das wieder zugetragen ist, daß es nicht angeht, daß in einem Betrieb, der dem Baron Guttenberg gehört, Leute sind, die der CSU feindlich gegenüberstehen, schon gar nicht solche, die in der SPD eingetragen sind. Man durfte den Mund nicht aufmachen, sonst wäre man innerhalb von 24 Stunden von der Bildfläche verschwunden. Der Kurdirektor Fritsch hat wörtlich zu mir gesagt, wenn er etwas sucht, dann findet er auch etwas. Er behauptet immer, er hätte selbst auf Weihnachtsfeiern gesagt, daß er einen Betriebsrat wünscht. Zu mir hat er gesagt, ›Herr Gärtig, Sie wollen einen Betriebsrat, aber es meldet sich ja niemand.‹ Und als ich wußte, daß ich gewählt wurde, bin ich rauf zu ihm und habe gesagt: Herr Direktor, ich habe den Eindruck, man wird mich zum Betriebsrat wählen, aber ehe ich gewählt werde, wollte ich Sie persönlich fragen, ob ich Ihnen angenehm wäre. Ich wüßte keinen, der mir lieber wäre, Herr Gärtig, sagte er daraufhin. Ich sagte, es sind aber Kräfte da, die schon viel länger da sind als ich, und er, ›Waschlappen brauche ich nicht‹.
Und dann habe ich gesagt, daß es dann sicher Ärger gibt, denn es ist doch so mancherlei, von dem ich höre, daß die Leute unzufrieden sind. Ach was, Herr Gärtig, sagte er, machen Sie sich keine Sorgen, da ändert sich nichts, und Ärger wird es auch nicht geben. Da habe ich so im stillen gedacht, na, du wirst dich wundern. Er hat zu mir gesagt, er wünscht sich die größten Meckerer und Meuterer in den Betriebsrat. Das hat er wortwörtlich zu mir gesagt.

Der hat sich das alles ganz anders vorgestellt, oder, was ich inzwischen annehme, er wollte sie alle zusammen auf der Abschußrampe im Visier haben. Mich hat dann noch der Schwager vom Kurdirektor geholt und gesagt, Herr Gärtig, wollen Sie nicht bei uns mitmachen, hier unterschreiben Sie doch unsere Liste. Da sagte ich, wie können Sie denn erwarten, daß ich bei Ihnen unterschreibe, wo Sie als Verwandter in der Gegenpartei sind, da muß ich doch ablehnen. Die Begründung meiner Entlassung war, ich selbst soll geäußert haben, ich würde Bruttolohn 550,– Mark verdienen, das habe ich nicht gesagt, ich verdiene ja mehr, über 800 Mark. Ich hatte gesagt, daß die Badefrauen bei uns das verdienen...

8 Jahre war ich dort. 7 Jahre hat man immer behauptet, wie sehr man mit mir zufrieden ist. Noch im 6. Berufsjahr hat der Kurdirektor zu mir gesagt, Herr Gärtig, wir sind so zufrieden mit Ihnen, wir wollen Sie unbedingt fördern... Im 8. Jahr bin ich Betriebsrat geworden und auf einmal bin ich nicht mehr so gut. Für mich gibt es seit der Kündigung als Kneippbademeister keine Arbeit mehr, ich habe mich sehr viel um Arbeit hier in der Gegend bemüht und habe nichts bekommen. Dem gehört ja alles hier, und was ihm nicht gehört, da hat er seine Finger auch mit drin. Ich habe anschließend bei Siemens angefangen, ich war 14 Tage dort, und dann bin ich wieder entlassen worden. Die Bonzen von Siemens verkehren ja viel drüben bei der Kurverwaltung... Ich bin ohne besonderen Anlaß gekündigt worden, sie haben gesagt, wir müssen Sie wieder entlassen, es kommt von oben runter, Sie können da gar nichts machen, es kommt von ganz oben. Als ich gekündigt worden bin, da konnte ich nicht mehr an mein Eigentum, das im Spind hing, da hatte ich Hausverbot. Ich hatte meine persönlichen Sachen in dem Spind, aber ich konnte nicht dran. Das Hausverbot erstreckte sich auf alles, was

dem Baron gehörte. Da durfte ich bei Androhung einer Anzeige wegen Hausfriedensbruch die halbe Stadt nicht mehr betreten, da ihm ja alles gehört, alle der Kurverwaltung eigenen und die angepachteten Gebäude, samt Grünflächen und allem, was dazu gehört. Ich bin jetzt nach langem Suchen Bademeister bei der Landesversicherungsanstalt in Hessen, seit 4 Wochen, stehe also noch in der Probezeit und muß jetzt durch diese Sache von meiner Familie getrennt leben. Ich wohne in Hessen, das ist 120 km von hier entfernt, und am Wochenende muß ich jetzt pendeln, das sind immer zusätzlicher Aufwand und Kosten. Die Dienstwohnung habe ich räumen müssen und hatte 1500 Mark Umzugskosten. Ich bin nun 6 Wochen aus der Dienstwohnung heraus und muß schon wieder an einen neuen Umzug denken, weil ich nach der Probezeit die Familie nachholen will. Was das alles für Belastungen sind, und das alles für Herrn Baron von und zu Guttenberg. Ich bin der Meinung, der steht mindestens mit 10 000 Mark in meiner Schuld, das werde ich ihm bei jeder Gelegenheit sein Leben lang vorrechnen. Denn er hat uns großen Schaden zugefügt, indem er sich nämlich durch Denunzianten falsche Aussagen geben läßt, die er für seine kapitalistischen Zwecke ausnützt.
Ich wäre ja gern hier wohnen geblieben, man ist ja hier angewachsen. Man wird praktisch richtig heimatvertrieben, und dabei behauptet der immer, daß er sich für die Heimatvertriebenen einsetzt.
Im Betrieb ist jetzt nach den Entlassungen von uns eine ganz geduckte Stimmung, die Leute trauen sich überhaupt nichts mehr zu sagen...«

»Das Recht war immer eine Waffe der Schwachen und Friedfertigen.«
(v. u. z. Guttenberg in seiner letzten Bundestagsrede)

Vier Tage verdinge ich mich als Tagelöhner auf des Barons Weingut »Reichsrat von Buhl« in Deidesheim an der Weinstraße. Mehr als 700 000 Rebstöcke – das größte Weingut in der Bundesrepublik – besitzt Guttenberg in Deidesheim und Umgebung. Zwei Hotels (»Haardt-Hotel«, ca. 300 Betten, und »Reichsrat von Buhl«, ca. 40 Betten) hat er in den letzten Jahren hier neu gebaut, außerdem gehören ihm hier 400 Häuser.
Quartier beziehe ich in Guttenbergs Luxus-Absteige: Haardt-Hotel. Eine Übernachtung kostet hier mehr, als ich als Lorenträger tagsüber durch anstrengende körperliche Arbeit verdiene.
Vor dem Weingut Buhl stelle ich mich in die Reihe der im Regen wartenden Saisonarbeiter. Es sind zum größten Teil Dorfbewohner, hauptsächlich Frauen und Kinder, das jüngste acht Jahre. Aber auch einige Männer, die ihren Urlaub so gelegt haben, daß er in die Zeit der Weinlese fällt, um sich etwas dazuzuverdienen. Heute stehen sie umsonst im Regen. Nachdem wir eine halbe Stunde gewartet haben, durchnäßt und durchgefroren sind, hält der Weingutverwalter kurz mit seinem Wagen am Bordstein an, kurbelt das Fenster herunter, sagt: »Ist heute nichts, geht nach Hause, wenn es um 14 Uhr nicht mehr regnet, könnt ihr noch mal antreten.« Aber auch um 14 Uhr, es hat zu regnen aufgehört, gibt es keine Arbeit. Es sind diesmal weniger erschienen, ca. 30, aber es kommt uns keiner abholen. Wir sind Tagelöhner, und ein Verdienstausfall wird nicht gezahlt.
An den folgenden Tagen ist das Wetter besser, und wir rücken aus zu den »ruhmvollen Weinlagen« (aus dem Prospekt des Haardt-Hotels) des Barons. Mit einer Lore auf dem Rücken transportiere ich die Trauben, die die anderen pflücken, zur Weinpresse, die hier gleich am Straßenrand steht. Ältere Lorenträger, viele mit Bandschei-

benschäden, haben den Dreh heraus, wie sie den zentnerschweren Inhalt mit einer kurzen Körperdrehung von der Leiter herunter über ihren Kopf hinweg in die Presse kippen. Mit einer Sicherheit und Akrobatik auf der obersten Leitersprosse stehend, imponieren sie den Gästen aus den Hotels von Guttenberg, die ihren Spaziergang unterbrechen, um diesem »Schauspiel« zuzusehen. Nach der Arbeit – verschwitzt, dreckig und vom Traubensaft verklebt – haben wir nichts zum Waschen, nichts zum Umziehen, wir sind keine fest angestellten Arbeiter, die Gebäude des Weinguts sind uns verschlossen. Viele beanstanden das, sie müssen oft noch in Bussen kilometerweit zu abgelegenen Dörfern fahren. Ein etwa 70jähriger, der das Jahr über mit 250,– DM Rente monatlich auskommen muß und sich im September und Oktober durch die Weinlese beim Baron etwas dazuverdient, meint: »Ich hab den Eindruck, daß die Kinder dazu da sind, uns Alte anzutreiben, denn die schaffen schneller als wir und wir müssen mitziehen.«

Ein anderer Alter, selber Weinbergbesitzer, der früher davon leben konnte, hilft jetzt wie viele andere in seiner Situation nebenbei noch für 3,50 DM die Stunde beim Baron aus: »Der macht uns Kleine hier alle kaputt, der ist bei uns im Dorf wie ein Herrgott. Bei der Flurbereinigung fängt es an, da kriegt der für ein schlechtes, abgelegenes Stück Land ein gutes neues direkt an der Straße, auf unsere Kosten. Er macht's nur noch im großen, wie der Wein ist, ist ihm egal, er erntet nur, die Felder sind im Gegensatz zu unseren verwahrlost, das Unkraut sprießt, wir nennen ihn darum auch den Distelbaron. Wir haben dadurch bei uns doppelt gegen das Unkraut zu kämpfen. Sein Wein, das ist der letzte Wein, den würden die Einheimischen nicht kaufen, durch die ganze Lagerungsweise, Beton- und Plastikbehälter, der Wein wird eben so präpariert, daß er normaler Konsumwein ist, obwohl er nachher durch raffinierte Werbung als erlesener Wein an den Mann gebracht wird. Das, was wir bei der Auslese mühselig rausschneiden, das dunkle an den Trauben, das ist eine Mordsarbeit, das macht der längst nicht mehr, das macht bei ihm das adelige Etikett wieder wett, auf das die Leute reinfallen.«

Ein anderer Arbeiter berichtet, wie er vor Jahren dem Baron, als dieser seine Besitztümer inspizierte, einmal die Hand schütteln durfte. »Ich wohne in einem Haus, da wohnen 20 Parteien, da stand ich vor der Tür, da sagte der Verwalter, damals war es noch der General von Rintelen, der war mal Generalattaché bei Mussolini, den hat sich Guttenberg nach dem Kriege geholt, obwohl er heute immer so tut, als ob er mit den Nazis nichts zu tun gehabt hätte; jedenfalls dieser Verwalter machte ihn darauf aufmerksam: ›Herr Baron, dieses Anwesen gehört übrigens Ihnen‹, da sagte er nur, ›Ach, das gehört auch noch mir‹. Das weiß ich noch so gut, als ob es heute gewesen wäre, der wußte gar nicht, wie reich er war. Mir hat er die Hand gegeben, hat gesagt: ›Nun, wie geht es?‹ und ist wieder weg.« Er fügt noch hinzu: »Der wußte gar nicht, daß ich 30 Jahre bei ihm gearbeitet hatte. Bis ein alter Gaul von ihm zusammenbrach und nicht mehr hochkam. Da hat der Gutsverwalter mich und noch einen herbeigeholt und gesagt: ›Hier, packt mal an, bringt den Gaul wieder hoch, der ist noch zu schade zum Schlachten.‹ Da haben wir uns abgerackert und ihn wieder hochgebracht, seitdem hatte ich eine Wirbelverletzung und konnte nichts Schweres mehr tragen. Ich bekam vom Vertrauensarzt eine Bescheinigung, daß ich nur noch leichte Arbeit machen durfte, im Kelterhaus oder so, aber ich hatte ausgedient. Sie sagten, sie hätten außer Lorenschleppen oder Weinberge pflügen keine Verwendung für mich; das stimmte nicht, sie wollten nur Jüngere, aus denen mehr herauszuholen war. Da habe ich da gesessen und die Tränen sind mir die Backen runtergelaufen, da war ich doch 30 Jahre im Haus. Dann war mein Fehler, daß ich die Schwerarbeit versucht habe, bis ich völlig zusammenbrach und danach auf Krücken laufen mußte. Weil ich nicht direkt aufgehört habe, ist es nicht als Arbeitsurfall anerkannt worden, und ich kriege weniger Rente.«

> »Die Demokratie ist weder ein Exportartikel noch ein Passepartout für alle Probleme unserer komplizierten Welt.«
> (Baron von u. zu Guttenberg, Herbst 1963)
> »Das Lutherwort kommt mir in den Sinn: Und wenn ich wüßte, daß morgen die Welt untergeht, ich würde heute noch *meinen* Apfelbaum pflanzen.«
> (Ein Lieblingszitat Guttenbergs, das von ihm stets in seinem Sinn gebraucht wird. Bei Luther heißt es »einen Apfelbaum pflanzen«, es brauchte nicht unbedingt der eigene zu sein.
> Das Zitat hier entnommen aus *Fußnoten* von v. u. z. Guttenberg, ersch. 1971, Seewald-Verlag. In diesem Buch ist eines der meistgebrauchten Worte *»Freiheit«*, womit der Baron ebenfalls die eigene gemeint haben dürfte.)

Flick

Bernt Engelmann
Exemplarischer Lebenslauf eines Selfmade-Konzernherrn: Friedrich Flick

Daß er einmal zu den Größten unter den Kapitalisten der Alten Welt zählen würde, ist ihm nicht an der Wiege gesungen worden. Diese stand übrigens in dem siegerländischen Nest Kreuztal-Ferndorf, im Hause eines mäßig begüterten Landwirts und Grubenholzhändlers. Dort kam Friedrich Flick am 10. Juli 1883 zur Welt.
Es war die Zeit des beginnenden Imperialismus. Das Deutsche Reich, damals noch regiert vom Großvater des letzten Kaisers, Wilhelm I., schickte sich gerade an, ein Kolonialreich zu erwerben. Die Engländer hatten sich Ägypten angeeignet, die Franzosen eroberten von Huë aus Annam, den Kern des heutigen Vietnam.
Es war auch die Zeit des Beginns einer stürmischen technischen Entwicklung. So baute Gottfried Daimler gerade seinen ersten schnell laufenden Verbrennungsmotor, eine Leistung, von der das neugeborene Holzhändlerkind später beträchtlich profitieren sollte. Aber daran dachte damals noch niemand.
›Flickens Fritz‹, wie der Junge genannt wurde, wuchs auf wie alle anderen Dorfkinder, aber immerhin durfte er dann die Realschule in Siegen besuchen, bis zum ›Einjährigen‹, was bereits einen beachtlichen sozialen Aufstieg bedeutete. Der junge Flick brauchte nicht, wie alle anderen, drei Jahre zum Militär, sondern nur für 12 Monate,

und er konnte sich seine Garnison aussuchen, wobei er sich für Kassel entschied, weil er dort Verwandte hatte. Bei dem Gastwirt Kaletsch, seinem Onkel, wurde der Einjährige Friedrich Flick während seiner Dienstzeit beköstigt, und er lohnte es später seinem Vetter, dem 15 Jahre jüngeren Konrad Kaletsch, heutigem Senior des Flick-Managements. Damals aber war Friedrich Flick so arm, daß es für ihn einen schweren Schicksalsschlag bedeutete, als ihm am letzten Tag seiner Dienstzeit die erst ein Jahr alte Ausgehhose, die er noch lange zu tragen beabsichtigt hatte, aus dem Spind gestohlen wurde. Bis in sein achtes Lebensjahrzehnt hat er diesen Verlust nicht verwunden.

Anno 1906 – dem Jahr der Algeciras-Konferenz und der Eingeborenen-Aufstände in den deutschen Kolonien in Afrika – bestand Friedrich Flick in Köln sein Examen als Diplomkaufmann mit Auszeichnung. Das Studium hatte er sich selbst finanziert, teils mit Nachhilfestunden, die er erteilte, teils mit kleinen Beiträgen für den Wirtschaftsteil der ›Kölnischen Zeitung‹. Es waren hungrige Jahre, aber Flick war entschlossen, dies nun rasch und gründlich zu ändern. Tatsächlich wurde er bald darauf Prokurist bei der Bremer Hütte in Geisweid, einem mittleren Unternehmen, bei dem er schon seine kaufmännische Lehre absolviert hatte. 1913 wechselte er zur ›Eisenindustrie zu Menden und Schwerte AG‹ über, wo er, knapp 30 Jahre alt, Direktor und Mitglied des Vorstandes wurde. Immens sparsam, infolgedessen nun schon nicht mehr ganz unbemittelt, zudem stattlicher und über 1,80 m groß, konnte Direktor Flick ans Heiraten denken. Seine Wahl fiel auf eine Siegener Ratsherrntochter, Marie Schup, die ihm 30 000 Mark Mitgift mit in die Ehe brachte.

Im Jahr darauf brach der Erste Weltkrieg aus. Direktor Flick, Vizewachtmeister der Reserve, brauchte nicht ins

Feld zu rücken. Er war als Chef eines kriegswichtigen Betriebs unabkömmlich. Allerdings, ganz unabkömmlich nun auch wieder nicht: Als ihm die Konkurrenz 1915 ein günstiges Angebot machte, ging er zur Charlottenhütte, wo er 1917 Generaldirektor wurde.
Der junge General kämpfte an der Heimatfront nicht minder zäh und verbissen als die Feldgrauen in den Schützengräben. Mit Hilfe seines kleinen Eigenkapitals, der Mitgift seiner Frau und einiger Bankkredite kaufte er sich so viele Charlottenhütte-Aktien, daß er bald das ansonsten in Streubesitz befindliche Unternehmen auch finanziell beherrschte. Durch Ankauf von Schachtelbeteiligungen an anderen Unternehmen baute er gleichzeitig die Charlottenhütte zu einem mittleren Konzern aus, legte die gewaltigen Kriegsgewinne zum Teil pflichtgemäß in Kriegsanleihe an, den nicht unbeträchtlichen Rest in wertbeständigem Schrott, und als deutlich wurde, daß Deutschlands Niederlage nur noch eine Frage von Tagen war, tauschte er eilig alle Staatspapiere in Aktien oberschlesischer Montankonzerne um – insgesamt 17 Millionen Mark. Auf diese Weise ging der Charlottenhütte-Konzern unversehrt, ja unvergleichlich stärker aus dem verlorenen Weltkrieg hervor. Ihr Generaldirektor Flick aber, der nun auch die Charlottenhütte-Aktienmehrheit besaß, war 1918 – im Gegensatz zur Mehrheit seiner Mitbürger – einige hundertmal reicher als zu Beginn des Krieges.
In den folgenden Jahren der immer rascheren Geldentwertung machte es Friedrich Flick wie andere Schwerindustrielle: Er verschmähte Papiermark und gab seine Produkte nur ab gegen harte Valuta oder im Tausch gegen Wertbeständiges, am liebsten Aktien.
Außerdem nahm er damals immer neue große Bankkredite auf, kaufte damit weitere Beteiligungen und tilgte

seine Schulden mit inzwischen auf Bruchteile ihres ursprünglichen Werts gesunkenen Papiermark. Im Januar 1924, als der Hexentanz der Inflation vorüber war, besaß Friedrich Flick, gerade 41 Jahre alt, bereits ein Vermögen von mehreren hundert Millionen Reichsmark neuer, harter Währung, angelegt in weitgestreutem Konzernbesitz.
Anfang 1926 geriet die deutsche Montanindustrie in eine schwere Krise und war gezwungen, sich in ›Notgemeinschaften‹ zusammenzuschließen, wobei an erster Stelle die ›Vereinigte Stahlwerke AG‹, kurz ›Stahlverein‹, stand. Für die Charlottenhütte-Konzerntöchter, die Flick in den neuen ›Stahlverein‹ einbrachte, erhielt er 20 Prozent des Aktienkapitals dieses Mammutunternehmens, das damals knapp die Hälfte der gesamten Stahlerzeugung des Reichs und rund ein Drittel der deutschen Kohlenförderung beherrschte. Das war schon ein gewaltiger Brocken, doch knapp vier Jahre später, mitten in der Weltwirtschaftskrise, als alle ärmer wurden und Millionen Arbeitslose ›stempeln gehen‹ mußten, gehörte Friedrich Flick plötzlich die Mehrheit des ›Stahlvereins‹, ohne daß es ihn einen Pfennig gekostet hätte!
Dieses Kunststück war Flick gelungen, weil er die besondere Konstruktion des ›Stahlvereins‹ durchschaut und auszunutzen verstanden hatte und weil seine Partner allzu vertrauensselig gewesen waren. Wären die anderen ›Schlotbarone‹ ein wenig ›auf Draht‹ gewesen, hätten sie selbst darauf kommen können:
Kernstück des ›Stahlvereins‹ war die ›Gelsenkirchener Bergwerks AG‹, im Börsenjargon ›Gelsenberg‹ genannt, die als Hauptkohlenbasis des ›Stahlvereins‹ 51 Prozent des Aktienkapitals dieses Mammutkonzerns zugesprochen bekommen hatte. Die ›Stahlvereins‹-Majorität lag also bei ›Gelsenberg‹, und wer die Mehrheit der ›Gelsen-

berg‹-Aktien besaß, beherrschte damit auch die ›Vereinigten Stahlwerke‹. Flick begann nun, die ›Stahlvereins‹-Aktien der von ihm mehrheitlich beherrschten Charlottenhütte nach und nach abzustoßen und dafür jeweils ›Gelsenberg‹-Aktien zu kaufen. Mit 20 Prozent vom ›Stahlvereins‹-Kapital brachte er mühelos die ›Gelsenberg‹-Mehrheit an sich und damit die Kontrolle über die Aktienmajorität des gesamten ›Stahlvereins‹. Anders ausgedrückt: Mit der Mehrheit am verhältnismäßig kleinen ›Charlottenhütte‹-Konzern verschaffte er sich die Kontrolle über ›Gelsenberg‹ und damit über den ganzen ›Stahlverein‹, der seinerseits in der Montanindustrie des Reichs die beherrschende Stellung einnahm. Aber das war noch keineswegs alles, denn nun erst landete Friedrich Flick den ganz großen Coup:
Ende 1931 tauchten an den Börsen Gerüchte auf, die besagten, die Franzosen, die man gerade erst von Rhein und Ruhr abgedrängt hatte, planten unter Ausnutzung der Not und des Tiefstands der Aktienkurse einen Einbruch in die deutsche Montanindustrie: Sie seien drauf und dran, ›Gelsenberg‹ aufzukaufen. Sie hätten Flick den fünffachen Kurswert für dessen ›Gelsenberg‹-Majorität geboten... Alle Dementis aus Paris nützten nichts. Die ›nationale‹ Presse tobte, sprach von ›Ausverkauf‹ und ›Versklavung‹, und schließlich sah sich die Reichsregierung gezwungen, »zur Wahrung der nationalen Interessen« einzugreifen: Sie offerierte Herrn Flick einen Ankauf seiner ›Gelsenberg‹-Mehrheit zu etwas mehr als dem Vierfachen ihres Börsenwerts.
Das war ein hochherziges Angebot, zumal die Kassen des Reichs leer waren und man alle Beamtengehälter, Pensionen und Renten gerade drastisch gekürzt hatte. Auch war es nicht ganz so viel, wie der ›welsche Erbfeind‹ zu bieten bereit sein sollte. Dennoch nahm Flick das An-

gebot Berlins an, teils aus patriotischen Gründen, über die damals viel geschrieben wurde, teils aber auch wohl darum, weil es in Wirklichkeit gar keine Offerte aus Paris gegeben hatte; das völlig unfundierte Gerücht war »von interessierter Seite« ausgestreut worden.
Als das herauskam, schäumte die deutsche Presse, und nicht nur die linke. Auch ein der Reichswehrführung nahestehendes Blatt schrieb damals: »Die einzig mögliche Antwort wäre gewesen, daß die Reichsregierung den Schachtelkonzern... umgehend verstaatlicht hätte. Flick hätte allenfalls eine langfristige Abfindung durch Staatsobligationen auf der Basis des Börsenkurses erhalten können... Darüber hinaus hätte der vorliegende Tatbestand Anlaß genug geboten, Herrn Flick als Schädiger der Interessen des Deutschen Reichs zu enteignen...«
(Der Verfasser des zitierten Empörungsschreis war übrigens Professor Friedrich Zimmermann alias Ferdinand Fried, später viele Jahre lang wirtschaftspolitischer Leitartikler von Axel Springers Renommierblatt ›Die Welt‹...)
Nach 1932, nachdem Friedrich Flick vom Reich rund 90 Millionen RM für etwas kassiert hatte, das etwa 25 Millionen wert gewesen und zudem mit einem Einsatz von höchstens 5 Millionen RM erworben worden war, wandelte sich der knapp fünfzigjährige Spekulant und Jobber in einen Konzernstrategen. Zumindest sehen ihn so die wohlwollenderen unter seinen Biografen.
Neben oberschlesischem und bayerischem Stahl- und Bergwerksbesitz war Flick nach dem ›Gelsenberg‹-Verkauf Hauptaktionär der – ›Rheinbraun‹ genannten – Rheinischen AG für Braunkohlenbergbau und Brikettfabrikation geblieben. Den kleineren Teil seiner ›Rheinbraun‹-Aktien hatte er schon längere Zeit; den größeren Rest hatte er von ›Gelsenberg‹ übernommen, ehe er seine dor-

tige Majorität ans Reich verkaufte. Den Kaufpreis hatte er sich stunden lassen...

Zweck seines Engagements bei ›Rheinbraun‹ war, diesem Unternehmen die Steinkohlenzechen der ›Harpener Bergbau AG‹ abzunehmen, was beim ›Rheinbraun‹-Management jedoch auf erbitterten Widerstand stieß. Infolgedessen suchte sich Flick einen anderen Partner: die Rheinisch-Westfälischen Elektrizitätswerke (RWE), mit denen er rasch einig wurde. Er überließ RWE sein ganzes ›Rheinbraun‹-Aktienpaket und erhielt dafür im Tausch die ersehnte Beinahe-Mehrheit bei der ›Harpener Bergbau AG‹. An der Majorität fehlten ihm ganze 4,5 Prozent, und auch die wußte er sich zu verschaffen, ohne in die eigene Tasche zu greifen. 1935, als die Rüstungskonjunktur stürmisch einzusetzen begann, hatte der Flick-Konzern mit Harpen eine eigene Steinkohlenbasis und konnte dem Boom, der da kommen sollte, mit Zuversicht entgegensehen.

In den Jahren bis zum Ausbruch des Zweiten Weltkriegs baute Flick sein Imperium weiter aus, teils durch ›Arisierung‹ vormals jüdischen Besitzes, teils durch Übernahme von Konzernen im annektierten ›Protektorat Böhmen und Mähren‹. Nach dem Kriege, im Nürnberger Kriegsverbrecherprozeß, als man Friedrich Flick dies und manches andere – Beschäftigung von Sklavenarbeitern, Mitgliedschaft im sogenannten ›Freundeskreis des Reichsführers SS Heinrich Himmler‹ und Beteiligung an der Ausplünderung der besetzten Gebiete – vorwarf, erklärte er indessen bescheiden: »Sollte von 1933 bis 1945 ein Vermögenszuwachs (bei mir) eingetreten sein, so wäre er selbst dann eingetreten, wenn ich während dieser Jahre spazierengegangen wäre.«

Er war aber nicht nur spazierengegangen, und deshalb verurteilten ihn die Amerikaner zu 7 Jahren Zuchthaus,

von denen er fünf verbüßte. Im August 1950 kam Friedrich Flick aufgrund einer Amnestie wieder frei.
Während seiner langen Haftzeit war Flicks offizielle Beschäftigung: Kartoffeln schälen, Schuhe besohlen und Hosen flicken; später rückte er zum Bibliothekar auf. Inoffiziell aber lenkte er auch vom Gefängnis aus die Geschicke seines Konzerns, soweit die Kriegszerstörungen, Enteignungen, Demontagen und Beschlagnahmungen noch etwas davon übriggelassen hatten.
Mit 67 Jahren kam er aus dem Kriegsverbrechergefängnis, ungebrochen, rüstig wie eh und je, energiegeladen und fest entschlossen, sein Konzernreich neu aufzubauen. Es war ihm ja einiges verblieben: der westliche Teil seines ›Maxhütte‹-Konzerns, 82 Prozent an den Hochofenwerken Lübeck, über 60 Prozent der Harpener Bergbau AG und knapp 60 Prozent der Essener Steinkohlenbergwerks AG. Aufgrund der alliierten Entflechtungsbestimmungen hatte er sich entweder von der Kohle oder von Eisen und Stahl zu trennen. Er entschied sich für den Verzicht auf die Ruhrkohle (und konnte sich zu diesem Entschluß später noch häufig gratulieren). Er zögerte auch nicht, wie andere, zum Beispiel Alfried Krupp, seine Zechen wirklich zu verkaufen, trat vielmehr sogleich – diesmal tatsächlich – mit französischen Interessenten in Verbindung und überließ diesen sein Harpen-Paket für 180 Millionen DM – fast das Dreifache des Kurswerts. Die Essener Zechen veräußerte Flick an Mannesmann – für rund 50 Millionen DM, und damit standen dem gerade haftentlassenen Zuchthäusler zu dessen Resozialisierung fast eine Viertelmilliarde D-Mark flüssige Mittel zur Verfügung – eine stolze Summe, zumal anno 1950, als die Liquidität noch sehr gering war.
Mit diesem riesigen Kapital kaufte sich Friedrich Flick – nach Plänen, die er im Gefängnis ausgearbeitet hatte – in

die Automobil-, Plastik-, Zellstoff- und Chemieunternehmen ein, die ihm die besten Zukunftsaussichten zu haben schienen. Es würde Bände füllen, alle Transaktionen zu beschreiben, mit denen er diesen ›Einkauf‹ so preisgünstig wie möglich gestaltete. Betrachten wir nur kurz das Resultat, wie es sich mehr als zwei Jahrzehnte später, beim Tode Friedrich Flicks im Jahre 1972, dem staunenden Betrachter darbot:

Da war die eigentliche Flick-Gruppe mit einem Jahresumsatz 1951 von 5591 Millionen DM und über 68000 Beschäftigten, bestehend aus der Feldmühle AG (Papier), der Dynamit Nobel AG (Chemie), zahlreichen Hütten- und Stahlwerken sowie der Lokomotivfabrik Krauss-Maffei, einem der wichtigsten Panzerhersteller im Nato-Bereich, und da war unter den nicht zur Gruppe gehörenden Beteiligungen vor allem die bei der Daimler-Benz AG (12 Milliarden DM Umsatz; 147 000 Beschäftigte), an der Friedrich Flick zu über 40 Prozent beteiligt war.

Mit alledem – und noch sehr beträchtlichem Auslandsbesitz – war Friedrich Flick ein mindestens fünf- bis sechsfacher DM-Milliardär, einer der Reichsten der Welt und eine beherrschende Figur in der bundesdeutschen Industrie.

Und wie lebte ein solcher Geldgigant? Wie groß war sein Ehrgeiz, nachdem er die 80 bereits weit überschritten hatte? Wie sorgte er vor für den Fall seines Ablebens?

Das waren Fragen, die in den späten 60er Jahren immer wieder gestellt und von mehr oder weniger kompetenter Seite unterschiedlich und zumeist falsch beantwortet wurden.

Da war zunächst der Lebensstil dieses wahrscheinlich reichsten Mannes der Bundesrepublik, der – wenn er gewollt hätte – durchaus imstande gewesen wäre, »die Puppen tanzen« zu lassen wie kaum ein zweiter. Indessen bevorzugte Flick für sich selbst das sogenannte ›einfache

Leben‹, Flaschenbier anstatt Champagner, Wirsingeintopf aus dem Henkelmann anstatt Hummer, Wurststullen anstatt Kaviar. Er ging nie in die Oper, nicht einmal ins Kino. Er rauchte billigste Zigarren. Er verzichtete auf ›High Life‹ und Jet-set-Allüren, und er trug seine Anzüge und Krawatten mindestens ein Jahrzehnt lang. Von dem Mercedes 600, den die Daimler-Benz AG ihrem Großaktionär als Dienstwagen zur Verfügung stellte – Flick hat zeitlebens nie ein eigenes Auto besessen –, ließ er sogleich alle Zierleisten und andere Chromteile entfernen, so daß das Gefährt dem eines Beerdigungsinstituts ähnelte. Kurz, er machte sich überhaupt nichts daraus, seinen ungeheuren Reichtum zu zeigen oder gar ostentativ zu konsumieren.
Seine Befriedigung fand Friedrich Flick im Bewußtsein seiner Macht, und diese dynastisch zu sichern war eines seiner Hauptanliegen, zumal in den letzten Lebensjahren.
Er ließ es sich mehrere hundert Millionen Mark kosten, seinen Ältesten, Otto-Ernst, auszubooten und abzufinden, und kurz vor seinem Tode überraschte er auch seinen Zweitältesten, bis dahin designierter Kronprinz, indem er ihm, dem um zehn Jahre jüngeren Friedrich-Karl, zwar den Thron überließ, aber einen Kronrat aufzwang, dem auch Eberhard von Brauchitsch, Jahrgang 1926, als Generalbevollmächtigter angehören soll und wird, obwohl dieser inzwischen von Flick zu Axel Springer abgewandert war. Und auch die dritte Flick-Generation darf nach dem Willen des Alten bereits ein wenig mitregieren: die Söhne Gerd-Rudolf und Friedrich-Christian seines ausgebooteten Ältesten wurden vom Großvater mit beträchtlichen Konzernanteilen ausgestattet, die die beiden, ›Mick‹ und ›Muck‹ genannt, sobald sie 28 Jahre alt sind, wahrnehmen dürfen.
Der alte Selfmademan, der sein Konzernreich in zwei

Weltkriegen und zwei totalen Geldentwertungen listenreich, ellenbogenstark und mit einem Minimum an Skrupeln erwarb und, nachdem es in Trümmern gegangen war, noch einmal, stärker und mächtiger als zuvor, wieder aufbaute, hat für Kontinuität bestens gesorgt. Und wenn er sich auch selbst zeitlebens um Politik nur insoweit kümmerte, als es für sein Geschäft gerade nützlich war, so ließ er doch sein Topmanagement politisch aktiv sein, ebenfalls im Sinne der Erhaltung und Bewahrung des Systems, dem er seinen Aufstieg verdankte. So kommt es, daß die Flick-Mitgesellschafter und Generalbevollmächtigten zu den Förderern, Mitgliedern des Wirtschaftsrats und, was den verstorbenen Wolfgang Pohle betrifft, zu den Bundestagsabgeordneten der CDU/CSU zählen oder zählten. So wurde und wird die Flick-Macht eben doch auch politisch wirksam. Natürlich konnte das nur mit Wissen und Willen des Konzernherrn geschehen, dessen autokratischer Führungsstil seinen Ausdruck darin fand, daß er zwar ›wir‹ sagte, wenn er ›ich‹ meinte, dies aber nicht als Kennzeichen vorhandenen Team-Geistes, sondern als *pluralis majestatis* verstanden wissen wollte – wie ein König von Gottes Gnaden, der seine Entschlüsse zwar selbst faßt, aber in der Mehrzahl bekanntgibt.
Als er in Nürnberg als Angeklagter vor dem alliierten Gericht stand, entspann sich gleich zu Anfang ein eigenartiger Dialog zwischen dem Vorsitzenden und dem (vorübergehend) entthronten Konzernherrn:
»Einen Augenblick«, unterbrach der Richter Flicks Darlegungen, »Sie gebrauchen immer das Pronomen ›wir‹ ...«
Darauf Friedrich Flick: »Mit ›wir‹ meine ich ›uns‹!«
»Heißt das: Alle Leute, die an dieser Industrie interessiert waren?« wollte nun der Vorsitzende wissen, worauf der Angeklagte verwundert erwiderte: »Nein, nicht doch, mit ›wir‹ meine ich meine Firmengruppe ...«

Horten

Bernt Engelmann
Der Konsum-König: Helmut Horten

Er ist zwar ein richtiger Selfmademan, aber durchaus kein kaltblütiger Geldraffer, auch keiner, der sich von ganz unten hochgeboxt hat. Von Kaltblütigkeit kann bei ihm schon deshalb keine Rede sein, weil er so nervös ist wie ein hochgezüchtetes Rennpferd vor dem Start, voll mühsam unterdrückter Ungeduld. Und wie es für solche edlen Vollblüter selbstverständlich ist, so kommt auch er aus sehr gutem Stall: Der Papa war Senatspräsident am Kölner Oberlandesgericht, der Großvater gar Reichsgerichtsrat, und ein Bruder des Vaters war Prior der Dominikaner, auch Generalprokurator. Kurz, fast die ganze Sippe, der er entstammt, besteht aus Akademikern, vornehmlich hohen Richtern und katholischen Theologen, und daß sie alle hatten studieren können, verdankt die Familie einem Ahnherrn, der am Niederrhein lebte und durch ebenso patriotisches wie einbringliches Schmuggeln von Seide durch die napoleonische Kontinentalsperre zu beträchtlichem Vermögen kam.

So hätte es eigentlich auf der Hand gelegen, daß der Senatspräsidentensohn und Prior-Neffe vom Jahrgang 1909, nachdem er 1928 sein Abitur bestanden hatte, ebenfalls Jura- oder Theologiestudent geworden wäre. Statt dessen trat er, zum Entsetzen seiner Sippe, als Stift in die Herrenunterwäsche-, Oberhemden- und Socken-Abteilung des Kaufhauses Tietz ein, vom Standpunkt der Familie aus glücklicherweise nicht im heimatlichen Köln, sondern in Düsseldorf. Dort diente er sich zum Verkäufer, Substituten, Abteilungsleiter und schließlich zum Einkäufer empor,

und nach acht Jahren, im Mai 1936, kaufte er sich ein eigenes Kaufhaus in Duisburg, das hinfort seinen Namen trug: Helmut Horten. (Daß ein 27jähriger Angestellter, allein durch Sparsamkeit und nimmermüden Fleiß, zu einem eigenen Unternehmen kommt, gibt es nicht einmal im Märchen. So sei angemerkt, daß die Vorbesitzer des ersten Horten-Kaufhauses als Juden damals zum Verkauf ihres altrenommierten Unternehmens gezwungen gewesen waren und daß die relativ bescheidene Kaufsumme von der Commerzbank vorgestreckt wurde, deren Direktor Reinold ein Freund der Familie Horten war...)
Dieser Sprung ins Unternehmertum war jedoch erst der Anfang von Helmut Hortens Karriere. Bis 1939 kaufte er noch weitere sechs Provinz-Kaufhäuser, drei in Ostpreußen, drei in Westfalen. Dann brach der Krieg aus, die Rationierung begann, auch Textilien gab es nur noch beschränkt und auf Marken. Das war schlimm, aber doch auch wieder nicht ganz so schlimm für den jungen Kaufhaus-Unternehmer, denn er wurde mit der Verteilung der Textilkontingente im niederrheinischen Bereich betraut, zugleich, was den Wehrdienst betraf, ›unabkömmlich‹. Die Schattenseite dieses für einen Kaufhausbesitzer so angenehmen Amtes zeigte sich erst nach dem Zusammenbruch, denn da kam Helmut Horten in das damals in seinen Kreisen sehr gefürchtete Nazi-Internierungslager Recklinghausen und blieb dort eingesperrt bis zum Januar 1948. Es war eine bittere Zeit für den ungeduldigen jungen Unternehmer, der den Anschluß an das zu erwartende Nachkriegsgeschäft zu verpassen fürchtete. Durch einen Hungerstreik erzwang er schließlich seine Freilassung, und dann holte er das Versäumte durch verdreifachtes Tempo nach: Noch im selben Jahr, am 1. Dezember 1948, kurz vor dem ersten bundesdeutschen Nachkriegs-Weihnachtsfest mit harter D-Mark, eröffnete Horten in Duis-

burg ein nagelneues, in der Rekordzeit von nur hundert Tagen errichtetes Kaufhaus. Es wurde ein sensationeller Erfolg! Berittene Polizei und Feuerwehr mußten eingesetzt werden, die herandrängenden Käufermassen im Zaum zu halten; die so lange entbehrten Textilien — Horten hatte sie aus ihren Verstecken herbeigezaubert — wurden den Verkäufern buchstäblich aus den Händen gerissen, und die Registrierkassen klingelten Sturm.
Mit diesem verheißungsvollen Start begann Helmut Hortens Nachkriegskarriere. Er eröffnete bald wieder Filialen in Gevelsberg und Wattenscheid, scheffelte auch dort Geld und fing nun an, fieberhaft nach einer Bresche zu suchen, durch die er in die Bastionen der großen Kaufhaus-Konzerne einbrechen könnte. Denn bis dahin war er im Vergleich zu ›Karstadt‹ ›Kaufhof‹ oder ›Hertie‹ nur ein von diesen Riesen kaum wahrgenommener Zwerg. Das änderte sich, als er 1953 — wieder mit Hilfe eines Bankenkonsortiums unter Führung seines väterlichen Freundes Reinold — die 11 westdeutschen ›Merkur‹-Kaufhäuser erwerben konnte, denen die jüdischen Vorbesitzer, die sie zurückerhalten hatten, kein Interesse mehr entgegenbrachten. Anderthalb Jahre später konnte Horten eine weitere Kaufhauskette, ›Köster-Defaka‹, wiederum mit Bankenhilfe, sehr preiswert an sich bringen, auch wenn das, was man ihm abverlangte, damals sehr viel zu sein schien: 60 Millionen DM! Und damit war Horten bereits Anfang 1955 Herr über 36 Kaufhäuser in 35 Städten — noch kein Riese, aber drauf und dran, es zu werden, denn er baute seinen Konzern immer weiter aus, modernisierte und rationalisierte, errichtete in Düsseldorf eine mit allen Schikanen und neuester Elektronik ausgestattete Konzernzentrale und begann, mit Warenhäusern eigenen Stils und auf seinen Namen umbenannt, den Vorstoß in die Spitzengruppe der Einzelhandels-Umsatzmilliardäre.

So weit und in großen, noch manches aussparenden Zügen der Werdegang des Geschäftsmannes Helmut Horten bis 1967, als ihm bereits mehr als fünfzig große Warenhäuser mit fast 2 Mrd. DM Jahresumsatz gehörten. Und wie sieht der Privatmann Horten aus? Wie lebt er, der vom systematisch angeheizten Konsum der Verbrauchermassen so glänzend profitiert hat?
Als ich ihn das erste Mal traf, residierte er noch in Düsseldorf – unweit des Flughafens, am Leuchtenberger Kirchweg – in einer Villa, die man über eine breite asphaltierte Auffahrt erreichen konnte, sofern sich das schwere, elektrisch betätigte Bronze-Relief-Schiebetor für einen geöffnet hatte. Die Welt, die hinter diesem Tor begann, war eine ganz andere als die der Millionen Horten-Kunden. Eingerahmt von unglaublich gepflegten Spitzenprodukten der Gartenbaukunst lag ein Haus, das sich am ehesten als ein königliches Lustschloß des 21. Jahrhunderts beschreiben läßt. Ultramodern, scheinbar karg, dabei aus riesigen Fenstern den Blick freigebend auf weite Parkanlagen mit kostbaren, subtropischen Gehölzen, Azaleen und Palmen, einen malerischen Zierteich und majestätisch einherstelzende Flamingos, Pfauen, Königskraniche... Außer den Vögeln gab es im sechzigtausend Quadratmeter großen Park noch mancherlei Getier: Zwergponys, Chinchillas, eine Meute großer Hunde bis zum Bernhardiner aufwärts, in einem Reitstall in der Nähe etliche Pferde von edelstem Vollblut, und im Haus selbst war einer Schar Papageien ein eigenes Zimmer eingeräumt worden. Ein privilegierter Kakadu sowie das prämierte Boxerpaar Ajax und Heike genossen Familienanschluß.
Das Innere des Hauses entsprach durchaus den respekteinflößenden Parkanlagen: Da war zum Beispiel eine 180 qm große Kaminhalle mit Bibliothek, eine Bar (komplett mit hauseigenem Mixer), ein Vorführraum mit

tiefen, unerhört bequemen Sesseln, der sich durch entsprechenden Knopfdruck in einen Stereo-Konzertsaal, ein Breitwand-Kino oder ein kleines, voll ausgestattetes Theater umwandeln ließ. In den hellen Gängen hingen allerlei Gemälde – von Chagall, Degas, Corinth, Nolde, Cézanne, auch zwei Porträts des Hausherrn von Prof. Mathias Padua; über dem kostbaren Schreibtisch im Arbeitszimmer des Kaufhaus-Krösus aber fand sich Lenbachs berühmtestes Bismarck-Bild (vielleicht nach dem Vorbild Friedrich Flicks, über dessen Schreibtisch ein anderes Bismarck-Porträt von Lenbach hing...).
Der Hausherr aber, der mir diese und andere Schätze zeigte, legte Wert auf die Feststellung, daß er »eigentlich nur fürs Geschäft« lebe. »Punkt 7 Uhr früh ist dieses Haus mich los«, versicherte er mir. Immerhin fand er schon damals Zeit für seine Hobbies, an der Spitze die Jägerei. In der Steiermark hielt er sich bereits ein von sieben Förstern beaufsichtigtes Revier, komplett mit Schloß (Neuberg) und (vormals als k.u.k.) Jagdhaus; in Jugoslawien jagte er die für ihn (gegen harte Dollars) reservierten stärksten Bären, und ein konzerneigener Jet mit reichlichem Platz für 34 Passagiere flog häufig zentralafrikanische Plätze an, in deren Nähe Horten Elefanten oder Nashörner erlegen konnte... Ein zweites Hobby des Krösus war (und ist) das Schippern auf eigener Motorjacht, stets der schnellsten und luxuriösesten des Mittelmeeres. Als Stützpunkt dafür kaufte Horten die Traumvilla des Apéritif-Königs Dubonnet am Cap d'Antibes, wo er mitunter zwölf Dutzend Jetsetters auf einmal wahrhaft fürstlich bewirten kann. Denn der Krösus ist, mindestens privat, ungeheuer großzügig, am allergroßzügigsten natürlich gegenüber seiner Frau, der 32 Jahre jüngeren Heidi geborenen Jelinek aus Wien, aber auch gegenüber Freunden und nicht zuletzt sich selbst. »Wofür habe ich denn so viel Geld, wenn ich es

nicht ausgebe?« lautete seine wohl mehr rhetorisch gemeinte Frage, die zugleich erklären sollte, warum sich das Ehepaar mehr als ein Dutzend Super-Luxus-Limousinen, als sozusagen Flaggschiff einen Rolls-Royce ›Phantom V‹ sowie zwei weitere handgefertigte Rolls-Karossen leistete, neben den Residenzen in Düsseldorf, bei Antibes und in der Steiermark einen Wohnsitz am Wörthersee, dazu Privatausgaben, vor allem für Heidi Hortens Juwelensammlung, die alljährlich zig Millionen ausmachen...
Die Möglichkeit, daß er eines Tages genug haben und sich aus dem aktiven Konzern-Management zurückziehen könnte, wies Horten damals noch weit von sich. »Dann wäre ich ja raus!« rief er ganz entsetzt.
Nun, wenig später war er raus – zu 75 Prozent aus seinem in eine Aktiengesellschaft umgewandelten Kaufhausimperium, von dem er nur noch die Sperrminorität von 25 Prozent behielt, die ihm den Aufsichtsratsvorsitz sicherte, und zu 100 Prozent aus Deutschland. Denn mit dem Verkaufserlös von rund 800 Millionen DM hatte er sich ins sonnige Tessin abgesetzt, was ihm zugleich eine Ersparnis von mindestens 250 Millionen DM gegenüber dem Finanzamt Düsseldorf einbrachte – auf offenbar ganz legale Weise, denn der Fiskus wußte kein Mittel dagegen.
Im schweizerischen Tessin, bei Madonna del Piano nahe Lugano, erwarb er erst 16 000, dann weitere 100 000 Quadratmeter eidgenössischen Bodens und gestaltete das darauf befindliche Anwesen mit einem Aufwand von etwa 12 Millionen Mark in eine ihm angemessen dünkende Residenz um. Nachdem Helmut Horten in der Schweiz Daueraufenthaltsgenehmigung auf Lebenszeit erhalten hatte (»derweil ausländische Arbeitnehmer mindestens zehn Jahre Kehrrichteimer zu leeren haben, bis man ihnen die ›Wohltat‹ der Niederlassung gewährt«,

schrieb dazu die Baseler ›National-Zeitung‹), genehmigten ihm die Tessiner Steuerbehörden die minimale Jahressteuerpauschale von 1 Million Franken, die zur Empörung vieler Schweizer Bürger nicht an Vermögen und Einkommen gemessen wurde, sondern an Hortens Aufwand von jährlich schätzungsweise rund 5,5 Millionen Franken. Das ›Emmenthaler Blatt‹, eine der großen Zeitungen der Schweiz, bemerkte hierzu: »Die große Masse des Schweizer Volkes ist nicht bereit, sich den Rechtsstaat durch eine ausländische Finanzoligarchie und ihre schweizerischen Helfershelfer gleichsam unter dem Hintern wegziehen zu lassen.«
Da auch in der Bundesrepublik sich einiger Zorn regte, verkaufte Helmut Horten auch noch den Rest seiner Kaufhaus-Aktien und schuf für sich und sein auf mehr als eine Milliarde DM angeschwollenes Privatvermögen ein neues Ausweichquartier: eine eigene Insel im Steuerparadies der Bahamas, komplett mit Wohngebäuden, Jachthafen und Flugplatz.
Etwa zur gleichen Zeit lief eine neue Hortensche Super-de-Luxe-Hochseejacht namens ›Carinthia V‹ vom Stapel. Mit 8 Millionen DM Baukosten, 28 Knoten Höchstgeschwindigkeit, 68 Meter Länge, acht Gästeappartements, jeweils mit Bad, und 16 Mann Besatzung stellte sie selbst die berühmte ›Christina‹ des Herrn Onassis in den Schatten — bis sie einige Wochen später vor einer griechischen Insel unterging und durch eine neue, noch pompösere ›Carinthia VI‹ ersetzt werden mußte.
Horten kann sich dies alles und noch viel mehr leisten, ohne deshalb anderswo sparen zu müssen: Sein aus der Bundesrepublik abgezogenes Vermögen bringt ihm weit über 100 Millionen DM Jahreseinkommen — netto! Er selbst sagt dazu mit einem Anflug von Melancholie: »Ich kann gar nichts dagegen machen, daß ich immer reicher werde ...«

Dennoch hat auch der Krösus seine Sorgen – gottlob lassen sie sich mit Hilfe seines Geldes lindern. Da ist an erster Stelle sein eigenes leibliches Wohl und das seiner Frau. Es gibt kaum einen Menschen auf der Welt, der so besorgt um seine Gesundheit ist wie Helmut Horten. Ein Leibarzt, auf das modernste ausgestattet, begleitet ihn auf Schritt und Tritt, wohnt selbstverständlich stets in nächster Nähe und hat im Erkrankungsfall, auch wenn es nur eine leichte Grippe ist, sofort ein Konsilium von Spezialisten hinzuzuziehen.
Ebenfalls mit großer Sorge verfolgt Helmut Horten seit Jahren den gesundheitlichen, will heißen: politischen Zustand seiner geliebten bundesdeutschen Heimat, die er ja nur aus gesundheitlichen und vielleicht auch noch steuerlichen Gründen verlassen hat. An der Bundesrepublik hat sich Horten mitunter selbst als, sozusagen, Arzt versucht, wenngleich seine Spritzen weniger dem Staate oder gar dem Volk, vielmehr nur einzelnen Parteien und Politikern zugute kamen, vornehmlich solchen, die jedwedem auch nur entfernt nach Sozialismus riechendem Gedankengut abhold waren und sind. Zwar legte er mir gegenüber großen Wert darauf, meinen Eindruck zu korrigieren, er hätte schon 1961 die damals noch Mendesche FDP zum Bruch ihres Wahlversprechens und zur Fortsetzung der Koalition mit Adenauers Christenunion bewogen; daß er Mende und Strauß in seinem Haus bei Düsseldorf miteinander verhandeln ließ, wäre nur ein Akt der Gastfreundschaft gewesen. Aber vielleicht wollte er sich auch nur so verstanden wissen, daß seine Sympathien weniger den Rechtsliberalen gehören als den konservativen Christdemokraten (für die übrigens sein Vetter Alphons Horten, der vom reichen Cousin finanziell kräftig unterstützte WECK-Gläser-Fabrikant, seit 1965 im Bundestag sitzt). Jedoch auf Franz Josef Strauß, seinen bisherigen Favori-

ten, ist Horten neuerdings gar nicht mehr gut zu sprechen. Die Gründe sind verblüffenderweise ganz unpolitischer Natur: Helmut Horten selbst, der stets sportlich-elegante, wie aus dem Ei gepellte Textilfachmann, der so wirkt, als sei er gerade erst einem seiner Schaufenster entstiegen, bemängelt an Strauß vornehmlich dessen äußeres Erscheinungsbild: die von Pistolen im Hosenbund und unter der Achsel ausgebeulten Anzüge und vor allem die schlechtsitzenden Oberhemden. Horten erbot sich sogar, wenngleich offensichtlich vergeblich, dem bayerischen Freund aus eigener Tasche Maßoberhemden anfertigen zu lassen.
Heidi Hortens Gründe, den Strauß Franzl nicht mehr zu mögen, sind weit gewichtiger: der CSU-Boß ist ihr auf dem Wiener Opernball, ihrem Lieblingsfest, beim Tanzen so heftig auf den Fuß getreten, daß ihr der Abend gänzlich verdorben war, den ihr Gemahl mit einem 110-Karat-Brillant-Präsent (nebst Leibwächter) so reizend vorbereitet hatte. Da Heidis Einfluß groß, ihr Gedächtnis ausgezeichnet ist, darf Strauß bei seinem exilierten Duzfreund Horten vorerst wohl nicht mehr anklopfen – ein für die bundesdeutsche Innenpolitik nicht unwichtiger Umstand.

Günter Wallraff
Berichte von Verkäuferinnen und Verkäufern bei Horten
Erika H., 52, Verkäuferin bei Horten in Duisburg

(Frau H. bewohnt zusammen mit ihrem Mann eine 1-Zimmer-Wohnung mit Kochnische, Miete 260,– DM. Ich bin mit Frau H. abends in ihrer Wohnung verabredet. Sie erwartet mich vor der Haustür und bittet mich, das Gespräch in einer Gaststätte zu führen, da ihr Mann krank im Bett liege.)

Ihre Lehre hat Frau H. im Kaufhaus der Juden Gebrüder Alsberg gemacht, wo zuletzt kaum noch etwas gekauft wurde, da Parteikameraden des jetzigen Inhabers Horten Posten davor standen. »Ich kann mich erinnern, daß meine Mutter 1933 von patrouillierenden Nazis belästigt wurde, ob sie sich nicht schämen würde, ein jüdisches Kaufhaus zu betreten, und sie darauf geantwortet hat, wenn dieses jüdische Kaufhaus gut genug ist, zwei meiner Töchter zu beschäftigen, dann ist es mir auch gut genug, daß ich da kaufe. Nach der Arisierung ist das Kaufhaus Herrn Horten für ein Appel und ein Ei zugefallen, nachdem er es zuerst als ›Treuhänder‹ leitete.« – Frau H. erinnert sich auch noch daran, wie »ab 1944 Textilien und andere Ware von Horten in einem stillgelegten trockenen Schacht der August-Thyssen-Hütte, Hamborn, gehortet wurden«. »Ich kannte den LKW-Fahrer«, sagt Frau H., »der wöchentlich zu Schacht II, 7 nach Duisburg-Hamborn fuhr und die Ware in einem Hunderte Meter langen Stollen auf der 1. oder 2. Sohle lagerte. Ich nehme an, daß Herr Horten da sein Schäfchen ins trockene brachte, denn nach dem Krieg, als ja angeblich alle mit 40 Mark neu und gleich anfingen, hatte Horten in seinen neueröffneten Häusern volle Läger und Geld für Neubauten von Schweizer Konten. In seine Zentrale holte sich Horten ehemalige Nazis, einen SA-Mann als Hausdetektiv, und den nach dem Krieg abgesetzten Duisburger Polizeichef der Nazis, Wisoky, machte er sich zu seinem Werkschutzmann. Ich habe damals in der Zeitung eine Notiz gelesen, daß Horten für Wisoky einen Waffenschein beantragte.«
»Wenn Sie bei Horten älter werden«, sagt Frau H., »sind Sie schon halb abgeschrieben. Sie werden in Abteilungen versetzt, zum Beispiel zu den Haushaltswaren, wo sie mehr laufen, sich mehr bücken und ständig alles sauberhalten müssen. Viele, besonders die, die vom jahrelan-

gen Stehen kaputte Beine haben, ziehen dann den kürzeren und kündigen von selbst. Jüngere, unverbrauchte und schlechter bezahlte Verkäuferinnen werden dann statt ihrer neu eingestellt. Horten nennt es Rationalisierung. Verkäuferinnen um die 50 sind fertig mit den Beinen. Krampfadern, Thrombosen, Wasser in den Beinen. Bei den Jungen macht es sich oft schon ab Mitte 20 bemerkbar; da treten schon relativ viele blaue Äderchen an den Beinen hervor, vom vielen Stehen. Es wurde zwar ein neues Gesetz geschaffen, daß der Verkäuferin zwischendurch schon mal Gelegenheit gegeben werden muß, sich hinzusetzen, daß also im Verkauf Sitzgelegenheiten vorhanden sein müssen. Es ist jetzt so, daß Horten zwar dem Gesetz Genüge tut, aber praktisch alles beim alten geblieben ist. Horten ließ Papierkörbe bauen mit Deckeln drauf, als Sitzgelegenheit. Die sind aber so hoch und stehen mitten im Laden, daß man sich wie ein Clown auf einem Podest vorkäme, da setzt sich keiner drauf. Horten hat also das Gesetz mit den Papierkörben umgangen.
Die Arbeitshetze ist enorm, wenn einer aufhört, wird er nicht immer ersetzt. Der Umsatz steigt jedes Jahr, das Personal wird reduziert. Zur Zeit der hohen Arbeitslosenquote 1966/67 wollten sie uns noch stärker an die Kandare nehmen. Da wurden Listen eingeführt, da mußte man sich eintragen, wenn man die Abteilung verließ, ins Reservelager oder zur Toilette ging, und wenn man zurückkam. Die Toilette ist noch der einzige Ort, wo man unkontrolliert ist, wo man mal eine Zigarette rauchen oder auch mal richtig gähnen kann, wenn man müde ist, ohne gleich vom Abteilungsleiter einen Rüffel zu kriegen.
Der Gesamtbetriebsrat ist schon seit Jahren dabei, daß für die Pausen Ruheräume eingerichtet werden, wo man sich zum Entspannen der Beine mal langlegen kann. Die

Direktorin hat jetzt das Angebot gemacht, daß in neu zu bauenden Häusern der Sanitätsraum als Ruheraum mitbenutzt werden kann. Aber wie soll man sich da denn ausruhen, wenn da Erste Hilfe geleistet wird und umgekehrt, außerdem sind die auch viel zu klein, völliger Unfug.

Das Kantinenessen kostet eine Mark; bis vor einem halben Jahr hat die Firma 35 Pfennig zugezahlt, das ist sagenhaft wenig und das Essen ist danach. Nach langen Verhandlungen hat es der Betriebsrat jetzt geschafft, daß die Firma garantiert, daß in 4 Wochen sechsmal festes Fleisch verabreicht wird, was schon eine Verbesserung gegenüber früher bedeutet.

Überall wird gespart, auch wenn es auf Kosten unserer Gesundheit geht. Kranke sind zu ersetzen, Hauptsache, der Umsatz steigt. In einer Abteilung, nahe dem Eingang, war ein solcher Luftzug, daß die Verkäuferinnen im Winter regelmäßig Blasen- und Nierenkrankheiten bekamen. Das hat 5 Jahre Kampf gebraucht, bis die Firma sich jetzt bequemte, einen stärkeren Motor einzubauen, der heiße Luft durchbläst. Es kommt vor, daß Leute, die öfter oder einmal länger krank sind, wegen ihrer Krankheit gekündigt werden. Sie erhalten ein Schreiben, ›da Sie nicht in der Lage sind, Ihre Arbeit auszufüllen, sahen wir uns leider gezwungen, ihren Arbeitsplatz anderweitig zu besetzen‹. Auch wenn eine ältere Kollegin – obwohl es ihr laut Gesetz ja zusteht – sich das Recht herausnimmt, während der Arbeitszeit den Arzt aufzusuchen, kommt es vor, daß sie der Abteilungsleiter unter Druck setzt: ›Sie haben ja noch Ihre Freizeit zu bekommen, das werden wir dann damit verrechnen.‹

Im Zuge der Umorganisierung ist man dazu übergegangen, älteren ersten Verkäuferinnen einen wunderschönen Brief zu schicken, wo von Treueprämie und so was die

Rede ist, der aber letztlich nichts anderes beinhaltet, als eine Zurückstufung zur einfachen Verkäuferin. Das zwar kurzfristig verbunden ist mit einer Gehaltserhöhung von 50 Mark und mit vielen Dankeschöns für die treue Mitarbeit. Im Zuge der Neuorganisierung müsse man nach anderen Prinzipien arbeiten. Die Mitarbeiter haben natürlich nicht gemerkt, wie sie übers Ohr gehauen werden, denn so etwas machen die meist kurz vor der nächsten Tariferhöhung, da haben sie dann drei Monate was von und hängen danach lohnmäßig hintenan. Denn im Vertrag steht, daß eine außertarifliche Gehaltsvereinbarung nur so lange Gültigkeit hat, bis sie durch einen neuen Tarif überholt wird.

Das alles läuft unter ›Sparmaßnahmen‹ und Rationalisierung. Es gibt Mitarbeiter, die sagen: ›Ja, der Helmut muß für die nächste Insel sparen.‹

Am meisten ausgenommen werden bei uns die ›befristet Beschäftigten‹. Besonders die Älteren preßt man in solche Verträge. Man holt sie, wenn man sie gerade braucht. Wir haben jetzt den Fall gehabt, daß Frauen, die Jahr für Jahr zum Ausverkauf geholt wurden und zwei bis drei Wochen im Schlußverkaufsrummel arbeiteten, diesmal nach 2 Tagen wieder weggeschickt wurden, man hätte für sie in diesem Jahr keine Verwendung. Ebenso Frauen, die jahrelang fürs Weihnachtsgeschäft gut genug waren und denen man für 4 Wochen Arbeit zugesagt hatte, wurden dann unvermittelt nach 3 Tagen wieder nach Hause geschickt, weil das Weihnachtsgeschäft in der betreffenden Abteilung nicht so wild lief. Sie waren die Geprellten, denn in so kurzer Zeit fanden sie woanders keinen Job mehr. Es gibt welche, die werden über Monate und Jahre mit solchen Verträgen hingehalten. Horten spart auf diese Weise die Bezahlung der Feiertage und das Weihnachtsgeld, umgeht so die gesetzlichen Schutzbestim-

mungen, drückt sich am bezahlten Urlaub, den Sozialabgaben und der sechswöchigen Lohnfortzahlung im Krankheitsfall vorbei und kann die so quasi Rechtlosen jederzeit wieder feuern.
Lehrlinge sind nicht an erster Stelle dazu da, etwas zu lernen, sie machen die Arbeit wie alle anderen, ›Ware auffüllen‹, ›Lager aufzuräumen‹, nur an die Kasse dürfen sie noch nicht; Lehrlinge im 2. Lehrjahr haben hier noch nie Warenkunde gehabt. Aus ganz simplen Anlässen heraus wurden Lehrlinge schon – den anderen zur Warnung, um ein Exempel zu statuieren – gefeuert. Zum Beispiel weil sich jemand einen Keks genommen hat. Zuletzt mußte durch Beschluß des Arbeitsgerichtes ein Lehrling wieder eingestellt werden, der entlassen wurde, weil er einen zerbrochenen Schokoladennikolaus, der ohnehin weggeschmissen worden wäre, gegessen hat. Es ging so weit, daß der Lehrling, der das gesehen hatte, gezwungen werden sollte, das vor Gericht auszusagen. Er sagte, ich verrate keinen, worauf man ihm mit Entlassung drohte.
Es herrscht hier eine seltsame Verkaufsmoral. Wir sind daran interessiert, dem Kunden nicht das anzubieten, was für ihn, sondern vorrangig das, was für Horten am vorteilhaftesten ist. Das heißt, auf schwerverkäufliche, oft auch auf etwas aus der Mode gekommene Ware bekommen wir einen Bonus, und dann ist es klar, daß wir sagen ›das steht Ihnen aber gut‹ oder ›das wird im Moment am meisten gekauft‹, obwohl es nicht stimmt.
Es heißt immer, Horten ist ein patriarchalisches Unternehmen, und darauf scheinen die noch stolz zu sein. Alles ist nach Rangordnung gestaffelt. Zum Beispiel der Personalrabatt ist bei denen, die am wenigsten verdienen, am niedrigsten, nämlich 15 Prozent, bei Lebensmitteln 10 %. Die Abteilungsleiter bekommen 20 Prozent, die höheren Angestellten sogar 25 Prozent, damit der Abstand zuein-

ander gewahrt bleibt. Die männlichen Mitarbeiter bekommen für ihre Frauen einen Kaufausweis mit Rabatt, die hier angestellten Frauen bekommen ihn für ihre Männer nicht; von den für Männer weitaus höheren Löhnen ganz zu schweigen. Das ist die sogenannte Gleichberechtigung.

Wir könnten wahrscheinlich zu mehr Rechten kommen, wenn wir alle zusammenhielten. Die da oben sind schlauer, die tun das. Die kommen auch in einem Alter noch in den Aufsichtsrat, wo wir längst zum alten Eisen zählen.

Wir werden so richtig gegeneinander ausgespielt. Die versuchen von oben aus systematisch zu unterbinden, daß wir unsere gemeinsamen Interessen erkennen und uns als geschlossene Gruppe verstehen. Indem man die Leute einzeln raufkommen läßt und sagt: ›Hören Sie mal, Fräulein Müller, Frau Schmidt, wir freuen uns, Ihnen mitteilen zu können, nachdem wir darüber beraten haben, Ihnen mehr Lohn zu geben. Aber sagen Sie das unter keinen Umständen jemandem unten‹. Man versucht immer, solche Spannungsfelder herzustellen, daß die eine nicht weiß, was die andere verdient. Da wird jedem einzelnen das Gefühl gegeben, er sei bevorzugt gegenüber den anderen, und dabei sitzen wir alle in derselben Scheiße.

Rita T., 50, ging nach ihrer Scheidung vor 4 Jahren zu Horten nach Duisburg

»Ich fing an mit 346 Mark, die hab ich rausgekriegt. Da gingen 100 Mark Miete, 40 Mark Fahrgeld für Straßenbahn, 10 Mark Licht und 10 Mark Heizung runter. Da blieben keine 200 Mark für das, was man so Leben nennt. Ich konnte mir nichts kaufen, ich hatte lediglich mein Essen

und das Essen manchmal noch nicht. Die letzten zwei Tage vor dem 1. hatte ich manchmal nichts zu essen. Jetzt am 25. wäre ich 4 Jahre bei Horten gewesen. (Frau T. zeigt mir ihre vernarbten und geschwollenen Arme und Hände.) Das ist alles von Horten. Ich hatte den Hähnchenstand, mußte die Hähnchen fertig machen, frische Hähnchen grillen, dann auch Koteletts, Schweinehaxen und Enten. Meine Hände waren immer geschwollen und entzündet, von dem ständigen Heiß-Kalt-Unterschied. Sie waren da immer naß, dann mußte ich in den heißen Grill greifen und jeden Montag mit Spülmitteln die scharfen Kanten des Grills putzen, das ist eine ganz furchtbare Arbeit, ich mußte da halb in den Grillapparat reinkriechen, da schnitt ich mich häufig, hatte montags immer ganz dicke aufgequollene Hände; das sind die Wiwag-Grills, die ganz großen Dinger, da müssen die schweren Türen raus, und da ist da unten eine ganz große Wanne, eine Frau schafft das praktisch nicht, und dann mußt du da rein und hängst da drin und mußt schrubben mit dem Spachtel.
Zum Wochenende waren meine Hände zuletzt jedesmal kaputt, ich konnte zu Hause nicht waschen, nicht spülen, ich konnte nicht richtig zupacken. Dann hatte ich Pflaster um die Hände, das war dann feucht durch die Nässe, dann hat sich das entzündet, manchmal Eiter, durch das Paprika und das Salz und das Scharfe da dran...
Der Abteilungsleiter vom Supermarkt, der Nowak, der ist jung und ›dynamisch‹. Den hab ich oft um Versetzung gebeten wegen meiner empfindlichen Hände, weil ich immer Schmerzen hatte. Dem hat meine Nase nicht gepaßt, er hat zu mir gesagt: ›Ja, Frau T., wenn Sie an dem Hähnchengrill nicht mehr arbeiten können, dann habe ich keine Arbeit mehr in dem Supermarkt, dann müssen Sie Ihre Papiere nehmen.‹ Obwohl überall Leute gefehlt

haben, am Gebäckstand, am Obststand. Ich war 5-, 6mal krank mit den Händen. Einmal ist mir eine Stange in den Grill gefallen, in das heiße Fett, das Fett alles auf meinen Arm, ich sollte im Krankenhaus bleiben, da hatten sie kein Bett frei. Der Arm wurde geschient, nach 14 Tagen bin ich wieder arbeiten gegangen, da hat es immer noch gebrannt, wenn ich an das Warme kam.
Ich hatte Atteste, der Doktor Jansen hat geschrieben, daß ich unter keinen Umständen diese Arbeit weiter machen dürfe, da ich durch die Arbeit inzwischen Rheuma an den Händen bekommen hätte. Er hat zu mir gesagt, ›ich kann nicht verstehen, daß Ihr Chef Sie nicht produktiver einsetzt, wegen der Hände fallen Sie doch immer wieder aus‹. Der Abteilungsleiter Nowak hat sich nicht daran gestört, er hatte in mir so eine richtige Dumme, ich machte alles und kriegte keine Schmutzzulage. Ich hab mal einen jungen Mann dazu gekriegt, der war angeblich Koch, der verdiente als Mann viel mehr als ich, war 18 Jahre, aber der hat mehr Mist gemacht in den 4 Wochen, wo er da war, da hatten die mehr Abschreibungen, als ich in den 4 Jahren hatte, ich will mich nicht loben, aber so 'ne Doofe wie mich kriegen sie so leicht nicht mehr dahin.
Ein paarmal hab ich vor den Kunden geheult, weil mich der Nowak angeschrien hat vor ihnen, der haute dann ab, der zeigt keine menschliche Regung.
Wenn du da nach oben gehst, kriegst du doch kein Recht, die stecken doch alle unter einer Decke. Ich habe mit einem von der Gewerkschaft gesprochen, der sagt: ›Frau T., Sie brauchen nicht zu gehen, das ist eine Schikane gegen Sie, das ist ja lächerlich, daß in so einem großen Betrieb keine andere Arbeit für Sie ist, mit den Älteren versuchen sie das immer, aber wir werden uns Ihrer Sache annehmen.‹ Ich sagte: ›Ne, ich möchte hier nicht geduldet sein.‹ Die Kolleginnen sind nett, aber da ist sich je-

der selbst der Nächste, sie haben ja alle Angst, daß sie schlechtere Arbeit kriegen oder weniger Lohn. Da weiß einer vom anderen nicht, was er verdient; gegen so einen Konzern, wer kommt denn dagegen an, der kleine Mann doch nicht, so ein Konzern, die haben doch Geld, und Geld ist Macht. Ich habe meine Konsequenzen gezogen, ich habe gekündigt, wissen Sie, was ich sage, das kann ruhig jeder hören: ›Bei Horten werden Sie ein guter Kommunist.‹«

(Frau T. hat jetzt nach zahlreichen Bewerbungen das in ihrem Alter seltene »Glück« gehabt, in einer Fabrik als Arbeiterin eingestellt zu werden. Dort arbeitet sie im Akkord.)

*Herbert F., 47, 90 % schwerkriegsbeschädigt,
Verlust des linken Oberarms im Schultergelenk*

»Ich bin genau beschäftigt bei der Firma Horten in Duisburg seit dem 27. 9. 58, seit 12 Jahren. Ich bin eingestellt worden als Personalpförtner, habe diese Tätigkeit aber nie ausgeübt, weil ich der Hausreinigung zugeteilt wurde, und wurde dann später als Lagerarbeiter abgestellt. Ich habe schwere körperliche Arbeit gemacht, die ich eigentlich als Schwerkriegsbeschädigter nicht hätte machen müssen, habe mit dem Sackkarren und Hubwagen zentnerschwere Lasten gezogen, habe oft im Lager die Ein- und Auslieferungen ganz allein machen müssen, mir den verbliebenen Arm manchmal dabei angeknackst, hab es ohne Murren gemacht, weil ich mir sagte, du stehst deinen Mann, und die Firma wird es dir danken. Habe außer wegen eines Arbeitsunfalls in den 12 Jahren nie krank gefeiert. Auch wenn ich mal was gehabt habe und krank war, hab ich das immer überbrückt, das können die alle bestätigen, trotz Krankheit bin ich regelmäßig da gewesen, ich habe manchmal Schmerzen im Arm, daß ich die ganze Nacht nicht geschlafen habe, bin trotzdem morgens aufgestanden und zur Arbeitsstelle gegangen, ich bin nach Walsum hingefahren, wo ich den Altverkauf geleitet habe, da bin ich zum Arzt gegangen, der hat mir zwei Spritzen gegeben, da hat der Arzt gesagt: ›Herr F., Sie dürfen aber jetzt nicht mehr mit dem Wagen zur Arbeit fahren‹, da habe ich meinen Schwager angerufen, der hat mich abgeholt, da habe ich mich eine halbe Stunde aufs Sofa hingelegt, dann habe ich gedacht, Mensch, du mußt doch hin, die Leute sind doch alleine, die wissen doch gar nicht, wie das da vonstatten geht, habe mich in den Wagen reingesetzt, bin nach Walsum gefahren und habe den Verkauf dort weitergeleitet.

Das ist ja das, was mich heute so kränkt, was ich geleistet habe, das erkennt man heute gar nicht an, beziehungsweise was ich heute noch leiste, darum bin ich so wütend. Wenn ich den Hubwagen schiebe, das ist Zementboden, wenn ich den Tag über den Hubwagen gezogen habe, dann bin ich abends so fertig, daß ich manchmal in der Nacht nicht in der Lage bin, die Decke hochzuziehen, solche Schmerzen habe ich im Arm; der Arm wird regelmäßig überbelastet. Die Haushaltswarenabteilung, die haben manchmal Paletten beladen, die ihre 10–12 Zentner wiegen, die ziehe ich lang mit einem Arm auf dem holprigen Boden, diese Erschütterung, ich habe nur diese eine Hand, die will ich mir doch nicht für Horten kaputtmachen. Ich habe manchmal derartige Schmerzen, wenn ich morgens aufstehe und will mir beim Waschen hinten ins Genick, bin ich nicht dazu in der Lage.

Jetzt bin ich nach langer Zeit einmal wirklich so krank, daß ich nicht mehr zur Arbeit kann, Brechdurchfall, Attest vom Arzt, meine Tochter bringt am ersten Tag der Erkran-

kung die Bescheinigung zur Firma, als ich auf der Stelle wie ein Simulant kontrolliert werde. Der Großhans, der Sohn von dem Aufsichtsratsmitglied von Horten, von dem bekannten Rechtsanwalt, er ist Personalsachbearbeiter, etwa 30, will irgendwie Karriere machen und versucht das hier auf unsere Knochen. Der kommt am 1. Tag meiner Krankheit zweimal mich kontrollieren. Beim erstenmal war meine Frau da, da hat er sich bei meiner Frau so aufgeführt, daß sie hinterher ziemlich schockiert war und gedacht hat, ich hätte sonst was bei Horten verbrochen, da hat er wörtlich gesagt: ›Er wird sämtliche innere Betriebsmaßnahmen ergreifen, um zu seinem Recht zu kommen.‹ Mit welchem Recht kann der Herr Großhans überhaupt in meine Wohnung reinkommen und kann da meine Familie belästigen. Meine Tochter war so erschrocken und sagte: ›Papa, geh bloß zur Arbeit, der hat so großspurig gesprochen.‹ Die sprechen von Krankenbesuchen, in Wirklichkeit sind es Kontrollen. Bei den Schwerkranken zum Beispiel, die im Krankenhaus liegen, machen sie nie ihre Besuche, da haben die gar kein Interesse dran.
Als ich nach einer Woche wieder in die Firma kam, wurde mir eröffnet, es ist eine Aktennotiz angefertigt worden. ›Aktennotiz‹ kann Lohnstopp bedeuten und mehrere Aktennotizen Kündigung. Ich habe gesagt, Herr Großhans, ich will Ihnen mal eins sagen, ich arbeite 12 Jahre bei Horten, gucken Sie in meiner Akte nach, ich habe zwar Notizen, aber nur für gute Leistungen, und das hier werde ich mir nicht gefallen lassen, da können Sie sicher sein. Da hat er gesagt: ›Was Sie sich gefallen lassen oder nicht, das ist für uns überhaupt nicht maßgebend.‹ Er hat noch gesagt, als ich ihm erklärte, daß ich bei seinem 2. Besuch zu Hause war, aber meine Frau, die gerade von der Arbeit kam, es nicht wußte: ›Herr F., das ist doch wohl lach-

haft, wenn Sie dieses Argument anbringen, Sie waren zu Hause, und ich habe Ihre Gattin gefragt, und die wußte von nichts (meine Frau war gerade von der Arbeit gekommen und konnte nichts wissen), wenn das zum Beispiel in meinem elterlichen Hause passierte, wo zig Räume sind, da kann man sich schon mal irgendwohin legen, was die anderen dann nicht wissen, aber in Ihrem kleinen Haus!‹ Ich wollte ihm eigentlich sagen, er sollte sich erst mal so ein kleines Haus bauen, wie ich es mir gebaut habe, mit einem Arm und vom Mund abgespart, aus eigener Kraft und nicht leben wie er, in seines Vaters Räumen. Aber ich habe es runtergeschluckt, ich bin jetzt ohnehin hier abgeschrieben und werde nichts mehr zu lachen haben. Ich verstehe das alles im Grunde genommen nicht. Ich war doch ein verdienter Mitarbeiter. Habe denen zum Beispiel 1966 das Inventar eines ganzen Kaufhauses, das abgerissen wurde, selbständig und meistbietend verkauft. Ein halbes Jahr lang, ich ganz allein. Das war eine Totalabschreibung, ich habe die Preise hochgesetzt und ihnen eine Übermenge an Geld erzielt, an die 4 Millionen, so daß sie nachher selbst sagten, Sie sind der erste, wo wir bei einem Altverkauf nicht nachher die Polizei hinterher schicken müssen. Ich habe für diesen Einsatz von der Firmenleitung eine Belobigung und als Anerkennung eine 100-Mark-Prämie erhalten. Ich finde mich da nicht mehr zurecht, im Grunde haben wir überhaupt keine Rechte.«

Melitta

Günter Wallraff
Melitta-Report

»Hygienische und saubere Fabrikations- und Verwaltungstrakte rufen immer wieder bei den Besuchern aus dem In- und Ausland Erstaunen hervor. ›Das hätten wir hinter dem Namen Melitta nicht erwartet!‹ hören wir immer wieder. Der Satz ›außen hui, innen pfui‹ trifft bestimmt nicht zu.« (Aus der Melitta-Werkzeitschrift »Rund um Melitta«, Dezember 69).
Davon wollte ich mich überzeugen, jedoch nicht als »Besucher«. Ich borgte mir von einem Arbeiter die Arbeitspapiere und fuhr nach Minden. Auf einem Schild vor den Werkstoren waren zwar nur »Nachtwächter«-Stellen ausgeschrieben, ich versuchte es trotzdem.
Der Melitta-Konzern zählt mit seinen insgesamt 8 500 Beschäftigten zu den 100 größten Firmengiganten der Bundesrepublik. Die »Melitta-Gruppe« im Inland: Hauptwerk Minden, Zweigniederlassungen Rahling und Uchte; Carl Ronning, Bremen; August Blase GmbH, Lübbecke; Gustav Geber GmbH, Hamburg; D. Hansen & Co, Hamburg; Deutsche Granini GmbH & Co, Bielefeld; Altländer Gold in Buxtehude, Krefeld, Bissingen; Wein Ellermann; Faber-Kaffee, Bremen; Vox-Kaffee, Münster; – im Ausland: Schweden, Dänemark, Holland, Belgien, Frankreich, Schweiz, Österreich, Großbritannien, Kanada, USA, Brasilien, Kolumbien, Mexiko. In über 90 Länder wird exportiert. Der Jahresumsatz der »Melitta-Gruppe« liegt bei 650 Millionen DM. Das Firmengebäude macht von außen nicht den Eindruck einer düsteren Indu-

strielandschaft, der übermannshohe Drahtzaun führt nur um die Produktionsstätte herum, den Angestelltentrakt umfriedet eine gepflegte Hecke. Von außen entsteht auf den ersten Blick nicht unbedingt der Eindruck einer Fabrik, eine Altenheimstätte einer Großstadt oder der neugebaute Teil des »Heims zum guten Hirten« in Aachen etwa (ein Heim für sogenannten schwererziehbare Mädchen) könnte es ebenfalls sein.

Als ich den Werkschutzmann an der Pforte nach der Personalabteilung frage, versteht er mich nicht. Als ich sage, daß ich mich als Arbeiter bewerben will, schickt er mich zur »Sozialabteilung«. Der Dame auf der Sozialabteilung sage ich, daß ich eine Stelle als Arbeiter suche. Sie sagt, daß es am einfachsten sei, als »Hilfswerker« anzufangen, um dann nach 10jähriger Melitta-Zugehörigkeit »Stammarbeiter« zu werden.

Bevor sie mich einstellen können, müsse ich am nächsten Tag zum Vertragsarzt des Werkes, gesund müsse ich sein, dann könne man weitersehen. Der Vertragsarzt untersucht mich, als ob er im Akkord arbeite. Er schaut mir ins Maul, befühlt die Festigkeit der Muskulatur und sucht das Knochengerüst in einer durchgehenden Bewegung nach schadhaften Stellen ab. Dann quetscht er mich in ein Durchleuchtungsgerät. Innerhalb weniger Minuten hat er meine Verwendungsfähigkeit herausgefunden. »Keine Bedenken«, sagt er und schickt mich wieder zur »Sozialabteilung«.

Die Dame in der Sozialabteilung sagt, »50 Mark« koste das Werk die Untersuchung, im Versand sei noch was frei. Der Leiter des Versands, ein Herr Ostermeyer, wird über Lautsprecher herbeigerufen, um mich in »Augenschein zu nehmen«. Er will wissen, was ich vorher gemacht habe, und als ich die Ausrede vorbringe, ich hätte bisher Kunst studiert, könne davon jedoch nicht meine Familie ernähren und wolle nun auf einen soliden Beruf umsatteln, schüttelt er nur bedenklich den Kopf. »Das kenn ich, das kenn ich. Die Maler, Maurer und Seeleute sind die schlimmsten. Die kommen und versprechen, daß sie bleiben wollen, und im Frühjahr, wenn's wärmer wird, türmen sie wieder.« Er hat ernsthafte Bedenken gegen meine Einstellung. Ich muß ihm versprechen, daß ich hier wirklich eine Lebensstellung antreten will, dann will er's mit mir versuchen. »Stundenlohn 4,71« sagt er noch, und »morgen Beginn mit Frühschicht 6.00 Uhr«.

Wer bei »Melitta« arbeitet, unterwirft sich seinem Gesetz, das mit »Block und Blei« überschrieben ist.

Der Verfasser dieses Gesetzes verkündet darin vorweg, daß es »nach eigenen, besonderen Grundsätzen aufgebaut« sei, um alles »noch straffer zu gestalten«. Er »verlangt«, daß »alle« jenes Gesetz »restlos beherrschen und immer danach handeln«. »Ordnung und Disziplin« schreibt dieses Gesetz in der Einleitung vor, und später in den Ausführungsbestimmungen ist von »Erziehung« und »gründlichem Generalräumen« die Rede, von »Anmarsch« und »Anmarschwegen« und von einem »besonderen Appell«, den man den Neueinrückenden angedeihen läßt.

Von Tätigkeitsworten kommt »zwingen« besonders häufig vor, ebenso wie »kontrollieren«, jedoch auch die Kombination »zwingende Kontrolle« wird einige Male verwandt.

»Melden« kommt in vielen Variationen vor; wie z. B. »sich melden müssen«, »Meldung erstatten«, bis hin zur Forderung: »Nichts selbst einführen, sondern melden.«

Weiter im Sprachgebrauch dieses Gesetzes sind: »scharf prüfen«, »Ruhe gebieten«, »ohne Rücksicht«, »kein Kompromiß«, »kameradschaftlich«, »tadellos«, »unantastbar«, »sauber«, »gründlich«, »ordentlich«, »streng«,

»Arbeitseinsatz«, »Abkommandierung«, »überwachen« (auch gebräuchlich mit der Verstärkung: »laufend überwachen«), »bestraft werden«.

Verlangt wird: »Alles strikt befolgen, bis anders angewiesen«, und noch unmißverständlicher: »Jede Anweisung ist strikt zu befolgen! Niemand darf von sich aus Anweisungen ändern, selbst wenn sie ihm völlig sinnlos erscheinen.«

Das Gesetz gebietet: »Jeder soll immer auf seinem Platz sein«, und wenn das einmal nicht der Fall ist, fragt der Vorgesetzte Untergebene, »die er unterwegs, d. h. nicht an ihrem Platz antrifft, nach ihrem Weg und Auftrag«.

Ansonsten sorgen Lautsprecher dafür, daß jeder jederzeit überall auffindbar ist: »Wir legen Lautsprecher in alle Arbeitsräume, in Gemeinschaftsräume, auf die Grünplätze, auf die Höfe«, um so alles »innen und außen besprechen zu können«.

Die »Führung des Territoriums« macht die ihr Unterstellten ausdrücklich darauf aufmerksam: »Wie alles überwachen wir auch das Telefonieren. Es geschieht durch Mithörer, die an einigen Plätzen angebracht sind. Vorurteile hiergegen sind vollkommen unberechtigt.«

Mehrmals weist die »Leitung« die Untergebenen darauf hin, daß die Anordnungen des Gesetzes dazu da sind, die »Schlagkraft« der Organisation zu »erhöhen«.

»Ein Passierschein kontrolliert, so daß keinerlei Lücken in der Kontrolle aller Beschäftigten entstehen können.«

Darüber hinaus »muß der Pförtner mit aufpassen..., wenn wir unabgemeldet zu ›türmen‹ versuchen«.

Die Betriebsordnung, Ausgabe Mai 1970, ist gültig für die 8500 Beschäftigen des »Melitta«-Konzerns, Minden. Verantwortlich: Konzernherr Horst Bentz, 66, Alleinherrscher der Unternehmensgruppe.

»Wir alle können stolz darauf sein, durch diese Organi-

sationsanweisung (›Block und Blei‹) nicht nur eine so ausgezeichnete Ordnung in unserem Betrieb erreicht zu haben, sondern auch eine außerordentliche Schlagkraft. Damit verdanken wir ›Block und Blei‹ einen erheblichen Teil unseres wirtschaftlichen Erfolges.« (Horst Bentz in der hauseigenen Zeitschrift »Rund um Melitta«, 15. Oktober 1970).
Die ersten 14 Tage transportiere ich mit zwei anderen Arbeitern mit Hubwagen Lagerbestände aus dem Keller in den Versand. Nach einer Woche wird mir bewußt, daß unsere Arbeit mit den Preissteigerungen zu tun hat, die Melitta für Anfang des neuen Jahres angekündigt hat und die mit gestiegenen Produktions- und Lohnkosten motiviert werden. Wir müssen die zu alten Produktions- und Lohnbedingungen hergestellte Ware zu einem Sammelplatz befördern, wo die Packungen einzeln mit neuen Preisen versehen werden, um dann wieder auf Lager zu kommen.
Lange Zeit warb Bentz für sein ständig in der Expansion befindliches Unternehmen neue Beschäftigte mit scheinbar verlockenden Angeboten, verlangte dafür allerdings auch überdurchschnittliche Leistungen. Durch ein besonderes Punktsystem animierte er zu besonders hohen Arbeitsleistungen, forderte zu besonders niedrigen Fehlerquoten heraus und drückte außerdem noch beträchtlich den Krankheitsstand. Er versetzte seine Arbeiter in den Glauben, sei seien am Gewinn beteiligt und der Mehrwert, den sie erarbeiteten, käme ihnen selbst zugute, was indirekt sogar zutraf, allerdings nur zu einem mikroskopisch geringen Teil. Den Bärenanteil des Gewinns der so herausgeforderten Mehrarbeit schluckte er, und Arbeiter, die krank wurden, überlegten sich, ob sie sich nicht dennoch gesund melden sollten: bei Erkrankung entfiel die Ertragsbeteiligung, die im Monat bis zu 150 DM be-

tragen konnte. Damit nicht genug, mußte die gleiche Zeit, die man gewagt hatte krank zu sein, auch noch ohne Ertragsbeteiligung gearbeitet werden. »Nach Fehlzeiten infolge Erkrankung muß eine gleichlange Zeit gearbeitet werden, in der keine Stundenpunktzahlen gutgeschrieben werden.« (Aus: »Unsere Ertragsbeteiligung«) »Jeder Deutsche, gleich ob Mann oder Frau, hat die Pflicht, gesund zu bleiben.« (Aus »Melitta-Echo« 1940). »Nur stärkste Selbstdisziplin bei Dir, Deinen Angehörigen, Deinen Mitarbeitern kann Erhöhung der Beiträge oder Minderung der Leistung vermeiden.« (Beilage zu »Rund um Melitta« 1965). Folglich kann Kranksein für »Melittaner« eine Art Strafe bedeuten. »Der Arzt schrieb mich krank. Das tun Sie mal nicht, sagte ich«, berichtet eine Arbeiterin. Weil man ihr zuvor unbezahlten Urlaub verweigert hatte, befürchtete sie, Arbeitsunfähigkeit könne ihr als »Bummeln« ausgelegt werden. Aber der Arzt schrieb die Frau dennoch krank; und was sie befürchtet hatte, trat ein.

»Ich komme jetzt nicht als Krankenbesucher«, erklärte der Werkskontrolleur der Arbeiterin bei seiner Visite, »sondern von Ihrem Schichtbüro. Sie haben keinen Urlaub gekriegt, und jetzt ist man der Meinung, daß Sie bummeln.« Der schlechte Gesundheitszustand der Frau ist jedoch so offensichtlich, daß selbst der Kontrolleur einräumt: »Ich glaube, daß Sie krank sind; aber wenn ich denen in der Firma das mal klarmachen könnte...«
Als die Arbeiterin ihre Tätigkeit wieder aufnimmt, fühlt sie sich von ihrem Schichtleichter laufend schikaniert. Von sitzender Arbeit an der Maschine wird sie – kaum zurück und von der Krankheit noch geschwächt – in Akkord ans Packband versetzt, wo sie stehen muß. »Als es hieß, sie sortieren schon wieder aus im Büro, die schmeißen die raus, die viel krank gewesen sind«, erzählt die Arbeiterin,

»konnte ich mir denken, jetzt bist auch du dabei, falls du nicht vorher selbst kündigst.« Sie war dabei. »Aus betrieblichen Gründen«, hieß es im Entlassungsbescheid.
»Das Ende der Arbeitsunfähigkeit sollte nicht davon abhängen, daß einem etwa das ›Krankfeiern‹ auf die Dauer schließlich zu langweilig wird... Die Lohnfortzahlung kann und darf nicht dazu führen, die Zügel schleifen zu lassen.« (Aus »Rund um Melitta« – Beilage »Der Krankenbesucher bittet um Aufmerksamkeit«).
Da es ein patriarchalisch geführtes Unternehmen ist, erhalten die im Konzern beschäftigten ca. 70 Prozent Frauen häufig für die gleiche Arbeit weniger Lohn als die Männer – bis zu 50 Pfennig weniger pro Stunde. Dafür gestattete man den Frauen 12-Stunden-Nachtschicht von abends 6 bis morgens 6, auch 17jährige Mädchen darunter und ältere Frauen, die bis zu drei Wochen hintereinander nach diesem Marathonrhythmus schufteten. (Das Gesetz, das Frauen vor Nachtarbeit schützt, wurde umgangen, und erst nach mehrmaliger Beschwerde der Gewerkschaft schritt das Gewerbeaufsichtsamt ein und verhängte eine »Ordnungsverfügung mit der Androhung eines Zwangsgeldes bei erneutem Verstoß«.)
Nicht selten tut sich Melittachef Bentz als Mäzen hervor. Als ehemaliger Fußballspieler unterstützt er Sportvereine und hat aktive Sportler unter besonders günstigen Bedingungen bei sich eingestellt. So wurde bei einem aktiven Fußballspieler, der nur als Hilfsarbeiter bei ihm arbeitete, ein Lohnstreifen mit der beachtlichen Monatsabrechnung von 1750 DM gefunden.
Handballnationalspieler Lübking, prominentester Torjäger des von Bentz geförderten Bundesligahandballvereins Grünweiß Dankersen, arbeitete bis vor einigen Monaten bei Melitta. Als er es wagte, aus beruflichen Gründen den Verein zu wechseln, verzieh ihm das Bentz nicht.

Er »beurlaubte« ihn fristlos und verhängte Hausverbot über ihn, obwohl sich Lübking auf seiner Arbeitsstelle nichts hatte zuschulden kommen lassen.
Unter dem Motto »Einer für alle, alle für einen« erwartet er von seinen Getreuen Opfersinn, wenn es ihm nützlich erscheint. Als das »Melitta-Bad« gebaut wurde, sollte sich jeder Arbeiter mit einer »Spende« in Form eines Stundenlohns daran beteiligen. Wer sich ausschließen wollte, hatte das schriftlich zu begründen. Der Arbeiter Wilhelm P., der nichts spendete, weil er gerade sein Haus baute und mit dem Pfennig rechnen mußte, bekam sein »unsoziales Verhalten« sehr bald zurückgezahlt. Als er 25jähriges Jubiläum hatte, war der Jubel nur noch halb so groß. Das zu diesem Anlaß übliche Firmengeschenk in Höhe von 700 DM wurde bei ihm wertmäßig um die Hälfte geschmälert.
»...innerhalb des Werksgrundstückes, im Freien und in allen Räumen einschließlich Toilette ist das Rauchen grundsätzlich streng verboten. Jede Übertretung dieses Verbots wird mit sofortiger fristloser Entlassung ohne Ansehen der Person geahndet.« (Aus der erweiterten »Melitta-Hausordnung«). Selbst auf den Toiletten des Werks hat der passionierte Nichtraucher Bentz Schilder anbringen lassen: »Auch hier ist das Rauchen verboten!«, was nicht mehr mit »Feuergefährdung« zu motivieren sein dürfte. In »Rund um Melitta«, Oktober 1970, missioniert der Firmenchef denn auch zu dem Thema: »Abgesehen davon weiß ich von Dutzenden, vielleicht Hunderten von passionierten Rauchern, die dankbar sind, durch das Rauchverbot im Betrieb vom Rauchen abgekommen zu sein.«
»...als leidenschaftlicher Nichtraucher griff der Melittachef zur Zigarre. Das war 1965. Erstaunen in der Branche, Bentz kaufte die Zigarrenfabrik August Blase (Haupt-

marke: Erntekrone), baute in Lübbecke die modernste Tabakaufbereitungsanlage des Kontinents, wurde fast über Nacht auf jenem schwierigen Feld unserer Wirtschaft zum drittgrößten Hersteller.« (Aus »Die Westdeutsche Wirtschaft und ihre führenden Männer«, Bd. 1; in dem Band können sich Industrielle 2400 DM pro Seite entsprechend würdigen; Bentz-Würdigung = 6 Seiten.)
»... ebenso sind viele Nichtraucher (bei Melitta) dankbar, nicht vom Rauch der anderen belästigt zu werden.« (Aus »Rund um Melitta«, Okt. 1970, »Horst Bentz nimmt Stellung«.) »Blase-Zigaretten mögen eben auch Nichtraucher gern. Ihr Rauch bezaubert.« (Werbespruch aus dem »Melitta-Kundenkalender 1971«.)
Die Arbeit ist körperlich ziemlich anstrengend. Es kommt vor, daß bei allzu heftigem Ziehen ein Podest mit Filtern oder Filterpapier umkippt; da ist ein Spanier, mit dem ich zusammenarbeite, der sagt, »ist mir am Anfang auch schon passiert«, und mir beim Aufstapeln hilft. Er macht mich auch auf Unfallgefahren, die die Karren mit den Eisenrädern mit sich bringen, aufmerksam.
Ich hole mir einige Prellungen an den Füßen, und die meisten hier haben schon Fußverletzungen gehabt, wenn ihnen ein schwer beladener Hubwagen über den Fuß gerollt ist. Sicherheitsschuhe mit Eisenkappen, die das verhindern würden, werden vom Werk nicht gestellt. Dafür hängt jedoch ein Aushang aus, in dem die Firma die steigende Unfallquote beklagt: »Bei Verstößen gegen die allgemeine Unfallverhütungsvorschriften durch Unternehmen oder Versicherte werden die Strafbestimmungen des § 710 RVO angewendet.
Die Ordnungsstrafen können bis 10000 DM betragen...
Die Berufsgenossenschaft Druck und Papier hat in zwei Schreiben auf das Tragen von Sicherheitsschuhen hingewiesen.« »Es darf zumindest erwartet werden, daß festes

Schuhwerk grundsätzlich bei der Arbeit getragen wird.« Die Praxis beweist, daß »festes Schuhwerk« kein Ersatz für Sicherheitsschuhe ist. Der Spanier, von einigen »Amigo«, von anderen »Ganove« genannt, ist sieben Jahre bei Melitta. Seine Frau auch. Sie bewohnen zwar dieselbe Wohnung, sind aber nur sonntags wirklich zusammen. Wenn er Frühschicht hat, macht seine Frau Spätschicht. Wenn er nachts um halb zwölf von der Spätschicht kommt, muß er leise sein, um seine Frau nicht zu wecken. Sie muß vor 5 Uhr aufstehen, um pünktlich zur Frühschicht zu erscheinen. Ihr Problem: sie finden für ihr Kleinkind keinen Kindergarten und müssen darum in Wechselschicht selber darauf aufpassen.
Viele, vor allem die jüngeren Arbeiter, sind zu dem Spanier nicht anders als zu ihren deutschen Kollegen. Andere wieder suchen jede Gelegenheit, ihn anzupöbeln. Einige bringen ihre eigene ungesicherte Existenz zum Ausdruck, indem sie ihm frohlockend erklären: »Bald kommt der Tag, da schiebt euch Bentz von einem über den andern Tag alle nach Hause ab.« (Vor einigen Jahren hatte der oberste Chef seinen Arbeitern ins Gewissen geredet: Wenn jeder deutsche Arbeiter wöchentlich 2 Stunden mehr arbeiten würde, könnte von der Beschäftigung der Ausländer Abstand genommen werden.) Andere werden ihre Aggressionen los, indem sie den »Amigo« mit »Kommunist« beschimpfen, obwohl der Spanier den Papst verehrt. Ein älterer »Stammarbeiter« von Melitta deutet ihm während der Arbeit einmal genüßlich die Geste des Halsabschneidens an, während er sagt: »Alle werden wir euch killen, wenn ihr unserm Konsul auch nur ein Haar krümmt.« (In Spanien hatten revolutionäre Basken gerade den deutschen Konsul entführt.)
Der Spanier versucht in solchen Situationen meistens mit einer scherzhaften Bemerkung den Kontrahenten milde

zu stimmen. Wenn es gelingt, lachen beide, wenn die Anfeindung weitergeht, kommt es vor, daß sich der Spanier – im Bewußtsein seiner Ohnmacht und seines Ausgeliefertseins – zwischen die Podeste verkriecht, die Zähne aufeinanderbeißt und am ganzen Körper zittert. Der Spanier ist sehr nervös. Er schreibt es dem wenigen Schlaf – 5 Stunden in der Regel –, dem monatlichen »Pflichtsamstag« und den Sonnabenden, an denen häufig auch noch Überstunden gemacht werden, zu.

Auf allen Werkstoiletten für Arbeiter sind Pappschilder angebracht: dort steht in sechs Sprachen: »Nach Benutzung der Toilette bitte unbedingt die Hände waschen.« Auf einer Toilette hat jemand das »unbedingt« durchgestrichen und mit Rot eine Deutung daruntergeschrieben: ... nicht nötig, wir sind schon Schweine ...« – Auf einem anderen obligatorischen Toilettenwandspruch »Auch hier ist das Rauchen verboten« hat jemand das »Rauchen« durch »Denken« ersetzt.

»Pflicht« wird groß geschrieben bei »Melitta«. Der militärische Leitsatz: »Ein guter Soldat vergißt über seinen Pflichten seine Rechte« scheint hier verinnerlicht.

Ein älterer Arbeiter an der Ballenpresse z. B. erscheint täglich eine Stunde früher zum Dienst, um durch Säuberung und Wartung seine Maschine in den Bestzustand zu versetzen: das macht er ohne Bezahlung. 1970 zahlte Bentz seinen »Melittanern« ca. 320 DM Weihnachtsgeld aus. Angeblich soll ein weiterer Teil des Weihnachts- ebenso wie Urlaubsgeldes im normalen Lohn versteckt sein, der, von diesen angeblichen Extras befreit, jedoch äußerst kläglich wäre. Arbeiter, die längere Zeit durch Krankheit ausgefallen waren, büßten dafür an Weihnachtsgeld ein. Besonders ältere, die einige Monate krank oder zur Kur verschickt waren, mußten mit ca. 50 DM Weihnachtsgeld vorliebnehmen.

»Wie sagte doch Hans Keil bei einem Vortrag auf der KD-Großkonferenz anläßlich des Ronning-Jubiläums in Bremen: ›Fußkranke, Lahme und ängstliche Marschierer sind unerwünscht‹.« (Aus: »Rund um Melitta«, 12/69.)
»Urlaub habe ich nie gekannt. Während meiner 50jährigen Tätigkeit – die nur durch meinen Wehrdienst unterbrochen war, habe ich nicht einen einzigen Tag gefehlt«, und mit einem Augenzwinkern fügte er hinzu: »Ich will mal ehrlich sein, einen halben Tag habe ich mir einmal frei genommen. Das war der Tag, an dem ich heiratete.« (Aus: »Rund um Melitta«, August 1970, Aufmacher S. 1 zum 50jährigen Betriebsjubiläum des Arbeiters Friedrich Dirksmeier.)
Was dem Arbeiter durch Gesetz zusteht, wird auch bei »Melitta« noch unter »sozialen« Gesichtspunkten gesehen. Wer das Werk verlassen will, kündigt nicht einfach, wie es üblich ist, sondern hier läßt man ihn erst einen »Kündigungsantrag« stellen. Die Abteilung, die woanders Personal- oder Einstellungsabteilung genannt wird, wird bei »Melitta« unter »Sozialabteilung« geführt. Dafür wird man im Einstellungsbogen nach Militärdienst und Kriegsgefangenschaft und nach »Gewerkschaftszugehörigkeit« gefragt, und Frauen haben Auskunft über den Zeitpunkt ihrer letzten Periode zu geben.
Obwohl die 40-Stunden-Woche bei vollem Lohnausgleich in der Branche längst üblich ist, hält Bentz noch die 42-Stunden-Woche aufrecht. Bentz in einem Schreiben vom 25. 8. 70 an die IG Druck und Papier: »Hier sehe ich praktisch überhaupt keine Möglichkeit, in der nächsten Zeit etwas zu ändern; denn wenn wir 2 Stunden weniger arbeiten, das sind 5 %, würde das bei 4000 Mitarbeitern eine zusätzliche Neueinstellung von 200 Mitarbeitern bedeuten, was überhaupt nicht zur Debatte steht.«
Der »Betriebsrat« der Melittawerke wird von den weni-

gen Arbeitern, die es wagen, weiterhin der Gewerkschaft anzugehören, spöttisch »Geschäftsrat« genannt. Die Leiterin der »Sozialabteilung«, eine Cousine von Bentz, gehört ihm an und u. a. einige höhere Angestellte. Zweimal wöchentlich empfängt dieser Betriebsrat für jeweils 2 Stunden in der Bücherei der »Sozialabteilung«.
In einem Interview in »Rund um Melitta«, vom 21. 12. 1970, gesteht der Betriebsrat seine Funktionslosigkeit ein. »Seit ich im Mai gewählt worden bin, waren ganze fünf Leute bei mir.« Er scheint das so in Ordnung zu finden und preist die »Sozialabteilung«, die angeblich »viele Aufgaben« erfüllt, die in anderen Betrieben der Betriebsrat wahrnähme.
In einer früheren Werkszeitung wird stolz verkündet: »Fritz Sinock *einstimmig* zum Betriebsratsvorsitzenden gewählt.« Auch bei anderen Abstimmungen im Hause »Melitta« wird so manches »einstimmig« beschlossen, wobei offengelassen wird, ob es sich um »Einstimmigkeit« oder um die eine Stimme des Herrn Bentz handelt. Die Maschinenarbeiterin Frau S. berichtet, wie so ein Betriebsentscheid durchgeführt wurde, als die tarifliche Arbeitszeit sich auf 40 Stunden verkürzte, Bentz jedoch seinen »Melittanern« die 42-Stunden-Woche nicht so ohne weiteres wieder nehmen wollte: »Die Belegschaft sollte darüber abstimmen. Mit einem weißen Blatt gingen die Vorgesetzten durch die Abteilungen. Auf der einen Seite stand ›ja‹, auf der anderen Seite stand ›nein‹. Ich weiß genau, bei uns in der Abteilung waren es nur ein paar Ausländer, die ›ja‹ angekreuzt hatten. Die anderen haben gesagt, wir lassen uns doch den freien Sonnabend nicht nehmen. Auf der Liste, ich hab extra draufgeschaut, stand eine lange Reihe ›nein‹, ein paarmal nur ›ja‹.
Später hing dann ein Aushang am Schwarzen Brett, Herr Bentz bedanke sich, daß wir so viel Verständnis hätten

und die 42-Stunden-Woche freiwillig machen würden. Von anderen Abteilungen habe ich gehört, daß da überhaupt nicht gefragt worden ist. Allgemein hieß es, daß der Betriebsentscheid fast einstimmig zustande gekommen sei.«
Wenn es eben geht, hält Bentz von seiner Belegschaft »Ungemach« fern. Als die Gewerkschaft vor den Fabriktoren Flugblätter verteilte, hatte Bentz die besseren Argumente, indem er seine Arbeiter beschenkte. An den Werksausgängen ließ er Melitta-Erzeugnisse 2. Wahl aufstapeln; jeder konnte so viel mitnehmen, wie er tragen konnte, und die meisten waren so bepackt, daß sie ihre Hände nicht auch noch nach Flugblättern ausstrecken konnten.
Nicht nur vor ideellem, auch vor materiellem Schaden bewahrt der Konzernherr seine Belegschaft (in einer Rede im vorigen Jahr an die »lieben Mitarbeiter«): »Und Sie müssen sich auch die Frage vorlegen, wofür sollen Sie Gewerkschaftsbeiträge bezahlen! Ich habe die Verträge und alles durchgearbeitet... und muß feststellen, daß die Beiträge in keinem Verhältnis zu den Leistungen stehen. Aber Sie werden sich das genau ausrechnen und dann selber entscheiden, ob Sie Ihr Geld sinnvoll ausgeben wollen.«
»Das wirtschaftliche Ergebnis war verhältnismäßig erfreulich. Um so unerfreulicher waren die gemeinen Angriffe, die in diesem Jahr gegen unser Werk und mich persönlich geführt wurden. Was dabei an Gehässigkeiten und Unwahrheiten aufgebracht wurde, überschreitet jede vorstellbare Grenze. Ich frage mich oft, wie traurig und leer es in solchen Menschen aussehen mag, die nichts anderes tun, als mit Haß und Gemeinheit Unfrieden zu stiften versuchen und zerstören wollen.« (Horst Bentz in »Rund um Melitta«, 21. 12. 1970)
Sie waren gemeinsam von Dresden nach Westdeutschland übergesiedelt, die Familien Bentz und Winkler. Ab 1950 traten sie in enge Geschäftsbeziehungen. Bentz-

Freund Winkler lieferte »Melitta« Papier. Das Geschäft blühte. Winkler: »Bentz hatte uns schließlich eröffnet, wir brauchen immer mehr.« Der Papierhersteller steigerte seine Kapazität. In Koppenheim bei Rastatt entstand ein neues Werk. »Bentz hatte uns zu diesem Neubau ermutigt. 1958 – von einem Tag auf den anderen – ließ er mich unvermittelt auf Neubau und Papier sitzen«. »Melitta« hatte über Nacht eine eigene Papierfabrik in Ostfriesland errichtet. Winkler ging in Konkurs. In Liebenzell im Schwarzwald stieg er später in die Kaffee-Filter-Herstellung ein. Nach seiner Frau Brigitte benannte er die Filtertüten »Brigitte-Filter«. Kaum war das neue Produkt auf dem Markt, leitete Bentz gegen die Winklers gerichtliche Schritte ein. Winkler: »Er hatte seinerzeit – das wußten wir nicht – zirka 120 Warenzeichen gehortet, darunter auch den Namen ›Brigitta‹. Er wollte uns die Produktion unter diesem Zeichen untersagen lassen. Er ließ uns ausrichten, die Kampfpackung Brigitta-Filter stünde im Werk Minden schon ewig und drei Tage Gewehr bei Fuß«. Vor Gericht wurde dem Antrag von Betnz stattgegeben; in einem Vergleich blieb Winkler nichts anderes übrig, als sich mit 5 000 DM abfinden zu lassen. Der ehemalige Papierfabrikant Winkler: »Zutrauen tun wir Bentz mittlerweile alles. Wie ist es zum Beispiel dem Keramik-Werk Brauer in Porta ergangen, das auch einmal für Bentz gearbeitet hat? Denen wurde zuerst auch geraten, einen größeren Brennofen aufzustellen; dann wurde ihnen nichts mehr abgenommen. Schließlich konnte Bentz die ganze Anlage aus dem Konkurs ersteigern. Wenn's um Geld geht, kennt der kein Grüß Gott mehr.« »Die Geschichte der ersten 50 Jahre unseres Werkes zeigt, daß es nicht Glück, Zufälle oder Tricks sind, wodurch schließlich ein großer Erfolg erzielt wird. Entscheidend ist allein, daß ein Werk eine Idee hat...« (Horst Bentz anläßlich des 50jährigen Firmenjubiläums)

Zur Jahreswende 1970 erwirbt die »Melitta-Gruppe« im Röstkaffee-Bereich nach Ronning und Faber-Kaffee das kurz vor seinem 50jährigen Jubiläum stehende Familienunternehmen »Vox-Kaffee Groneweg und Meintrup« aus Münster. Trotz steigender Umsätze (65 Millionen DM für 1970) muß sich das Unternehmen von »Melitta« schlukken lassen. In vornehmer Zurückhaltung kaschiert Bentz den erbarmungslosen Konkurrenzkampf, in dem der Stärkere dem Schwächeren die Bedingungen diktiert, der Öffentlichkeit gegenüber als »gedeihliche Zusammenarbeit«; Melitta-Presseinformation vom 30.12.70: »Konzentration im Kaffeebereich. Für das kommende Jahr wurde von den Firmen ›Melitta-Werke‹ Bentz & Sohn und ›Vox-Kaffee Groneweg und Meintrup‹, Münster, eine enge Zusammenarbeit der Vertriebsorganisation für die von den beiden Firmen vertriebenen Röstkaffee-Marken beschlossen... Durch gezieltes Marketing und Wettbewerbsmaßnahmen soll den Erfordernissen moderner Absatzplanung Rechnung getragen werden.« Die Vox-Außendienstmitarbeiter, die bisher das Kontaktnetz zur Geschäftswelt hielten, werden von Bentz voll übernommen. Der Großteil der 220 beschäftigten Arbeiter muß sich nach neuen Arbeitsplätzen umsehen. Bentz zur Pressemitteilung: »Also juristisch haben wir die Firma nicht gekauft... Zusammenarbeit ist vielleicht etwas zu wenig gesagt, wir haben sozusagen die Federführung..., es war auch so, der Herr Groneweg... das ist ein Mann, der seinen Betrieb in 50 Jahren aufgebaut hat und jetzt zwei Herzinfarkte hinter sich hat, der Mann ist 68, dem Mann ins Gesicht zu sagen: ›Hör zu, der Betrieb ist pleite‹, und du mußt verkaufen; das wollten wir einfach nicht so sagen, das ist eine reine Formulierung... Er macht ja auch noch etwas weiter, seinen Kaffee-Ersatz...« Ebenfalls zum Jahresende 1970 setzte Horst Bentz die 250 Beschäftigten des vor 5 Jahren von ihm erworbenen Porzellanwerks Rehau in Oberfranken unter Mißachtung gesetzlicher Vorschriften in einer Massenentlassungsaktion auf die Straße. Weder wurde ein Sozialplan erstellt, noch der Betriebsrat um Zustimmung gebeten. Eine Diskussion über einen Interessenausgleich zwischen Belegschaft und Arbeitgeber erscheint Bentz als »völlig indiskutabel«. Für die Weiterbeschäftigung der Maschinen ist gesorgt. Sie werden vom Zweigwerk Rahlin in Oldenburg übernommen. Gleichzeitig mit der Werkstillegung in Rehau wird die Anlagenkapazität im »Melitta«-Porzellan-Zweigwerk Rahling/Oldenburg erheblich ausgeweitet.

»Diesen beispiellosen Aufstieg erreichte Bentz mit recht unorthodoxen Mitteln... Doch die Gegner des Melitta-Chefs reiben sich nicht nur an seiner in den Grundgedanken 40 Jahren alte Fibel: vielmehr ärgern sie sich über andere Rationalisierungseinfälle des Unternehmens – weil sie so modern sind.« (Laudatio der »Bild-Zeitung« vom 11. Dez. 1970, »Was ist los bei Melitta?«) Im selben Artikel zeigt »Bild« ein Foto: »Entspannung beim Skat; ›Melitta‹-Chef Horst Bentz spielt mit seinen Angestellten.« Das Foto soll die Eintracht zwischen Arbeitgeber und Angestellten dokumentieren. Nur ist dieses Dokument eine der üblichen »Bild«-Fälschungen: Bentz spielt mit seinesgleichen Skat: mit Bäckereibesitzer Buchheister, Stadtbaumeister Dessauer und dem ehemaligen »Schriftwalter« des »Melitta-Echos« aus der NS-Zeit, Altkamerad Walter Herfurth, dem Bentz eine Betriebsrente von ca. 1000 DM zahlt.

»Treue-Urkunde – Frau F. E. ist heute zehn Jahre Mitarbeiterin der Firma Bentz & Sohn, 1958. In guten wie in schlechten Zeiten hielt sie treu zu unserem Werk. Wir gratulieren ihr herzlich zu diesem Arbeitsjubiläum und danken ihr durch die Aufnahme in den Kreis unserer Stamm-

Mitarbeiterinnen. Melitta-Werke Bentz & Sohn, 1958.«
Die Frau, die dieses Dokument in andächtiger Frömmigkeit vorzeigt, ist inzwischen 23 Jahre bei »Melitta«, hat sich vom Packband zur Angestellten im Verkauf hochgearbeitet. Angesprochen auf die angebliche Bentz-Spende von 140 000 DM an die NLA*, bringt sie ihre Ergebenheit zum Ausdruck: »Das glaube ich gar nicht, wenn der Chef sein Ehrenwort gibt darüber. Ich habe nur gesagt, die Gefolgschaft gibt ihm ja auch keine Rechenschaft ab. Es hat eine Angestellte gesagt: ›Und wenn er das Geld in der Toilette abspült, geht das auch keinen was an.‹ Der Chef lebt ganz bescheiden. Er hat mal am Mittagstisch gesagt: ›Warum kriege ich denn das nicht, was die anderen auch kriegen?‹ Man hatte ihm etwas Besseres vorgesetzt. Jawohl, Salate hatten sie ihm vorgesetzt. Aber er verlangte Eintopf. Er raucht nicht und trinkt nicht.«

Frau E. erzählt von einem persönlichen Erlebnis mit ihrem Chef, als er bei ihr Gnade vor Recht hat ergehen lassen:
»Ich gehörte zu der Gemeinschaft der 7.-Tags-Adventisten. Als ich bei Melitta anfing 1948, wurde dort samstags nicht gearbeitet. Dann kam's aber so, daß gearbeitet wurde. Dann bin ich an den Betriebsrat herangetreten und habe um den freien Samstag gebeten, weil wir an dem Schöpfungstag – am Samstag – nicht arbeiten. Der Betriebsrat und der Betriebsleiter haben meine Bitte abgelehnt, samstags zu Hause bleiben zu dürfen. Da habe ich gedacht: Jetzt bleibt mir nur noch ein Weg: zu Herrn Bentz zu gehen. Man hat mir gesagt vom Betriebsrat aus, ich sollte das nicht tun. Herr Bentz könnte sich mit solchen Lappalien nicht abgeben. Obwohl mir von allen Seiten abgeraten wurde, habe ich aber doch ein Herz gefaßt

---

* Neues rechtes Sammelbecken. »Nationalliberale Aktion« inzwischen als Partei »DU« (Deutsche Union von FJ. Strauß als außerbayerische CSU mitinitiiert.)

und bin zu ihm gegangen. Ich habe mich unten angemeldet, die Verwaltung war damals im ›Kurfürsten‹, dann wurde ich auch raufgelassen. Der Mann im Sekretariat hat meinen Namen aufgeschrieben, reingebracht, und Herr Bentz hat gesagt: Bitte schön, ich sollte dann reinkommen. Er war ganz zuvorkommend. Er kam mir entgegen bis zum halben Raum und reichte mir die Hand und hat mich begrüßt.
Nehmen Sie Platz, hat er gesagt. Und dann habe ich gesagt: Herr Bentz, ich komme mit einer sehr großen Bitte zu Ihnen. Ich sage, ich habe einen anderen Glaubensweg; wir feiern den Samstag, wie es in der Heiligen Schrift steht. Dann hat er mich ausgefragt, Familienverhältnisse usw., und wo ich her bin. Und ich habe ihm gesagt: Sie als Arbeitgeber und unser Chef erwarten von Ihren Mitarbeitern Pünktlichkeit, Ehrlichkeit und Gehorsam, was ja Grundbedingung ist. Ich sage: Und genauso erwartet Gott von uns, daß wir doch seinen Geboten treu sein sollen. Er war sehr bewegt, ja. Und er sagte zu mir, er sorgte dafür, daß ich meinen Samstag frei kriege. Wie der mir entgegenkam, werde ich nie vergessen. Nie. Und mir hat das leid getan, als er hier im Fernsehen sprach und sich rechtfertigen mußte. Ich habe auf der Couch gelegen. Mir ging es damals nicht gut, mir sind die Tränen gelaufen.«
In Ungnade war der Arbeiter H. S. gefallen, als er sich in einer Meinungsumfrage gegen die Einführung von Wechselschicht aussprach. Und das, obschon er seit Jahren zum privaten Schachkreis von Horst Bentz zählte. »Kurz und bündig ließ man mich wissen«, berichtete er, »Sie müssen Schicht machen oder Sie kommen in die Hofkolonne; Hofkolonne ist das letzte«, sagte er, »die in der Hofkolonne müssen alles machen – Strafkompanie!« Er versuchte es noch einmal bei der »Sozialabteilung«. »Ich hab gefragt, ob ich denn nicht was anders arbeiten

könnte. ›Es bleibt Ihnen nichts anderes übrig‹, sagte man mir, ›Sie müssen kündigen.‹ Und das nach all den Jahren – es waren sechse.« Auf die Frage, warum er sich nicht an den Betriebsrat gewandt hätte: »Das sind ja hier doch nur Marionetten!«
»Verschweigen Sie Ihrem Betrieb nicht das Ei des Kolumbus. Unser Tip des Monats: Mit guten Vorschlägen lenken Sie das Interesse der Vorgesetzten auf sich. Nach qualifizierten Mitarbeitern hält man immer Ausschau. Also: Betriebliche Verbesserungsvorschläge einreichen.« (»Rund um Melitta«, Dez. 1967)
Im Januar 1968 erfand der Arbeiter R. eine neue Fertigungsmethode zur qualitativen Verbesserung der Kaffee-Filter-Tüten. Der Betriebsleiter trug die neue Idee – an der R. in seiner Freizeit anderthalb Monate zu Hause getüftelt hatte – Firmenchef Bentz vor, »Ingenieur Wilking sagte mir«, erzählt R., »das sei ein Patent. Er sagte, auf diese Idee wäre noch keiner gekommen.« Nach fünf Monaten eröffneten der Betriebsleiter und der Werks-Justitiar dem Arbeiter, sein Vorschlag sei zwar ohne Zweifel »patentreif«, seine Verwirklichung allerdings würde »Melitta« große Kosten verursachen. Und falls er selbst seine Erfindung als Patent anmelden wolle, müsse man erst nachsehen, ob »Melitta« nicht schon vor Jahren etwas Ähnliches entwickelt hätte. R.: »Man bot mir schließlich an, meine Idee für 400 Mark abzutreten; und später, wenn sie verwirklicht würde, sollte ich auf Prozentbasis an der Produktion beteiligt werden. Für mich war der Fall erledigt, nach ein paar Wochen habe ich dann selbst gekündigt.« »Melitta« hätte die Idee des Arbeiters R. wahrscheinlich nie in die Tat umgesetzt, ihre Durchführung hätte die Umstellung eines Teils der Produktionsanlagen bedingt. Aber eine, für eine kleinere oder neuzugründende Firma völlig umwälzende Ferti-

gungstechnik zur Herstellung von Kaffee-Filter-Tüten sollte um den Preis eines Trinkgeldes vor dem Zugriff einer möglichen Konkurrenz geschützt werden.
Auch der Arbeiter A. hatte einen brauchbaren Verbesserungsvorschlag, der seiner Meinung nach dem Werk ca. 3000—4000 DM Kosten ersparen würde, eingereicht, 150 Mark wurden ihm dafür geboten, die er sich noch mit einem Kollegen teilen sollte. A., dem das zuwenig war, gab das Geld aus Protest zurück. Daraufhin wurde er von der Verlosung ausgeschlossen, die für alle betrieblichen Ideenspender und Erfinder durchgeführt wurde.
Und so rollt die Kugel, rollt das Glück bei der »Auslosung« der Preise, und wie es der Zufall so will, fielen die Haupttreffer — eine Urlaubsreise, ein VW, ein Fernsehgerät — ausschließlich an Angestellte der höchsten Gehaltsstufe. Eine Kaffeemaschine, einen Fotoapparat, eine Bohrmaschine und einen Grillautomaten spielte das Los Vorarbeitern und Schichtleitern zu. Selbst Arbeiter und Hilfswerker ließ das Glück nicht im Stich; einige gewannen als Trostpreise ein Kaffeeservice.
Mehreren SS-Rängen, die der ehemalige Obersturmbannführer Bentz nach Kriegsende in Sold nahm, fühlt er sich durch gemeinsame Vergangenheit verbunden. Wenn die teilweise angeschlagenen Kriegsveteranen intelligenz- und leistungsmäßig auch nicht mehr so auf der Höhe sind und teilweise aus ihren Spitzenpositionen von jüngeren Kräften verdrängt wurden, garantieren sie durch ihr militärisch straffes Auftreten Zucht und Ordnung bei Melitta. Der ehemalige Obersturmbannführer Tarneden z. B., jetzt Hauswachtleiter, hat von seinem militärischen Schliff nichts eingebüßt. Wenn er strammen Schritts durch die Werkshallen patrouilliert, kann es vorkommen, daß er Nachwuchs-Melittaner zusammenstaucht: »Stellen Sie sich erst mal gerade hin.«

Ein anderer, ein ehemaliger Obertruppführer der Waffen-SS, zeigt den »Arbeitskameraden« (Anrede von Bentz) in sentimentalen Minuten hin und wieder ein liebgewonnenes Kleinod vor: ein ihm von Heinrich Himmler verehrter Totenkopfring mit der Widmung: »Für besondere Verdienste«.

Bentz selbst, wegen seiner militärischen Hausordnung »Block und Blei« öffentlicher Kritik ausgesetzt, beruft sich in dieser Situation vorzugsweise auf die »Kapazität« Prof. Reinhard Höhn, Leiter der »Akademie für Führungskräfte der deutschen Wirtschaft« in Bad Harzburg, der Deutschlands Manager nach den gleichen Prinzipien ausrichte wie er auch und auf seinen Lehrgängen seinen Spitzenkräften den letzten Schliff verleihe. Bentz: »Denn kenne ich gut, der ist oft hier, der ist ganz begeistert von ›Block und Blei‹.« Als Prof. Höhn einmal den »Musterbetrieb« von Bentz inspizierte, meinte er, daß sich hier innerhalb anderthalb Jahren nach seinen Wirtschaftsführungsprinzipien das Werk zur Höchstproduktivität organisieren lasse. Bentz verblüffte den Wirtschaftsspezialisten mit der Feststellung, das Plansoll nicht erst in anderthalb Jahren, vielmehr »in bewährtem Melittatempo bereits in einem halben Jahr« erfüllt zu haben.

Aus dem Schulungsprogramm des Prof. Höhn: »Großunternehmen lassen sich durchaus mit Armeekorps, mittlere Unternehmen mit Bataillonen vergleichen. Da sowohl der militärische wie auch der wirtschaftliche Führer mit einem Gegner zu tun hat, dort der Feind, hier die Konkurrenz, treten stets Umstände und Gegenzüge des Gegners auf, die nicht vorauszuberechnen sind.«

Höhn, im Dritten Reich Berater von Heinrich Himmler, als Generalleutnant der Waffen-SS mit dem Ehrendegen des Reichsführers-SS ausgezeichnet, bekannte noch im Jahre 1944 in der Goebbels-Wochenzeitung »Das Reich«:

»Der Eid auf den Führer verpflichtet nicht nur zu Lebzeiten des Führers, sondern über dessen Tod hinaus zu Treue und Gehorsam gegenüber dem neuen, von der Bewegung gestellten Führer...«

Bentz' eigene Vergangenheit wurzelt gleichfalls in dieser Zeit: er war Obersturmbannführer der SS, sein Betrieb wurde im Dritten Reich als besonders stramm und vorbildlich mit der goldenen Fahne ausgezeichnet. Er führte Rüstungsaufträge aus, u. a. Teile von Gasmaskenfiltern, Teile von Patronenkästen und Maschinengewehrgurte und er beschäftigte Polen und Russen als Zwangsarbeiter. Nachdem er nach 2½ Jahren aus dem Internierungslager der Engländer entlassen wurde, konnte er erst 1958 wieder seine Firma übernehmen.

Wie Prof. Höhn, legte auch Bentz sich in jener Zeit mit Treueschwüren auf das faschistische System fest: »Führer, wir gehören Dir!« (»Melitta-Echo«, 1941)

»Mit dem Gelöbnis, unseren Betrieb dem Führer zur Verfügung zu stellen, schloß Herr Horst Bentz seine Festrede.« (»Melitta-Echo«, 1939)

Am 1. Mai 1941 wurde ihm von den Parteispitzen die damals begehrte Auszeichnung »Nationalsozialistischer Musterbetrieb« verliehen, die zuvor im Gau Westfalen-Nord nur die Oetker-Werke »für sich buchen« konnten. Mit dem »Melitta-Lied« auf den Lippen: »Gleicher Sinn bringt Gewinn, überwindet man den schlimmsten Berg, Einigkeit alle Zeit, Heil Melitta-Werk« wurde die mit diesem Prädikat verbundene »Goldene Fahne« im Triumphzug von Augsburg ins Mindener Werk heimgeführt. »Sauber ausgerichtet, stand die Gefolgschaft am Bahnhof, um die Goldene Fahne zu empfangen. Einige zackige Kommandos unseres Betriebsführers (Horst Bentz), die jedem alten Soldaten alle Ehre gemacht hätten, und mit Schingbumm ging's durch die Stadt.« (»Melitta-Echo«, 1941)

In jener Zeit war es Betriebsführer Bentz vergönnt, an der unternehmerischen Heimatfront zwei weitere Betriebe zu erobern: eine Keramikfabrik in Karlsbad und eine Papierfabrik in Düren.
Mit nazistischen Haß- und Hetzparolen sollte die damalige Melitta-Werkszeitung die Gefolgschaft auf Vordermann bringen. Das Betriebskampfblatt von Bentz beschränkte sich keineswegs auf die betrieblichen Belange. Da war der Aufmacher auf Seite 1 den »armen Juden« gewidmet: »...in der Judenfrage hat das Herz zu schweigen! Auch das zieht nicht, wenn man uns sagt: denkt an die armen Kinder. Jeder Judenlümmel wird einmal ein ausgewachsener Jude...« (»Melitta-Echo«, 1938) Da ist von »Judengesocks« und »Bestien« die Rede, und auf dem Betriebsappell am 5.7.1938 läßt es sich Horst Bentz nicht nehmen, noch vor der »Reichskristallnacht« zum Boykott jüdischer Geschäfte aufzurufen: »Über die Judenfrage heute noch sprechen zu müssen, erscheint überflüssig und ist es doch nicht. Wir haben neulich eine Arbeitskameradin erwischt, als sie ein jüdisches Geschäft betrat. Sie erzählte uns nachher, daß sie lediglich eine dort beschäftigte Verkäuferin besucht habe. Ob das stimmt, ist leider nicht nachprüfbar. In Werkszeitung Nr. 5 dieses Jahres haben wir bekannt gemacht, daß jeder, der beim Juden kauft, fristlos entlassen wird. Der vorerwähnte Fall macht es erforderlich, die Grenzen enger zu ziehen. Wer künftig überhaupt noch in jüdischen Geschäften gesehen wird, einerlei ob er kauft oder nicht, gehört nicht zu uns und muß fristlos entlassen werden.«
In der Melitta-Werkszeitung Nr. 5: »Damit keiner kommen kann, er habe nicht gewußt usw., führen wir nachstehend alle Juden in Minden, die ein Geschäft ausüben, auf.« Es folgen 30 Namen, mit Berufsangabe und ge-

nauer Anschrift. – Von den 30 Genannten hat keiner das Dritte Reich überlebt.

Bentz heute zu dem Vorwurf, er habe neben seinen SS-Leuten auch einen Kriegsverbrecher auf Abteilungsleiterebene bei sich beschäftigt (Bentz): »Der ist begnadigt worden, sonst wäre er gehängt worden in Landsberg... ich habe immer, nicht nur in diesem Fall, früher Dutzende, da gibt es sogar so eine Organisation, die Leute, die straffällig geworden sind, vermittelt. Und ich habe Dutzende von diesen Leuten im Hause eingestellt, ich habe also immer doch die Tendenz gehabt, zu helfen.«

Nach dem Leitspruch »Führer befiehl, wir folgen Dir« wurde von jeher bei Bentz gehandelt. So wie in den 50er Jahren die »Gefolgschaft« auf eine Verärgerung von Bentz hin geschlossen aus der Gewerkschaft austrat und man die Mitgliedsbücher widerstandslos dem Betriebsrat (seitdem »Geschäftsrat« genannt) aushändigte, trat in den 30er Jahren die damalige »Gefolgschaft« auf Geheiß des Betriebsführers und SS-Sturmmannes Bentz einer anderen Organisation bei: der NS-Partei. Eintrittsgebühren und Mitgliedsbeiträge für die bis dahin noch Parteilosen zahlte Bentz aus eigener Tasche. Der Bleischneider Otto Haar, der sich der damaligen Anweisung widersetzte, mußte die Konsequenzen ziehen und den Betrieb verlassen.

Der Pensionär K. H., damals Schriftsetzer bei Bentz und überzeugter Sozialdemokrat, unterwarf sich seinerzeit dem Bentz-Diktat: »Wir als Drucker, von der Tradition her links, waren ohnehin damals bei Bentz als schwarze Schafe verschrien und bekamen darum auch 2 Pfennig unter Tarif bezahlt. Stellen Sie sich vor, Sie müssen für Ihre Familie das Geld reinbringen und bekommen dann derartig die Pistole auf die Brust gesetzt.«

Daß der NS-Geist bei »Melitta« keine Ausnahmeerscheinung ist, sondern durchaus üblich in der bundesdeutschen Industrie, kann man auch der Einschätzung des bekannten Industrieberaters M. Schubart entnehmen: »Ich kann natürlich keine Namen nennen... Aber ich habe ein paar Elitegruppen festgestellt, die tatsächlich – zwar unsichtbar, aber doch evident – bis in die heutige Zeit hinein existieren. Da ist einmal die Mars-Merkur-Gruppe der ehemaligen Generalstäbler, die heute zum Teil führende Rollen in der Wirtschaft spielen. Dann Abkömmlinge der Adolf-Hitler-Schulen, der Reiter-SS und der Waffen-SS. Ich würde sagen, in der Altersgruppe von 45–60 stammen 65–70 Prozent aller heutigen Führungskräfte aus solchen Organisationen. Und die überwiegende Zahl – sagen wir 98 Prozent – jener Altersgruppe stammt aus einer Erziehung, die eigentlich im Dritten Reich ihre Grundlage findet.«

Als der Alterspräsident des Bundestages William Borm (FDP) die Öffentlichkeit erstmalig über Finanziers und Hintermänner der neuen rechten Sammlungsbewegung »NLA« informierte und sich auf in seinem Besitz befindliche Dokumente berief, war unter anderem von einem bekannten Mindener Kaffee-Filter-Produzenten die Rede. Als dann die »Monitor«-Fernsehsendung, wie zuvor schon Zeitungen, den Verdacht aussprach, Bentz habe der »NLS« 14 000 DM gespendet und gehöre ihr als Vorstandsmitglied an – MONITOR: »... Diese Behauptung stützt sich auf die in Bild und Ton festgehaltenen Aussagen des Notars Franz Mader. Mader ist NLA-Bundesvorstandsmitglied und Landtagsabgeordneter. Er hat seine Erklärung abgegeben in Gegenwart des Landtagsabgeordneten Wilhelm Maas« – ihm außerdem unsoziales Verhalten und Unterdrückung jeder gewerkschaftlichen Betätigung im Betrieb vorwarf, fürchtete Bentz eine Beeinträchtigung seiner Geschäfte. Ehemals gute Kunden

stornierten Aufträge, so die Kantinen der Dürkoppwerke in Bielefeld und der Städtischen Betriebe in Berlin. Helmut Brade, Betriebsrat der Berliner Stadtreinigung: »Bislang haben wir bei ›Melitta‹ für 500 000 DM Kaffee und Filter gekauft. Das ist nun vorbei.«
Bei »Monitor« bekundeten Hunderte Fernsehzuschauer in Zuschriften, daß sie von jetzt an keine Artikel dieses Unternehmens mehr zu kaufen gedächten, und Bentz erhielt nach eigenen Angaben Tausende Briefe, in denen ihm Verbraucher das gleiche mitteilten.
Bentz schritt zur Tat.
Im Wissen, daß die Öffentlichkeit nicht über die besondere Funktion oder besser Funktionslosigkeit seines Betriebsrats informiert sein würde, ließ er ihn dafür herhalten, in einer großangelegten Anzeigenkampagne die angeblich »unwahren Behauptungen von ›Monitor‹ richtigzustellen«. Die 350 000 DM, die die ganzseitigen Anzeigen – u. a. in »Bild« – kosteten, zahlte Bentz.
Bereits anläßlich früherer Presseangriffe hatte Bentz gedroht »zurückzuschlagen«, sobald damit eine »wirtschaftliche Schädigung unserer Werke« verbunden sein sollte. Dieser Zeitpunkt schien gekommen. Mit seinen Rechtsberatern machte er sich zum WDR, auf, konferierte mit Fernsehdirektor Scholl-Latour und Monitor-Chef Cassdorff und drohte mit einem Schadenersatzprozeß, der in die Millionen gehen könne. Die »Monitor-Redaktion«, die bereits eine neue »Melitta«-Sendung fast sendefertig hatte, mit noch härteren Vorwürfen und Belegen (u. a. sollten wegen gewerkschaftlicher Betätigung mit Repressalien bedrohte ehemalige Belegschaftsmitglieder zu Wort kommen), wurde durch den prozeßentschlossenen Milliardär in die Knie gezwungen.
Ein neuer Beitrag fiel unter den Tisch, dafür durfte sich Bentz in der folgenden »Monitor«-Sendung lang und

breit auslassen, er hatte das letzte Wort und pries sich so sehr, daß sich am nächsten Tag im Betrieb sogar sonst treu ergebene Melittaner kritisch über ihren Chef äußerten: sie hätten sich bei seiner Gegendarstellung des Eindrucks nicht erwehren können, daß Bentz manches selbst nicht geglaubt hätte und es ihm peinlich gewesen sei, was er da verzapft habe.

Auf einer Belegschaftsversammlung in seinem Betrieb hörte es sich einige Nuancen anders an. Angestellte hatten erklärt: »Wir sorgen uns um den Betrieb. Denn die Abbestellungen häufen sich«, und verlangten Einsicht in die Geschäftsbücher, was Bentz empört zurückwies. Bentz: »Und wenn ich in der ›NLA‹ bin! Wenn sich Rosenthal in einer bestimmten politischen Richtung engagiert, so kann ich mich genausogut in einer anderen politischen Richtung betätigen.«

Und er betätigt sich; zumindest über Geschäftsbeziehungen hält er Kontakt zu NLA-Kreisen.

Als ich auf gut Glück bei der Papierfabrik Anton Beyer in Lippborn als »Melitta-Bestellabteilung« anrufe, erfahre ich: Seit langem bestehen engste Geschäftsbeziehungen. Beyer-Bestellabteilung: »Wir haben doch von Ihnen eine Subvention laufen. 20 Millionen Hauptseiten bei Tragetaschen. Außerdem steht ja jetzt noch der neue Auftrag von 300 000 Tragetaschen für Ihren eigenen Gebrauch zur Auslieferung an.« – Papierfabrikant Beyer hatte bekanntlich kürzlich den Bundestagsabgeordneten Fritz Geldner mit zwei sogenannten Beraterverträgen in Höhe von 400 000 DM von der FDP in die CSU abzuwerben versucht. Damals zweifelte man allgemein daran, daß der verhältnismäßig kleine Unternehmer diese Summe so ohne weiteres aus der eigenen Tasche zu zahlen in der Lage war. Hier könnte Bentz, dessen Konzerngruppe zu den 100 größten der Bundesrepublik zählt, durch Subventionen

oder fingierte Aufträge z. B. sich als indirekter Spender erwiesen haben. Es ist kaum zu vermuten, daß diese Geschäftsbeziehung eine rein zufällige ist, es gibt Hunderte von Papierherstellern in der Bundesrepublik.
Auch Werbeagenturen gibt es zahlreiche. Ist es auch ein Zufall, daß Horst Bentz mit der »Interpunkt«-Werbeagentur des ehemaligen SS-Hauptsturmführers und jetzigen NLA-Vorsitzenden Siegfried Zoglmann gute Geschäftsbeziehungen pflegt und ihn seinen »Freund« nennt?
Bentz bestritt in der »Monitor«-Sendung mit der Maske eines Biedermannes, daß in seinem Betrieb jemals ein Gewerkschaftler mit Repressalien bedroht worden sei. »Wenn das wirklich wahr wäre, dann habe ich eine Frage: Warum hat die Gewerkschaft bis heute nicht einen einzigen Namen genannt...«
Die Betriebswirklichkeit bei »Melitta« sieht so aus: »Seien Sie ja vorsichtig, wir überwachen Sie!« hatte Prokurist Herziger dem Mustermacher Günter Bender angedroht. »Sie sind mir kein Unbekannter mehr und schon das dritte Mal bei mir«, herrschte Betriebsleiter Runte den Mustermacher an, weil der sich über eine Lohneinbuße beklagte, die ihm durch eine seiner Meinung nach schikanöse Versetzung ohne Änderungskündigung entstanden war.
Gewerkschaftler Bender kündigte: »Es war mir klargeworden, daß meine Einstellung zur Gewerkschaft nicht in das Konzept dieser Herren paßte und man es darauf anlegte, mich fertigzumachen.«
Ohne Änderungskündigung wurde auch der Drucker Bauer versetzt. Lohneinbuße je Stunde: 40 Pfennig. Bauer war Vertrauensmann für die Gewerkschaft und Werber für seine Organisation. Er und sein Kollege Rüdiger Schellhase zogen die Konsequenzen und kündigten: »Uns war klar, daß wir um jeden Preis diszipliniert werden sollten.«
Gewerkschaftler Fischer wurde von seinem Abteilungs-

leiter Schmidt sogar mit körperlicher Gewalt aus dem Betrieb entfernt. Der Arzt bescheinigte ihm Kratzwunden, die ihm von seinem Vorgesetzten beigebracht worden seien. Dreher Fischer: »Seit ich auf einer Gewerkschaftsversammlung war, wo die Firmenleitung wahrscheinlich Spitzel hin entsandt hatte, war es um mich geschehen. Ich konnte mir noch so Mühe geben, habe täglich von morgens 7 bis abends 5 nach 6 gearbeitet und jeden Samstag von 6 bis 20 vor 3, ich kam auf keinen grünen Zweig mehr. Kollegen, die neu waren und keine Überstunden mochten, bekamen plötzlich 20 Pfennig mehr in der Stunde. Als die Gewerkschaft vor dem Tor Flugblätter verteilte, habe ich dann noch mal den Fehler gemacht, dem Bezirksvorsitzenden, der mitverteilte, die Hand zu geben, und das hatte die Betriebsleitung beobachtet. Obwohl ich später, wenn noch mal Aktionen der Gewerkschaft stattfanden, immer bewußt in entgegengesetzter Richtung ging, war ich bekannt wie ein bunter Hund.
Ich hatte zuvor schon einen Warnbrief vom Abteilungsleiter bekommen, ich sei ein Störenfried und mache mir laufend Notizen; und zu guter Letzt kam's so, daß mich Abteilungsleiter Schmidt in den Klammergriff nahm und mich anschrie, sofort diesen Laden zu verlassen.
Als er mich zum Ausgang hinzerrte, taten sich noch einige ›Kollegen‹ bei ihm dicke, indem sie mir ›Verräter‹ und ›Lump‹ nachschrien. Ich wollten von der Pförtnerei wegen des tätlichen Angriffs die Polizei anrufen, aber der Abteilungsleiter Schmidt war ständig hinter mir, hat mir den Telefonhörer aus der Hand gerissen und gesagt: ›Da müssen Sie schon zu Fuß hingehen‹.«
»Man kann nur hoffen, daß diese ungerechtfertigten Angriffe nicht von anderer Seite unterstützt werden und daß man uns endlich wieder unseren Betriebsfrieden läßt, der 40 Jahre lang niemals gestört war.«

(Horst Bentz: »Dank zum Jahresende« »Rund um Melitta«, Dez. 70)
Im Werk selbst ist es kaum möglich, mit Arbeitern über die Firma zu sprechen. Sie blicken sich um, ob auch keiner zuhört, und wenn überhaupt, sprechen sie nur, wenn kein anderer Kollege in der Nähe ist. Einer scheint im anderen einen potentiellen Spitzel der Firmenleitung zu sehen. Einige sagen das auch offen: »Du kannst hier nie genau wissen, wo du bei wem dran bist.«
Nach zweimonatiger Zugehörigkeit zur Melitta-Belegschaft wird mein Name plötzlich über Lautsprecher ausgerufen: »Herr G. zur Sozialabteilung.«
In der Sozialabteilung erwartet mich eine Art Firmengericht. Die Cousine von Horst Bentz, Frau Melitta Feistkorn, Leiterin der Sozialabteilung, blickt mißbilligend zu mir herüber. Herr Ostermeyer, der mich einstellte, sitzt mit in der Runde, ein noch Jüngerer im grauen Kittel blättert gelangweilt in einem Büchlein, das die Aufschrift »Betriebsverfassungsgesetz« hat. Ein graues gewitztes Männlein mit scharfer befehlsgewohnter Stimme fordert mich mit einer Handbewegung auf, mich auf den noch freien, von den anderen etwas entfernt stehenden Stuhl zu setzen. Dann wendet er sich an die versammelte Runde: »Jetzt werde ich Ihnen das mal vorführen.« Und er beginnt eine Art Verhör. Keiner hat sich mir vorgestellt, das scheint hier so üblich zu sein. Standgericht.
Der kleine Graue, Betriebsleiter Runte, wie ich später erfahre, leitet die Vernehmung. Er wirft mir Disziplinlosigkeit und fehlende Arbeitsmoral vor. Ich hatte gewagt, mir einige Tage unbezahlten Urlaub zu nehmen. Zwei Tage war ich krank und lag mit Fieber im Bett, ließ mich jedoch nicht krankschreiben, sondern zog es vor, den das Werk nicht belastenden unbezahlten Urlaub zu nehmen. Kollegen hatten mir dazu geraten, da »Krankfeiern« auch mit

ärztlichem Attest in der Probezeit Entlassung bedeuten würde. Einige Tage hatte ich mir freigenommen, indem ich einen Umzug von Köln nach Minden vorschob, verbunden mit Wohnungsrenovierung. Die direkten Vorgesetzten, zwei Schichtführer, hatten Verständnis und bewilligten das Fehlen unter Verzicht auf Bezahlung. Betriebsleiter Runte, dessen Aufgabe es ist, alle Belange des Betriebs pedantisch wahrzunehmen, schien den entgangenen Mehrwert meiner dem Werk vorenthaltenen Arbeitsleistung als eine Art Diebstahl zu empfinden. Er sagte, schon aus Abschreckungsgründen den anderen Kollegen gegenüber sei ich für das Werk ab sofort untragbar. Ich sei ein Bummelant, wer schon so anfange, was sei dann erst später zu erwarten. Als ich mich zu rechtfertigen versuche, gerade der Anfang, die Umstellung, verbunden mit dem Umzug und Wohnungswechsel, müsse in einem Betrieb, der sich »sozial« nenne, doch Verständnis hervorrufen, werde ich ausgelacht. Herr Runte ist nicht umzustimmen; er nimmt meine Argumente lediglich als Bestätigung seines einmal gefaßten Entschlusses auf.
Routinemäßig stellt er an den Mann mit dem kleinen Büchlein, der während des ganzen Verhörs nicht ein Wort gesagt hat – und der der Betriebsratsvorsitzende Sinock ist, wie ich nach meinem Rausschmiß erfahre – die Frage: »Von hier noch Einwände?« Wie abwesend antwortet der Betriebsratsvorsitzende mit einer verneinenden Kopfbewegung.
Zuletzt sagt Herr Runte noch, man sei hier bei Melitta zwar hart, aber gerecht... Vor Weihnachten schmeiße man keinen auf die Straße. Also sei mein letzter Arbeitstag der 28. Ich hätte die Großzügigkeit dem Werk nicht gedankt, immerhin hätte ich doch auch sogar schon Weihnachtsgeld erhalten. Als ich das verneinte, tritt Herr Runte in Aktion. Er demonstriert allen die Macht seines

Amtes, indem er den Leiter der Lohnabteilung über Telefon anbrüllt, was das für eine Schlamperei sei, die 50 Mark Weihnachtsgeld, die jedem zustünden, an mich noch nicht ausgezahlt zu haben. »Händigen Sie das dem Mann zustehende Geld sofort aus«, brüllt er in den Hörer. Und Meister Ostermeyer erhält den Befehl, mich zur ordnungsgemäßen Auszahlung zu begleiten. »Sehen Sie, so sind wir hier, selbst das Weihnachtsgeld zahlen wir Ihnen noch«, sagt Runte vorwurfsvoll. Ich bin sehr verunsichert, beinah gerührt und komme nicht umhin, mich bei ihm zu bedanken. Um so erstaunter bin ich, als ich bei Empfang der Endabrechnung die 50 Mark wieder abgezogen finde. Für Betriebsleiter Runte war es eine Demonstration seiner Macht, und was nicht für Melitta gilt: Gnade ist kein Recht!

»Natürlich kann die Stadt stolz darauf sein, daß die ›Melitta‹-Erzeugnisse den Namen Mindens in alle Welt hinausgetragen haben und täglich hinaustragen. Sicher ist es ein wesentlicher Faktor für die Volkstümlichkeit von Melitta, daß heute 3 600 Menschen der über 8 000 Belegschaftsmitglieder in Stadt und Land Minden zu Hause sind! Rechnet man die Familienangehörigen dazu, dann ergibt sich, daß rund ein Viertel der Bevölkerung Mindens in direktem Kontakt zu dem Melitta-Werk steht.« (Aus der Melitta-Werbeschrift: »Minden und die Melitta-Werke«)
»Sagen Sie um Gottes willen keinem, daß ich Ihnen Auskünfte über Herrn Bentz gegeben habe, ich wäre hier für immer erledigt.« (Ein führendes Mindener SPD-Mitglied, Mitglied im Stadtrat. Die SPD ist die stärkste Partei Mindens.).

Nachtrag

Horst Bentz ist der General im Hause Melitta. Er befiehlt, und das Heer der 8000 Arbeiter hat zu folgen. Die von ihm konzipierte Organisationsfibel *Block und Blei* liest sich in einigen Passagen wie ein Handbuch für die Truppe. Widerreden werden nicht geduldet. Dieses Prinzip gilt nicht nur für das »Fußvolk«, sondern auch für die Führungskräfte. Ein ehemaliges Mitglied des Managements, das sich auf die Erstveröffentlichung hin bei mir meldete, berichtet:
»Der Konzern ist ganz auf Horst Bentz zugeschnitten... Er leitet diktatorisch. Wenn er zur Sitzung des L-Kreises kam, standen alle stramm wie in alten Zeiten, als der Chef noch die SS-Uniform trug. Aus jenen Tagen hat er noch viele alte Kameraden, von denen einige seine Mitarbeiter oder Geschäftspartner sind. Wenn Herr Bentz sagte: ›Geschieht das nun so‹, dann antworteten die anderen: ›Jawohl‹.«
Problembewußtsein oder gar der leise Versuch, die Richtung zu korrigieren, stören. Das mußte der Neue auch erfahren, als er die »Idee verkaufen« wollte, daß die Organisation doch für den Menschen da sei und nicht umgekehrt, wie die meisten der Manager meinten.
Kurz vor dem Ende der Probezeit ließ Herr Bentz ihn zu sich rufen. »Auf die Frage, ob er denn mit meinen Leistungen zufrieden sei, erwiderte er: ›Sie sind noch nicht ganz auf meiner Linie‹.«
Das heißt: Treue, totale Unterwerfung und keine eigenmächtige Schritte.
»Es sollte neu gebaut werden. Wie, das hatte Herr Bentz wohl schon entschieden. Ich wollte wissen, ob zunächst nicht eine Raum- und Arbeitsplatzanalyse notwendig wäre. Da kam von ihm ein kategorisches Nein. Ich habe

trotzdem gewagt, Rundschreiben rauszuschicken und von den einzelnen Abteilungen Studien anfertigen zu lassen. Die hat der Chef in die Hände gekriegt. Zwei Stunden, bevor ich zu einem Seminar fahren wollte, hat er mich zu sich gebeten und mir erklärt, daß wir uns trennen müßten.
Mehr nicht, keine Diskussion, Gründe wurden vorenthalten... Ich ging nach Hause. Als ich kurz danach wiederkam, war mein Schreibtisch aufgeräumt, meine Privatsachen lagen auf einem Haufen, die anderen Dinge waren in der Schublade verstaut. Diese Methode nennt man hire and fire.«
»So ist das. Wer sich nicht ganz zum Mundstück des Unternehmens machen läßt, wird gefeuert. So erreicht der Kaffee-Konzern größte Anpassung: beim Topmanagement ist eine gewisse Verbissenheit zu registrieren, das mittlere Management sollte man am besten mit einem Unteroffizierskorps vergleichen, in dem die Devise herrscht: ›Schnauze halten, arbeiten, Geld verdienen‹.«
»Früher war in Minden ein Bundesbahnausbesserungswerk, eine Firma, die Stahlmöbel baute, es gab Ausweichmöglichkeiten, heute ist das anders. Das Arbeitskräfteangebot ist immens, so konnte Herr Bentz auch die Löhne bestimmen und über die tariflich festgelegte Arbeitszeit hinaus arbeiten lassen, weil ja in der näheren Umgebung sonst nichts war – höchstens dann in Bielefeld.«
»Herr Bentz hat diese Ausnahmesituation ausgenutzt. Wenn er eine Sonderleistung von den Arbeitern verlangte, wurde sie auch erbracht: ich habe selber – im Sommer, wo viele auf Urlaub waren – eine Tagschicht mit ungefähr hundert Leuten und eine Nachtschicht hinterher gefahren, um ein Loch in der Filterproduktion zu schließen. Das lief fast drei Wochen so. Nachtarbeit nach 22.00 Uhr war gang und gäbe. Vom Gewerbeaufsichts-

amt habe ich bei Melitta keinen gesehen. Und wenn da mal einer kontrolliert hätte, der wäre von Herrn Bentz persönlich empfangen und zu einem Frühstück eingeladen worden. Danach wäre sicher alles in Ordnung gewesen.
Horst Bentz ist nach dem Prinzip verfahren: Teile und herrsche. Das von ihm entworfene Lohn- und Leistungssystem war geschickt ausgeklügelt. Für jeden Tag, den man da war, gab es einen Pluspunkt, wer krank war oder in Urlaub, dem wurde Minus eingetragen. So konnte es geschehen, daß Arbeiter zwei Jahre lang keine Ferien machten. Der Grundlohn blieb niedrig und wenn jetzt einer mehr verdienen wollte, dann konnte er dies nur über die Prämien erreichen. Auf diese Weise wurde ganz raffiniert die Produktivität gesteigert.

> »Schöpferische Selbstverwirklichung« innerhalb der Betriebshierarchie...
> nach Konzernherr Horst Bentz:
> »Die Hauptarbeit der Leitung ist schöpferischer Art! Der Leiter des Betriebes muß 75% seiner Arbeitszeit für diese Aufgaben frei haben. Die Herren der Geschäftsleitung 50%, die Abteilungsleiter 25% und die Meister 10%«... die Arbeiter 0,0%!

Was bei Melitta geschah, war oft außerhalb der Legalität. Es sollte verborgen bleiben. Deshalb war der Werkschutz da, alles Altgediente, die dem Chef anhingen. Auch einige Vorarbeiter und Meister waren praktisch Secret service. Diese Leute hatten aber nicht nur die Aufgabe, den Betrieb nach außen zu sichern, sie mußten auch unbotmäßige Kollegen benennen, dann wurde entschieden, ob man die Betreffenden beeinflussen oder gleich abschießen sollte.«
Die Einschüchterungsversuche waren vielfältig, das Spitzelwesen gut organisiert. So verhindert man Solidarität. Der eine wird gegen den anderen ausgespielt, Drohun-

gen werden ausgesprochen und auch wahrgemacht, die Belegschaft darf sich nicht zusammenfinden, damit sie ihre Stärke in der Gemeinschaft nicht erkennt.
Da Wahltag für die Unternehmer immer auch Zahltag war, hat Horst Bentz einer Tradition gemäß die CDU-Kanzlerkandidaten in seinen Betrieb eingeladen: Adenauer, Erhard, Kiesinger. Die Arbeiter mußten sich im Gemeinschaftsraum die Reden anhören: »Diskutiert wurde nicht.«
»Als Mende noch Vorsitzender der FDP war, hielt Bentz zu ihm engen Kontakt.«
Ab und zu machte sich der Chef auch gemein. Dann spielte er mit der Belegschaft Karten, das beeindruckte manchen und polierte das Image von Horst Bentz. Vor allen Dingen aber sollte damit den Unzufriedenen das Maul gestopft werden. Bentz konnte keine Kritik vertragen. Er hat, wenn man so will, die Kritiker gekauft: »Jeder Journalist bekam bei Melitta 20 % Rabatt auf alle Waren. Rechtsanwälte und andere Honoratioren wurden regelmäßig zu Meetings gebeten, durften das Werk besichtigen und sich beim Abschied ein Service oder sonstige Artikel mitnehmen.«
So gegen außen abgeschirmt, vor der Öffentlichkeit geschützt und im Innern die Kräfte formiert, konnte das Unternehmen »gedeihen«: Umsatz 600 Million Mark im Jahr, ein Zweigwerk in den USA, eine Niederlassung in Brasilien, wo es noch billige Arbeitskräfte gibt, der südafrikanische Markt wird zur Zeit gerade erobert.
Der Betriebsrat früher war nichts anderes als der Vertrauenskörper der Geschäftsführung, Sprachrohr des Chefs. Inzwischen haben sich – nachdem Öffentlichkeit hergestellt wurde – die Verhältnisse etwas geändert, von seinen 27 Mitgliedern gehören 4 – darunter eine Frau – der IG Druck und Papier an, sie erhielten bei der letzten Wahl die

meisten Stimmen. Die Gewerkschaft, von Bentz lange hart bekämpft, hat einen Fuß drin im Betrieb. Die Kollegen organisieren sich, lassen sich nicht mehr alles gefallen, begreifen, was los ist. »Wir werden immer mehr«, sagt einer, der es wissen muß. Regelmäßig finden Betriebsversammlungen statt, bei denen auch Horst Bentz, der sich »väterlich« gibt,

> Reaktionen auf die Erstveröffentlichung. Die Sprache, die Unternehmen verstehen:
>
> Konzernherr Horst Bentz: »Tausende von Briefen trafen ein, in denen Verbraucher von Melitta-Produkten mitteilten, daß sie ab morgen unsere Erzeugnisse nicht mehr kaufen würden. Auch 20–30 Betriebsräte von Großabnehmern schrieben, ›Ihr Vertreter braucht in unsere Kantinen nicht mehr zu kommen‹, dahinter standen immerhin einige Millionen Mark Umsatz.«

anwesend ist. Da muß er dann schon mal Sätze schlucken wie: »Es wird so lange Klassenunterschiede und Interessengegensätze geben, solang es diese Sorte ›freie‹ Unternehmer gibt.«
Der Anfang ist gemacht. Aus den Einstellungsformularen ist die diskriminierende Frage: ›Sind Sie Mitglied der Gewerkschaft?‹ verschwunden, das alte Lohn- und Leistungsmodell wurde abgeschafft, die willkürlichen Entlassungen sind unterbunden, die Arbeitszeiten müssen strikt eingehalten werden.
Ein erster Erfolg des gemeinschaftlichen Handelns der Kollegen. Weitere werden sich hoffentlich anschließen.

> Wiederholungstäter:
> »Sofern ich die Wahl hätte, würde ich alles noch einmal wieder so machen, denn ich bin mit meinem Leben und mit meiner Aufgabe zufrieden.«
> Konzernherr Horst Bentz

Oetker

Bernt Engelmann
Der Puddingprinz

Rudolf August Oetker, der 1916 geborene Chef des Hauses Oetker, wird immer noch der ›Pudding-Prinz‹ genannt, und dabei ist er längst ein Fürst, dessen Reich nicht allein auf Götterspeise und Backpulver gebaut ist, sondern auf soliden Säulen unterschiedlichster Art ruht: Fischerei, Handel, Transport, Banken und Versicherungen, eigener Hochseeflotte, zahlreichen Brauereien sowie Fabriken in nahezu allen Branchen. Sein Gruppenumsatz im Jahre 1971: 2,1 Milliarden DM; Beschäftigte: 23 000. Wie ist dieses Reich entstanden?
Als offizielles Gründungsdatum gilt der 1. Januar 1891, als Großvater Dr. August Oetker mit geborgtem Geld eine eigene Apotheke zu Bielefeld eröffnen konnte. Das eigene Kapital des unter großen finanziellen Opfern seiner Eltern, einfacher Bäckersleute im schaumburgischen Obernkirchen, zum Apotheker ausgebildeten Firmengründers bestand aus seinem Doktortitel, erworben durch eine Dissertation mit dem Titel »Zeigt der Pollen in der Unterabteilung der Pflanzenfamilien charakteristische Unterschiede?«. Der junge Akademiker-Geschäftsmann, der – wie die PR-Abteilung seines Enkels versichert – seinem Kunden Wilhelm Busch keineswegs zum Vorbild für dessen »Aptekerei-Proviser Mickefett« diente, suchte nach Wegen, die Schuldenlast seiner Apotheke zu vermindern. Als Bäckerssohn erinnerte er sich der Pulver, die dem Teig beigemischt wurden, damit die Kuchen besser ›aufgingen‹, und da auch seine Kundinnen ab und an

nach Natron und Weinstein verlangten und dazu erklärten: ›Nu cha, Herr Doktor, der Kauke chet so chut damit auf!‹, ging er nach langen Experimenten dazu über, die spottbilligen Grundstoffe nicht mehr lose, sondern genau abgewogen für jeweils ein Pfund Mehl, in Tütchen verpackt, mit narrensicheren Backrezepten versehen und unter einem Markennamen – »Backin« – zu verkaufen, die Tüte zu 10 Pfennig.
Das war für die damaligen Verhältnisse ein enormer Preis. Doch die Kundinnen zahlten ihn, denn sie vermieden so das Risiko eines Mißgelingens ihres Sonntagskuchens und alle möglichen Folgen für den Ehefrieden, hatten zudem das erhebende Gefühl, daß sich ein richtiger Herr Doktor herbeigelassen hatte, ihnen bei ihren häuslichen Problemen beratend zur Seite zu stehen. Dr. August Oetkers ›Backin‹ (dessen Preis sich bis heute nicht wesentlich erhöht hat, was Rückschlüsse auf die exorbitanten Verdienstspannen vergangener Jahrzehnte zuläßt), wurde ein grandioser Erfolg, weit über Bielefeld und dann auch über die Grenzen des Deutschen Reiches hinaus. Bald schon konnte Dr. Oetker seine Apotheke aufgeben und sich ganz der Herstellung seiner Back- und Küchenhilfen widmen, die Fabrik ausbauen, Zweigwerke gründen und die erste Goldmark-Million auf die hohe Kante legen. Damals ließ er sich Kärtchen drucken, auf denen stand: »Geld verleihe ich nicht, fremde Angelegenheiten interessieren mich nicht, da ich mit meinen eigenen genug zu tun habe. Ich bitte, mich mit zwecklosen Anliegen zu verschonen. Achtungsvoll! Dr. August Oetker.«
Trotz dieser und anderer Vorsichtsmaßnahmen kamen für das zunächst blühende Unternehmen schwere Rückschläge: Der Erste Weltkrieg ließ den Absatz stocken, denn in den Hungerjahren klangen die Oetker-Rezepte

(›Man nehme ½ Pfund Butter, acht Eier...‹) wie blanker Hohn; 1916 fiel der einzige Sohn und Erbe vor Verdun, und als 1918 auch Dr. August Oetker starb, schien das Ende seiner Firma schon abzusehen.
Es kam indessen anders: Die verwitwete Schwiegertochter des Firmengründers, die mit zwei kleinen Kindern, Ursula und Rudolf August, das schwere Erbe antrat, verheiratete sich bald wieder mit einem Freund der Familie, Dr. Richard Kaselowsky, und dieser nahm sich des am Boden liegenden Unternehmens nun sehr energisch an. Durch intensive Werbung, strenge Wahrung des Markenartikel-Charakters und sorgfältige Pflege der lebenswichtigen Beziehungen zu den Hausfrauen brachte er die Firma Oetker wieder hoch, verbündete sich mit den ›Persil‹-Henkels zu gemeinsamen Reklamefeldzügen und verstand es, jede Konkurrenz auszuschalten. Die Firma Reese in Hameln, die es gewagt hatte, die Oetker-Erzeugnisse nachzumachen, war schon vom Firmengründer Dr. August Oetker dadurch als Gefahr ausgeschaltet worden, daß er in aller Stille die auf eine Vielzahl von Erben verteilten Reese-Anteile samt und sonders aufkaufte – die letzten übrigens eher billiger als die ersten, denn wer schon die Majorität hat, kann die Bedingungen leichter diktieren. Als 1935 – das ›Dritte Reich‹ hatte schon begonnen – eine ehemalige Oetker-Angestellte, die Österreicherin Malwine Fortomarovic, selbst Backpulver zu produzieren begann und unter dem vertrauenerweckenden Markennamen ‹Tante Foro's Kuchenhilfe› in Oetker-Domänen einbrach, wandte sich Dr. Kaselowsky an den Referenten für Berufsmoral beim Stellvertreter des ›Führers‹, und schon wurde ›Tante Foro‹ als lästige Ausländerin des Reichsgebiets verwiesen, ihr Betrieb geschlossen.
Die Hitlerherrschaft erwies sich auch sonst als von gro-

ßem Segen für das Haus Oetker, stärkte und erweiterte dessen Monopol und sorgte für gleichbleibend niedrige Löhne, niemals aufbegehrende Arbeitskräfte und steigenden Absatz. Und Dr. Richard Kaselowsky, Statthalter im Oetker-Reich für den noch unmündigen Knaben Rudolf August, war als Mitglied des elitären ›Freundeskreises des Reichsführers SS Heinrich Himmler‹ imstande, die Familie zu einer der einflußreichsten (und bald auch reichsten) Sippen des Landes zu machen.

Natürlich konnte man auch damals schon nicht bloß nehmen; man mußte auch geben. Die letzte Eintragung über ›Julgabe‹ (sprich Weihnachtsgeschenk) in Höhe von wiederum 40 000 RM von Dr. Kaselowsky an Himmler stammt aus dem Jahre 1944. Doch der Reichsführer konnte sich bei dem Oetker-Chef dafür nicht mehr bedanken: Zusammen mit seiner Frau und seinen beiden Töchtern wurde der Stiefvater des heutigen Konzernchefs kurz vor Kriegsende Opfer einer Fliegerbombe.

Damit war der Oetker-Thron frei für den ›Erbprinzen‹ Rudolf August, damals 28, der auf die Übernahme vorbereitet worden war, indem man ihn vom Gymnasium aus mit Diener und Chauffeur in die Lehre geschickt hatte, und zwar bei der ›Vereinsbank in Hamburg‹, an der die Familie stark beteiligt war. Mit 20 hatte er ein paar Monate Arbeitsdienst ableisten müssen, wobei er zur Freizeitgestaltung seiner Vorgesetzten viel Geld beisteuern und gelegentlich ganze Omnibusladungen junger Arbeiterinnen aus der Bielefelder Fabrik kommen lassen konnte. Eine Zeitlang war er dann Soldat bei einer feudale Traditionen pflegenden Einheit; dann wurde er krank und nach Hause entlassen. Auch während des Krieges brauchte Rudolf August Oetker zunächst nicht einzurücken, und als dies nicht mehr zu verhindern war, kam er zu einer SS-Verpflegungseinheit nach Berlin, wo er dann in einem

konzerneigenen Zweigwerk leichte Beschäftigung fand. Um so härter traf es ihn, daß er im Frühjahr 1945, kaum daß er die Herrschaft über den Oetker-Konzern angetreten hatte, von den Siegern verhaftet und in ein Lager eingesperrt wurde. Dort hatte er unter den Wachmannschaften, ehemaligen Zwangsarbeitern, schwer zu leiden.
Für diese bitteren Jahre wurde er dann aber schon bald vom Schicksal reich entschädigt, wobei sich dieses hierfür speziell des Paragraphen 7 eines Einkommensteuergesetzes bediente, das unter der Kanzlerschaft des CDU-Vorsitzenden Dr. Konrad Adenauer für Konzerne wie Oetker geradezu maßgeschneidert worden war. Als nämlich als Vorbote des anbrechenden Wirtschaftswunders die sogenannte ›Freßwelle‹ über das ausgehungerte West-Deutschland hereinbrach und unverhoffte Millionengewinne in die Kassen des Oetker-Konzerns spülte, da brauchten diese Gewinne, dank § 7 Einkommensteuergesetz, nicht versteuert zu werden; die staatstragende Oberschicht reicher Leute durfte solche Profite nutzbringend investieren und den aus solchen Investitionen gezogenen Gewinn, wiederum unversteuert, erneut günstig anlegen.
Weil Darlehen an den Schiffsbau dabei besonders begünstigt waren, gab Oetker seine Pudding- und Backpulver-Gewinne lieber geldbedürftigen Reedereien als dem Finanzamt. Und weil man Gewinne lieber behält, als sie fremden Leuten zu geben, wurde er selbst Reeder, der mit Nährmittelgewinnen Schiffe baute. Weil Reeder Staatszuschüsse und spottbillige Kredite aus öffentlichen Mitteln erhielten, baute er weitere Schiffe. Und weil Schiffe und Frachten versichert werden müssen und weil das Geld kostet, das man lieber behält, gründete Oetker eine eigene Versicherung, die ›Condor‹. Weil die ›Condor‹ allein zu schwach war, kaufte sich Oetker in die Lebens-und Sachversicherung ›Deutscher Ring‹ ein, und damit war sein

Versicherungsreich krisenfest abgestützt. Ärger über zu hohe Kreditzinsen und Gebühren ersparte sich Oetker, indem er das Bankhaus Lampe erwarb und zu seiner Hausbank machte. Und die hohen Kosten für Werbung, die im Markenartikelbereich unumgänglich sind, reduzierte er durch den Kauf einer Werbeagentur sowie von Herstellungsbetrieben für Werbeträger und Verpackung.
Weniger aus Sparsamkeit, vielmehr zur möglichst krisenfesten und lukrativen Vermögensanlage, wurde er Bierbrauer, wiederum mit eigenem Kreditinstitut – der Bank für Brau-Industrie AG, Frankfurt – und gehört heute zu den größten Brauherren Europas.
Hand in Hand mit der immer größeren Vermögensbildung ging der Erwerb gesellschaftlichen Prestiges. Auf diesem Gebiet hat Rudolf August Oetker geradezu Glanzleistungen vollbracht, zumal auf so schwierigem Terrain wie dem der Hansestadt Hamburg. Im Raum Bielefeld, wo Schwester Ursula ein Rittergut und der Konzernchef mit seiner Frau ein stattliches Herrenhaus mit 75 Morgen Park bewohnen, waren die Oetkers ohnehin Könige. In Baden-Baden, wo ständig eine elegante Zimmerflucht im etwas ältlichen, aber piekfeinen ›Brenner's Parkhotel‹ für den Eigentümer (Oetker) reserviert ist, zählen die Bielefelder schon seit Kaisers Zeiten zur Creme der Gesellschaft. Und überall dort, wo der Brauherr-, Weinguts-, Sektkellerei- oder Fabrikbesitzer Oetkersches Hoheitsgebiet betritt, ist er natürlich hochangesehen – sogar in London, wo ihm ein großes, altrenommiertes Handelshaus in der City und ein unerhört vornehmes, altenglisches Adelspalais am Eton Square gehört. Nur in Hamburg haperte es zunächst mit dem Prestigegewinn, weil der Bielefelder ›Backpulverkönig‹ allzu stürmisch für hanseatischen Geschmack um gesellschaftliche Anerkennung bemüht war.

Er hatte für seine ›Backpulver-Flotte‹ – wie sie Hamburger Reeder geringschätzig nannten – ein Verwaltungshochhaus von diskreter Eleganz erbaut, seinen Stiefvetter, den weltgewandten John Henry de la Trobe, zum Reederei-Chef gemacht, seinen Schiffen nicht mehr, wie zu Beginn, Namen aus der Bielefelder Backpulver-Dynastie gegeben, sondern die von altehrwürdigen Hamburger Kirchtürmen; er hatte Derby-Preise gestiftet und Studentenwohnheime erbauen lassen – alles vergebens! Die Hamburger Elite von Top-Snobs, die aus knapp 50 Familien (nebst einigen Hofnarren und Maskottchen) besteht und wo jeder behauptet, alle anderen gehörten eigentlich nicht dazu, nahm von Rudolf August Oetker keine, zumindest keine gebührende Notiz. Erst als dieser sein Hauspersonal durch aus England importierte Domestiken zu ergänzen begann und diese Aktion durch Einstellung eines garantiert echt britischen Butlers krönte, konnte er einen Einbruch in die Front der Snobiety erzielen. Später gelang es ihm sogar, die alljährliche Derby-Garden-Party in seinem ›Die Boost‹ genannten Besitztum an der Elbe veranstalten zu dürfen...
Bleibt noch die Frage, wo Rudolf August Oetker, seit 1963 in dritter Ehe verheiratet, mit der Nichte des Banken-Präsidenten Münchmeyer, Maja geborener von Malaisé, weltanschaulich und politisch beheimatet ist; ob er den gleichen verstaubten, klerikalen, deutschnationalen oder gar faschistischen Idealen huldigt wie die meisten anderen Angehörigen der bundesdeutschen Geld- und Macht-Elite.
Oetkers Mann in Bonn war viele Jahre lang Dr. Alexander Elbrächter, der bis 1958 zur Fraktion der weit rechts stehenden Deutschen Partei gehörte, dann – in Vorausahnung des Schritts seines Parteivorsitzenden Seebohm – zur CDU übertrat.

Gerüchte, wonach Oetker die NPD unterstützt habe, werden vom Firmenchef mit Entrüstung zurückgewiesen. Er kann auch erklären, wie es zu solchen falschen Verdächtigungen gekommen sein mag: Da ist einmal die einstige Firmenpolitik unter Stiefpapa Kaselowsky (für die Rudolf August Oetker schließlich nicht verantwortlich war). Da ist weiter die (belanglose) Tatsache, daß der Hamburger Reeder Schweimer, ein alter Bekannter, Sportfreund und mitunter Gast Oetkers war, daneben auch Vorsitzender der Hamburger NPD. Ein drittes, noch schwächeres Indiz ist ein Treffen im November '66 bei Prinz Karl zu Solm-Horstmar, wo Oetker zahlreichen führenden NPDlern begegnete; hier kann der Konzernchef darauf hinweisen, daß der Prinz zu Salm, damals führender NPD-Funktionär, erstens aus dieser Partei inzwischen ausgetreten, zweitens mit einer geschiedenen Oetker-Gattin verheiratet und – wie in besseren Kreisen üblich – mit dem Vor-Ehemann befreundet ist. Nein, man sieht deutlich, daß an den Gerüchten kein wahres Wort ist! Von freundschaftlichen und familiären Bindungen abgesehen, gab und gibt es nichts zwischen Oetker und der NPD, schon gar keine Spenden. Oder, wie Oetker es ausdrückt: »Die Leute meinen immer, bei Oetker chiibt es Cheld!«

Lebensweisheiten eines Milliardärs

In einem Interview nach den ihm besonders angenehmen menschlichen Eigenschaften befragt, antwortet Oetker: »...Daß einer eir zufriedener Mensch ist, daß ein Mensch innerlich und äußerlich bescheiden ist.«

Auf die Frage, was er in seinem Leben am meisten fürchtet, antwortet er wie alle Leute seiner Klasse und Größenordnung: »...Befürchten tue ich eigentlich nur eins; daß die Ordnung, in der *wir* leben, sich verändert... ich bin ein Freund einer gewissen Ordnung. Und wenn *diese* Ordnung gestört ist, das hab ich ungern.«

Der Reichste?

Bernt Engelmann
Wer ist der Reichste im ganzen Land?

Immer wieder taucht die Frage auf: Wie kommt es, daß man in der Bundesrepublik zwar mit Akribie ermittelt und in jedermann zugänglichen Werken verzeichnet, wie viele Nähmaschinen, unterteilt in mechanische und elektrische, in den Privathaushalten benutzt werden, auch wie es sich mit der Nähmaschinen-Dichte in den einzelnen Stadt- und Landkreisen verhält; welche Fortschritte der Anbau von Hackfrüchten im allgemeinen sowie der von nicht industriell verwerteten Runkelrüben im besonderen in den einzelnen Bundesländern gemacht hat; was neben Fahrrädern, Transistorradios und Plattenspielern sonst noch zu den vermögenbildenden, weil angeblich langlebigen Gebrauchsgütern des gemeinen Volkes gerechnet werden kann, und wie sich der Bestand an – bis zu acht Wochen alten – Ferkeln zu dem an – über acht Wochen und bis zu sechs Monate alten – Jungschweinen verhält, insgesamt sowie regional und unterteilt nach den Resultaten der dreijährlichen Zwischenzählungen sowie dem der Hauptzählung; daß es aber anderseits so gut wie nichts an amtlicher Information über weit Wichtigeres gibt, nämlich über das Ausmaß der Zusammenballung von wirtschaftlicher und damit auch politischer Macht in den Händen ganz weniger? Nun, diese Frage ist relativ leicht zu beantworten: Da es den Besitzenden hierzulande bislang noch immer gelungen ist, sich die Gesetze und Spielregeln nach eigenem Bedürfnis und Geschmack auf den Leib schneidern zu lassen, ist es beinahe selbstverständlich, daß auch die amtliche Statistik das von den Geldgiganten gewünschte Höchstmaß an Diskretion wahrt, was das Ausmaß des Superreichtums und erst recht das der einzelnen Riesenvermögen angeht. Zwar ist die Summe dessen, was einzelne Familien mit den von ihnen beherrschten Unternehmen alljährlich umsetzen, nicht selten größer als der gesamte Haushalt mittlerer Bundesländer; privater Grundbesitz übertrifft häufig an Ausdehnung das Areal zahlreicher Landkreise, und selbst der private Verbrauch einer stattlichen Anzahl von Geldgiganten ist bedeutender als der Jahresetat vieler reicher Gemeinden, ganz zu schweigen davon, daß es die Gesamtzahl der von einzelnen Superreichen abhängigen Familien durchaus mit dem Bevölkerungsstand bundesdeutscher Metropolen aufnehmen kann. Aber vielleicht gerade deshalb scheuen die Geldgiganten die Publizität wie die Katze das Wasser. Sie haben es jedenfalls bislang gut verstanden, der Öffentlichkeit präzise Information über das wahre Ausmaß ihres Reichtums und Einflusses vorzuenthalten.

So ist es denn illusorisch, anhand genauer Ziffern den oder die Allerreichsten im Lande ermitteln zu wollen. Wir wissen nicht einmal annähernd genau, wie viele Milliardäre es bei uns gibt, und deren Namen kennen wir erst recht nicht. Wir sind vielmehr auf Vermutungen angewiesen, doch auch diese können ganz nützlich sein. Denn wenn wir uns, unter Verzicht auf Systematik und – ohnehin nicht vorhandenes – präzises Zahlenmaterial, nur mal im Lande umschauen, so merken wir rasch, daß es erstens weit mehr superreiche Leute gibt, als wir gedacht haben; daß es zweitens viel mehr alten, zumeist hocharistokratischen Reichtum gibt, als allgemein angenommen wird, und daß drittens in diesem Buch der Hochadel keineswegs, wie mancher vielleicht gemeint hat, erheblich über-

repräsentiert, vielmehr ganz entschieden zu kurz gekommen ist.
Ähnlich reich wie die Multimilliardäre von Waldburg-Zeil und Thurn und Taxis sind nicht nur die Herzöge von *Arenberg*, die wir als Schwiegereltern des Barons von und zu Guttenberg kurz kennengelernt haben und deren bundesdeutsche Latifundien auf rund 300 Millionen Quadratmeter geschätzt werden können, wobei der Schwerpunkt Arenbergischen Grundbesitzes im Ruhrgebiet liegt, denn sie sind nebenbei auch Fürsten zu Recklinghausen; vielmehr gibt es noch mindestens ein Dutzend Fürsten- und Grafenhäuser von vergleichbarer Potenz: Fürst Otto von *Bismarck*, der Enkel und Erbe des ›Eisernen Kanzlers‹, ist allein mit seinem großstadtnahen Sachsenwald-Besitz schon Milliardär; die Grafen von *Brandenstein-Zeppelin*, Großgrundbesitzer in Baden-Württemberg und Hessen, beherrschen die Zahnradfabrik Friedrichshafen AG (18 000 Beschäftigte; Jahresumsatz rund 1 Milliarde DM) und die Zeppelin-Metallwerke (2 300 Beschäftigte; Jahresumsatz 300 Millionen DM); den Grafen von *Faber-Castell* gehört neben rund 5 000 Hektar Land und umfangreichem städtischem Grund- und Hausbesitz auch die Weltfirma A. W. Faber-Castell mit rund 4 000 Beschäftigten, und sie beherrschen zudem noch die ›Nürnberger‹-Versicherungsgruppe; die Fürsten zu *Fürstenberg* sind nicht nur mit 20 000 Hektar die größten privaten Grundbesitzer Südwestdeutschlands, sondern auch Industrielle, denen unter anderem die berühmte Fürstenberg-Brauerei in Donaueschingen gehört; den Fürsten zu *Hohenlohe* sind etwa 15 000 Hektar zu eigen, und daneben haben sie eine Beteiligung an der Handels- und Gewerbebank Heilbronn; mindestens 18 000 Hektar sowie ein Hüttenwerk, eine Kunststoff-Fabrik und mehrere metallverarbeitende Betriebe mit zusammen rund 4 000

Beschäftigten erheben auch die Fürsten zu *Hohenzollern-Sigmaringen* in den Rang von Milliardären; die Fürsten zu *Löwenstein-Wertheim* sind nicht nur Großgrundbesitzer, sondern auch Großaktionäre der Held & Francke Bau AG, Inhaber einer bedeutenden Maschinenfabrik sowie an zwei Privatbanken beteiligt; die Fürsten zu *Oettingen* gehören zu den bedeutendsten Latifundienbesitzern Bayerns und sind außerdem erheblich beteiligt an der Bayerischen Vereinsbank-Staatsbank-Gruppe; die Großherzöge von Oldenburg haben neben 15 000 Hektar Grundbesitz in Schleswig-Holstein und Oldenburg auch eine Drittelbeteiligung an der Glückauf-Bau AG, Dortmund; die Fürsten zu *Sayn und Wittgenstein* verfügen über rund 26 000 Hektar Grundbesitz in Nordrhein-Westfalen und Niedersachsen, und sie sind außerdem Mehrheitsaktionäre der Hannoverschen Papierfabriken (Jahresumsatz: über 110 Millionen DM); die Grafen von *Schaffgotsch*, ehedem oberschlesische Magnaten, beherrschen Industrieunternehmen mit zusammen rund 650 Millionen DM Umsatz, ferner die Frankfurter Privatbank Bass & Herz; den Reichsgrafen von *Spee* gehören über 8 000 Hektar nordrheinwestfälischen Bodens, darunter wertvollstes Bauland in und um Düsseldorf; die Grafen zu *Toerring-Jettenbach* haben rund 4 000 Hektar Grund in Bayern, zwei bedeutende Brauereien sowie die bekannte Uher-Tonbandgerätefabrik; die Fürsten zu *Waldeck und Pyrmont* sind mit über 14 000 Hektar Grundbesitz in Nordrhein-Westfalen und Hessen gesegnet; die Grafen von *Westphalen* haben rund 13 000 Hektar; die Herzöge von *Württemberg* verfügen über 18 000 Hektar und die Fürsten zu *Ysenburg und Büdingen* über rund 10 000 Hektar, ferner haben sie umfangreiche Industrie-, Brauerei- und Bankinteressen. Damit man sich eine Vorstellung von der Bedeutung des Grundbesitzes dieser 17 Hochadels-

familien machen kann (die nur eine kleine Auswahl darstellen, allenfalls ein Zehntel des gesamten aristokratischen Großgrundbesitzes der Bundesrepublik): Ihre zusammen rund 200 000 Hektar Grundbesitz (= 2 Milliarden Quadratmeter) würden ausreichen, zwei Millionen Familien, mehr, als derzeit in Hamburg, München, Essen, Köln und Frankfurt zusammen leben, mit je einem Grundstück von 1000 Quadratmetern auszustatten...!
In der Größenordnung zwischen Henkel und Flick gibt es in der Bundesrepublik noch eine ganze Reihe von Industriellen alten, zum Teil sogar sehr alten Reichtums, teils bekannte, teils nahezu unbekannte:
Beginnen wir mit dem Bertelsmann-Erben, Familie *Mohn*, die das 1835 begründete Unternehmen, nicht zuletzt durch eine maßgebende Beteiligung an der Verlagsgruppe Gruner & Jahr, zu Jahresumsätzen oberhalb der Milliardengrenze gebracht haben; den von *Boch-Galhaus*, Alleininhabern des Keramik-Konzerns Villeroy & Boch, gegründet 1748, mit fast 20 000 Beschäftigten; den Inhabern von C. H. Boehringer in Ingelheim, einem pharmazeutischen Großunternehmen mit rund 15 000 Beschäftigten und Umsätzen oberhalb der Milliardengrenze, das seit 1885 den Familien *Boehringer* und *Liebknecht* gehört; der Familie *Blohm*, die zu 18 Prozent an der Hamburger Werft Blohm & Voss, gegründet 1877, zu 25 Prozent an den Flugzeugwerken Messerschmitt-Bölkow-Blohm (Umsatz: etwa 1 Milliarde DM, über 20 000 Beschäftigte) beteiligt ist; der Familie *Bosch*, die den Elektro-Konzern Robert Bosch GmbH, gegründet 1885, mit 5,5 Milliarden DM Jahresumsatz und 119 000 Beschäftigten eines der größten Unternehmen der Bundesrepublik, beherrscht, außerdem die Deutsche Verlagsanstalt, sowie die Handels- und Gewerbe-Bank Heilbronn.

Nicht nur industriell, nämlich mit großen und zum Teil beherrschenden Beteiligungen an der Löwenbräu AG, den Isar-Amper-Werken, dem Hochtief-Konzern, den Edelstahlwerken Witten und den Stahlwerken Südwestfalen, sondern auch als Großgrundbesitzer in und um München sowie als Bankier in Firma Merck, Finck & Co. tätig, gehört August von *Finck* zu den Allerreichsten der Bundesrepublik.

Die *Haniel*-Erben sind seit 1758 die Beherrscher des Gutehoffnungshütte-Konzerns (96 000 Beschäftigte, über 6 Milliarden DM Jahresumsatz), außerdem seit 1756 Alleininhaber eines der größten Handelsunternehmen der Bundesrepublik, der Firma Haniel & Co.

Familie *Henle* hat den Klöckner-Konzern, gegründet 1906, geerbt und betreibt mit der Handelsfirma Klöckner & Co. (Umsatz: 4,4 Milliarden DM) Großhandel mit Stahl und Schrott, NE-Metallen, Bau-, Treib- und Brennstoffen aller Art. In Bayern beherrschen die Familien *von Malaisé* und *von Maffei*, die eng miteinander verwandt sind, die Heldt & Francke Bau AG, die mächtige Bayerische Hypotheken- und Wechsel-Bank und manches mehr; die Familie *von Opel* hat, neben umfangreichem und sehr wertvollem Grundbesitz, vor allem eine etwa 30prozentige Beteiligung am Karstadt-Konzern, ferner ein Paket von Aktien der Continental-Gummiwerke AG, Hannover, und die *Quandt*-Erben führen uns wieder in die alleroberste Etage, in den Multimilliarden-Bereich, denn ihnen gehört nicht nur die Quandt-Gruppe (Umsatz: über 2 Milliarden; fast 30 000 Beschäftigte) mit VARTA, IWKA und vielem anderen, sondern auch ein Siebtel des Mammut-Konzerns Daimler-Benz (11 Milliarden DM Umsatz; 144 000 Beschäftigte) sowie zu mehr als 70 Prozent die Bayerischen Motorenwerke AG, kurz BMW genannt.

Und hier noch ein halbes Dutzend Industrielle alten Reichtums, die zur Milliardärsklasse gehören; die *Röchling*-Erben, die in ihrer eigenen Gruppe mit 36 000 Beschäftigten fast 2 Milliarden DM Umsatz erzielen und zudem zu knapp 80 Prozent an Rheinmetall beteiligt sind; die Familie *von Siemens,* einziger Groß- und Vorzugsaktionär mit beherrschender Stellung im Siemens-Konzern (301 000 Beschäftigte; fast 12 Milliarden DM Umsatz); die *Stumm*-Erben, angeführt von Knut Freiherr von Kühlmann-Stumm auf Ramholz, deren 1715 gegründeter Konzern nebst Beteiligungen mit rund 25 000 Beschäftigten etwa 1,5 Milliarden DM Umsatz macht; die *Thyssen*-Erben, von denen die Gräfin Anita de Zichy-Thyssen den August-Thyssen-Hütte-(ATH-)Konzern (über 7 Milliarden DM Umsatz, fast 90 000 Beschäftigte) und über diesen zu 33 Prozent die Mannesmann-Werke, zu über 65 Prozent Blohm & Voss und zu 50 Prozent Rasselstein beherrscht, während Baron Heinrich von Thyssen-Bornemisza sein bundesdeutsches Konzernreich nur noch als Anhängsel eines holländisch-schweizerischen ›Gemischtwaren‹-Trusts betrachtet; Familie *Voith* in Heidenheim an der Brenz, deren 1867 gegründetes Stammunternehmen zwar ›nur‹ etwa 7 000 Beschäftigte zählt und etwa 500 Millionen DM Jahresumsatz erzielt, die aber sehr weitgestreute und bedeutende Beteiligungen hat, so zum Beispiel die Sperrminorität bei der Deutschen-Conti-Gas-Gesellschaft (Konzern-Umsatz: über 600 Millionen DM; 12 000 Beschäftigte), knapp die Hälfte des Aktienkapitals der Effektenbank-Warburg AG oder auch ein Viertel der WKV-Warenkreditbank, Frankfurt; Otto *Wolff von Amerongen,* dessen 1904 gegründete Otto Wolf AG fast 3 Milliarden DM umsetzt und der an der Rasselstein AG, Neuwied, an der Neunkircher Eisenwerk AG und an der Weserhütte (zusammen rund 1 Milliarde DM Jahresumsatz;

rund 15 000 Beschäftigte) Beteiligungen zwischen 38 und 74 Prozent hält, sowie – *last not least* – die Neußer Sippe der *Werhahns* mit einem bunt zusammengewürfelten Konzern, der von der STRABAG bis zur Meierei Bolle in Berlin reicht, die aber auch mit etwa 10 Prozent am RWE-Konzern (3,5 Milliarden DM Umsatz; 17 000 Beschäftigte) sowie bei Hoesch (fast 7 Milliarden DM Umsatz; 53 000 Beschäftigte), am Münchener Löwenbräu, an der Commerzbank AG und noch an vielem, vielem anderen beteiligt ist.

Aber auch das sind noch längst nicht alle Geldgiganten der Bundesrepublik: Da gibt es in Köln noch Familie *Mülhens*, seit 1792 Alleininhaber des 4711-Konzerns und daneben Besitzer von mindestens 100 000 Hektar wertvollsten Bodens; ebenfalls in Köln findet sich die milliardenschwere Bankiersfamilie der Freiherren *von Oppenheim*, die auch die Kölner Versicherungsgruppe beherrscht; da sitzen, in und um Mettingen im Münsterland, auf zahlreichen schönen Landsitzen die der Öffentlichkeit nur als ›C & A‹ bekannten Kaufhauskönige Brenninkmeyer mit rund 12 000 Beschäftigten und Einzelhandelsumsätzen, die zwischen 2 und 3 Milliarden DM liegen.

Das Ehepaar Erivan *Haub* und Elisabeth geborene *Schmitz-Scholl* in Mühlheim (Ruhr) gebietet über fast tausend Supermärkte, beherrscht zu 100 Prozent die Tengelmann- und zu 75 Prozent die Kaiser's Kaffee-Ladenkette und hat außerdem den Wissoll-Konzern geerbt, der rund 1 Milliarde DM Jahresumsatz hat.

Die alte Handelsfirma Terfloth & Snoek in Münster, deren Anfänge bis 1774 zurückreichen, gehört – mit ›Ratio‹-Umsätzen von knapp 1 Milliarde DM – zu 76 Prozent Egbert *Snoek*, im übrigen den Terfloth-Erben.

Und in Düsseldorf-Oberkassel gibt es seit 1907 die Firma C. Spaeter & W. v. Oswald, zu der auch die Carl *Spaeter*

GmbH in Duisburg gehört. Das Unternehmen betreibt mit mehr als 1 Milliarde DM Jahresumsatz Eisen- und Stahlhandel und ist zu 100 Prozent in Familienbesitz.

Ein anderer, wenig bekannter Clan, der Multimilliarden-Umsätze erzielt, ist die Familie *Karg*, Alleineigentümerin der ›Hertie‹-Warenhauskette, der auch ›Wertheim‹, ›bilka‹ und ›KaDeWe‹ gehört. Und Familie *Schickedanz*, Alleineigentümer des ›Quelle‹-Konzerns, verfügt daneben auch noch über eine der fünf größten bayerischen Brauereien sowie über die Vereinigten Papierfabriken, die ›Tempo‹- wie auch ›Camelia‹-Markenartikel herstellen. Eine Nummer kleiner als die ›Quelle‹-Herren ist der Versandhaus-König Josef *Neckermann*, doch auch er ist Alleinherrscher über ein Reich von 1,5 Milliarden DM Umsatz.

Den – noch keineswegs vollständigen – Reigen mögen drei Milliardärsfamilien beschließen, die in ganz unterschiedlichen Bereichen dominierende Positionen halten: Das Zigarettenkönigshaus *Reemtsma*, das Zeitungsimperium des Axel Caesar *Springer* und die Spediteurs-Sippe *Kühne* in Firma Kühne & Nagel (gegründet 1890, Umsatz zirka 1 Milliarde DM).

Diese sehr lückenhafte Übersicht erfüllt indessen bereits ihren Zweck, nämlich die in diesem Buche ausführlich behandelten Familien nicht als seltene Ausnahmen erscheinen zu lassen, vielmehr als – mehr oder weniger typische – Beispiele. Desgleichen sind ›die da unten‹ dieses Buches nur die Stellvertreter für die Millionen Arbeiter und Angestellten unserer Geldgiganten. Und daß sie – im Gegensatz zu ihren ›Brotherren‹ – zumeist anonym bleiben mußten, ist der vielleicht am meisten bedenkenswerte Umstand.

Gerling

Bernt Engelmann
Der Assekuranz-Gigant

»Des Vaters Segen baut den Kindern Häuser«, heißt es schon bei Jesus Sirach, 3. Kapitel, Vers 11. Aber selbst dieser Prophet hat nicht ahnen können, zu welchen Exzessen auf dem Gebiet kindlichen Häuserbaus ein — nicht mal direkt erteilter — väterlicher Segen führen kann. Er stände, käme er heute nach Köln, staunend vor den monumentalen Scheußlichkeiten, die ein damals 43jähriger Versicherungskonzern-Erbe anno 1958 mitten in die Domstadt geklotzt hat, um der Hinterlassenschaft seines 1935 zu St. Moritz verstorbenen Papas ein deren Größe angemessenes und weithin sichtbares Gehäuse zu schaffen. Und dabei waren Segen und Erbe des Vaters eigentlich einem anderen Sohn zugedacht gewesen...
Doch davon war dezenterweise nicht die Rede, als im Herbst 1958 der gigantische Palast-Komplex eingeweiht wurde — mit Festivitäten, wie sie die alte Reichsstadt in ihrer 1900jährigen Geschichte mit solchem Pomp und Aufwand noch nicht erlebt hatte. Höhepunkte und Abschluß bildete eine abendliche Feierstunde im Freien. Gleißendes Magnesiumlicht, von eilfertig umherhuschenden Lakaien entzündet, erhellte das ganze, fast einen Stadtteil bildende neue Konzern-Domizil. Ein Riesen-Gala-Super-de-Luxe-Feuerwerk illuminierte auf immer neue, immer buntere Weise die weiten Außen- und Innenhöfe der bezugsfertigen Zwingburg. Böllerschüsse dröhnten, Springbrunnen ließen Ahrburgunder in Bronzebecken plätschern, und ein berühmtes Symphonieor-

chester intonierte die Ouvertüre zu Händels ›Feuerwerksmusik‹. Es folgte ein Chorgesang aus Haydns Oratorium ›Die Schöpfung‹, und schließlich brachte der Konzern-Poet Wolf von Niebelschütz ein von ihm eigens für diesen Festtag geschaffenes Werk zum Vortrag: »Wo Trümmer standen, wuchs ein Traum...« Der Künstler erntete viel Applaus von den beheizten Tribünen, auf denen die Gäste – befrackte Herren mit vielen Orden und nerzgefiederte Damen in Abendroben und mit durchschnittlich 6 Pfund Juwelen – von livrierten Dienern mit Champagner und Kaviarhäppchen gelabt wurden. Die Bürger von Köln, für die die ganze Palast-Anlage seit dem frühen Morgen zur Verbotenen Stadt erklärt worden war, drängten sich weitab hinter drei Mauern hohen Kunststoff-Palisaden in der Hoffnung, vielleicht doch einen Blick auf das Gepränge zu erhaschen.

Das architektonische Konzept des so aufwendig eingeweihten Versicherungstempels wie auch die zahlreichen Riesen-Reliefs an seinen Mauern stammten von Professor Arno Breker, dem einstigen Hof-Steinmetz des ›Führers‹, und das Ganze entsprach in so starkem Maße der Gigantomanie und dem Neoklassizismus des ›Dritten Reiches‹, daß die Kölner, noch ehe der die Feier beschließende Kinderchor sein Lied, »Herr, deine Güte reicht so weit«, zu Ende geträllert werden, der Konzern-Palast-Anlage, die da erstanden war, den treffenden Namen ›Neue Reichskanzlei‹ gegeben hatten.

Die Familie, die sich die neue Tempelstadt hatte schaffen lassen und deren von zwei brüllenden Löwen gehaltenes goldgeschmücktes Wappen über den marmorverkleideten Portalen prangte (und natürlich auch innerhalb der Gebäude, zwischen Riesengobelins und gewaltigen Gemälden), war noch ein halbes Menschenalter zuvor nahezu unbekannt gewesen; selbst in Köln, ihrer Wahlhei-

mat, kannten ihren Namen, Gerling, vor 1914 allenfalls einige — damals Acquisiteure genannte — Versicherungsvertreter und Winkelagenten.
Der Aufstieg der Gerlings aus diesem Milieu in die Crème de la crème des europäischen Geldadels hat sich ungemein rasch vollzogen: Robert Gerling, zuvor Stift in einer Textilhandlung, dann ›Acquisiteur‹ einer kleinen Versicherungsagentur, machte sich 1904 mit 26 Jahren selbständig. Sein »Assekuranz-Bureau zu Cöln« nannte er »Centrale für Versicherungswesen Robert Gerling & Co GmbH«.
Besagte ›Centrale‹ hatte ein einbezahltes Kapital von ganzen 4 000 Mark. Ebenfalls zum Kapital, das damit den Mindestanforderungen entsprach gehörte die Einrichtung des ›Bureaus‹, darunter »1 Heizofen, 1 Petroleumofen, 2 Schirmständer«, die man großzügig mit 1114,57 Mark bewertet hatte. Der junge Gerling, der mit nur 1 000 Mark eigenen Ersparnissen an ›seiner‹ Firma beteiligt war, hatte Teilhaber gefunden, die den Rest des erforderlichen Geldes einschossen. Es lohnt indessen nicht, über diese Seniorpartner, die zum Startkapital den Löwenanteil beisteuerten, viele Worte zu verlieren, denn sie wurden samt und sonders von Robert Gerling auf mehr oder weniger liebenswürdiger Weise nach und nach ausgebootet, sobald die Firma florierte.
Das tat sie nämlich, und binnen zwei Jahrzehnte entwickelte sich die ›Centrale‹ zum kompliziert verschachtelten Gerling-Konzern, der bald zur Spitzengruppe des deutschen Versicherungswesens gehörte.
Wie dieses Wunder geschehen konnte, hat der Gerlingsche Konzern-Dichter Wolf von Niebelschütz — frei nach Jacob Burckhardt — so umschrieben: »Was kräftig gedeihen soll auf Erden, muß dunklen Mächten seinen Zoll bezahlen...« Die ob seiner Tricks und Schliche über den

jungen Gerling sehr erboste Konkurrenz nannte ihn anfangs schlicht einen »Frevler im Assekuranz-Wald«, weil er durch heimliche Rückvergütung von Provisionen und enorme Rabatte bei Großabschlüssen ihren Kartellabsprachen zuwiderhandelte. Später, als er ihnen über den Kopf zu wachsen begann, bezeichneten sie ihn als »Versicherungs-Hyäne« und forderten seinen Kopf.

Just dieser Kopf sowie »Genie und Ellenbogen« war aber nach Ansicht Robert Gerlings sein bestes Kapital, und er wußte ihn zu benutzen. Zunächst war er ja nichts als eine ›Grabenmaus‹ zwischen den Fronten der einander mit allen Mitteln bekämpfenden Versicherungskartelle, auf die beide Seiten, mehr zum Spaß, Jagd machten. Später, zumal in den Jahren der Inflation nach dem Ersten Weltkrieg, fraß er sich durch die Kadaver der gefallenen Riesen, die seine Feinde gewesen waren, und er wurde so groß, daß ihm am Ende auch das Versicherungsaufsichtsamt in Berlin nichts mehr anzuhaben vermochte.

Nachdem Hitler 1933 an die Macht gekommen war, wurde Robert Gerling, obschon er zuvor nur die gemäßigte rechte Deutsche Volkspartei unterstützt hatte, in die »Akademie für Deutsches Recht« berufen, und zwar, wenn man seinem Hofbiographen Niebelschütz in diesem Punkte Glauben schenken darf, sehr gegen seinen Willen. Aufgabe besagter ›Akademie‹ war »die Neugestaltung des deutschen Rechtslebens auf dem Fundament des nationalsozialistischen Gedankenguts«, und zu letzterem gehörte auch die Phrase ›Gemeinnutz geht vor Eigennutz‹, die jeden Versicherungskonzernherren mit Ekel erfüllen mußte. Als zigfacher Millionär, der er inzwischen war, konnte er es sich erlauben, sein Domizil, den »prächtigsten Herrensitz« im Kölner Villenviertel Marienburg, gegen eine Zimmerflucht im Nobelhotel

›Palace‹ zu St. Moritz zu vertauschen. Dort starb er 1935, erst 56jährig, ohne ein ordentliches Testament zu hinterlassen.
»Schwerlich wird man jemanden finden«, bemerkte sein Hauspoet, Niebelschütz, »über den so unterschiedliche Meinungen so lautere und scheinbar so unlautere Dinge kolportiert werden.« In einem Punkte aber herrschte Einigkeit: Robert Gerling war bei seinem Tode einer der reichsten Männer Deutschlands, und so konnte es gar nicht ausbleiben, daß sich seine Hinterbliebenen um die ungeregelte Erbschaft kräftig in die Haare gerieten. Zwar hatte sich Gerling sechs Monate vor seinem Ableben zu einer schriftlichen ›Abmachung‹ aufgerafft, in der er seinen – damals 20jährigen – ältesten Sohn, Robert junior, den Aktienbesitz der ›Gerling-Konzern Rheinische Versicherungsgruppe AG‹ übertrug, die als Dachgesellschaft alle anderen Konzernfirmen beherrschte. Aber die Ausübung der Aktienrechte hatte sich der Papa ausdrücklich vorbehalten; erst bei seinem Tode sollte die ganze Macht auf den Ältesten übergehen, wobei es offenblieb, wie dieser seine jüngeren Brüder, Hans und Walter, die noch zur Schule gingen, einstmals abzufinden hätte.
Nun, die Junioren Hans und Walter verstanden es, selbst für sich zu sorgen: Nachdem ihr älterer Bruder 1939 in die USA übergesiedelt war, wo er sich als Jazz-Fan wohler fühlte denn im von Marschmusik dröhnenden ›Dritten Reich‹, schrieben sie ihm, es drohe die Gefahr, daß die Gestapo sein Vermögen – sprich: den ganzen Konzern – beschlagnahmen werde. Das war natürlich eine ganz unbegründete Sorge, hatte aber den gewünschten Effekt: Der Zweitälteste, Hans, bekam von Robert junior die erbetene Generalvollmacht und durfte – pro forma und selbstverständlich nur vorübergehend,

wie man sich gegenseitig versicherte – das Millionenerbe in eigener Regie übernehmen.
Erst im Dezember 1947 rückte Hans Gerling die ihm übertragenen Aktienpakete wieder heraus, wenngleich erst nach vielen Mahnungen und schließlich Drohungen seines inzwischen US-Bürger gewordenen Bruders Robert. Doch als dieser dann näher untersuchte, was ihm im einzelnen zurückerstattet worden war, da mußte er feststellen, daß er zwar »das Eigentum an dem gesamten Aktienkapital der Rhein-Gruppe« wiederbekommen hatte, was genau den Vereinbarungen zwischen den Brüdern entsprach. Aber besagte Rhein-Gruppe war mittlerweile zu einem Nichts geschrumpft; Hans und Walter hatten sie mit Hilfe pfiffiger Anwälte wie einen Kürbis ausgehöhlt, den Gerling-Konzern neu verschachtelt und den gesamten einstigen ›Rhein-Gruppe‹-Besitz auf andere, allein von ihnen kontrollierbare Konzerntöchter übertragen.
Robert junior fühlte sich geprellt; die jüngeren Brüder fanden sich, zumindest formal, im Recht. So begann ein Rattenschwanz von Prozessen, an denen sich zahlreiche Advokaten mästeten, denn die Streitwerte kletterten steil empor und erreichten schließlich die 40-Millionen-DM-Marke. Ein nach zehn Jahren geschlossener Vergleich beendete 1958 den Bruderstreit um »das größte Familienunternehmen der europäischen Versicherungs-Branche«: Robert junior, damals 44, bekam 30 Millionen DM Abfindung und behielt zudem die schweizerischen und amerikanischen Gerling-Unternehmen; der riesige bundesdeutsche Besitz blieb den Brüdern Hans (damals 42) und Walter (39), die ihn sich ja ohnehin schon angeeignet hatten. Und diese bauten sich sogleich ihre ›Neue Reichskanzlei‹, deren Einweihung zugleich die Feier ihres Triumphes über Robert war.
Doch die Freude, zumindest des Benjamins Walter, war

von kurzer Dauer, denn auch er zeigte sich den genialen Fähigkeiten seines Bruders Hans im Umgang mit der Macht (sowie dessen brutalem Ellbogen-Einsatz) auf die Dauer nicht gewachsen. Zwar wurde Walter zunächst zweiter Mann an der Spitze des Konzerns und erhielt daneben zahlreiche Posten und Pöstchen. Aber in den folgenden Jahren verdoppelte und verdreifachte sich die Liste der von Dr. Hans Gerling geführten Vorsitze in Vorständen, Verwaltungs- und Aufsichtsräten, wogegen Walters Einfluß zu einem Nichts verschrumpelte; inzwischen fungiert er nur noch als ›Berater‹ des Familienkonzerns (wobei man getrost annehmen darf, daß sein Rat nicht eben häufig eingeholt oder gar befolgt wird, hat er doch auch in seinen privaten Geschäften keine sehr glückliche Hand bewiesen).
So herrscht denn der königlich schwedische Generalkonsul Dr. Hans Gerling heute ganz allein über den Gerling-Konzern, der ihm auch größtenteils gehört (wie übrigens auch das Privatbankhaus I. D. Herstatt, Köln); er ist der oberste Chef von 7713 Beschäftigten aller Gesellschaften des größten Familienunternehmens seiner Branche; er ist zudem mit zirka 10 Prozent des Aktienkapitals an BMW beteiligt, wogegen der BMW-Hauptaktionär Herbert Quandt an der Gerlingschen Herstatt-Bank ein wenig partizipiert. Und natürlich gibt es noch eine ganze Reihe ähnlicher ›Wahlverwandtschaften‹, die deutlich machen, daß Hans Gerling vom Standpunkt der bundesdeutschen Geld- und Macht-Elite aus ›in‹ ist und die vulgären Anfänge des heutigen Riesenkonzerns endgültig vergessen sind. Wen er und seine Frau Irene (die in ihrer Hofhaltung mit Gabriele Henkel wetteifert und sich zur Verfeinerung eine Kunstgalerie von familienüblich-gigantischen Ausmaßen angeschafft hat) zu einer Soiree auf ihrem Marienburger Feudalsitz bitten, wird gut daran

tun, strengste Salondisziplin zu üben und den Aufstiegs-Zoll der Gastgeber an die vom Hauspoeten beschworenen »dunklen Mächte« nicht näher ergründen zu wollen.

Günter Wallraff
Gerling-Konzern
Als Portier und Bote

> »Um Erfolg zu haben, braucht man Kopf, Genie und Ellenbogen.«
> (Konzerngründer Robert Gerling)

Am Telefon macht mich der Mann vom Personalbüro darauf aufmerksam, daß man eigentlich im Augenblick nicht unbedingt einen Portier oder Boten suche, ich könnte jedoch trotzdem einmal vorsprechen, falls ich die geeigneten Voraussetzungen mitbrächte, ließe sich darüber reden.
Mit entsprechenden Papieren und einem dazugehörenden Lebenslauf ausgestattet, mache ich im 8. Stockwerk des Gerling-Hochhauses meine Aufwartung. Alles an mir wirkt vertrauenseinflößend, die Akzente des Lebenslaufes sind so gesetzt, daß ich für so einen Posten geradezu prädestiniert erscheine.
Schon das Schriftbild des handgeschriebenen Lebenslaufes drückt für einen Graphologen Selbstverleugnung, einen hohen Grad von Anpassungsfähigkeit und Verfügbarkeit im Sinne des Konzerns aus. (Eine akurate steile Druckschrift, die Buchstaben nicht ineinandergreifend, sondern jeweils voneinander abgesetzt, garantieren bedingungsloses Funktionieren und Fehlen von Eigeninitiative, gerade die rechte Mischung, wie sie einer unteren Charge hier abverlangt wird.)

Bereits mein Vorname »Friedrich Wilhelm« – bewußt gewählt – klingt familiär vertraut. Der Herr im Personalbüro stellt anerkennend fest: »Die ›Friedrich-Wilhelm‹ ist unsere Stammhaus-Versicherung, falls Sie eingestellt werden sollten, werden Sie dort auch mal an der Pforte sitzen.« Er zeigt auf den Eingang gegenüber vom Hochhaus. »Friedrich-Wilhelm-Magdeburger« steht dort in goldenen Lettern.
An der rechten Motivation, daß ich nun unbedingt eine Anstellung als Portier und Bote will, hapert's etwas.
Als ich vorbringe, ich sei bisher freischaffender Maler gewesen und hoffte, durch die neue Tätigkeit einmal ein finanzielles Auskommen zu haben, zum andern, nicht so total eingespannt zu sein, so daß ich am Feierabend und an den Wochenenden noch Zeit fände, mich »meiner Kunst zu widmen«, da fällt mir der Herr auf dem Personalbüro ins Wort: »Das werden Sie sich hier nicht leisten können. Bei uns werden Sie voll da sein müssen und Ganz-Einsatz zu leisten haben. Da werden Sie sich schon entscheiden müssen...« –
Beim Durchlesen des Lebenslaufes wird er wieder versöhnlicher, nickt an einigen Stellen anerkennend, und als er zur Stelle kommt, wo ich angebe, »Meisterschüler« gewesen zu sein, nötigt ihm das die Bemerkung »Respekt« ab.
Zum Schluß schaut er mich noch prüfend an, so als hätte er einen bestimmten Verdacht: »Gibt es irgend etwas, was Sie uns vorenthalten haben, das, wenn wir es später in Erfahrung bringen, Ihnen zum Nachteil gereichen könnte...?« Als ich zögere: »Sagen Sie es jetzt, wir haben da unsere Möglichkeiten, so etwas herauszubekommen, später könnte es für Sie peinlich werden!« – Ich tue, als überlegte ich und forsche mein Gewissen bis in die entlegensten Winkel hin aus. »Nein«, sage ich, »ich glaube, da gibt's nichts, was Sie nicht wissen dürften.«

Friedrich Wilhelm Gees
5, Köln 1
~~Ebertusenstr. 10~~

Lebenslauf

Am 15.6.1945 wurde ich als Sohn des Wilhelm
Gees und seiner Ehefrau Juliane, geborene
~~Bosbach~~, in Flammersfeld/Westerwald geboren. (Mein Vater, Elektriker, fiel noch in
den letzten Kriegstagen.)
Nach 8 Volksschuljahren begann ich am
10.5.1960 eine Lehre als Schilder- und
Lichtreklamemaler, die ich am 10.5.1963
mit den Noten 'sehr gut' und 'gut' abschloß.
Während meiner Lehrzeit wurde in mir der
Wunsch immer stärker, eine künstlerische Ausbildung anzuschließen. Nach einem Jahr
praktischer Arbeit als Geselle bei meinem
Lehrherrn Peter Schumacher entschloß ich
mich, ab 1965 die Kölner Werkschulen
zu besuchen. Hier wurde ich nach 6
Semestern zum Meisterschüler ernannt.
Nach 10 Semestern, 1970, beendete ich
meine Ausbildung an der Werkschule.
Seitdem lebe ich als freischaffender
Maler in Köln. - Zwischenzeitlich

ich 1968 die Ehe geschlossen mit
M████ R████ und 1969 wurde mein
Sohn R████ geboren.
Ich konnte bisher weiter als Maler tätig
sein, da unser Lebensunterhalt weit=
gehend durch die Tätigkeit meiner
Frau als Krankenpflegerin gesichert war.
Zunehmend wurde mir jedoch bewußt,
daß mir zu einer Selbstverwirklichung
als Maler sowohl die materiellen Voraus=
setzungen fehlten, als auch das heut=
auf dem wechselnden Moden unterwor=
fenen Kunstmarkt erforderliche künstler=
ische Durchsetzungsvermögen.
Aus dieser wachsenden Selbsteinschätzung
heraus möchte ich einen Schlußstrich
unter mein bisheriges Leben ziehen.
Zumal meine Frau jetzt unser 2. Kind
erwartet, will ich jetzt eine Lebensstel=
lung antreten, durch die das Auskom=
men meiner Familie langfristig ge=
sichert wird.
Eine Anstellung als Bote würde meinen
Interessen entgegenkommen, da ich darin
eine vielseitige Tätigkeit sehe, die auch
meinen sportlichen Ambitionen (Wald=
lauf) gerecht wird.
Außerdem ist mir bekannt, daß im Hause
Gerling die sozialen Leistungen über=
durchschnittlich sind und aufgrund
der praktizierten Förderung der Kunst
im Gerling-Konzern meiner Ausgangs=
situation hier vielleicht am ehesten
Verständnis entgegengebracht wird.

Köln, den 14.2.1973   Wilfried G████

Das Gehalt gibt er mit 1160 DM brutto monatlich an, vorausgesetzt, daß ich eingestellt werde. (Da bleiben – verheiratet, ein Kind – alle Abzüge ab, netto noch 749,16 DM übrig, wie sich später herausstellt. Die »Selbständigen«, die das 5- bis 10fache so eines Botenhungerlohnes einstecken, haben in der Regel eine weitaus geringere Steuerquote; sie können weitgehend ihre privaten Vergnügen vom »Aus-Essengehen-mit-Geschäftsfreunden« bis hin zur Ferienreise, die sich als Geschäftsreise tarnen oder koppeln läßt, steuerlich absetzen; und da fast alles, was sie tun, in irgendeinem Zusammenhang mit ihrem Beruf steht und auf Profitmaximierung ausgerichtet ist, können sie sich letztlich selbst absetzen.)

Als der Personalbevollmächtigte merkt, daß mich die Höhe des Gehalts nicht gerade in Begeisterung versetzt, sondern eher nachdenklich stimmt, meint er: »Ich weiß, das Gehalt ist nicht die Welt, es wird sich auch, außer dem Tarifüblichen, kaum steigern lassen, aber aus diesem Grund bieten wir Ihnen die Möglichkeit zu Sondereinsätzen. Sie können zu ganz beträchtlichen Überstundenzuschlägen kommen, wenn Sie regelmäßig *Notdienst* machen.« (Dieser Notdienst bedeutet 11 stündiges Wacheschieben an Wochenenden und Feiertagen. Die meisten Boten und Portiers sind darauf angewiesen. Bis zum Schluß meine Anstellung konnte mir keiner sagen, warum man es *Notdienst* nennt. Ich würde den Begriff auf die Not der Kollegen zurückführen, die so wenig verdienen, daß sie auf diesen Marathondienst angewiesen sind, um über die Runden zu kommen.)

Zum Schluß hält mir der Personalbevollmächtigte zum Trost noch vor: »Im Grunde ist es gleich, in welcher Position Sie bei uns eingesetzt werden. Alle wirken ja – jeder an seinem Platz und jeder nach seinen Fähigkeiten – fürs Gesamtwohl unseres Konzerns mit. Ob Sie nun als

Bote oder als Direktor bei uns tätig sind, jeder Beruf verlangt vollen Einsatz und hat seine Freuden, und auch ein Bote kann aus seiner Tätigkeit etwas ganz Einzigartiges machen.« Ich verkneife es mir, ihm auf seine metaphysische Tröstung etwas zu entgegnen. (Den Boten oder zum Beispiel auch den Straßenkehrer kann seine Einzigartigkeit erst dann erfreuen, wenn sie die gebührende äußere Anerkennung findet. Und sogar Künstler verbittern, deren ›Genie‹ unbeachtet bleibt.) Ich ziehe es vor, ihn zustimmend und dankbar anzulächeln und mir mein Teil zu denken, denn schließlich will ich ja eingestellt werden.

Der Gesamteindruck, den ich hinterlassen habe, scheint positiv gewesen zu sein, denn einige Tage später erhalte ich ein Schreiben der Personal- und Sozialabteilung, in dem mir mitgeteilt wird: »Wir freuen uns, daß Sie bald zum Kreise unserer Mitarbeiter gehören, und sind überzeugt, daß sich das Dienstverhältnis zur beiderseitigen Zufriedenheit entwickeln wird.« Den Briefkopf krönt Gerlings Konzernsymbol: ein massives ›G‹, das eine Weltkugel umschlingt, um nicht zu sagen, erdrückt.

In der ersten Zeit werde ich an die Pforte der ›GFK‹ (Gerling-Konzern-Friedrich-Wilhelm-Magdeburger) gesetzt. Zusammen mit zwei Kollegen sitze ich in einer »Loge«, wie die Pforte hier genannt wird. Wir haben den Kunden den Weg zu weisen, zu spät Kommende zu registrieren und interne Hauspost weiterzuleiten. Als Portier oder Bote ist man ein Stück lebendes Inventar des Konzerns. Betritt man ein Büro, um Hauspost zu überbringen, ist man angehalten, nicht anzuklopfen, um Arbeits- oder Gedankengänge nicht zu unterbrechen. In der internen »Dienstanweisung für Pförtner, Boten und Notdienst« ist unter dem Punkt »Allgemeines Verhalten während des Dienstes« vermerkt: »Es ist Aufgabe des Pförtners, alles zu sehen, zu hören und zu wissen, was in seinem Dienstbereich vorgeht. Er ist korrekt, höflich und aufmerksam.«

In der gleichen Dienstanweisung findet sich auch der bezeichnende Passus: »Aus dem Konzern ausgeschiedenen Angestellten ist es grundsätzlich nicht gestattet, die Bürogebäude ohne Begleitung eines Boten zu betreten. Falls ehemalige Angestellte sich nicht ohnehin bei einem Vorstandsmitglied oder Abteilungsleiter melden lassen, ist der Abteilungsleiter zu verständigen.« Den Zweck dieser Anordnung interpretiert mir ein Kollege: »Wenn hier welche ausgebootet werden oder hochkant rausfliegen, will man verhindern, daß sie sich anschließend noch mit ehemaligen Kollegen über die Hintergründe ihres Rausschmisses verständigen und Beweismittel für einen möglichen Arbeitsgerichtsprozeß sammeln. Außerdem kann ein Ehemaliger viel offener über alles seine Kritik äußern, und das könnte schnell zu einer Unruhe führen, die ansteckt.«

Die Portiers und Boten haben Zeit, sich so ihre Gedanken zu machen. Kommen sie zusammen, tauschen sie Eindrücke und Erfahrungen aus, im Botenzimmer findet eine Art Informationsbörse statt. Die Firmenleitung scheint das erkannt zu haben, denn eine gemeinsame Kaffeepause, die Boten aus verschiedenen Konzernteilen organisiert hatten, wurde ihnen untersagt. Ein Kollege dazu: »Die wollen mit allen Mitteln verhindern, daß sich Gruppen bilden.« – Schon äußerlich sind die Boten und Portiers – insgesamt etwa 30–40 – in Klassen eingeteilt. Die Läufer – zu ihnen zähle ich – tragen braune Uniformen, die längergedienten Portiers bekommen – wenn sie sich bewährt haben – eine blaue Uniform und steigen in eine höhere Gehaltsgruppe auf.

Alles im Konzern ist darauf angelegt, Eindruck zu schinden. Der gesamte Baustil, eine neoklassizistisch nachempfundene Trutzburg, eine Art private ›Stadt in der Stadt‹, symbolisiert steingewordene Macht und Größenwahn. Die Angestellten nennen diese ›Neue Reichskanzlei‹ auch ›Palazzo protzo‹.

Dort, wo am meisten gearbeitet wird, wo Menschen auf Tuchfühlung zusammensitzen und Akten wälzen, sind die Räume am kleinsten und dürftigsten ausgestattet. Da, wo nur residiert und repräsentiert wird, sind »Arbeitsräume« wie Tanzsäle, haben Empfangshallen, wo sich allenfalls zweimal im Monat etwas abspielt, größere Ausmaße als die »Großraumbüros« der Angestellten.

Unsere Portierloge in ›GFK‹ ist in der Weite des Entrees so placiert, daß der Kunde, der vom Eingang her kommt, in der Vehemenz seiner möglichen Beschwerdegründe erst mal gedämpft und durch die weihevolle Umgebung vom Beschwerdeführer womöglich zum Bittsteller umgestimmt wird. Der Baustil hat eindeutig sakralen Charakter. Wie die Tempel heidnischer Zeit auch nicht darauf ausgerichtet waren, den Menschen, die sie errichtet, eine Heimstätte und Zuflucht zu bieten, sondern ausschließlich dazu da waren, den Götzen zu dienen und zu opfern, hat sich Gerling hier seine private Opferstätte errichtet, auf daß die von ihm Abhängigen ihm und dem Götzen Umsatz huldigen. Der mit schwarzem Marmor verkleidete lange Korridor, der zu Gerlings Residenz führt, ist rechts und links mit Messingschalen bestückt, aus denen wie aus Opferschalen mattes elektrisches Licht sickert. Neben dem Eingang zu seinem Allerheiligsten ist ein holzgeschnitzter lebensgroßer Löwe postiert, der in ›Metro-Goldwyn-Meyer‹-Manier furchteinflößend sein Maul aufreißt.

»Hervorragende Innenausstattung hält sich an die Meßmarke von Smoking und Cocktailkleid, muß aber Frack und große Robe ebenso einrechnen wie bei bescheideneren Gelegenheiten den Straßenanzug...
An die Stelle weltlicher und geistlicher Fürsten ist die moderne Feudalität aus Industrie und Geldwert getreten...
Das Büro eines Aktuars ist nicht das Büro eines Prokuristen, die Portiersloge nicht das Vorzimmer eines Direktors, aber die erste Besuchskarte des Hauses.«
(Gerlings Haus- und Hofdichter Wolf von Niebelschütz in dem von Gerlings Frau Irene, geb. Uhrmacher finanzierten Bildband »Interieurs«... Gerlings Frau will ihrem Hofdichter nicht nachstehen und zeichnet unter dem Pseudonym ›Irene von Tibus‹ für die ›Innenarchitektur‹. Irene Gerling, alias Uhrmacher, alias von Tibus ist Leiterin der »Baukunst«, einer Architektur-, Kunst- und Inneneinrichtungsfirma, deren Hauptkunde wiederum der Gerling-Versicherungskonzern ist, den sie mit sämtlichem Mobiliar und zu guten Preisen ausstattet, auf daß alles in der Familie bleibt.)

Sosehr unsere Portiersloge den Gästen des Hauses Respekt – oder den jüngeren auch nur ein spöttisches Lächeln – abnötigen mag, an die dahinter bis zu 11 Stunden ihren Dienst Machenden haben die Architekten und großen Eindruckschinder dabei nicht gedacht. Im Winter, berichten die Kollegen, wenn der Wind die gläsernen Eingangstüren aufbläst, fängt sich der Wind in ihrer Loge und wirbelt ihnen kalt die Beine hoch, so daß sie von ständigen Erkältungen und in einem Fall Rheumatismus geplagt sind. Zum Ausgleich verlangt Gerling, und mit ihm einige Vorstandsdirektoren, daß man bei ihrem Herannahen zur Eingangstür springt und diese entsprechend ehrerbietig und

demonstrativ sichtbar aufreißt. Neben Gerling legt darauf zum Beispiel sein Personaldirektor Marschall gesteigerten Wert, ein ansonst rüstiger Fünfziger mit aufrechtem Gang, der selten etwas in den Händen hält und durch die Konzernhallen streift wie ein Großwildjäger, der lange nichts mehr vor seine Flinte bekommen hat.
Es ist ein altbekanntes und von denen, die oben sind, immer wieder verbreitetes Märchen, daß die gesellschaftliche Hierarchie aufgrund von mehr Fleiß, Wissen und Können folgerichtig gewachsen sei. Diejenigen, die durch ihre Abstammung, durch familiäre oder gesellschaftliche Beziehungen auf die hohen Posten gehievt worden sind, nähren diese Legende ständig, einerseits um ihre Unersetzbarkeit und Einzigartigkeit vor sich und anderen unter Beweis zu stellen, andererseits, um die, auf deren Kosten und auf deren Rücken sie ihre Vorrangstellung bauen und halten, in um so gesicherter Selbstverleugnung und Bescheidenheit bei der Stange halten zu können. Einige der Gerling-Vorstandsdirektoren sind wahre Galionsfiguren. Ererbte finanzielle Mitgift, genügend Gerissenheit, immer auf den eigenen Vorteil bedacht, ein borniert-blasiertes Gehabe verschaffen ihnen Macht und Amt, das zu verwalten und abzuschöpfen, was andere produktiv für sie erarbeiten. Ein Portier berichtet, wie ihm etwas zum Nachteil ausgelegt wurde, was ihm eigentlich hätte zum Vorteil gereichen müssen. Der Portier ist seit 15 Jahren bei Gerling. Er macht diesen Job, der eindeutig unter seinen intellektuellen Möglichkeiten liegt, weil er aus einer kinderreichen Familie stammt und sein Vater nach dem Krieg nicht die finanziellen Mittel hatte, ihn auf eine Schule zu schicken. Mit 4 Jahren bereits konnte er Schach spielen. In seiner Freizeit löst er mathematische und technische Probleme, denen sich mancher gelernte Diplom-Ingenieur nicht gewachsen sieht.

Der Abteilungsleiter des Rechenzentrums bei Gerling wurde auf sein besonderes Können aufmerksam, unterhielt sich häufig mit ihm und machte ihm schließlich das Angebot, ihn nach einer mehrmonatigen Umschulung in seine Abteilung zu übernehmen. Voraussetzung war allerdings, daß der Personaldirektor dieser ›Beförderung‹ zustimmte. Der ließ ihn zu sich kommen, blätterte lange in seiner Personalakte und hielt ihm dann vor: ihm mangele es wohl an der rechten Einstellung dem Hause gegenüber. Wie er feststelle, sei er bis heute nicht Mitglied der ›Gerling-Versorgungskasse‹, obwohl doch die »Betriebsordnung« in §2 ausdrücklich festlege, daß jeder »Festangestellte gehalten ist, seine Mitgliedschaft in jedem Fall« zu beantragen. Der Portier wies darauf hin, aus gutem Grund habe er sich bisher geweigert, der »Versorgungskasse« beizutreten, denn er habe sich die Mühe gemacht, einmal nachzurechnen, worin die Vor- und Nachteile dieser internen Hausversicherung für die über 8000 Beschäftigten des Konzerns lägen. Er sei zu dem Resultat gekommen, daß sich normale Kunden, die eine Lebensversicherung bei Gerling abschlössen, in wesentlichen Vertragspunkten besser stünden als die eigenen ›Mitarbeiter‹, denen 5% vom Gehalt für die ›Versorgungskasse‹ einbehalten wurden. Im Nichterlebensfall, und der sei laut Statistik zu 30 Prozent gegeben, erhalte seine Frau nur 50% der Versicherungssumme im Gegensatz zum normalen Kunden, dem 100% zustünden, und bei Unfalltod erhalte der Erbberechtigte des Versicherten gar das 4fache der Summe, die hier den Hinterbliebenen des ›Mitarbeiters‹ gezahlt würde. Darüber hinaus sähe er auch nicht ein, daß er Gerling auf diese Weise ein überaus zinsgünstiges Darlehen gewähre, denn sollte er vorzeitig aus dem Konzern ausscheiden, erhielte er auf seine eingezahlten Beiträge nur 4% Zinsen, obwohl der Zins-

satz bei so langfristig festgelegten Geldern doch inzwischen um die 8% ausmache. Er für seine Person ziehe es vor, diesen Betrag monatlich nicht in die ›Versorgungskasse‹, sondern in eine private Lebensversicherung einzuzahlen.
Der Personaldirektor schien aus der Beschlagenheit des Portiers seine Schlüsse gezogen zu haben. Er verweigerte ihm kategorisch die in Aussicht gestellte qualifizierte Tätigkeit im Rechenzentrum und erteilte ihm zum Schluß sogar noch ein Lob: so einen intelligenten und rechenbegabten Portier fände er so schnell nicht wieder, er sei an der Pforte, an der er säße, einfach unersetzbar.
Hinzuzufügen ist, daß jener Personaldirektor Marschall geschäftsführendes Vorstandsmitglied ist und sich auch in anderen Fällen mit gleicher Umsicht und Entschiedenheit für die Belange des ›Personals‹ einsetzen dürfte.
Ein anderer Kollege erzählt, wie es einem neuen Boten erging, der sich genau an die Dienstvorschrift hielt: »Der hatte an einem Wochenende Notdienst und saß an der Pforte, als jemand sehr eilig an ihm vorbeispreschen wollte. Der Bote stellte sich ihm in den Weg und verlangte den Passierschein. Der Eilige brüllte ihn an, was in ihn gefahren sei, ob er ihn nicht kenne. Der Bote verneinte und wies darauf hin, daß er neu sei und ihm bei Androhung von Entlassung seine Dienstvorschrift vorschreibe, am Wochenende nur welche mit gültigem Passierschein einzulassen. Der Mann brüllte ihn an, ihn könne keiner daran hindern, zu jeder Tages- und Nachtzeit seinen Konzern zu betreten, er sei schließlich Vorstandsdirektor. Als der neue Kollege ihm entgegenhielt, dann solle er ihm seinen Ausweis zeigen, da könne ja sonst jeder kommen, schob ihn der Vorstandsdirektor mit Gewalt zur Seite. Als der Kollege am Montag wieder seine Arbeit aufnehmen wollte, gab man ihm zu verstehen, er könne gleich wieder

nach Hause gehen, man hätte für ihn keine Verwendung, und da er noch in der Probezeit war, konnte er gar nichts machen. So ist das hier, man kann sich noch so genau an die Vorschriften halten, wenn's hart auf hart kommt, hat immer der recht, der den höheren Rang hat. Wenn das hier demokratisch zuginge, hätte der Direktor gefeuert werden müssen und der Bote eine Belobigung verdient.«
Ein ehemaliges Betriebsratsmitglied berichtet, wie es der Einschaltung des Betriebsrats bedurfte, um die Entlassung eines langgedienten Portiers zu verhindern. Der Portier hatte in der Eile und Aufregung vergessen, seine Zigarre aus der Hand zu legen, als er Gerlings Frau den Wagenschlag aufhielt. Dieses unerhörten Verhaltens wegen sollte er entlassen werden. Der Betriebsrat konnte durch Intervention erreichen, daß die Entlassung in eine Strafversetzung umgewandelt wurde. Der Bote wurde ins Rechenzentrum versetzt, in einen sehr abgedichteten Konzernbereich, wo ihn weder die »Gnädige Frau« noch sonst ein hoher Gast jemals wieder zu Gesicht bekommen würde.
Einen anderen Fall erzählt man sich im Konzern, der zeigt, wie jemand, der – aufgefordert, die Wahrheit zu sagen – gefeuert wird. (Um nicht ins Uferlose zu geraten, berichte ich hier nur von den Fällen, die nicht vom Hörensagen stammen, sondern mir im Beisein von Zeugen von den Betroffenen oder Augenzeugen geschildert wurden.)
Ein zum Konzern gehörender Innenarchitekt wurde anläßlich eines Rundgangs von Gerling gefragt, ›welcher Idiot denn die Schmierereien an einer bestimmten Wand veranlaßt hätte?‹ Gemeint waren einige farbige Probeanstriche, die die Raumwirkung bestimmter Farben testen sollten. Der Innenarchitekt antwortete wahrheitsgemäß: »Ihre Gattin, Herr Dr. Gerling.« – Der Frevler wurde auf

der Stelle aus dem Konzern verbannt, allerdings unter Zahlung einer entsprechenden Abfindungssumme, da man es auf einen Arbeitsgerichtsprozeß nicht unbedingt ankommen lassen wollte.
Die folgende Geschichte zeigt, wie die Boten darauf ausgerichtet sind, mit den Augen ihres Herrn zu sehen. Als die Stelle eines Juristen für den Vorstand ausgeschrieben war, meldeten sich zahlreiche Bewerber. Gerling nahm sie einzeln in Augenschein, und bevor er selbst seine Entscheidung getroffen hatte, waren sich die Boten einig, auf wen seine Wahl fallen würde. Ohne mit dem Betreffenden, dem heutigen Vorstandsdirektor Kossmann, gesprochen und ohne ihn etwa einem besonderen Eignungstest unterworfen zu haben, entnahmen sie lediglich seinem Gehabe und Auftreten, daß auf ihn die Wahl Gerlings fallen würde. Sie behielten recht.
Ein anderer Vorfall belegt, wie man sich durchaus gegen Willkür und Unterdrückung durchsetzen kann, wenn man entsprechend bestimmt auftritt. Ein Portier hatte beim Konzern darum nachgesucht, ihm auf sein Haus eine Hypothek zu geben, da er sich in einer finanziellen Notlage befand. Man erklärte sich dazu bereit, unter der Voraussetzung, daß er sich seinerseits verpflichte, fortan regelmäßig ›Notdienst‹ zu machen. Der Portier, ohnehin täglich von 7.00–18.00 Uhr im Dienst, war nicht darauf erpicht, auch noch an den Wochenenden seiner Familie verlorenzugehen. Er willigte ein unter der Voraussetzung, daß ihm zuvor das Geld für die Hypothek ausgezahlt würde. Man verlangte, daß er zuvor den ›Notdienst‹ machen solle. Das tat er, erhielt sein Geld, und als er am nächsten Wochenende weiter ›Notdienst‹ machen sollte, weigerte er sich. Zur Rede gestellt, was ihm einfalle, sich nicht an feste Abmachungen zu halten, entgegnete er: »Verträge und Abmachungen, die unter Ausnutzung

einer Notsituation zustande kommen, seien ›Nötigung‹, also ungültig« – Man zog es vor, ihn unbehelligt zu lassen, denn schließlich ist man darauf bedacht, sein Gesicht nach außen hin zu wahren.

Zu meinem ersten Sondereinsatz kommt es anläßlich der »Umweltschutztagung«, die Gerling mit entsprechendem Pomp und Getöse veranstaltet. Etwa 150 Gäste aus Industrie und Ministerien sind geladen, um sich u. a. eine Ansprache Gerlings und einen Vortrag Peter von Zahns zu Gemüte zu führen. Die »Jahrhunderthalle«, die Kantine des gemeinen Volks, wurde festlich geschmückt, auf den Straßen sichern Polizeibeamte – auf den Schultern silberne Beförderungsverzierungen – die bis auf die Bürgersteige heranrauschenden Limousinen der hohen Gäste ab. Überall Fahnen mit dem weltverschlingenden ›G‹ drauf. Ich vermute, Gerling wittert auf dem Umweltschutzsektor einen neuen Versicherungsmarkt und will sich durch so eine Veranstaltung früh genug den Vorsprung vor seinen Konkurrenten sichern.

Autos von normalen Sterblichen werden von Polizeioffizieren zum Weiterfahren genötigt. – Eine Aufregung entsteht, als die ersten Gäste nahen und an der Auffahrt zum Innenhof noch das an eine Mauer gelehnte Fahrrad einer Putzfrau zu sehen ist, das hier wirklich keinen stört. Ein verstörter Vorgesetzter beauftragt mich, das Fahrrad, das mit einer Kette abgeschlossen ist, zu schultern und augenblicklich in den Tiefkeller zu schaffen. Nachdem ich nicht umhingekommen bin, es hinunterzutragen, nennt der Vorgesetzte den Grund für seine Aufregung: »Wenn das der Dr. Gerling gesehen hätte, hätte es einen Riesenkrach gegeben.« – Gerling muß eine Art Allergie gegen Fahrräder haben, vielleicht weil sie ihn an die Zeit erinnern, als er im ersten Nachkriegsjahr selber noch mit Baskenmütze und Fahrrad täglich im Konzern erschien. (Es gibt sogar eine Extra-Dienstanweisung im »Kreuzdienstplan«, die vorsieht, daß beim Eintreffen Gerlings das Geschäftsrad beiseite gestellt werden muß: »Ab 11.00 Uhr wird das Fahrrad durch den eingeteilten Boten der Leichtbauten bis zum Eintreffen von H. Dr. Gerling beiseite gestellt und von dem jeweiligen Boten, der beim Eintreffen von H. D. Gerling Kreuzdienst versieht, wieder hingestellt...«) Meine Aufgabe auf der ›Umweltschutzkonferenz‹ ist es, die hohen Gäste während der Pausen auf die Toiletten zu führen und sie so zu verteilen, daß sie sich nicht ins Gehege kommen. Ich muß feststellen, sie tun sich schwer beim Verrichten so selbstverständlicher Geschäfte. Sie zieren sich, als ich sie auffordere, doch bitteschön auch die Damentoiletten mitzubenutzen. Als Putzfrauen erscheinen, um die Toiletten zu säubern, sage ich ihnen nicht, daß sie gerade mit Unternehmern und Managern besetzt sind. So werden die Toiletten zu einer überraschenden Begegnungsstätte.

Ein Botenkollege von mir, der täglich von außerhalb mit dem Zug zum Dienst fährt und seit 4.30 Uhr auf den Beinen ist, bekommt die Aufgabe übertragen, nachts um 2.30 Uhr die letzten besoffenen Gäste in ihre Wagen zu schaffen. Er selbst schläft ein paar Stunden im Konzern, um dann Punkt 6.00 Uhr wieder seinen Dienst anzutreten. Mit der Zeit lerne ich andere Kollegen näher kennen.

Ein Bote, etwa 40, war früher Taxifahrer. Nach dem Unfalltod seines Bruders mußte er für dessen Familie, die unversorgt dastand, mitverdienen. Konsequenz: er fuhr oft bis zu 20 Stunden hintereinander, nahm seinen Schlaf in Raten in den Warteschlangen. Durch die Doppelbelastung bedingt, kam es zu wiederholten kleineren Verkehrsdelikten, die angezeigt wurden. Der Führerschein wurde ihm abgenommen. Statt 2 400 DM verdient er jetzt an die 1 000. Der Linzenzhalter, für den er fuhr und der durch seine Mammuttouren doppelt und dreifach an ihm verdiente, kam ungeschoren davon.

Ein anderer jüngerer Bote verdient sich zu seinem geringen Lohn regelmäßig etwas dazu. Jede 6., 7. Woche geht er zum Lindenburgkrankenhaus Blut spenden, bisher etwa 30mal. 40–45 DM ist zur Zeit der Ankaufkurs pro Liter Blut. (Das Krankenhaus stellt den Krankenkassen und Patienten 90 Mark pro Liter in Rechnung.) Der Bote, der sich mit seinem Blut seinen Lohn etwas aufbessert, sieht blaß und blutleer aus, als würde ihm eine Bluttransfusion selber guttun.

Ein anderer Bote, verheiratet, 2 Kinder, genehmigt sich nur dreimal im Jahr Fleisch: jeweils, wenn Gerling Vorstandssitzungen hat, dann gibt es für die Boten, die Überstunden machen, Gutscheine, die sie in den Gaststätten und Metzgereien der Umgebung einlösen können.

Ein älterer Portier, dessen Frau seit Jahren krank ist, hat zu Hause den Wandspruch hängen: »Und wenn Dich auch das Schicksal mit allen Härten schlägt, bleibt immer noch die Haltung, mit der man es erträgt.«

Er stellte einmal fest: »Wenn ich noch Junggeselle wäre und keine kranke Frau zu Hause hätte, würde ich mir hier viel weniger gefallen lassen.«

Nach einigen Wochen werde ich zur Poststelle versetzt; ich erhalte eine braune Uniform; nach und nach soll ich durch alle Abteilungen durch. Dreimal täglich ziehe ich mit einem Wägelchen los, teile Post aus und kassiere welche ein, dazwischen noch kleinere Touren nach Bedarf. Zur »Tour 2«, die ich mache, gehören auch einige Vorstandsdirektoren und Gerling selbst. Viele an ihn gerichtete Briefe sind mit »vertraulich« oder »streng vertraulich« adressiert. Daß einer so viel zu verbergen hat! Wenn jemand nicht so ehrlich wäre, es würde kaum auffallen, wenn er solche Briefe, statt auszuteilen, mitgehen ließe.

> Gerling als Industrieversicherer ist inzwischen in aller Welt bekannt. Wir besitzen das Vertrauen der Industrie in unserem Land, auf dem wir fest bauen. Nur wenn uns diese Basis entzogen würde, dann wäre der Gerling-Konzern gefährdet. Gefährdung aber heißt keinesfalls Untergang, sondern höhere Kampfbereitschaft... Bei jeder Konzern-Bilanz, die wir ziehen, wird es aufgrund unserer bisherigen Erfahrung gelingen, den Umfang, die Sicherheit und die Dynamik des Weltunternehmens zu vergrößern und zu verstärken. In diesem Jahr 1972 wird der Gerling-Konzern eine gute Unternehmensbilanz ziehen können: diese Versicherung möchte ich Ihnen zum Schluß noch abgeben, nicht ohne Ihnen allen für Ihre große Unterstützung und für Ihr Vertrauen zu danken.«

Je dicker die Teppiche werden, je größer die Empfangszimmer, je unübersehbarer die Statussymbole, um so schemenhafter, fader und ihrer Umgebung angepaßter werden in der Regel die Sekretärinnen.
Einige sind bereits so von der Vornehmheit ihrer Umgebung durchtränkt, daß sie kaum aufblicken, wenn ich ihnen die Post überbringe, überhaupt nicht oder nur widerwillig den Gruß eines Boten erwidern. – Ein Kollege stellt einmal fest: »Wenn sie als Sekretärinnen in die Chefetagen neu hinkommen, benehmen sie sich meist noch unbefangen und normal und sind sich auch nicht zu schade, einen zu grüßen oder sich sogar mit einem zu unterhalten. Sehr bald aber färbt das Klima hier auf sie ab, und sie dünken sich etwas Besseres.«
Auffallend ist, daß in den meisten Vorstandsetagen zwar ausgiebig repräsentiert, jedoch offensichtlich um so weniger gearbeitet wird.
Ich merke es, wenn ich in so ein Vorstandsbüro komme – der Duft feinen Kognaks schwebt im Raum. Für uns kann Trinken von Alkohol im Dienst Entlassung bedeuten. Und wenn gerade keiner anwesend ist, dann mache ich mir schon mal die Mühe und schaue mir die Durchschläge

der täglichen Post in der Ablage an. Ein Direktor, Vorsitzender der reaktionären Studentenverbindung »Corps Markomannia«, wickelt sein Mäzenatentum ausgiebigst von hier aus ab, schickt Geldspenden fürs Treiben seiner Schützlinge oder ermuntert sie »mit treuen Markomannengrüßen«: »Ich hoffe, daß die Keilarbeit von Euch ebenso intensiv wie in den letzten Semestern betrieben wird und wünsche Euch vollen Erfolg.«
Ein Vorstandsmitglied frönt während seiner Arbeitszeit ausgiebigst seinem Kunsthobby, korrespondiert wegen Ausstellungsbesuchen in der ganzen Welt herum, wogegen an und für sich nichts einzuwenden ist, nur, wenn man überlegt, daß so ein Vorstandsmitglied an die 100 000 Mark und mehr jährlich einsteckt, sollte man doch mit dem Vorurteil endlich mal aufräumen, daß das mit wirklicher Arbeitsleistung zu motivieren ist, und sollte die Arbeitsbedingungen und Verdienstmöglichkeiten derer dazu in Relation setzen, auf deren Kosten solche Summen »verdient« werden.
In der Korrespondenz eines Gerling-Vorstandsmitgliedes an einen Fabrikanten findet sich folgendes Bekenntnis, das offizielle Verlautbarungen der Unternehmer Lügen straft: »... Erfreulich ist die weiterhin anhaltende Steigerung der Umsätze und, was ja noch wichtiger ist, der prozentual niedrigere Lohnkostenzuwachs.«
Vieles an ausgehender Post ist an die Filialen in befreundeten Diktaturen gerichtet: an die Zweigstellen Südafrikas, Spaniens und Portugals.
Am 24. 4. 73 ist es meine Aufgabe, eine Kiste Champagner versandfertig zu machen, die Gerling dem Finanzminister a. D. Alex Möller anläßlich seines Geburtstages übersendet. ›Geschenke erhalten die Freundschaft‹ oder, was nach dem Abdanken des früheren Finanzministers eher zutreffen mag, auch bei Konzernherren von der

Größenordnung Gerlings regen sich menschliche Gefühle wie Dankbarkeit.
Es liegt in der Natur der Sache, daß Gerling Kontakt zu Politikern hält, von denen die einen voll auf seiner Linie liegen, die anderen sich von so einer Freundschaft schmeicheln lassen oder sich sonstige Vorteile davon versprechen, wenn sie mehr oder weniger heimlich Kontakt zu ihm halten.
Mit Adenauer war Gerling schon in jungen Jahren gut befreundet, sein Verwaltungshochhaus wurde früher intern »Adenauer-Haus« genannt. Der derzeitige Innenminister Genscher verkehrt bei Gerling, und mit Strauß unternahm er eine unauffällige Reise nach Schweden, dessen Generalkonsul er im übrigen ist, was er sich was kosten läßt.
Obwohl sein Baustil eher ein Bekenntnis zum Dritten Reich darstellt und unbefangene Besucher des Konzerns oft nicht glauben wollen, daß dieses Bekenntnis erst nach dem Krieg freiwillig als steinernes Symbol gesetzt wurde, tendiert Gerling aus wohlüberlegten Gründen heute eher zu neutralen Staaten wie Schweden und zur Schweiz. Zur Zeit der Kubakrise, als ein Weltkrieg auszubrechen drohte, zog es Gerling vor, kurzfristig einen Urlaub mit Familie in Schweden zu verbringen.
In Allensbach am Bodensee unterhält er einen feudalen Nebenwohnsitz mit Booten und Wassergaragen. In knapp 20minütiger Bootsfahrt kann er, falls er es eilig haben sollte, das rettende Schweizer Ufer erreichen. Dort hätte er dann theoretisch die Möglichkeit, sich mit dem Nötigsten in sein Schweizer Domizil nach Mannenbach/Bodensee ins Exil zurückzuziehen, falls er nicht dort schon reichlich vorgesorgt hat, worauf ein mit »persönlich, streng vertraulich« deklarierter Briefwechsel mit einem Schweizer Anwaltskollektiv schließen läßt.
Während meiner zweimonatigen Botenexistenz im Ger-

> PERSÖNLICH
> VERTRAULICH
>
> Ansprache Dr. Hans Gerling
> anläßlich der
> Gesamtsitzung der Aufsichtsräte, Beiräte und des Verwaltungsrates
> des Gerling-Konzern
> am Freitag, dem 27. Oktober 1972

Freie Wirtschaft am roten Faden

»... Gerade bei einer Betrachtung des erreichten Wohlstandes in unserem Lande ist man geneigt, Schwierigkeiten und Konstruktionsfehler in bestimmten Einzel-Räumen der Wirtschaft zu übersehen, die hinter der schönen, aber auch schon rissigen Fassade verborgen sind. Im Innern des imponierenden Nachkriegs-Bauwerks »Deutsche Wirtschaft« sind bereits zahlreiche Kräfte am Werk, die einen völlig unorganischen Umbau an den verschiedensten Stellen mit den verschiedensten Planzielen verfolgen. Mehrere Wirtschafts- und Finanz-Architekten haben versucht, Ordnung in diese Planung zu bringen und mindestens zu verhindern, daß das ganze, mühselig unter Aufwand aller Kräfte errichtete Gebäude, plötzlich ausgehöhlt, in sich zusammenbricht. Die organisierten Bauarbeiter jedoch, besessen von dem Gedanken, das Gebäude so schnell wie möglich ganz mit Beschlag zu belegen und alle Räume in einen konstruktiven und systemverändernden Reform-Umbau einzubeziehen, haben diese Architekten schon nach den ersten Neuplanversuchen fallengelassen und sich entschlossen, den Reformbau auf eigene Faust durchzuführen... Allein der Streit um den Besitz lähmt schon die Werktätigen, Unternehmenden und Schaffenden in sämtlichen Lebensbereichen. Die Bewahrung der Existenz und des Besitzes, aber mehr noch die Rettung der persönlichen Freiheit der tätigen Menschen vor dem Einbruch des Kollektivismus, beschäftigt vordergründig und hintergründig alle Geister und läßt das Streben nach Leistung und nach Mehrung des realen Sozialprodukts erlahmen, bevor noch der lange Marsch der Systemveränderer durch die Institutionen richtig in Gang gekommen ist... Der Ring der Geschichte schließt sich, denn der Weg der Entfernung vom nationalen

Sozialismus scheint uns wie im Nebel im Kreis herumgeführt zu haben an die noch verhangene Pforte zum demokratischen Sozialismus. Sollte es wirklich wahr sein, daß die große Mehrheit des deutschen Volkes im freien Deutschland im Kreis gegangen wäre, ohne es gewollt und bemerkt zu haben? Wäre es möglich, wie manche Beobachter andeuten –, daß dieses kriegs- und inflationserfahrene Volk wie einem Rattenfänger von Hameln und einem Till Eulenspiegel folgend an der Nase herumgeführt worden wäre und die Richtung verloren hätte? ...«

Gerling als Geschichtsklitterer. Dräuend über Inflation und Krieg redend, ohne zu sagen, in wessen Namen er geführt wurde und wer an ihm verdient hat. Dafür aber unkritisch die Totalitarismus-These der Rechten übernehmen: braun = rot. Reform, in unserem Lande meist nicht mehr als Renovation, wird als Revolution diffamiert, um Furcht zu verbreiten. Alle sollen für vernünftig halten, was ist. So hätte es der Patron gerne von seinem Personal. Gute Noten für Schiller, Möller und Strauß, mit dem er wahlverwandt scheint. Gebelfer für die Regierung Brandt-Scheel. Freiheit meint hier das Recht der Minderheit, ihren Willen auch für die Mehrheit zum Maß aller Dinge zu machen. Verschleiert bleibt der Widerspruch zwischen demokratischer Grundordnung und industrieller Herrschaft.

»... Die Gefahr des Kollektivismus in mancherlei Form, getarnt als Dirigismus, Mitbestimmung, Sozialisierung des Eigentums oder allgemein als Demokratisierung, hat bereits einen Ankündigungs-Effekt auf den Leistungswillen der Gemeinschaft, führt unmittelbar zu einem deutlichen Leistungsverfall und damit zu einem Auseinanderklaffen zwischen abnehmender Arbeitsproduktivität einerseits und zunehmendem Lohn- und Gehalts-Niveau andererseits. Ein wesentlicher Teil der deutschen Krankheit »Stagflation« stammt aus dieser Quelle: Inflation von Löhnen und Gehältern, Stagnation der Arbeitsleistung, also ein relativ abnehmendes Sozialprodukt bei steigenden Verbraucher-Einkommen...

Die Regierung war nicht willens und die Unternehmer waren nicht stark genug, die übersetzten Forderungen der Gewerkschaften in Grenzen zu halten. Nicht nur im Bereich der Arbeitseinkommen wurden von den Arbeitnehmer-Organisationen inflationäre Forderungen vorgetragen. Mehr und mehr erstrecken sich die Ansprüche der Gewerkschaftsführer auf alle Bereiche unserer Gesellschaftsordnung, vom Bildungsurlaub bis zur Mitbestimmung und von der Einflußnahme auf die Politik bis zur Bestimmung der Qualität des Lebens... Es ist auf diese Weise eine Inflation der Ansprüche in vielen Lebensbereichen entstanden... Dieser Zustand der unerfüllten und gegenwärtig unerfüllbaren Forderungen des Mannes auf der Straße gebiert Unzufriedenheit und Überheblichkeit, dazu noch Unwillen, persönliche Dienste zu verrichten, Abneigung gegen das Mitmenschliche im allgemeinen und erzeugt schließlich Vergiftung der zwischen-menschlichen Beziehungen durch die ätzende Kritik an der empfindlichen Struktur der freien Gesellschaftsordnung... Der Bazillus ›Inflations-Mentalität‹ hat die Eigenschaft, sich zunächst im Kopf festzusetzen und von daher auf das Innenleben der Menschen überzugreifen und als ansteckende Krankheit sich zu einer Epidemie auszuweiten, die bisher immer noch zu einem kollektiven Kollaps geführt hat – auf jeden Fall in Deutschland, wo die Übertreibung krebsartiger Wachstums-Erscheinungen stets besonders guten Nährboden im Volkskörper gefunden haben.«

Völkisches Vokabular. Verräterisch. Gemeinsamkeiten werden konstruiert, um aus den Köpfen der Lohnabhängigen Gedanken an Klassenunterschiede zu vertreiben.
Idealtyp für die Unternehmer ist derjenige Unternommene, der machtlos, aber bei guter Laune, scheinmündig auch mal nach Einzelheiten fragt, im Prinzip aber den Kapitalismus bejaht. Seine Ideen sind nur anerkannt, wenn sie den Profit mehren. Für die währungspolitische Lage schrieb man den Gewerkschaften die Verantwortung zu, wohl wissend, daß die Preise schneller steigen als die Löhne und daß die Industrie Inflationsgewinne einkalkuliert.

ling-Konzern habe ich Gerling persönlich nicht einmal zu Gesicht bekommen. Eine Putzfrau, die seinen Korridor sauberhält und dafür sorgt, daß täglich ein Strauß frischer Blumen auf seinem Schreibtisch steht – obwohl er in der Regel nur alle 14 Tage einmal diesen Saal betritt –, sagt: »Ich arbeite jetzt drei Jahre hier, gesehen habe ich den Dr. Gerling noch nie. Wenn er sich mal hierhinbegibt, ruft sein Butler vorher bei seinem Leibportier an. Dann wird der Aufzug nach unten gestellt und für ihn frei gehalten. Gänge werden gesperrt, so daß nur ja kein gewöhnlich Sterblicher seinen Weg kreuzt. Auf keinen Fall jemand wie wir in Putz- und Arbeitskluft, das könnte ja sein Auge beleidigen. Wir müssen dann augenblicklich das Feld räumen, selbst wenn wir mitten in der Arbeit sind.« – »Vielleicht ist er längst tot«, sage ich, »und hat testamentarisch verfügt, daß man so tut, als ob er noch am Leben sei, weil er wohl gern unsterblich ist.« – »Das haben wir uns auch schon überlegt«, geht sie darauf ein, »weil auf seinem Schreibtisch immer alles unverändert liegt. Die goldenen Kugelschreiber auf den Millimeter genauso geordnet nebeneinander, als ob da vor zehn Jahren zuletzt mit geschrieben worden sei...«
Das gesamte 14. Stockwerk im Hochhaus steht seit Jahren samt Mobiliar ungenutzt da, weil er seine frühere Residenz dort hatte. (Wo Gott selbst einst residierte, darf kein normaler Sterblicher mehr seinen Fuß hinsetzen.)
Das riesige ungenutzte 14. Stockwerk mit seinem schönen Ausblick über Köln und den gemütlichen Clubsesseln ließe sich hervorragend als Aufenthaltsraum für die 200 Lehrlinge des Gerling-Konzerns umfunktionieren und damit einem sinnvollen Zweck zuführen, denn dem Gerling-Nachwuchs steht bisher nur ein schäbiger kahler Raum als Pausenaufenthaltsraum zur Verfügung, in dem allenfalls 20 Personen Platz finden. Auch für die Boten wäre es eine

angessenere Aufenthaltsstätte als das Verlies, worin wir von der Poststelle uns aufzuhalten haben, um auf Klingelzeichen hin unsere Botengänge zu machen. Das Verlies, knapp 4 qm Bewegungsfläche, dient acht Personen als Aufenthalt; wenn alle versammelt sind, finden zwei keinen Sitzplatz. Ein Schwimmbad mit Sauna ließe sich im brachliegenden 14. Stockwerk errichten oder auch ein Kindergarten für die Kinder der weiblichen Gerling-Angestellten, die immerhin 60 Prozent der Belegschaft ausmachen. So vieles ließe sich im gesamten Konzern machen, wenn die Wünsche und Forderungen der hier bis zur Hälfte ihres wachen Lebens verbringenden Angestellten verwirklicht würden und nicht einzig das Austoben eines Machtbesessenen und seiner ihm hörigen Clique sich manifestierte.
»Niemals in dieser Stadt sonst ist die Macht des Kapitels durch architektonische Mittel derart betont zur Schau gestellt worden«, ist das Urteil eines Kölner Architekten.
Jedoch Gerling reicht's noch nicht. Er ist dabei, sein Imperium wesentlich zu erweitern, um dort, wo bisher Menschen zu günstigen Mieten noch einigermaßen menschlich in einem organisch gewachsenen Stadtteil wohnen konnten, Bürobauten zu errichten. Mitte der 60er Jahre begann der Gerling-Konzern gezielt Grundstücke und Häuser in der unmittelbaren Umgebung seiner Verwaltungsgebäude aufzukaufen. Gerling erhöhte in den aufgekauften Häusern zum Teil die Mieten und ließ keine Reparaturen und Renovierungen durchführen. Sobald er es geschafft hatte, die alteingesessenen Mieter aus den Wohnungen zu vertreiben, quartierte er ausländische Arbeiter dort ein, aus deren Notlage sich bekanntlich noch mehr Kapital schlagen läßt.
Ein ehemaliger Gerling-Mieter berichtet: »Wir zahlten damals 250 Mark für 22 Quadratmeter, das war inclusive Heizung, aber die Heizung war defekt. Die Toilette muß-

ten wir mit mehreren Ausländern teilen, die auch in dem Haus wohnten. Außerdem war die Wohnung in einem unmöglichen Zustand. Wir haben dann einen Brief an Gerling geschrieben, er möchte doch mal jemanden die Wohnung besichtigen lassen, sie wäre unzumutbar. Es kam dann auch jemand von Gerling vorbei, sah sich die Wohnung an und versprach, Gerling würde alles reparieren lassen; aber geschehen ist nichts. Ich hab dann noch mal hingeschrieben und mit einer Anzeige wegen Wucher gedroht. Ein paar Tage später hatten wir die Kündigung. Sofort als wir ausgezogen waren, ist das Haus dann abgerissen worden.«

Aus einer »vertraulichen« Rede Gerlings auf einer Geschäftsführertagung März 1972, Thema: »Das Gerling-System in der Entwicklung«.

»... Der gegenwärtigen Inflation ist sich jedermann bewußt, und Sie sagen keinem Kunden etwas Neues, wenn Sie darauf aufmerksam machen, daß das Leben teurer geworden ist und ein Wiederbeschaffungspreis über dem Anschaffungspreis liegt... ›Angst machen‹ ist so gesehen im gegenwärtigen Zustand der Wirtschaftsentwicklung ein gültiges und zulässiges, ja sogar notwendiges Rezept... Es handelt sich immer um die gleiche Sache, nämlich die Inflation... diese Inflation in allen Bereichen... dem Kunden gegenüber sollten wir von all diesen Inflationen sprechen... Wir sollten froh darüber sein, daß wir diesen Anknüpfungspunkt als Gesprächsthema haben. Wo kämen wir hin, wenn wir solche Angriffspunkte im Gespräch nicht mehr hätten?... Wir leben von dieser Inflation, denn davon hängt unser Gespräch mit dem Kunden ab... Damit möchte ich meinen Vortrag und diese Sitzung abschließen und hoffe, daß es Ihnen gelingt, Gerling als Garant für die Erfüllung des Mottos herauszustellen: Gerling führt in eine sichere Zukunft. Ich danke Ihnen.«

> Es gibt nichts, was nicht zu Geld wird. Sei es eine Person, die berechtigte existentielle Sorgen hat, oder eine heikle wirtschaftliche Situation. Auch eine Währungskrise muß sich ins Optimierungskonzept des Konzerns einfügen und verwerten lassen. Fragen der Menschen nach finanzieller Sicherheit werden mit einem Versicherungsangebot beantwortet. Die Angst vor der Zukunft, Produkt des Kapitalismus, wird nicht durch eine andere ökonomische Organisation genommen, sondern kommerziell genutzt. Mit dem Reizwort Inflation, das ganz bestimmte Assoziationen an Arbeitslosigkeit und Hunger auslöst, traktiert man die Psyche des potentiellen Kunden so lange, bis sich an ihm noch besser verdienen läßt. Solche Zynismen sind natürlich nicht Charakterschwächen machiavellistischer Schüler, sondern vielmehr die Konsequenz des Menschen- und Gesellschaftsbildes vieler Unternehmer.

Eine alte Frau, Hausbesitzerin und Mitbewohnerin eines Wohnhauses an der Friesenstraße, das sich innerhalb des 43 000 Quadratmeter großen Zugriffsgebietes von Gerling befand, erinnert sich: »Ich wollte zuerst nicht verkaufen. Da suchte mich ein Beauftragter vom Gerling-Konzern auf und machte mich auf folgende Weise kirre: er gab an, wenn ich jetzt nicht an Gerling verkaufte, müßte ich ohnehin in zwei Jahren da raus. Die Stadt wolle nämlich die Straße verbreitern, das sei schon beschlossene Sache, und da würde mein Haus zwangsweise abgerissen. Und von der Stadt bekäme ich dann nur die Hälfte des Preises wie jetzt von Gerling. Da hab ich mich plattschlagen lassen und verkauft.«

An einigen Stellen errichtete Gerling auch Neubauten mit Wohnungen für eigene Angestellte der geplanten neuen Bürostadt. — Nachdem Gerling fast die Hälfte des ganzen Gebiets in seine Hand bekommen hatte, erfuhr plötzlich auch, angeblich erst Mai 71, die Stadtverwaltung von Gerlings Plänen. Statt einzuschreiten und zu retten, was noch zu retten war, ließ man Gerling weitgehend freie Hand. Die Stadtverwaltung erteilte Gerling die Genehmigung, erst mal ›provisorische‹ Bürofertigbauten zu errichten. Nach 5 Jahren, wenn das Gebiet durch das Aussiedeln und Abwandern der Bevölkerung weiter verslumt ist, eine aktiv werdende Bürgerinitiative erlahmt sein wird und man sich an das ›Provisorium‹ gewöhnt hat, dürfte Gerling seinen Machtbereich endgültig nach eigenem Dafürhalten ›nutzen‹.

Ein F. D. P.-Stadtrat empörte sich: »Damit ist hinter dem Rücken des Rates eine folgenschwere Entscheidung gefallen. Mit einem Federstrich der Verwaltung sind wir Gerling ausgeliefert.«

In einem Interview des »Kölner Stadt-Anzeiger« wird die Haltung des höchstverantwortlichen Oberstadtdirektors Prof. Dr. Mohnen deutlich, der sich hier weniger als Vertreter der Bürger, dafür um so mehr als Sprachrohr Gerlings geriert:

Stadt-Anzeiger: »Würde Köln nach dem Städtebauförderungsgesetz vorgehen, müßte die Stadt ihre betroffenen Bürger auch entsprechend betreuen.«

Mohnen: »*Ja. Ich weiß aber nicht, wie Sie zu der Auffassung kommen, den bisher aus dem Gebiet Umgesetzten, die also Gerling umgesetzt hat, seien diese Vorteile vorenthalten worden. Man hat sie doch betreut.*«

Stadt-Anzeiger: »Gewiß, sie sind insofern betreut worden, als sie zunächst die Kündigung bekamen und dann den Besuch eines freundlichen Herrn.

Mohnen: »Haben Sie die Leute in Porz denn mal gefragt, ob sie gegen ihren Willen dahingebracht worden sind? Daß sie dorthin etwa zwangsweise umgesetzt worden wären von einem Privaten, das gibt es doch in unserem Staat nicht. Irgendwie sind die Leute doch freiwillig gegangen. Vielleicht gefiel ihnen das Friesenviertel ohnehin nicht mehr. Vielleicht verlockte sie das Angebot von Gerling...«

Der sagte, er habe auch eine Wohnung für sie. Zum Beispiel in Porz-Eil. Der Umzug werde bezahlt. Und die Gardinen könnten sie auch hängenlassen – Gerling bezahlte neue.«

Stadt-Anzeiger: »Natürlich ist niemand mit Gewalt nach Porz (etwa 10 km außerhalb vom Stadtzentrum, d. Verf.) verfrachtet worden. Aber vermutlich hätten manche eher Betroffenen es sich sehr gründlich überlegt, ehe sie einwilligten, wenn sie nicht den Eindruck gehabt hätten, froh sein zu müssen, daß ihnen überhaupt einer noch hilft, daß der neue Hausherr ihnen wenigstens hilft zu verschwinden.«

Kölner-Stadt-Anzeiger, 7. 8. Aug. 71

Es wäre zu einfach und vordergründig, Gerlings Durchsetzungsvermögen im Friesenviertel und die Inschutznahme durch den Oberstadtdirektor damit erklären zu wollen, daß der Schwiegersohn von Mohnen gleichzeitig Zweigstellenleiter Gerlings in Aachen war. Auch wenn Mohnen zu Gerlings Festen geladen wird, dürfte das seine Entscheidung nicht oder nur unwesentlich beeinflussen. Als rechter SPD-Bürokrat wird er zu wissen haben, auf wessen Seite er zu stehen und für wessen Interessen er sich einzusetzen hat!

Sosehr er sich in diesem Fall auch der Bürgeraktion passiv und ablehnend gegenüber verhielt, bei einer anderen

Bürgeraktivität hat er Gelegenheit, sich zu bewähren und sein Herz für die »Bürger« zu entdecken: In einer Eingabe an *ihren* Oberstadtdirektor verwahrten sich 652 Einwohner dagegen, daß ihr Stadtteil stärker mit Wohnungs- und Verwaltungsbauten bestückt werden soll. Sie wollen den besonderen Charakter ihres Vorortes gewahrt wissen. Zu den Unterzeichnern dieser Eingabe gehören die Ansässigen Katzer (CDU), Freiherr von Oppenheim, Bankier, Otto Wolff von Amerongen, Präsident des Industrie- und Handelstages und gleichzeitig Ehrenpräsident des Gerling-Aufsichtsrats, und nicht zuletzt Dr. Hans Gerling, Generalkonsul und Vorsitzender des Gerling-Konzerns. Ihr Engagement gilt ihrem Stadtteil Köln-Marienburg, dem exklusivsten Villenvorort Kölns. Die Marienburger Villenbesitzer hoffen »auf eine Entscheidung des Rates zu ihren Gunsten«. Sie dürfen damit rechnen, daß die Stadt speziell für *ihre* Sorgen schon Verständnis hat.

Seit einem Jahr läßt sich Gerling immer seltener im Konzern blicken. Ein Portier glaubt den Grund hierfür zu wissen: »Je reicher, mächtiger und älter er wird, um so mehr steigt die Angst in ihm, daß es ihm eines Tages mal an den Kragen gehen könnte. Seit auf das Bürofenster der Häuserverwaltung mal 5 gezielte Schüsse abgegeben wurden und er wohl annahm, daß er gemeint wäre, erledigt er, so weit es geht, alles von zu Hause aus. Er hat sich sein Privatgrundstück von Experten des Verteidigungsministeriums eindringsicher abschirmen lassen, und im Konzern ist ein Tunnel geplant, über den er unterirdisch direkt bis unter sein Büro gelangen kann. Solang der nicht fertiggestellt ist, wird er uns hier wohl nur noch selten beehren.«

Ich persönlich vermute, daß es nicht erst der Schüsse auf die Häuserverwaltung bedurfte, um bei Gerling Symptome, die, oberflächlich betrachtet, Verfolgungswahncharakter haben, hervorzurufen.

Es sind scheinbar nebensächlichere Verhaltensweisen, die, würden sie sich bei einem Boten oder einfachen Angestellten des Hauses bemerkbar machen, womöglich zu klinischen Behandlung führten. Ihm als Wirtschafts-Potentaten werden sie als eigenwillige Note, allenfalls Marotte abgenommen. Gerlings Kontakt- und Berührungsangst ist offensichtlich. Sie ist so stark, daß er sich nicht nur vor Menschen abschirmt, auch von Dingen, ja sogar von der Luft fühlt er sich bedroht. Seine Fahrer erzählen sich, nach unterschiedlichen Erklärungen suchend, Geschichten, wie sich ihr Chef zuweilen im heißesten Sommer durch die Gegend chauffieren läßt. Er selbst sitzt hinten, im Anzug und eine Wolldecke über den Knien. Der Fahrer, schwitzend, in voller Montur, ist angehalten, sich weder die Fahrermütze abzusetzen noch die Krawatte zu lockern, und streng ist es ihm untersagt, die Fenster auch nur einen Spalt weit zu öffnen.

Ein Fall ist bekannt, als ein Fahrer versuchte, sich dem zu widersetzen. Anläßlich einer schnellen Fahrt nach Bonn, als durch einen warmen Regen die Scheiben beschlugen und sich Gerling wieder strikt abgeneigt zeigte, das Fenster auch nur einen Spalt breit öffnen zu lassen, riskierte es der Fahrer, sich zu Gerling umzuwenden und ihn aufzuklären: »Wenn Sie lebend ankommen wollen, Herr Doktor, sehe ich mich gezwungen, das Fenster ein Stück runterzudrehen.« – Es ist nicht bekannt, welche Konsequenz sich aus dieser Respektlosigkeit ergab, jedenfalls ist dieser Fahrer inzwischen nicht mehr Fahrer von Gerling.

Herr K. war von Stuttgart nach Köln umgezogen, weil sich seinen Söhnen in Köln eine günstigere Ausbildungsmöglichkeit bot. Er bewarb sich im Gerling-Konzern als Bote und wurde »mit Kußhand genommen« und bald darauf als Butler in Gerlings Privatresidenz überstellt, denn ein

ausgezeichnetes Zeugnis seines früheren Arbeitgebers ließ ihn für diese Vertrauensstellung bestens geeignet erscheinen. Das Zeugnis eines Stuttgarter Automobilclubs, für den er zehn Jahre als Barmixer tätig war, bescheinigt ihm:
»Solide Fachkenntnisse, gepaart mit einem lauteren Charakter und einem fröhlichen Wesen, haben ihn innerhalb kurzer Zeit zu einem beliebten und gern gesehenen Mitarbeiter und aus Herrn K. den ›Charlie‹ gemacht, der sozusagen zum Bestand des Clubs gehörte. Er ist unbedingt zuverlässig, arbeitsfreudig, pünktlich und genau. Ihm oblag auch die Bestandspflege, die Bestellung und Abrechnung der Spirituosen und Rauchwaren. All die ihm übertragenen Aufgaben hat er zur vollsten Zufriedenheit und in dem besten Einvernehmen gelöst. Er beherrscht auch das ›Service à la carte‹... und war auf diesem Gebiet viel tätig. Nach zehn Jahren verläßt Herr K. auf eigenen Wunsch den Club, der ihn nur ungern weggehen sieht. Wir sind überzeugt, Herr K. wird jede neue ihm übertragene Aufgabe mit gleichem Eifer und Einsatzfreudigkeit durchführen und ihr gewachsen sein und können ihn daher bestens empfehlen.
Wir wünschen ihm persönlich sowie in seinem weiteren beruflichen Werdegang alles Gute und danken noch einmal für seine tadellose langjährige Mitarbeit.«
Herr K. berichtet: »Ich war 43, ich hatte noch keine feste Stellung in Köln, ich war im Excelsior-Hotel als Aushilfskellner. Da hatte der Gerling ein großes Fest gegeben, da wurde ich von Excelsior dahin verliehen. Ich habe da bedient und habe mir das so angesehen. Da sah alles so gediegen und vornehm aus, dachte ich, bewerb dich dort..., als Sprungbrett, bis vielleicht mal ein Türchen aufgeht...
Ich war 2½ Jahre bei ihm als Butler in Marienburg, be-

diente ihn und seine Familie und seine Gäste, in Livree und mit weißen Handschuhen. Außerdem war meine Aufgabe, das Silber zu pflegen. Er hat Silber- und Goldbestecke für 60 Personen. Ich arbeitete von morgens 9 bis abends 9 Uhr, samstags und sonntags, hatte überhaupt kein Privatleben mehr, aber ich verdiente gut, durch die Überstunden an die 2000 Mark.
Ich wurde eigentlich nie richtig warm dort, es war immer eine drückende Atmosphäre. Der Dr. Gerling hat so eine Art von oben herab und eine tötende Ironie. Gleich zu Anfang machte mich sein Chefdiener, der Säckler, der 38 Jahre bei ihm war, darauf aufmerksam: ›schau ihn um Gottes willen nicht an, wenn du servierst, dann wird er wild.‹ Er ist ein sehr schwieriger Mensch, und wer sich nicht auf seine Launen einzustellen verstand, hatte nichts zu lachen. Wenn er aus dem Konzern kam – sein Kommen wurde mir telefonisch angekündigt –, ich stand sprungbereit an der Auffahrt, nahm Haltung an, riß ihm die Wagentür auf, meinen Diener gemacht, grüße ›Guten Abend, Herr Dr.‹, wenn keine Antwort kam, wußte ich schon, schlechte Laune, und konnte mich auf was gefaßt machen.
Er war sehr penibel mit dem Decken. Obwohl ich's schon mit dem Metermaß genommen habe, den Abstand der Bestecke zueinander und genau abgemessen vom Besteck bis zur Tischdecke und die Bügelfalte genau unter der Lampe. Das Blumenarrangement mußte auf dem Tisch genau in der Mitte exakt unter der Lampe stehen. Das hat vier Füße gehabt, zwei Füße mußten genau auf der Bügelfalte stehen. Die Blumen mußten strahlenförmig wiederum so ausgerichtet werden, daß sie genau mit den Linien des Leuchters übereinstimmten. Er hat da ein Auge für gehabt, es unwahrscheinlich genau genommen. Wenn da was nicht total im Lot lag, hat er es nachher ärgerlich

korrigiert. Ich hab mich nachher sogar in den Stuhl gesetzt, wo der Chef saß, und hab das ausprobiert, mich in ihn hineinversetzt, mit seinen Augen kritisch den Blick schweifen lassen, was er auszusetzen haben könnte, und das dann noch korrigiert. Er hat seinen festen Platz gehabt, wollte immer auf demselben Stuhl sitzen, wir haben ihn unauffällig gezinkt, weil er merkte, wenn es nicht der gleiche war.
Er hat mich sehr selten direkt angesprochen und wenn, hat er meist sehr leise gesprochen, so nebenbei und durch mich hindurch, und dann war ich manchmal nicht darauf gefaßt, daß er mich angesprochen hat, und hab ihm vielleicht keine Antwort gegeben. Und dann sagte die Chefin, die ›Gnädige Frau‹, Sie verstehen meinen Mann nicht...
Und all solche Sachen, das hat einen dann immer nervöser gemacht, und ich bin immer scheuer geworden...
Es war ihm schon zu viel, wenn man ihm mehr antwortete, als er gefragt hatte; nach dem Abendbrot sind ja die Nachtportiers da. Einmal hatte einer Ausgang. Da hat der Dr. Gerling die Tür aufgemacht und mich gefragt: ›Ist der Herr H. da?‹ – Da hab ich ihm geantwortet: ›Nein, Herr Dr., der Herr H. ist nicht da, der hat Ausgang, aber für ihn ist der Herr F. da.‹ Das war schon zuviel, daß ich sagte, ›für ihn ist der Herr F. da‹; die Antwort: ›nein, Herr H. ist nicht da‹ hätte gereicht und wäre korrekt gewesen. – Da hat er mich angeschrien: ›Ich habe Sie nicht nach dem Herrn F. gefragt!‹
Ich mußte ihm in der Garderobe immer in den Mantel helfen. Er hatte 20 Anzüge und 6 Mäntel, je nach Wetterlage.
Er hat sich, mit dem Rücken zu mir, hingestellt und die Arme immer so steif runterhängen lassen. Ich bin ja sehr klein und er ist ziemlich groß. Er hat sich nie zu mir runter-

gebückt. Ich mußte mich strecken und anstrengen, um seinen Mantel bis über die Schultern zu bekommen.
Eines Tages, als er sich besonders steif anstellte und es ihm nicht schnell genug ging, sagte er mir: ›Lassen Sie das, Sie können das nicht, mir den Mantel halten.‹ Ich: ›Jawoll, Herr Dr.‹ – (Ich dachte bei mir, wenn der mich dressieren will, dressier ich ihn auch.) Am nächsten Tag, als er an der Garderobe den passenden Mantel auswählte, hab ich keine Anstalten gemacht. Da drehte er sich steif um: ›Wollen Sie mir nicht behilflich sein!‹ Ich: ›Selbstverständlich, Herr Dr.‹ –
Man wußte nie, wo man bei ihm dran war. Auf der einen Seite konnte man ihn in Rage bringen, wenn man Anzeichen eigener Initiative zeigte, andererseits konnte man sich auch seinen Zorn zuziehen, wenn man Anweisungen von ihm genau befolgte.
Die Herrschaften lagen im Garten im Liegestuhl am Swimming-pool, als das Telefon läutete und der Prof. Breker (der mit ihnen per Du ist) die ›Gnädige Frau‹ sprechen wollte. Ich bin rausgelaufen und sagte ›Gnädige Frau, Telefon für Sie.‹ Da wurde mir vom Dr. Gerling mit Nachdruck gesagt, ich solle in Zukunft, wenn sie im Garten wären, nicht hinauskommen, sondern bei Telefonaten die Hupe betätigen, dann wüßten sie Bescheid. Nun, ich nehm mir das zu Herzen, und als einige Zeit später an einem Sonntag die Gnädige Frau aus der Schweiz anruft und will ihren Gatten sprechen, dachte ich, gut, dann hupst du eben. Ich betätigte also die Hupe, gibt so einen röhrenden Laut wie ein Nebelhorn. Dr. Gerling saß mit auswärtigen Gästen im Garten. Da raste der auf mich zu und hat mich derartig angeschrien, daß ich dachte, jetzt fliege ich raus ... ›Haun Sie ab, laufen Sie‹, hat er gebrüllt, ich wußte gar nicht, was überhaupt los war, was mit mir geschah. Ich hab ihn nur gefragt, was denn los sei,

und er schrie nur noch lauter ›haun Sie ab, Sie sollen laufen‹, und ich bin dann stehengeblieben und dann schrie er noch mal, ›Sie sollen verschwinden‹, und dann bin ich gelaufen... Es muß ihn plötzlich gestört haben, daß ich gehupt habe, und dabei hatte er's doch extra angeordnet.
Ich bin immer unglücklicher geworden in dem Haus, nachher lag's mir wie ein Druck auf dem Magen. Auch die anderen vom Personal wirkten immer geduckt. Es hat mal eine Köchin gegeben, die hat sich offen aufgelehnt, die hat eine gute Küche geführt, französisch und alle Richtungen, aber die hat es ihm auch nie richtig gemacht. Eines Tages hat sie mal die Nerven verloren, sie war schon älter. ›Das ist ein Teufel‹, hat sie geschrien, ›ein Dracula, ich bin doch hier kein Sklave!‹ – Man hat darauf auf ihre Dienste verzichtet. Es ist eben nicht jedermanns Sache, alles runterzuschlucken oder abzuschütteln.
Ich bin zwei Jahre da draußen gewesen, als ich Schwierigkeiten mit den Bandscheiben bekam und der Arzt sagte, ich müsse in Kur gehen. Vielleicht mochte das daher kommen, ich bin ja etwas klein, und die Platten, die ich aufservierte, wogen 20 Pfund, und wenn man sich auf Schritt und Tritt belauert fühlt, verkrampft man sich. – Man war damit einverstanden, daß ich in Kur ginge, man käme schon zurecht. Ich war dann vier Wochen in Kur, kam zurück, und sie taten so, als ob sie sich freuten, obwohl da alles schon beschlossene Sache war. Und sogar der Dr. fragte, ob es mir bekommen sei und ob ich denn auch keine Schmerzen mehr hätte. Ich hatte mich direkt gefreut, daß er mich einmal angesprochen hatte, denn es war äußerst selten, daß er mich einmal so ansprach. Ich war kaum vierzehn Tage wieder da, da taucht morgens ein Neuer auf, um sich vorzustellen, es war ein Jüngerer, ich habe gleich spitz gekriegt, daß er an meiner Stelle anfangen sollte. Er war vorher Stewart bei der Lufthansa,

und Gerling hatte ihn da kennengelernt. Mir wurde nichts gesagt, und es gingen noch mal acht Tage vorüber. Und eines Nachmittags, als ich die Chefin gerade bedient hatte, hat sie mir das so nett beigebracht. ›Ich nehme Sie zu mir in die Baukunst‹, hat sie gesagt, ›die gehört ja mir, da haben Sie es gut, da empfangen Sie nur meine Gäste, und Sie machen die kleine Bar, und das Gehalt ist genau dasselbe.‹ – Da habe ich gedacht, vielleicht ist es gut so, dann bin ich erlöst. Die nächste Woche habe ich gleich angefangen, und dann kam die große Enttäuschung: es war alles nicht so, wie die ›Gnädige Frau‹ mir das so nett beigebracht hatte. Da ging es los, schwere Pakete, Kisten und Kästen auspacken, dreckige Arbeit im Lager, obwohl sie mir ausdrücklich gesagt hatte, ich hätte mit dem Lager nichts zu tun. Ich mußte meine schwarze Kluft, weißes Hemd und Krawatte ablegen, weil ich mich zu schmutzig bei der Arbeit machte. Ich wurde so eine Art Mädchen für alles, und es war auch körperlich eine schwere Arbeit. Diese Unzufriedenheit und Enttäuschung hat mich kaputtgemacht, so daß ich schon wieder zur Kur mußte, es waren noch keine zwei Jahre her seit der letzten. Ich kam von der Kur zurück, und dann kam die große Enttäuschung. Meine Frau hatte mich während der Kur schon angerufen, da wäre ein Brief gekommen von Gerling und darin stand, daß, wenn ich zurückkäme, ich mich nicht mehr in der ›Baukunst‹ melden solle, sondern im Personalbüro. Ich hin, und da erfuhr ich, daß ich schon wieder degradiert worden war. Ich sollte wieder als einfacher Bote anfangen. Ich sage, was! – Ich hätte mir einen Vertrag geben lassen müssen, bevor ich von Marienburg wegging, aber ich hatte immer alles auf Treu und Glauben gemacht. Auf das Botenangebot habe ich gesagt ›nein‹, – ich hätte ja viel weniger verdient.
Ich habe versucht, bei der ›Gnädigen Frau‹ vorzuspre-

chen, aber sie empfing mich nicht, es hieß, sie sei nicht da, obwohl ihr Wagen draußen vor der ›Baukunst‹ stand.
Dann schließlich bot mir der Personalchef an, mich ins Archiv zu stecken, als Aktenverteiler, mit viel weniger Verdienst, für 960 Mark. Ich stand vor der Frage ›entweder—oder‹, und ich habe zugestimmt. Ich habe schließlich Familie, und es mußte weitergehen.
Ich mußte mich von den Büroleuten herumkommandieren lassen, das waren ungefähr 1000 Akten, die ich am Tag zu bearbeiten und an 30—40 verschiedene Sachbearbeiter weiterzuleiten hatte. Zum Einarbeiten ließ man mir erst gar keine Zeit. Immer wurde sofort etwas bemängelt. Die wollten mich los sein, ich war zuviel in Kur gewesen und machte auf sie einen kranken Eindruck, obwohl, es war ja nicht böswillig von mir gewesen.
Dann hab ich gedacht, jetzt hau ich ab, jetzt habe ich vom Gerling endgültig die Schnauze voll. Ich ließ mir die Papiere geben, und dann passierte, was ich als das stärkste Stück empfinde: meine wichtigste Zeit, die 2½ Jahre als Butler im Privathaushalt von Gerling, wurden mir auf meinem Zeugnis einfach unterschlagen. Das, was mir für eine neue Stellenbewertung wahrscheinlich weitergeholfen hätte, wurde einfach verleugnet, so als hätte es mich da nie gegeben.
Ich habe auf dem Personalbüro reklamiert, dem Herrn Graef gesagt, ich bin mit dem Zeugnis nicht zufrieden. Er: Ja, aber warum denn nicht. Ich: Da geht nur die ›Baukunst‹ draus hervor, aber die Marienburg läßt man einfach unter den Tisch fallen. Er: Aber wie sollen wir denn von hier aus wissen, was Sie da alles so gemacht haben. Ich: Dann sind Sie so freundlich und rufen Sie dort an und erkundigen sich. — Ich habe das Zeugnis dort gelassen. Ein paar Tage später schickten sie mir es wieder mit einem Begleitschreiben, daß das Zeugnis ordnungsge-

mäß ausgestellt sei, daß sämtliche Tätigkeiten von mir aufgeführt seien. – Ich muß mich jetzt fragen, ob ich da wirklich gearbeitet habe, oder ob ich das alles nur geträumt habe! – Was sie nicht wahrhaben wollen, weil es für sie unangenehm werden könnte, machen sie durch so ein Schriftstück einfach ungeschehen.«
Über Herrn K.s Tätigkeit ist im Zeugnis lediglich vermerkt:
»... Neben der Beförderung von Briefen und Akten innerhalb des Hauses wurde er auch zur Betreuung kleinerer Sitzungen eingeteilt. In den Jahren 66–69 war Herr K. in einer privaten Gesellschaft unseres Unternehmens mit Hausmeisterarbeiten, Botentätigkeiten, Drucken von Adremaanlagen, Postbesorgungen und Lagerarbeiten beschäftigt. Während dieser Zeit war Herr K. außerdem im Service tätig und betreute bei besonderen Anlässen wie Empfängen oder Sonderessen mit Umsicht unsere Gäste. In den letzten 7 Monaten vor seinem Ausscheiden war Herr K. in der Verwaltungsabteilung unserer Lebensversicherungs A.G. tätig und erledigte das Sortieren, Klären und Weiterleiten eingegangener Zahlungsbelege an die zuständigen Abrechnungsstellen sowie das Verteilen von zu bearbeitenden Akten. Herr K. war ein fleißiger, zuverlässiger und williger Mitarbeiter, der die ihm übertragenen Aufgaben zu unserer vollsten Zufriedenheit ausgeführt hat. Seine Ehrlichkeit und sein kollegiales Verhalten können besonders hervorgehoben werden. Herr K. verläßt uns auf eigenen Wunsch. Für seinen weiteren Berufsweg wünschen wir ihm alles Gute.«
Durch die Unterschlagung der für sein Weiterkommen wichtigen Tätigkeit – Butler im Privathaushalt Gerlings – ist es K. nicht gelungen, irgendwo anders wieder eine Butlerstelle zu bekommen. Im Moment arbeitet er als Chauffeur. –

Während meiner Botentätigkeit gelingt es mir hin und wieder, Einblick in »vertrauliche« oder »streng vertrauliche« Geschäftsvorgänge zu nehmen. Man hat mit der Zeit heraus, wo sich die entsprechenden Ablagen befinden. In der Regel werden mit derartigem Vermerk versehene Geschäftsschreiben auf Kosten und hinter dem Rücken der Angestellten gewechselt, und sie haben nur selten die Möglichkeit, gegen darin enthaltene Unterstellungen vorzugehen.
Die auf Seite 368 dargestellte, als »streng vertraulich« deklarierte Hausnotiz, steht stellvertretend für ähnliche Vorgänge.
Frau F. ist inzwischen aus dem Konzern ausgeschieden. Ich mache ihre Adresse ausfindig, suche sie in ihrer Wohnung auf und lasse ihr eine Kopie des ihr vorenthaltenen Schreibens da.
Frau F. berichtet:
»Durch eine Annonce kam es dazu, daß ich mich bei Gerling bewarb. Darin stand ›Wunschtraum; kein Wunschtraum für eine Servierin, in einer anspruchsvollen Umgebung zu arbeiten...‹ Dann wurde aufgeführt, was die Arbeit bei Gerling doch so einzigartig und angenehm mache. Ich habe mich vorgestellt, der Kasinochef hat mich empfangen, und da hat mich doch zuerst alles sehr beeindruckt: sehr elegant, sehr vornehm, sehr wertvoll alles. Dann wurde mir gesagt, meine Tätigkeit bestünde darin, die Herren Direktoren zu bedienen, servieren, Service und die Tische decken und abräumen.
Als ich dann anfing, da war der Glanz ab. Arbeit von morgens um 8 bis abends 18 Uhr. Morgens bekamen wir einen Kittel verpaßt und dann Putzzeug, und dann mußten wir sämtliche Räume putzen. Dann bekamen wir Gummihandschuhe, dann wurde das Silber geputzt, gespült, und dann durften wir uns umziehen, schwarzes Seiden-

kleid. Dann wurde alles todschick gemacht, um die Herrn Direktoren zu bedienen, und danach mußten wir deren ganzes Geschirr spülen. Dann wurde die Küche gründlich geputzt, Mülltonnen runtergetragen... Das habe ich mir eine Zeitlang mit angeguckt und dann gesagt, das hat doch mit Service nichts mehr zu tun. Ich staube ja gern hier ein bißchen ihre wertvollen Gemälde und antiken Uhren ab und was nicht alles, aber damit hat es sich. Dann war das Betriebsklima furchtbar schlecht, alle waren unzufrieden, aber keiner traute sich, was zu sagen. Das waren meistens noch junge Mädels, und dann war da eine Hausdame, das war der reinste Drachen, die ging dann so hinterher wie ein Feldwebel, klemmte ihren Finger in irgendeine Ritze und hielt einem dann Staub unter die Nase. Das war eine richtige Aufseherin. Das war überhaupt wie im Gefängnis. In dem Moment, wenn Sie den Portier passiert hatten, wenn die Tür morgens hinter Ihnen zuging, war's Ende, waren Sie wie hinter Schloß und Riegel.
Dann durften Sie den ganzen Tag nicht mehr raus, auch nicht in Ihren Pausen für Einkäufe und wichtige Besorgungen. –
Dann diese Verschwendung, dieses Verprassen. Ich war in guten Häusern beschäftigt, da hatten die eine Tonne, da wurden Lebensmittelreste drin aufbewahrt, die wurden abgeholt zum Verfüttern an Tiere oder, was unbenutzt so übrigblieb, wurde an Kinderheime gegeben. Aber hier floß alles in den Müll, solche Steaks, pure Sahne, frische Erdbeeren. Und freitags gab's für die Herren immer eine herrliche Suppe, deftige Hausmannskost als Abwechslung, wenn sie von ständig Steaks und Cordon bleu den Rachen voll hatten. Diese Suppe ging dann teilweise noch nicht angerührt literweise durch den Abfluß. Unmengen an Gemüse, Salaten, meistens freitags,

NOTIZ an Herrn H a u p t / Personal- und Sozialabteilung

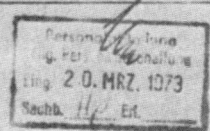

Betrifft: Kasinopersonal

Nachdem Frau Rosemarie F██████ seit dem 1. Februar 1973 in unserem Kasino als Serviererin tätig ist, läßt sich sagen, daß sie für den Posten einer Serviererin in unserem Direktionskasino nicht geeignet ist.

Im Vordergrund steht ihre ablehnende Haltung gegenüber allen Arbeiten, die nicht unmittelbar mit dem mittäglichen Service in Zusammenhang stehen.

Im übrigen wurde uns von den aufsichtsführenden Mitarbeitern gemeldet, daß Frau F██████ insofern einen ungünstigen Einfluß durch ihr Verhalten auf die Arbeitsathmosphäre nimmt, sodaß Unzufriedenheit bei den übrigen Mitarbeitern entsteht.

Es ist vorauszusehen, daß nach Festeinstellung sich diese bestehenden Schwierigkeiten mit Frau F██████ erweitern würden.

Betriebsverwaltung
Kasino, den 20. 3. 1973
Rü/Wo.

weil das Wochenende dazwischenlag. Ich habe denen gesagt, hier dürfte kein Renoir oder Rembrandt hängen, hier müßten Aushänge für ›Brot für die Welt‹ angeschlagen werden, das paßte denen natürlich nicht, daß ich das so offen sagte.

Das Essen im gesamten Konzern ist ja klassenmäßig abgestuft, der Jahrhundertsaal fürs gemeine Volk, das Gartenkasino für Prokuristen und Bevollmächtigte, aber auch das Vorstandskasino bei uns war noch mal in sich abgestuft. Das ging von Bast- über Seidentapeten bis zu mahagonigetäfelt. Und der Gerling wieder sein eigenes Speisezimmer, im Stil des 16. oder 17. Jahrhunderts eingerichtet. Dort darf ihn nur der Kasinochef persönlich im weißen Smoking bedienen. Die Direktoren rufen nach der Bedienung über einen Klingelknopf, den sie mit der Hand betätigen. Gerling steht dafür ein Fußschalter zur Verfügung.

Man hat den Eindruck, da ist irgendwie die Zeit stehengeblieben, dieses Katzbuckeln und so. Wenn ich mich beschwerte, bekam ich zur Antwort: ›Das war immer schon so und wird auch so bleiben. Da brauchen Sie als Neuling sich nicht Ihren Kopf zerbrechen, da haben wir uns schon was bei gedacht, daß das so ist, wie es ist.‹ Da ist ein Mann, der bestimmt, und alle andern haben zu kuschen, da dürfen Sie sich nicht den Luxus leisten, eine eigene Meinung zu haben. Ich habe meinen Mund nicht halten können, habe immer offen ausgesprochen, was mich empörte. Da war eine sehr nette Kollegin gewesen, deren Vater hatte Krebs, und sie hatte ihn plötzlich ins Krankenhaus bringen müssen. Und da hat sie einen Tag gefehlt, und vor lauter Kummer hat sie vergessen, sich zu entschuldigen. Da hat sie der Kasinochef am nächsten Tag sofort angefahren, so was lasse er sich nicht bieten, sie könne gehen. Da sagte sie, ›dann geh ich zum Arbeitsgericht‹. Darauf bekam sie zu hören, ›das macht uns nichts aus, selbst wenn wir den ersten Prozeß auch verlieren, wir haben ja Geld genug.‹ Ich habe so etwas immer weitererzählt, denn je mehr es wissen, um so stärker wird dann doch die Empörung, die dann vielleicht doch mal umschlägt in gemeinsames Sich-zur-Wehr-Setzen und Handeln. Ich merkte, wie ich auf der schwarzen Liste stand und auf Schritt und Tritt belauert wurde. Ich hab es nicht mehr ausgehalten, die Konsequenzen gezogen und von selber gekündigt. Dieses Klima da war zum Ersticken, da hat keiner dem anderen getraut. Jeder war still und schweigsam, und man sah in seinem Kollegen einen möglichen Spitzel, weil man weiß, wie jemand aus Angst zum Verräter werden kann.«

Sosehr Gerling als öffentlichkeitsscheu und kontaktarm geschildert wird und so sehr er sich abschirmen läßt, auf daß nur ja kein gewöhnlicher Angestellter seinen Weg kreuzt, so heftig und unvergeßlich können Begegnungen zwischen ihm und seinen Befehlsempfängern ausfallen, wenn sie doch einmal stattfinden.

Eine ehemalige Telefonistin der Gerling-Telefonzentrale erinnert sich an eine überaus eindringliche Begegnung mit ihrem obersten Chef: »Es war Gerlings Masche, er stellte sich nie vor, wir hatten die Pflicht, ihn an seiner Stimme zu erkennen...

Es war damals so, daß sein Domizil Allensbach noch nicht ans Selbstwählnetz angeschlossen war, sondern noch übers Fernamt vermittelt werden mußte. Ich war etwa ein Jahr im Konzern, ich war den ersten Tag aus dem Urlaub zurück, es war kurz vor fünf, vor Feierabend. Da hatte das Fernamt dieses Gespräch reingesteckt, am anderen Ende war Dr. Gerling in Allensbach: ›Wer wollte mich sprechen?‹ Seine Stimme war meist betont leise, so daß man sich konzentrieren mußte, um ihn zu verstehen. – Ich erschrak, denn ich wußte nicht, wer aus dem Haus ihn von den Direktoren sprechen wollte. Eine Kollegin mußte das Gespräch angemeldet haben, und ich hatte es akustisch nicht mitgekriegt. Ich antwortete ihm: ›Herr Dr. Gerling, ich weiß es nicht, aber einen kleinen Mo-

ment, ich frage...‹ – Er fiel mir ins Wort: ›Wer wollte mich sprechen?‹ – Ich war ganz verstört, und ich war ja auch ein kleines banges Mädchen, es wären ja nur ein paar Sekunden gewesen, ich wollte zu dem Block greifen, wo die ganzen Anmeldungen mit Uhrzeit eingetragen sind. Aber er ließ mich nicht dazu kommen. ›Wer wollte mich sprechen!‹ wiederholte er am anderen Ende immer wieder um so nachdrücklicher und bedrohlicher.
Und dann, er muß wohl meine Unsicherheit und Angst gespürt haben, hat er so entsetzlich geschrien, so schrecklich geschrien am Telefon, daß die Stimme sich überschlug, die wurde hoch und schrill. Dann sagte er zum Schluß, ich solle ihm die Aufsicht ans Telefon holen, ich sei auf der Stelle entlassen. Ich war von ihm in der Sekunde telefonisch fristlos entlassen, ich war völlig verstört, kreidebleich, sagte der Aufsicht, ›hier nehmen Sie mal an, Dr. Gerling‹, dann wurde er verbunden, die Sache war abgetan. Und dann war mir ein bißchen schlecht, ich bin dann nach Hause gewankt. Ich bin am nächsten Tag wieder in den Konzern, ich habe gedacht, er vergißt das, ich bin ja so klitzeklein für ihn. Ich bin einfach wieder hingegangen, ich habe noch Monate danach gezittert, wenn ich ihn in der Leitung hatte und habe versucht, meine Stimme zu verstellen, damit er mich nicht wiedererkennen würde.« Die ehemalige Telefonistin erzählt noch, wie man ihr dann nach 8¼ Jahren den Garaus gemacht hat. »Wir bekamen die neue Telefonzentrale, eine Durchwahlanlage, damals eine der modernsten Anlagen in Europa. Da ist mein Abteilungsleiter an mich herangetreten und hat ganz unbefangen gesagt, wegen der modernen Anlage müsse er jetzt Personal einsparen, und da hätte er sich überlegt, bei mir gleich mal anzufangen. Ich habe ihm zu bedenken gegeben, daß ich eine der ältesten Mitarbeiterinnen sei und daß es ja Kolleginnen gäbe, die

erst ein oder zwei Jahre da seien, warum er gerade auf mich verfiele... Da sagte er, dann solle ich ihm einen konkreten Vorschlag machen, wen man an meiner Stelle vor die Tür setzen solle, da habe ich mich nicht für hergegeben, und dann ging die Sache weiter... Ich nehme heute an, die treibende Kraft dafür, daß man mich unbedingt raushaben wollte, war unsere Aufsicht. Ich wußte ihr zuviel über ihr Verhältnis zu einem Vorstandsdirektor, wogegen an und für sich nichts einzuwenden ist. – Dadurch bekam sie ihren Aufsichtsjob und Macht, die sie uns spüren ließ. Letztlich hörte sogar der Abteilungsleiter auf sie. Zum Schluß versuchte man mir als Entlassungsgrund anzuhängen, ich sei mehrere Male zu spät zur Arbeit erschienen. Das betraf den Winter, als mein Zug ein paarmal Verspätung hatte, es waren immer nur wenige Minuten, ich hatte die Strecke vom Bahnhof zum Gerling aus Angst ohnehin im Laufschritt zurückgelegt. Das war die Zeit, als auch viele andere wegen der schlechten Verkehrsverhältnisse zu spät kamen, denen man es jetzt aber nicht unter die Nase rieb. Man suche eben krampfhaft nach einem Entlassungsgrund. Ich merkte, daß ich da nichts mehr zu bestellen haben würde, und habe beinah erleichtert zugegriffen, als man drei Monatsgehälter als Abfindung anbot, ich war froh, als ich aus dem Laden raus war.
Interessant war, als ich mein Zeugnis später einmal einem befreundeten Personalchef meines Mannes zeigte, fragte der: ›Gab es da Probleme von wegen der Pünktlichkeit, kamst du häufiger zu spät?‹ Obwohl in dem Zeugnis kein Satz darüber drinstand, konnte der das da rauslesen. Er erklärte mir, es gäbe da so winzige Tricks unter Zurhilfenahme gewisser Satzstellungen, mit denen die Chefs sich untereinander heimlich verständigten und warnten. Der Angestellte wird ausgetrickst, denkt, wunderbar, hast du

aber ein prima Zeugnis, wo du überall wieder mit unterkommen kannst, und in Wahrheit läuft er mit seinem eigenen Steckbrief rum, wo so kleine versteckte Anspielungen und Boshaftigkeiten drin sind. Das Gesetz lautet ja, daß nichts ins Zeugnis hinein darf, was einem zum Nachteil gereichen könnte.«

Daß es sich hier nicht um besonders krasse Ausnahmefälle handelt, sondern um durchaus Alltägliches, geht aus dem Erleben der Nachfolgerin dieser Telefonistin hervor.

»Es war der Tag, als die neue Telefonzentrale mit der Direktdurchwahl in Betrieb gesetzt wurde, und da man noch keine Erfahrungen hatte mit dieser Anlage, hatten sich irgendwelche Fehler eingeschlichen am ersten Tag.

Es kam ein Gespräch von außerhalb über eine Hausleitung an, so daß ich mich – wie bei Hausgesprächen üblich – mit ›Zentrale 1‹ meldete. Ich hätte mich bei einem Ferngespräch mit ›Gerling-Konzern, guten Tag‹ melden müssen. In der Leitung hing Gerling, und er wurde sofort wütend: ›Wieso Zentrale 1, ich rufe von außerhalb an, ich habe den Gerling-Konzern angewählt.‹ Ich stellte mich dumm, fragte, ›ja, wer ist denn da?‹ – Er brüllte, ›hier Gerling‹. Ich: ›Ja, da müssen Sie vielmals entschuldigen, das habe ich nicht gehört, das muß ein technischer Fehler gewesen sein.‹ – Er: ›Verbinden Sie mich direkt mit meinem Sekretariat.‹ Ich versuchte ihm klarzumachen, daß das im Moment technisch nicht ginge, aber er beharrte darauf wie ein eigensinniges Kind, das sich einmal was in den Kopf gesetzt hat. Ich bat ihn, noch mal neu anzuwählen. Da brüllte er, das verstünde er nicht, er wolle jetzt sofort sein Sekretariat. Ich erwiderte sehr sanft, aber bestimmt: ›Ich sagte Ihnen doch bereits, Herr Dr. Gerling, daß das im Moment leider nicht möglich ist.‹ Da hat er sofort aufgelegt. Und als er neu anwählte, landete er wieder bei mir, erkannte mich auch sofort an der Stimme und kriegte sofort einen Wutanfall. Er brüllte, ›da sind Sie ja schon wieder in der Leitung‹, ich sagte, ›es tut mir furchtbar leid, Herr Dr. Gerling‹, ich habe ihm einfach immer die passende Antwort gegeben. Es lief dann so aus, daß er mich anschnauzte, ich sollte meinen Mund halten; die Aufsicht stand die ganze Zeit neben mir und versuchte mir pausenlos klarzumachen, daß ich endlich still sein sollte; und dann hat er voller Wut geschnaubt: ›Sie sind entlassen! Geben Sie mir Herrn Kolb.‹ (Herr Kolb, das war der Fahrdienstleiter, der für die Einrichtung der neuen Anlage zuständig war.) Und dann kam Herr Kolb – so zwischen 50 und 60 war er –, der ist dann auf dem Stuhl, den wir ihm schnell hinstellten, zusammengesunken. Den hat er gleich auch entlassen, per Telefon. Der wurde bleich bis zum Hals und hat ganz langsam den Hörer aufgelegt und den Kopf in die Hände fallen lassen und saß erst einmal ganz still da. Wir haben ihn dann wieder aufgerichtet und ihm klargemacht, daß er eine Entlassung aus so einem Grund nicht ernst zu nehmen brauche und daß der Gerling bei einem Arbeitsgerichtsprozeß damit nie durchkäme. Wir hatten den Gerling inzwischen ohnehin nicht mehr für ganz zurechnungsfähig gehalten, nur wer würde schon wagen, ihm das zu bescheinigen!«

Ein inzwischen pensionierter ehemaliger Betriebsratsvorsitzender erinnert sich an seine Gerling-Zeit. »Es war, als er noch im Hochhaus residierte. Er hatte sich gerade so eine Klimaanlage einbauen lassen. Sein Saal mußte genau mit 22 Grad temperiert sein, eine direkte Leitung führte vom Tiefkeller zu ihm hin, ich glaube, 56 Meter hoch. Ich kam mal da vorbei und sah, wie ein Beauftragter von ihm Zigarren am Austeilen war. Ich fragte: ›Verteilen Sie jetzt regelmäßig Zigarrenrationen?‹ ›Nein, nein‹, sagte er, ›die sind für oben‹. ›Wie, für oben?‹ hab ich gefragt, ›der ist doch Nichtraucher.‹ – ›Nein‹, sagte er, ›der hat die zehn Mann hier raufbeordert, davon müssen fünf je eine Zigarre, fünf je eine Zigarette rauchen, und dann läßt er die Entlüftung arbeiten, um zu sehen, wie schnell der Rauch wieder abzieht.‹ – So was stell man sich mal vor, der hatte Sorgen. Im Winter residierte er damals oben im Turm, im Sommer saß er unten. Und seitdem drüben ›Friedrich Wilhelm‹ fertig ist, hat er die ganze erste Etage, in einer Höhe, die fast zwei Stockwerke einnimmt, damit er die Weite des ›unendlichen Raums‹ um sich spürt. Die Neonlichter in seinem Bürosaal sind immer halb unter Strom, der drückt auf einen Knopf, kein Flackern, schon sind die Lampen an. Der kann doch nicht einen Moment warten, wo denken Sie hin! Die Riesenvorhänge, ein Druck auf den Knopf, und sie gehen zurück. Das ist psychologisch alles sehr raffiniert gedacht. Wer zu ihm vorgelassen wird, der wird erst mal ganz klein, bis er ihm gegenübersitzt vor seinem majestätischen Schreibtisch. Ich hab öfter welche erlebt, die nach einer Audienz bei ihm kurz vor dem Herzinfarkt waren, die hat er zur Sau gemacht, der war da nicht zimperlich drin. Ich habe erlebt, wie er einem seiner Direktoren Aktenstöße vor die Füße geschmissen hat, als er in entsprechender Wut war, und der Trottel hat sich vor ihm gebückt und sie wieder aufgesammelt.

Uns als Betriebsrat konnte er nichts, das wußte er, da hätte er sich die Zähne dran ausgebissen. Einmal erlebten wir folgendes: wir hatten gerade ein Konto für den Betriebsrat bei der Sparkasse eröffnet, da kriegte ich auf einmal eine Gutschrift auf das Konto, wo nichts drauf war. 600 Mark, ja was ist das denn! Und richtig ausgeschrieben an ›Arbeitsausschuß der Betriebsräte des Gerling-Konzerns‹, so lautete das Konto, also ein ganz ausgefallener Name, das konnte kein Irrläufer, keine Ver-

wechslung sein. Und bei der sorgfältigen Revision des Hauses, das hätte zurückgebucht werden müssen, aber nichts geschah. Fünf bis sechs Jahre lag das Geld da auf dem Konto, wie der Speck in der Mausefalle. Wir hatten uns an den Personalchef gewandt und ihn aufgefordert, mal Nachforschungen anzustellen, woher das Geld stamme, denn keine Abteilung im Konzern konnte uns das sagen. Er sagte uns, das sei sicher eine Verwechslung, es täte ihm leid, die Akten seien schon im Keller, aber er werde sie raussuchen lassen. Was wir erwarteten, nichts passierte, was uns hätte Aufschluß über die Herkunft des Geldes geben können. Wir vermuteten, der Personalchef hatte den grandiosen Einfall, dem Dr. Gerling zu sagen, wir kriegen die schon, überweisen ihnen das mal, und die drei, die haben die Unterschriften, die machen das unter sich aus. Im Gegensatz zum heutigen Betriebsrat waren wir damals viel weniger kompromißbereit und überhaupt nicht anlehnungsbedürftig. Da ja nur bei gröbstem Vertrauensbruch und kriminellen Delikten ein Betriebsrat kündbar ist, hätte so eine ›Unterschlagung‹ schon ihren Zweck erfüllt. Ich habe auch erlebt, daß man mir gerade vor der Betriebsratswahl eine Beförderung mit entsprechender Gehaltserhöhung anbot. Ich habe abgelehnt, denn ich wäre in den Augen der Kollegen für unglaubwürdig und gekauft gehalten worden. Wahrscheinlich hat die Konzernleitung das auch bezweckt, nämlich nachdem ich zum Betriebsrat gewählt war, wurde das Angebot nicht mehr an mich rangetragen.«
Der Lehrling Kurt F. bewarb sich auf folgende Anzeige hin bei Gerling:
»Es hat sich herumgesprochen, daß eine Ausbildung im Gerling-Konzern besonders gründlich, fortschrittlich und vielseitig ist... Zusätzlicher betriebsinterner Unterricht vermittelt zusätzliches Wissen – und damit die berühmte

›Nasenlänge voraus‹, die wichtige Positionen erschließt.«

Kurt F. berichtet: »Die Ausbildung ist keinen Deut besser als anderswo, allenfalls der Dünkel ist größer. Mit ›Nasenlänge voraus‹ ist wohl gemeint, daß einige, dem Feudalstil Gerlings angepaßt, meinen, Grund zu haben, ihre Nase besonders hoch tragen zu müssen. Als ich hier anfing, war ich anfangs so schockiert, ich wollte nach zwei Tagen wieder aufhören, ich hatte schon bei einer anderen Versicherung auf dem Personalbüro vorgesprochen. Das hat mich ungemein hier beengt, ich wollte mittags raus, so wie ich das gewohnt war, wollte ein bißchen an die frische Luft und mir auch mal eine Apfelsine, einen Apfel kaufen, wenn es schlechtes Essen gab, aber man darf ja hier effektiv nicht raus. Ich mußte von Pontius zu Pilatus laufen, um einen Passierschein zu bekommen. Man mußte sich schon außerordentliche Gründe ausdenken, und wenn man zweimal hintereinander kam, dann wurde gesagt, das geht aber nicht, das können Sie hier doch nicht machen, das ist hier im Hause nicht üblich. Das sah ich nicht ein, daß ich zu den Vorzimmerdamen meiner Abteilung hinlaufen mußte und um einen Passierschein betteln, man mußte ein Zettelchen schreiben, mußte den Grund eintragen und den Namen. Und kurz vor der Zeit, die man eintrug, mußte man noch mal hin und bekam seinen Schein, wenn man Glück hatte. Morgens bereits, wenn man zur Arbeit kam, mußte der Schein abgegeben werden, die hatten da ihre festen Prinzipien. Es war ein furchtbares Spektakel immer, wenn einen mal plötzlich die Neigung überkam, rauszugehen, weil zum Beispiel die Sonne gerade besonders verlockend schien. Dann wurde das schon arg kriminell. Ich war noch in der Probezeit und habe dann versucht, wie so ein Schuljunge Gründe zu erfinden, habe gesagt, ich muß mein Butterbrot aus dem Auto holen oder ich habe mir das Brillenglas rausgemacht und gesagt, ich muß zum Optiker; muß ich heute drüber lachen, aber es war furchtbar, bis man da etwas reinwächst, die Leute kennt und nicht nur Tricks und sich auf seine rechtliche Position besinnt und dann doch mal etwas anders auftritt...«

Rita F., ebenfalls Lehrling und ehemalige Jugendvertreterin: »Gerling, als typisch patriarchalisches Unternehmen, versucht, Mädchen, die an einer Ausbildung interessiert sind, in schlechtere Positionen hinzudrängen als junge Männer. Ich weiß es von mir und anderen Kolleginnen, daß beim Einstellungsgespräch versucht wurde, den Mädchen den Lehrberuf des Versicherungskaufmanns auszureden und ihnen eingeredet wurde, ›Stenokontoristin‹, ein Anlernberuf, sei viel besser. Viele ließen sich umstimmen, ohne zu wissen, daß sie später weniger Aufstiegschancen haben und außerdem noch für weitgehend die gleiche Arbeit weniger Geld bekommen. Ungerecht ist auch, daß bei Einstellungsentscheidungen die Zeugnisnoten der jungen Männer kaum eine Rolle spielen, die Mädchen dagegen ihren Ausbildungsvertrag als Versicherungskaufmann anscheinend nur bekommen, wenn sie in den Hauptfächern wie Deutsch und Rechnen nicht schlechter als ›Zwei‹ stehen...«

Es ist mir bei Gerling in den verschiedensten Abteilungen immer wieder aufgefallen, daß es Lehrlinge und jüngere Angestellte untereinander beim »Sie« bewenden ließen und damit ihre Möglichkeiten abschwächten, Vorgesetzten gegenüber als geschlossene Gruppe aufzutreten, die sich nicht auseinanderdividieren läßt.

Ein jüngerer Angestellter klärt mich auf: »Es wird zum Teil von oben darauf geachtet, daß es beim ›Sie‹ bleibt. Wir waren eine Gruppe – alle gleichaltrig – und fingen an, uns zu duzen. Das versuchten Vorgesetzte zu verhindern

mit dem Einwand, das entspräche nicht dem Stil des Hauses, und unter dem Vorwand, auf Kunden könne das befremdlich und störend wirken. Wir haben dann mit einer gewissen List und Taktik durchgesetzt, daß es beim ›Du‹ blieb. Indem wir argumentierten, daß es der neue Stil des ›team-works‹ sei, zwecks besserer Arbeitseffektivität die Schranken des ›Sie‹ zu durchbrechen.
Ich weiß auch, daß es vorkam, daß Sportvereine, in denen einfache Angestellte mit höheren oder sogar mit Direktoren zusammenspielten, plötzlich aufgelöst wurden oder die Höheren zurückgepfiffen wurden, weil sich da in einer Mannschaft kollegialere Umgangsformen ganz selbstverständlich einstellten und im Büro nicht so plötzlich wieder ungeschehen gemacht und zurückgezogen werden konnten.«
Ein etwa 40jähriger Angestellter: »Wenn die Leute in einem Raum allzugut harmonieren und eine geschlossene Gruppe bilden sollten, dann wird umgesetzt. In jedem Raum ist so eine Art Vertrauensmann der Geschäftsleitung. Natürlich weiß man in der Regel, wer das ist, man sieht sich vor, aber dadurch kommt Solidarität gar nicht erst auf. Dann die Konkurrenz, die untereinander ganz systematisch entfacht wird durch unterschiedliche Bezahlung für gleiche Arbeit. Und bei jeder Gehaltserhöhung bekamen wir die Mitteilung, daß wir über die Höhe des Gehalts Stillschweigen zu bewahren hätten. Jeder kommt sich dem andern womöglich etwas bevorzugter vor, und wenn du es genau untersuchst, sind alle beschissen. Wir sind zu neun, und bei uns schwankt die Gehaltsgruppe zwischen 3 und 6. In vielen Fällen sind die Unterschiede durch Altersgründe bedingt, aber sehr häufig nicht. Bei uns hat der älteste Kollege die Gehaltsgruppe 4, aber die Zuträgerin zur Geschäftsleitung, die erst 24 ist, hat Gehaltsgruppe 5. Es liegt immerhin

ungefähr 180 Mark Unterschied zwischen einer Gehaltsgruppe.«

Ein Gewerkschaftsfunktionär: »Der Gerling hat seinen Konzern so verschachtelt, daß es nach außen hin jeweils für sich autonome selbständige Gesellschaften sind. Keine Gesellschaft hat über 500 Mann Belegschaft. Wächst eine Gesellschaft über 500 Mann hinaus, gründet er entweder eine neue Gesellschaft oder überstellt die Leute formal, das heißt buchungstechnisch, einer anderen Gesellschaft, die noch unter der 500-Mann-Grenze liegt. So kommt es, daß Leute im gleichen Konzernteil, ja im gleichen Raum die gleiche Arbeit machen, aber der eine sein Gehalt von einer anderen Gesellschaft bezieht und bei der Betriebsratswahl sich für einen Kandidaten der anderen Gesellschaft entscheiden muß, obwohl er ihn womöglich überhaupt nicht kennt.

Der Grund dafür ist darin zu suchen, daß die Grenze der Familiengesellschaften bei 500 Beschäftigten liegt. Wenn sie darüber liegen, dürfen Arbeitnehmervertreter in den Aufsichtsrat gewählt werden, und zwar ein Drittel der Aufsichtsratsmitglieder wären dann Arbeitnehmervertreter. Gerling ist der einzige im Versicherungsbereich, der diesen Trick anwendet. Obwohl er dadurch wahrscheinlich durch die verschiedenen Verwaltungsapparate größere Kosten hat, dürfte er die gern in Kauf nehmen, um ›Herr im eigenen Haus‹ zu bleiben. Die Jugendvertretungen sind nun hingegangen und haben gesagt, auf der einen Seite besteht der Gerling immer darauf, daß jede Gesellschaft rechtlich selbständig sei, andererseits muß er dann auch für jede Gesellschaft einen eigenen Pausenraum zur Verfügung stellen, denn der einzige zentrale faßt nicht mal ein Zehntel der Jugendlichen, und um in den kurzen Pausen dahin zu gelangen, liegt er für viele viel zu weit weg. – Bisher hat er ihnen das nicht zugestan-

> PERSÖNLICH
> VERTRAULICH
>
> Ansprache Dr. Hans Gerling
> anläßlich der
> Gesamtsitzung der Aufsichtsräte, Beiräte und des Verwaltungsrates
> des Gerling-Konzern
> am Freitag, dem 27. Oktober 1972

Freie Wirtschaft am roten Faden

»... Die vier Gegner der Stabilität ... erstens der Staat als bürokratische Einrichtung, zweitens die Demokratie als parlamentarische Einrichtung, drittens die Parteien als gesellschaftspolitische Einrichtungen, viertens die Arbeitnehmerorganisationen als sozialistische Einrichtungen ...«

Wo die sozialen Konflikte im Kapitalismus nicht mehr gelöst werden können, fordern die Pseudodemokraten Dirigismus. Staatliche Eingriffe zu ihren Gunsten, versteht sich.
Veränderungen sind schon erwünscht. Aber hin zum Status quo minus. Die Vorstellungen sind antidemokratisch, feindlich gegenüber Parlament und Parteien, autoritär, hierarchisch. Sie muten an wie eine Leihgabe von Erhards Theorien der formierten Gesellschaft.

»... Der Umfang der Unternehmerautonomie ist immer kleiner geworden und droht jetzt, wenn diese Autonomie sozialistisch und damit kollektiv überrollt wird, so klein zu werden, daß damit Unternehmertum im richtigen Sinne des Wortes zukünftig nicht mehr wirksam und existenzfähig sein dürfte... Unternehmertum ist ein anderes Wort für Schaffenskraft... Das freie Deutschland besitzt noch ein großes Potential solchen Unternehmertums. Es gilt, dies auszuwerten und auszubauen, nicht es zu verunsichern, zu behindern und zu zerstören...«

Politik hat nicht dem Volke zu dienen, sondern vornehmlich den Unternehmern. Sie allein sind schöpferisch, kreativ, initiativ. So selbstgefällig sehen sich viele Patriarchen, und sie möchten gerne von anderen auch so gesehen werden.

»...Die freie Wirtschaft kann keine Seide für den König Verbraucher spinnen, wenn es ihr unmöglich gemacht wird, den roten Faden – an dem so viele spinnen – so wirksam zu verarbeiten, daß den Unternehmern daraus kein Strick gedreht werden kann, an dem sie schließlich aufgehängt werden... Der Kampf für die Stabilität ist nicht zu gewinnen, wenn die politischen Voraussetzungen hierfür nicht geschaffen werden... Von dem Unsinn, der im Zusammenhang mit der Suche nach einer sozialen und gerechten Wirtschafts- und Sozialpolitik geredet wird, ist die Behauptung vom armen Staat die gefährlichste und unrichtigste. Der Staat, Inflationserreger Nummer 1, ist zwar arm an Geist, das sei gerade in der heutigen Situation unbestritten. Diese Armut hat sich allerdings auch bei den Reformvorhaben erwiesen, die zunächst nicht an der Geldfrage, sondern am Unvermögen der Köpfe gescheitert sind, die sich damit befaßt haben... Die Wahrheit ist, daß unser Staat unter den gegenwärtigen Verhältnissen wohl zu den schlechtest geleiteten Großunternehmen gehören dürfte, die wir in Deutschland zur Zeit besitzen... Hier kommen die Parlamente und damit die Parteien ins Spiel. Wieder sind wir bei den Köpfen angelangt, den Urhebern allen Übels. Solange und soweit die Leitung des Staatswesens Dilettanten anvertraut... wird, kann man nicht erwarten, daß der komplizierte Mechanismus einer modernen Wirtschaftsordnung richtig bedient wird... Ich bin nicht so überheblich, daß ich an dieser Stelle das Wort Vernunft gebrauche. Es ist in der politischen Auseinandersetzung dieser Tage ohnehin dadurch entwertet, daß es von einer einzigen Partei in Anspruch genommen wird, deren Führung offenbar noch glaubt, daß liberaler Sozialismus... mit Vernunft gleichzusetzen sei. Mein Eindruck ist aber der, daß Wahnsinn hier Methode wird... Der Spruch ›Mehr Demokratie‹, zur Durchsetzung sozialistischer Machtansprüche seit der Machtübernahme des letzten Kanz-

lers in diesem Sinne mißbraucht, heißt nichts anderes, als daß nicht nur in politischen Bereichen, sondern gerade auch in der Wirtschaft die von der Sache her fundierte Entscheidung eines Unternehmens oder einer Betriebsleitung durch den Machtanspruch einer gewerkschaftlich oder kollektivistisch gelenkten Mehrheit herbeigeführt oder verhindert werden karn...
Demokratisierung heißt demnach ein unverantwortliches Kollektiv und nicht etwa ein verantwortungsvolles Team bilden, das von einer Machtzentrale her, wie Gewerkschaften oder Ein-Parteien-Staat, indirekt gemäß der Willensbildung einer Minderheit gelenkt werden kann... Jeder, der ihnen (den Sozialisten, Anm. des Verfassers) zur Macht verhilft, muß sich die Anklage der Beihilfe zur Freiheitsberaubung gefallen lassen, gleichgültig, ob er bewußt oder unbewußt handelt. Die Strafe... wird nicht der Täter erdulden müssen, also die Parteien und ihre Führer, sondern der Beraubte selbst, also das deutsche Volk und mit ihm die europäischen Völker, die sich nicht mehr retten lassen, wenn der Damm einmal gebrochen ist und die Fluten sich rot färben... Unser Land trägt daher eine schwere Verantwortung für das Schicksal Europas, zwei mächtige Staaten dieser Erde warten auf ein starkes geeinigtes Europa: Amerika und China. Ein Machtblock jedoch, die Sowjetunion mit ihren Satelliten, will Europa balkanisieren und sich einverleiben... Angesichts solcher Bedrohung ist eine Anpassung an den Gegner als Annäherungsversuch gleichzusetzen dem Versuch, ein Raubtier dadurch zu besänftigen, daß man ihm von Zeit zu Zeit ein schönes Stück des eigenen Fleisches abschneidet und vorwirft. Die Annäherung endet mit Selbstverstümmelung... Wir können wählen zwischen Ost und West, zwischen materiellem Kollektivismus und individueller Freiheit. Es ist für den, der die menschliche Freiheit mit einem humanen Leben gleichsetzt, eine Wahl auf Leben und Tod.«

Auf Fragehaltungen und Problembewußtsein reagiert man mit Führungsanspruch, der biologisch verbrämt wird. Grenzenlos die elitäre Selbsteinschätzung. Das Feld der Ökonomie ist als vulgärdarwinistischer Ausleseprozeß gedacht. Sein Katalysator – das erbarmungslose Konkurrenzstreben. Wer nicht spurt, bekommt es zu spüren. Jede kleine Veränderung, die die

> Lage der Massen verbessert, wird als Umsturz deklariert. Man fordert weiterhin Vermögenskonzentration im Bündnis mit politischer Macht. Man möchte nicht, wie so oft beschworen, Gerechtigkeit für alle, sondern am liebsten ein Gesetz zum Schutze des Geldsacks. Sozialpolitik, die nur sein kann, wo Politik generell nicht sehr sozial ist, wird als kosmetisches Mittel angeboten, um Sozialismus – das noch Schlimmere – zu verhindern. Und noch eins fällt auf: dieses Festungsdenken, dieses Freund-Feind-Bild, fast pathologisch. Der Gegner ist immer böse, die eigenen Ziele sind positiv. Man operiert mit der Gefahr aus dem Osten, übrigens wider alle historischen Realitäten, wickelt aber selbstverständlich Geschäfte mit diesen Staaten ab.
> Die ganze Tirade ist so verfaßt, daß man getrost formulieren kann: hier hört die Kritik auf, hier fängt der Klassenkampf an, und zwar der von oben.
> Hier, wo man im ›vertrauten‹ Kreis unter sich ist, bekennt man sich zum Klassenkampf, der offiziell geleugnet und als überwunden hingestellt wird. Hier, unter seinesgleichen, wird unumwunden Klassenkampf propagiert und eingeübt, gegen die Lohnabhängigen, denen der Begriff und seine Anwendung durch gezielte Diffamierung von oben weitgehend abhanden gekommen ist.

den, da pocht er plötzlich auf die Gesamtkonzernbelange. Der dreht und wendet die Gesetze halt so, wie sie ihm am meisten Nutzen bringen.«
Nach zweimonatiger Portier- und Botenexistenz im Gerling-Konzern –, und nachdem ich Ostersamstag und Ostersonntag jeweils von 7.00–17.00 Uhr im »Notdienst«

den Konzern vor eventuellen Eindringlingen zu schützen hatte – tue ich etwas ganz Banales und Selbstverständliches, womit ich allerdings die heftigsten Reaktionen auslöse...
(Die Empfindlichkeit und Verletzbarkeit eines scheinbar unangreifbaren autoritären Machtgefüges ist meist größer, als man auf Anhieb vermuten mag. Winzige Angriffe, an neuralgischen Punkten überraschend angesetzt, können Widersprüche, Überfälligkeit und Fragwürdigkeit eingefahrener Herrschaftsstrukturen allen sichtbar und überdeutlich werden lassen. Repräsentanten, »honorige« Vorstandsdirektoren als treue Verwalter ihres Herrn, sind überaus diskret und beinah schamhaft darauf bedacht, sich den Blicken derer zu entziehen, die von ihren Entscheidungen abhängig sind und auf deren Arbeitsproduktivität sie ihre Vorrangstellung gründen.
Hier gilt es, sie aus der Reserve hervorzulocken, sie zum Reagieren und Sprechen zu bringen, sie zu zwingen, Farbe zu bekennen: um so die von ihnen aufgestellten Umgangsformen und Spielregeln, die dem zur Gewohnheit gewordenen Unrecht lediglich den vertrauten Rahmen geben, zu demaskieren. Hierbei kann sich Ironie als Waffe in der Hand der Unterdrückten als ätzende und gezielte Sprengkraft entwickeln. Und wenn sich damit auch die Herrschenden, ihre Kapitalverwalter und Erfüllungsgehilfen noch nicht aus ihren Bastionen vertreiben lassen, so sitzen sie jedoch fortan weniger sicher und selbstherrlich in ihren Sesseln.
Aufgestöbert bei ihrem Unter-sich-Sein, reagieren sie verunsichert, geben sich Blößen, geraten so ein erstes Stück weit ins Blickfeld und unter die Kontrolle der ihnen Ausgelieferten.)
Ein Ausdruck für die Klassenstruktur im Gerling-Konzern ist das nach Rang und Stellung gestaffelte Kantinenessen.

Dem ›gemeinsamen Volk‹ ist der ›Jahrhundertsaal‹ vorbehalten, ein eindrucksvoll und pompös gestalteter Eßsaal, in dem, durch die Expansion des Konzerns bedingt, die Tische immer enger gerückt wurden. Wenn man sich im Gedränge einen freien Platz sucht, muß man schon darauf achten, daß man seine Suppe nicht einem Kollegen in den Nacken schüttet. Hier muß man sich selbst bedienen, bis zu zehn Minuten in der Schlange stehen, bis einem das Essen zugeteilt wird.
Bevollmächtige und Prokuristen haben ihre eigenen Speiseräume im Souterrain, ein Gartenkasino ist für sie reserviert. Die Vorstandsdirektoren wiederum haben ihren gesonderten exklusiv-feudalen Speisetrakt. Sie dinieren an festlich gedeckten Tischen, lassen sich erlesene Gerichte servieren.
Zu ihnen geselle ich mich während der Mittagspause in meiner Botenuniform, um es mir einmal richtig schmecken zu lassen. Ich trete ins Kasino ein, ein gutes Dutzend Gerling-Bosse sitzt an mehreren Tischen verteilt. Es ist reichlich Platz hier, meine Kollegen von der Poststelle würden es sich hier auch noch bequem machen können, ohne daß die Herren zusammenrücken müßten. Ich steuere auf den Tisch am Kopfende des Saales zu. Ich habe etwas Herzklopfen, denn einige der Herren blicken schon auf; es muß schon etwas Außerordentliches geschehen sein, wenn ein Bote sie hier in ihrem intimen Speisebereich aufsucht. Jedoch kein Telegramm oder eiliges Fernschreiben, mit dem ich dienen könnte. Statt dessen setzte ich mich zu drei Direktoren an den Tisch. »Mahlzeit«, sage ich. Der jüngere von ihnen, in Gedanken versunken, erwidert meinen Tischgruß noch, erschrickt jedoch, als er die beunruhigt bis entsetzt dreinschauenden Gesichter seiner Tischnachbarn entdeckt. Die Gespräche an den umliegenden Tischen geraten in Stocken, zuvor

schwirrten noch Zahlen im Raum, angeregtes bis hektisches Plaudern; jetzt heißt's für die Herren ›Haltung bewahren‹, nur ja nicht ihr Gesicht verlieren, sich auch außergewöhnlichen Situationen gewachsen zeigen. Einige nehmen das Gespräch, leise und dezent, wieder auf, nicht ohne mir dabei verstohlen lauernde Blicke zuzuwerfen. Ich nehme an, auf die abgeklärteren und würdigeren unter ihnen wirkt mein Eindringen so, als ob die neue Zeit angebrochen sei, jetzt ist es soweit, jetzt brechen die Dämme auf, jetzt strömt das Volk an unsere Tische und Tröge. Keiner wagt, aufzustehen, um mich des Saales zu verweisen, dafür hat man seine Leute. Ein befrackter jüngerer Kellner, von ihnen herbeizitiert, ist dazu ausersehen, die alte Ordnung wieder herzustellen. Auch er diskret, nur ja jedes Aufsehen vermeiden. Außerdem: man kann ja nie wissen! Handelt es sich hier um einen harmlosen naiven Deppen, der das in letzter Zeit zunehmende Gerede über ›Demokratie‹, ›Qualität des Lebens‹ und so allzu wörtlich genommen hat und auf seine Art in die Tat umsetzen möchte, oder hat man es hier am Ende mit einem gemeingefährlichen Irren zu tun, den ein unbedachtes Wort oder allzu abruptes Vorgehen zum Amoklaufen reizen könnte!? Jedenfalls, man läßt mich jetzt nicht mehr aus den Augen, gebannt starrt jetzt alles auf mich.

Der jüngere Kellner beugt sich an mein Ohr, und bevor er mir etwas zuflüstert, sage ich laut und vernehmbar, auf den Teller meines neben mir sitzenden Direktors zeigend: »Das sieht aber lecker aus. Bringen Sie mir das auch, und ebenso Champagner bitte.« – Der junge Kellner, mit gedämpfter Stimme und fast flehend: »Sie sind falsch hier, hier ist nur für Direktoren gedeckt...« – »Ich bin genau richtig hier«, unterbreche ich ihn, »bringen Sie mir jetzt das Menü, so lange Pause hab ich nicht.« – Der junge

Kellner scheint immer noch zu glauben, ich hätte mich am Ende nur in der Tür vertan. »Bestimmt, glauben Sie mir, Sie sind falsch hier, bitte kommen Sie mit, ich zeige Ihnen...« Als ich ihn nur verständnislos ansehe: »Kommen Sie mit mir in die Küche...« – Jetzt halte ich es doch für erforderlich, deutlicher zu werden, um nicht zu Mißverständnissen Anlaß zu geben. Auf die Direktoren zeigend sage ich: »Was soll das denn. Die werden doch auch bedient. Sind die denn was Besseres!« – Der Kellner gibt auf, mit einer Geste wie ›ich habe meine Pflicht getan, ich bin mit meinem Latein am Ende‹ wendet er sich an die Direktoren und entfernt sich.
Nun gut, man weigert sich, mich zu bedienen. Ich habe vorgesorgt. Aus einem Butterbrotpaket, das ich neben meinen Stuhl gelegt habe, packe ich meine Ration aus. Knäckebrot, mit Schinken belegt, einen Apfel. Als ich ein mitgebrachtes Messer in die Hand nehme, um den Apfel zu schälen, gespannte, beunruhigende Wachsamkeit bei den Direktoren. Aber ich fange mit dem Messer wirklich an, meinen Apfel zu schälen. Ich stelle ein mitgebrachtes Schnapsglas auf den Tisch. Inzwischen sind einige Minuten vergangen. Die Direktoren, darum bemüht, ihr Gesicht zu wahren, halten die Stellung. Am Anfang war ich ziemlich aufgeregt und nervös. In Anbetracht der ablehnenden Haltung einer Gruppe, die einen als einzelnen ungebetenen Gast so feindselig empfängt, ist es gar nicht so einfach, cool und unbefangen zu bleiben. Jedoch, je irritierter und nervöser die Herren des Vorstandes werden, um so gelassener und ruhiger werde ich. Außer Atem spurtet Herr Klein ins Kasino. Mit federnden Schritten, den anwesenden Direktoren mit leichter Verbeugung zugrüßend, nähert er sich meinem Platz. Herr Klein, ein ehemaliger Kriminalbeamter, ist mein Vorgesetzter. Er ist für die Portiers und Boten zuständig und für die Werksi-

cherheit. Es tut mir leid, ihn jetzt in diese Schwierigkeit und Verlegenheit zu bringen, denn Herr Klein war eigentlich immer ein verständnisvoller Vorgesetzter, der seine Leute nicht schikanierte, sondern ihre Sorgen und Probleme ernst nahm. Herr Klein ist mit einem Miniaturfunksprechgerät ausgestattet, das fortwährend aufgeregt piepst und über das er Anweisungen empfängt, während er auf mich einredet.

Ich habe ihm den freien Stuhl neben mir angeboten, auf dessen vorderer Kante er Balance haltend Platz genommen hat. Er scheint den Anwesenden gegenüber dokumentieren zu wollen, daß es ihm nicht ansteht, es sich hier in einem Sessel der Konzernspitze bequem zu machen, und daß er sich rein aus dienstlichen Gründen zu ihnen auf die gleiche Sitzhöhe begibt, um mich besser ins Auge fassen und um so zwingender hinauskomplementieren zu können.

Herr Klein versucht's zuerst mit pragmatischen Argumenten, mich zum Aufgeben zu bringen: »Herr G., es ist hier das Vorstandskasino, Sie können sich das Essen hier nicht leisten.« – Ich zücke mein Portomonnaie und antworte: »Ich will es nicht geschenkt haben, ich kann es ja bezahlen.« Klein (besänftigend): »Hier wird auch nichts verkauft, Herr G. ... Wir haben doch unsere eigenen Speisesäle, wo ich auch sitze. Sehen Sie mal, wir haben 3000 Angestellte im Konzern, und jeder findet einen Platz zum Essen. Sie haben keinen Anspruch hier, wir haben doch unsere eigenen Essensmarken. Verstehen Sie doch, Herr G., für uns ist das verboten hier. Entschuldigen Sie mal, Herr G., wer hat Sie überhaupt auf die Idee gebracht...?«

Ich antwortete: »Da brauchte mich keiner drauf zu bringen, da bin ich ganz von selbst drauf gekommen, das ist doch was ganz Selbstverständliches, längst überfäl-

lig..." Klein: »Also, Herr G., ich bin jetzt 13 Jahre im Konzern, und das habe ich wirklich noch nie...« – Ich: »Aber einer muß ja schließlich mal den Anfang machen.«
Herr Klein wird zusehends nervöser. Mich sanft am Arm fassend und hilfesuchend zu den Direktoren blickend: »Bitte, kommen Sie mit, Herr G., tun Sie mir doch den Gefallen, dann unterhalten wir uns draußen weiter. Tun Sie's doch mir zuliebe. Wir sind doch immer gut miteinander ausgekommen.« Ich (mich nicht vom Platz rührend): »Ja, aber erst, wenn ich mein Essen bekommen habe. Ich kann ja nicht mit leerem Magen wieder an die Arbeit zurück.«
Klein (ratlos): »Herr G., sind Sie jetzt mal ehrlich, haben Sie heute morgen Alkohol zu sich genommen?«
Ich: »Nein, wieso? Ich bin stocknüchtern.« Ich schütte das mitgebrachte Gläschen voll Korn und schiebe es Herrn Klein hin: »...Trinken Sie erst mal, Sie können einen Schluck gut vertragen. Kommen Sie, das tut gut, da beruhigen Sie sich.« Klein wehrt erschrocken ab. Darauf nehme ich das Glas und kippe es, ihm zuprostend, runter. Herr Klein gerät außer Fassung: »Das ist ein Entlassungsgrund, Herr G., Sie wissen doch, daß es für uns verboten ist, im Dienst Alkohol zu trinken.« Jetzt halte ich den Zeitpunkt für gekommen, auf die Direktoren zeigend, auf Widersprüche hinzuweisen: »Was soll das denn?« sage ich. »Die trinken doch hier alle ihren Sekt und scheinen nicht befürchten zu müssen, deshalb ihren Job zu verlieren.« Ein Direktor, der soeben sein Glas zum Trinken anhebt, läßt es erschrocken wieder sinken, wohl um mich nicht weiter herauszufordern. Er wirft einem jüngeren Kollegen einen strafenden Blick zu, der sich ein Grinsen nicht verkneifen konnte. Klein nimmt einen letzten Anlauf: »Herr G., Sie sind eingestellt worden bei uns als Bote, Sie können Ihren Dienst dann eben nicht so verrichten, wie das

von uns verlangt wird. – Sehen Sie mal, die Herren hier, die wollen schließlich auch interne und vertrauliche Dinge besprechen...«
Ich (für alle vernehmbar): »Die haben doch wohl nichts zu verbergen! Warum soll das denn nicht jeder hören können...«
Der Kasinochef, Herr Rüssel, erscheint. Klein springt auf; und um mich erst mal von meinem Sessel, auf dem ich wie angewachsen sitze, hochzubringen, sagt er: »Herr G., darf ich Ihnen den Kasinochef vorstellen, Herrn Rüssel.« – Ich erhebe mich, wie es die Höflichkeit verlangt, reiche ihm die Hand, sage »Angenehm« und setze mich wieder auf meinen Platz. »Können Sie nicht dafür sorgen, daß ich endlich zu meinem Essen komme«, komme ich dem Kasinochef zuvor, »ich hab nämlich nur 40 Minuten Pause und muß gleich wieder die Post austragen, sonst kommt noch der gesamte Arbeitsablauf im Konzern durcheinander, da greift schließlich eins ins andere.« Der Kasinochef stehe verdattert da. Ein Vorstandsdirektor gibt ihm und Klein mit einem Wink zu verstehen, daß sie sich entfernen sollen. Man hat wohl begriffen, daß mich die Argumente nicht überzeugen, im Gegenteil zu um so beharrlicherem und hartnäckigerem Verbleiben bewegen; jetzt scheint man's mit der «Leer-laufen-lassen»-Taktik zu versuchen. Die Direktoren an meinem Tisch erheben sich, und grußlos verlassen sie den Raum.
Ich bleibe eine Zeitlang abwartend sitzen. Nichts tut sich. Dann stehe ich auf, gehe in Richtung Ausgang. Erleichterte Blicke der noch Verbliebenen. Ich sage »Mahlzeit«. Dankbar in sich hineinmurmelnd erwidern zwei diesen Gruß. Doch vorm Ausgang mache ich kehrt und gehe auf einen Tisch zu, an dem drei Direktoren sitzen und eine Lagebesprechung durchzuführen scheinen. Ich zeige auf den leerstehenden Sessel und sage: »Sie gestatten, hier

ist noch frei?« Entschiedene Ablehnung des wohl Ranghöchsten am Tisch: »Nein, reserviert, da kommt gleich noch jemand.« – »Aber im Augenblick ist hier jedenfalls noch frei«, sage ich und setze mich, ihnen freundlich zunickend, jedoch bestimmt, auf den leeren Sessel. Und begütigend: »Wenn Ihr Kollege kommt, kann ich ihm ja immer noch Platz machen.« – In die Runde fragend: »Können Sie das verstehen, daß man mich hier einfach nicht bedient? Sie haben doch Ihr Essen auch anstandslos bekommen.« Auf die Speisekarte schauend »Menu, Hühnerkraftbrühe mit Einlage oder Orangensaft – Schweinerücken ›Bäckerin Art‹, Kopf- und Selleriesalat – Herrencreme –, Kaffe –« sage ich: »Sind Sie im allgemeinen zufrieden mit dem Essen hier?« – Der Jüngere am Tisch will zu einer Erklärung ansetzen, jedoch die beiden anderen geben ihm ein Zeichen, sich zu erheben, und wortlos räumen die drei das Feld. Sie haben ihre vollen Sektgläser zurückgelassen, und freundlich der Runde der noch Verbliebenen zuprostend, genehmige ich mir den edlen Tropfen. Ich nehme an, daß es Champagner ist, der hier kredenzt wird.

Nun sitze ich wieder allein am Tisch. Nur noch sechs Direktoren sind der Dinge harrend, die noch kommen mögen, auf ihren Plätzen verblieben. Ihretwegen bleibe ich auch. – Zwei Herren kommen zielstrebig auf meinen Tisch zu. Ein tatendurstig dreinschauender und forsch auftretender Jüngerer und ein in-sich-ruhender, vom Leid-der-Welt-wissender, jedoch nichts-dagegen-tun-könnender Älterer. Der Jüngere gibt sich so, als ob er mit Handlungsvollmachten ausgestattet sei, der Ältere, als ob er wenig zu sagen hätte.

Der Jüngere stellt sich als Abgesandter der Personaldirektion vor und den Älteren als Mitglied des Betriebsrates. (Wie ich später erfahre, ist dieses Betriebsratsmit-

glied aus einem ganz anderen Konzernteil und für mich überhaupt nicht zuständig; man hat ihn wohl mitgebracht, weil von ihm kein Widerspruch zu erwarten ist.)
Der Jüngere: »Ich weiß nicht, was Sie veranlaßt hat, sich hier zu placieren?!«
Ich: »Dafür gibt es viele Gründe. Daß ich es nicht tun sollte, dafür gibt's eigentlich keinen. Ein Grund ist z. B., daß mein Arzt mir empfohlen hat, diese Dampfkost im Jahrhundertsaal zu meiden und dieses als Schonkost viel besser geeignete Essen hier zu mir zu nehmen, ich hab nämlich einen nervösen Magen.« Der Jüngere von der Personalabteilung: »Sehen Sie mal, hier hat jeder seinen eigenen Bereich, seinen bestimmten Arbeitsplatz in seinem jeweiligen Büro. Sie können sich ja auch nicht einfach auf einen anderen Arbeitsplatz setzen und sagen, ›die Arbeit hier gefällt mir besser, die mach ich jetzt‹. Ich will hier sitzen und nicht da.«
Betriebsrat: »...einfach sagen, hier die Arbeit paßt mir besser.« Ich: »Aber das ist doch etwas ganz anderes. Das hat mit Einarbeitung, einer gewissen Qualifikation und so zu tun. Aber essen, das kann doch wohl jeder. Um ein Glas Sekt zu trinken, brauch dich doch keine besondere Ausbildung.«
Betriebsrat: »...Das hat doch damit nichts zu tun.«
Personalabteilungs-Mann: »...Von einem Vorstand kann man eben erwarten, wenn er mittags seinen Sekt trinkt, daß ihm das nichts ausmacht... In jedem Unternehmen gibt es gewisse Ordnungsvorstellungen und Unterschiede, die ihren Sinn haben und ihren Zweck erfüllen. Und hier werden Gespräche geführt, die auf höchster Geschäftsebene stattfinden, und da hat man es nicht gern, wenn nebenan irgendwer sitzt.«
Ich: »Ich sagte es eben schon einmal, die beschließen da doch hoffentlich nichts Verbotenes, oder? Außerdem

glaub ich, es bekommt dem Vorstand gar nicht gut, wenn er da immer unter sich hockt. Wenn die mit normalen Angestellten zusammensäßen, würden die sicher einiges erfahren, was sie nicht wissen... Ich dachte, die würden das begrüßen, wenn einer mal den Anfang macht und sie in ihrer Isolation besucht.«
Betriebsrat: »Sehen Sie mal, der Dr. U. hier, der ist Prokurist, der würde es nie wagen, sich hierhinzusetzen, wenn er nicht von seinem Vorstand ausdrücklich eingeladen würde. Das gehört sich nicht. Hier sind Plätze, die sind für bestimmte Leute reserviert und für bestimmte Zwecke und da kann ich nicht einfach hingehen und sagen, so, ich durchbreche diese Ordnung und setz mich mal dabei.«
Personalabteilungs-Mann: »Unterschiede gibt es überall. Das fängt bei der Bezahlung an. Sie leisten Ihre Arbeit, Herr S. leistet seine Arbeit, ich leiste meine Arbeit, warum kriegen wir alle unterschiedliche Bezahlung?«
Ich: »Ja, da fängt die Ungerechtigkeit genauso an. Ich bekomm 746 Mark raus, verheiratet, ein Kind, kämen Sie damit aus?«
Personalabteilungs-Mann: »Dann muß man sich eben einen anderen Berufs aussuchen, wo man mehr bekommt, wenn Ihnen das hier nicht gefällt.«
Ich: »Man tut doch hier immer nach außen so, als sei man so ein soziales Unternehmen...«
Betriebsrat: »Das hat doch mit sozial nichts zu tun. Sie müssen doch kapieren, eine gewisse Repräsentanz muß da sein. Die Ordnung darf nicht durchbrochen werden, wo kämen wir da hin.«
Personalabteilungs-Mann: »Sehen Sie mal, das sind Ordnungsstrukturen und Prinzipien, die sind Jahrhunderte und Jahrtausende alt, die sind gewachsen, die können Sie doch nicht über den Haufen schmeißen. Diese

Rangunterschiede, die findet man doch, wenn man bis ins Tierreich zurückgeht. Da frißt erst der männliche Löwe und was der übrigläßt, das kriegt die Löwin mit den Jungen und dann kommen die Schakale dran, ich will sagen, das ist gewachsen, das ist Natur...«
Ich: »Und da sollen wir die Rolle der Schakale übernehmen. Das würde Ihnen so passen. Soweit ich mich an den Zoologieunterricht in der Schule erinnere, stimmt das selbst im Tierreich nicht. Wenn Junge da sind, kommt die Löwin mit denen zuerst dran. – Im Grunde ist's nur konsequent, was Sie da von sich geben. Sie berufen sich auf die Gesetze der freien Wildbahn, nach denen hier ja auch gehandelt wird.«
Personalabteilungs-Mann: »Aber Sie können das mit Ihrer wilden Demonstration hier doch nicht aus den Angeln heben. Da brechen Sie sich das Genick bei. Sehen Sie mal, die Vorstände hier, die haben gar keinen Arbeitsvertrag, die haben einen Vorstandsvertrag, aber das führt zu weit, wenn ich das Ihnen hier...«
Ich: »Na gut, dann soll man uns halt auch so einen Vertrag geben.«
Personalabteilungs-Mann: »Was Sie da wollen, da müssen Sie versuchen, in einer klassenlosen Gesellschaft eine Arbeit zu bekommen, da können Sie lange drauf warten. Da sind Sie bei uns absolut fehl am Platz!«
Ich: »Das glaub ich Ihnen gern. Aber wer weiß, womöglich haben Sie das Glück, so eine Gesellschaft selbst noch zu erleben. Dann werden Sie sich vielleicht hieran erinnern. Dann wird das Ihnen gar nicht mehr so ungeheuerlich befremdlich vorkommen, dann wird sich einiges geändert haben und nicht nur im Kasinoessen. Da werden Sie und Ihre Herren ein paar Einbußen in Kauf zu nehmen haben, dafür wird für unsereinen sich doch sehr viel zum Besseren wenden.«

Wie ein Lauffeuer spricht sich die Kasino-Entweihung und -Besetzung im Konzern herum. Ich habe die Lacher auf meiner Seite, und wenn ein Vorstandsdirektor eine Gruppe von Angestellten passiert, bricht Gelächter aus. Man wagt nicht, mich am gleichen Tag noch zu entlassen. Dann könnte das Gelächter in Empörung und Wut umschlagen. Man schmeißt mich noch nicht raus, dafür beobachtet man mich auf Schritt und Tritt.
Am nächsten Tag soll ich mich beim Personaldirektor melden. Ich lasse es mir aber nicht nehmen, vorher noch mal im Allerheiligsten des Dr. Gerling Platz zu nehmen.
Am nächsten Tag warnt mich der Kasinochef davor, die Besetzung vom Vortag zu wiederholen. Diesmal würde man andere Seiten aufziehen. Ich sage ihm, mir sei auch nicht daran gelegen, die ausgesprochene Feindseligkeit, die mir dort entgegengebracht worden sei, sei mir auf den Magen geschlagen. Er solle mir doch diesmal bitte

das Essen im Büro von Dr. Gerling selbst servieren. Dort störte ich keinen und würde nicht gestört.
Ich lasse ihn in seiner Verwirrung stehen, und auf Umwegen unter Umgehung seiner Wachen begebe ich mich zur Gerling-Residenz. Einem Pförtner-Kollegen gebe ich unterwegs noch einen Hinweis: »Falls mich jemand suchen sollte, ich bin während der Mittagspause im Büro von Dr. Gerling. Es ist an der Zeit, daß das endlich mal einem sinnvollen Zweck zugeführt wird, da es ständig unbesetzt ist. Die anderen Kollegen von der Poststelle werden nachkommen.«
Gerlings Büro hat saalartigen Umfang. Eine Fläche, wie sie sonst einem Großraumbüro zukommt, und die doppelte Höhe der üblichen Etagen, in denen Angestellte arbeiten. Ein lederbezogener Schreibtisch und Sitzgruppen aus Leder. Auf einer Empore Gerlings Bronzeschädel und der seines Vaters. Auf dem Schreibtisch wieder Gerlings Machtanspruchssymbol, gleich in zweifacher Ausfertigung. Ein Globus, einmal vergoldet, einmal in Kristall. Exakt senkrecht liegend und genau gleichmäßig Seitenabstand haltend sind goldene Füllfederhalter und Kugelschreiber postiert. Dann Gerlings Leitspruch in goldene Buchstaben gestanzt: »FORTES FORTUNA ADJUVET« (Den Starken steht das Glück bei!). Auf einen Zettel, den ich danebenlege, schreibe ich: »Aber nicht mehr lange!«
Ein Strauß frischer roter Nelken steht auf seinem Schreibtisch. Eine von den zwei Dutzend erlaube ich mir abzubrechen und ins Knopfloch meiner Botenuniform zu stecken.
Ich sitze auf seinem Sessel hinter seinem Schreibtisch, als im Laufschritt zwei Bevollmächtigte erscheinen. Ich bin dabei, einen Apfel zu essen. Sie führen mich zu einem Empfangssaal parterre und versuchen, mich über die Motive meines Handelns auszufragen. Der eine bietet mir zu dem Zweck sogar eine Zigarette an.

– Ich reagiere ähnlich wie am Vortag, sage, das sei doch die selbstverständlichste Sache der Welt, und die Kollegen kämen demnächst auch. Sie müßten sich halt damit abfinden, es sei ein ziemliches Umdenken im Gange, und so etwas seien nur die äußeren Zeichen für die beginnende Vergesellschaftung derartiger Konzerne. Man geleitet mich zu dem Raum, wo meine Einstellung erfolgte. Der Bevollmächtigte sagt, er hätte in letzter Zeit beobachtet, wie sich meine Gesichtszüge verändert hätten, es sei für mich sicher an der Zeit, einmal rundum auszuspannen, am besten einen Arzt zu konsultieren. Jetzt solle ich erst mal nach Hause gehen, ich würde dann von ihnen hören. –
So ist das, wer sich ganz normal in einem abnormen System verhält, wird nicht für voll genommen und selbst für anormal erklärt.
Am nächsten Morgen wird mir durch einen Gerling-Boten die Kündigung überbracht; und zwar an die Adresse, die ich als Deckadresse angegeben hatte.
»Unter Bezugnahme auf den Dienstvertrag«, heißt es da mit vorsichtiger Höflichkeit, »müssen wir Ihnen leider mitteilen, daß wir nicht beabsichtigen, das Dienstverhältnis... fortzusetzen.
Im übrigen nehmen wir Bezug auf das mit unserem Prokuristen H. geführte Gespräch, wonach Sie mit sofortiger Wirkung von der Dienstleistung freigestellt sind...
      Mit freundlichen Grüßen
      Gerling-Konzern«

PS.: In der örtlichen Boulevard-Zeitung Express erschien am Tag darauf die rührende Geschichte vom »Botenjungen, der einmal mit den Chefs speisen« wollte.

Traum des Bote[n]

Einmal mit den Chefs speisen

Jetzt ist er vom Dienst suspendiert

Höchst erstaunt waren mehrere Gerling-Bosse, als sie in ihrem Speisesaal plötzlich einen livrierten Hausboten vorfanden. Viktor V. bat die Servererin: „Bringen Sie mir bitte ein Menü. Ich will es nicht geschenkt haben, sondern zahle."

Für den Michael Kohlhaas des Gerling-Konzerns gab es jedoch kein Essen. Da packte er seine mitgebrachte Tüte aus, aß seinen Apfel und trank ein Schnäpschen aus einer mitgebrachten Flasche.

„Wenn die Direktoren hier Alkohol trinken dürfen, kann ich das auch", erklärt er der fassungslosen Servererin. Am Nebentisch feierten mehrere Direktoren den Geburtstag eines ihrer Kollegen mit Sekt.

Nach und nach verließen die Gerling-

Von VOLKER NEUSS

exp Köln — Einmal im Leben speisen wie ein Generaldirektor, das war der Traum des Botenjungen Victor V. Bewaffnet mit einem Butterbrotpaket, setzte er sich in den Direktorenspeisesaal seiner Firma und aß seelenruhig seine Mittagsmahlzeit. Niemand konnte ihn von seinem Tisch vertreiben. Da kapitulierten die Manager, die am Nebentisch einen Geburtstag feierten und verließen den Saal. Der Botenjunge wurde vorläufig von seinem Dienst suspendiert.

Bosse verärgert das Kasino. Der nicht eingeladene Bote blieb hingegen sitzen — bis ein Betriebsrat und ein Personalsachbearbeiter auftauchten.

Am nächsten Tag sollte er ein Gespräch mit dem Leiter der Personalabteilung haben — doch so weit kam es nicht. Viktor V. wollte auch einmal im Zimmer des Firmenchefs, Dr. Hans Gerling, sitzen.

Die Gelegenheit war für ihn günstig — Gerlings Sekretärinnen waren nicht im Chef-Zimmer.

Doch auch hier konnte er nicht lange bleiben.

Vom Gerling-Konzern war keine offizielle Stellungnahme über die Schmonzette zu erfahren. Ein langjähriger Pförtner zu EXPRESS: „Unser ganzes Haus schmunzelt. So etwas haben wir noch nicht erlebt."

Folgen der Betriebsprüfung

Über das schwedische Fernsehen leitete Wallraff seine Enttarnung ein, so daß Gerling über seine Identität erfuhr. In einer halbstündigen Live-Sendung hatte er dort Gelegenheit, über seine Erlebnisse im Hause des schwedischen Generalkonsuls zu berichten. Das schwedische Außenministerium forderte einen Bericht über den faschistoid angehauchten Repräsentanten an, und die schwedische Presse berichtete über »unseren Mann in Deutschland«. (Nach zunehmenden Protesten in der schwedischen Öffentlichkeit wurde Gerling der Titel Generalkonsul aberkannt.)
Ein Mitarbeiter der Pressestelle des Gerling-Konzerns wurde nach Stockholm entsandt, um in den Besitz des Films zu kommen, jedoch vergeblich. Die schwedischen Journalisten paktieren weniger mit Konzernbeauftragten als viele ihrer deutschen Kollegen.
Wallraffs Steuerberaterin, die sich bisher nie für Politik und die Inhalte von Wallraffs Arbeit interessierte, meldete plötzlich großes Interesse an dem schwedischen Filmstreifen an. Ein ungarischer Bekannter, der in Schweden lebte, so sagte sie, würde den Film brennend gern einmal vorgeführt bekommen und dafür eigens nach Köln kommen. Recherchen ergaben, daß zufällig Gerlings Pressechef seit Jahren seine nicht geringen Nebenerwerbseinnahmen über diese Steuerberaterin abrechnen ließ. Zur gleichen Zeit ließ Gerling über seine juristische Abteilung das Heft 3 der »Neuen juristischen Wochenschrift« per Expreß bestellen: »Persönlichkeits- und Ehrverletzung durch Massenmedien.«
»Wenn ich den vor die Stoßstange kriege, gebe ich Gas«, so die spontane Reaktion im internen Kreis von Gerlings

Pressechef Dieter Rolfes auf Wallraffs Konzern-Enthüllungen. Rolfes, Autonarr, Porsche-Carrera-Fahrer, machte mit Kapital im Kreuz und krimineller Phantasie Hatz auf den unbequemen »Betriebsprüfer«.

Journalisten sprachen bei Wallraff vor, wollten Interviews, »Hintergrundinformationen« über die bevorstehende Gerling-Veröffentlichung. Bei einigen stellte sich hinterher heraus, daß sie bei den vorgegebenen Zeitungs- und Rundfunkstationen unbekannt waren.

In jener Zeit klingelten häufiger Leute bei Wallraff in Köln an der Wohnungstür, die falsche Namen nannten, Informationen anboten oder sonstige Hilfe. Sogar kostenlos. Heute ist klar, daß mindestens zwei geschickt waren.

Während einer Veranstaltung im Oberhausener Club K 14 – vor Lehrlingen und Schülern – kam ein Fotograf zu Wallraff, faselte etwas von miesen Porträts und daß er unbedingt »bessere Bilder schießen« müsse. Er sei vom Bertelsmann-Verlag, sagte er. Nein, ausweisen könne er sich nicht. Später von »Monitor«-Redakteuren gestellt, mußte er zugeben, daß er für Gerling arbeitete. Denn seine Fotos befanden sich im Archiv des Gerling-Konzerns.

Ein weiterer Gerling-Gesandter, der sich unter dem Namen Burmeister als Redakteur der »Hagener Nachrichten« vorstellte, wollte wegen einer umfangreichen Reportage über Wallraff diesen kurzfristig auf einer Vortragsreise in die Schweiz begleiten. Rücksprachen ergaben, daß ein Redakteur Burmeister bei den »Hagener Nachrichten« unbekannt war.

Ein Großkaufmann, der sich als guter Bekannter und Vertrauter von Gerling vorstellte, gab Wallraff zu verstehen, daß er es gut mit ihm meine, und redete ihm eindringlich und orakelhaft ins Gewissen, von der bevorstehenden Veröffentlichung Abstand zu nehmen. »Lassen Sie die

Finger davon, das ist eine Größenordnung zu groß für Sie. Der schreckt vor nichts zurück. Denken Sie an Ihre Familie. Wenn Sie es partout nicht lassen können, schließen Sie wenigstens vorher eine anständige Lebensversicherung ab!«

Zu jener Zeit kursierten in einschlägigen Kölner Kneipen und Bars Parolen, Gerling sei bereit, für Wallraffs Manuskript eine sechsstellige Summe zu zahlen.

Kurz darauf wurde in Wallraffs Büro eingebrochen. Wertgegenstände wurden unberücksichtigt gelassen, dafür Archivmaterial und das in Arbeit befindliche Manuskript durchwühlt.

Eine mit Schreibmaschine geschriebene Rohfassung eines Teils der Reportage ließ man mitgehen. Wichtige Unterlagen, wie z. B. Informantenlisten, fielen dem Einbrecher nicht in die Hände. Wallraff hatte sie vorsorglich bei einem Rechtsanwalt deponiert.

Einige Wochen später setzte sich der in Kölner Künstlerkreisen bekannte Metallplastiker Horst Ehlert mit Wallraff in Verbindung.

Aufgrund dieser bisherigen Erfahrungen vertraute Wallraff Ehlert nur bedingt. Vorübergehend sah er in ihm den klassischen Doppelagenten. Eine ganze Zeitlang (während des zehnwöchigen Verschwindens von Ehlert, als er auf den Kanarischen Inseln vom Konzern unter Verschluß gehalten wurde – ohne ein Lebenszeichen von sich zu geben –) glaubte sich Wallraff hereingelegt.

Wallraff: »Ich mußte in dieser Zeit davon ausgehen, daß der Gerling-Konzern es mit seinen Machtmitteln verstanden hatte, Ehlert voll auf seine Seite zu ziehen.«

Erst in der letzten entscheidenden Phase, als Ehlert von sich aus an die Öffentlichkeit ging und die Praktiken des Konzerns vorbehaltlos offenlegte, stellte sich für Wallraff eindeutig heraus, auf wessen Seite er stand.

Tatsächlich war folgendes geschehen:
Ehlert kannte Dieter Rolfes, den Pressesprecher des Gerling-Konzern, als Kunden für seine Metallplastiken schon länger. Man traf sich gelegentlich im Büro von Rolfes. Eines Tages war die Atmosphäre spannungsgeladen: Rolfes hatte erfahren, daß Wallraff dem schwedischen Fernsehen einen »imageschädigenden« Bericht über Gerling geliefert hatte. Zwischen Wutausbrüchen und Telefonieren entwickelte Rolfes allerhand phantastische Ideen, was jetzt zu tun sei, um möglichen Schaden vom Gerling-Konzern abzuwenden. Er hatte sich innerhalb von Tagesfrist alle bisher erschienenen Bücher von Wallraff einverleibt, um, wie er sagte, sich »ein Bild von diesem Mann zu machen«, hatte befreundete Journalisten befragt und fragte nun auch Ehlert, ob er ihm nicht mit Informationen über Günter Wallraff dienen könne. Rolfes wußte, daß es Ehlert finanziell schlechtging, und hielt ihn für käuflich. Ehlert kannte Günter Wallraff nicht persönlich, hatte aber schließlich die Möglichkeit, ihn über Dritte kennenzulernen. Bei einem Treffen berichtete er ihm, was im Gerling-Konzern gegen ihn im Gang sei. Ehlert einigte sich mit Wallraff, daß es besser sei, den Gerling-Konzern in dem Glauben zu lassen, er könne sich von Ehlert Informationen über Wallraff kaufen, als ihn durch eine Ablehnung zu neuen, möglicherweise nicht erkennbaren Aktivitäten gegen Wallraff zu motivieren.
So wurde Ehlert Gerling-Spion gegen Wallraff. Dieter Rolfes war erfreut über Ehlerts Zusage, ihm Informationen über Wallraff zu besorgen, und versprach, sobald er »konkretes Material« liefern könne, getreu seinem Wahlspruch »Die Dinge haben alle ihren Preis«, entsprechende Honorierung. Außerdem informierte er in Ehlerts Beisein Dr. Esser, Vorstandsmitglied im Gerling-Konzern, telefonisch darüber, daß man endlich zu Wallraff

durchgedrungen sei und in naher Zukunft mit notwendigen Informationen rechnen könne.
Zum erstenmal konnte Ehlert »konkretes Material« liefern, als »Aspekte«, das Kulturmagazin des ZDF, einen Film über den Kölner Autor sendete. Dieter Rolfes hatte sich vorher über Wolfgang Lorenz, einen Redakteur des NDR, der von guten Beziehungen nach Mainz sprach, die angeblich sichere Information eingeholt, daß in diesem Film der Fall Wallraff gegen Gerling nicht zur Sprache kommen würde. Ehlert aber hatte von Wallraff erfahren, daß sehr wohl in diesem Film über Gerling geredet werden würde, und informierte kurzfristig Dieter Rolfes. Rolfes verließ sofort eine Party bei Freunden, verständigte den ihm vorgesetzten Werbedirektor und sah sich in seinem Büro gemeinsam mit Ehlert und dem Werbedirektor den Film an. Von da ab hielt Rolfes Ehlert für einen zuverlässigen Informanten und zahlte ihm aus seinem Etat ein erstes à-Konto-Honorar von DM 300.
Rolfes besaß inzwischen auch neue Fotos von Günter Wallraff, die ein befreundeter Fotograf in seinem Auftrag bei einer Veranstaltung in Oberhausen gemacht hatte. Bei Ehlerts nächstem Besuch hatte der Gerling-Pressechef einen fabrikneuen Kassetten-Recorder vor sich auf dem Tisch und spielte während des belanglosen Gesprächs damit, erklärte den Mechanismus, nahm einige Sätze auf, lobte die Qualität des Gerätes und sagte dann unvermittelt zu Ehlert: »ob du nicht mal ein Gespräch mit Günter Wallraff aufzeichnen kannst.« Ehlert wies darauf hin, daß es sich dabei um einen risikoreichen und auch strafbaren Vorgang handele und er dazu keine besondere Lust habe. Dieter Rolfes aber versicherte ihm, daß das Risiko für ihn relativ gering sei, stehe doch der Konzern mit all seiner Macht hinter ihm.
Ehlert informierte Wallraff über den Auftrag, traf sich mit

ihm, stellte den Recorder auf den Tisch und zeichnete ein Gespräch auf. Ein Scheingespräch. Anschließend gab er bei einem Notar eine »Eidesstattliche Erklärung« über den Auftrag des Gerling-Konzern an ihn ab und ließ für Wallraff und sich je eine Kopie beglaubigen. Dieter Rolfes gab er das Gerät mit bespielter Kassette zurück und wurde Zeuge eines Telefongesprächs mit Gerlings rechter Hand, Vorstandsdirektor Dr. Esser, in dem Dieter Rolfes die Tonaufzeichnung ankündigte und sich von Dr. Esser die Genehmigung geben ließ, DM 2000 Honorar an Ehlert auszahlen zu lassen.

Kurz darauf machte Dieter Rolfes Ehlert bei einer Tasse Kaffee auf den Domterrassen einen interessanten Vorschlag: »Ich wüßte, wie du all deine finanziellen Sorgen loswerden könntest.« Einen Tag vorher war Ehlert ein Kredit, den Rolfes bei der Gerling-eigenen Global Bank vermitteln wollte, abgelehnt worden. Jetzt ließ Rolfes durchblicken, daß sich Ehlerts finanzielle Probleme durch die Beschaffung des vollständigen Wallraff-Manuskriptes lösen ließen. Beiläufig sagte er etwas von DM 100 000 bis DM 150 000. Melitta habe nach einer Wallraff-Reportage Millionen an Werbung ausgeben müssen, um das Firmen-Image wieder zu polieren.

Ehlert berichtete Wallraff, daß er den Auftrag hätte, ihn zu bestehlen. Wenn er diesen Auftrag nicht erfüllen könnte, würde der Konzern möglicherweise mit anderen Mitteln an das Manuskript heranzukommen versuchen. Beide beschlossen, daß der Auftrag erfüllt, d. h. das Manuskript an den Gerling-Konzern geliefert werden sollte, um die kriminellen Praktiken des Konzerns der Öffentlichkeit klar und deutlich zu beweisen. Wichtig war, daß Ehlert bei seiner »Aktion« eine klare Spur hinterließ, anhand derer man den Ablauf der Geschichte würde rekonstruieren können. Das Geld, das der Konzern möglicherweise zahlen würde, sollte einem sinnvollen Zweck zugeführt werden. Ehlert hinterlegte bei einem Notar eine entsprechende Erklärung, in der er das Konzerngeld den »Werkstätten für Literatur der Arbeitswelt« zur Verfügung stellte. Gerling wäre damit zum unfreiwilligen Groß-Mäzen einer von Arbeitern und Angestellten geschriebenen Literatur geworden, die es sich zur Aufgabe macht, Konzerne seines Stils und dieser Größenordnung kritisch zu untersuchen. Glaubwürdig werden konnte die ganze Aktion aber nur dann, wenn sie konkret durchgespielt würde.

Am 30. Juli 1973 traf Ehlert zum erstenmal mit Dieter Rolfes zusammen, um ihm mitzuteilen, daß das Manuskript da sei, und fragte ihn, wie er sich die Übergabe vorstelle. Diesmal zögerte Rolfes. Er schlug zwar vor, ihm das Manuskript zur Begutachtung zu überlassen, sah aber Schwierigkeiten wegen der Bezahlung. Ein so renommierter Welt-Konzern müsse sich absichern und könne sich Ehlert nicht ohne weiteres in die Hand geben. Falls Wallraff die Zahlung nachweisen könne, gäbe es einen Riesenskandal. Vorstandsdirektor Dr. Esser rate deshalb zur Vorsicht. Nach einem erneuten Gespräch mit Dr. Esser, bei dem Rolfes vier fotokopierte Seiten des Manuskriptes vorweisen konnte, wurde Ehlert von Rolfes ein neuer Vorschlag gemacht: »Verschwinde erst mal für einige Zeit aus Köln, du hast zu viel Scheiße am Hals. Im Ausland läßt sich die Geschichte in Ruhe regeln. Der Konzern mit seinem Einfluß und seiner Macht steht hinter dir.« Ehlert sollte verschwinden, dann konnte er dem Konzern auch nicht gefährlich werden. »Gran Canaria«, sagte Dieter Rolfes. Er könne das alles für Ehlert arrangieren, der Konzern würde ihn auf keinen Fall im Stich lassen, und auf der Insel hätte man wichtige Verbindungen; eine neues Existenz sei ihm mit dem Konzern im Rücken da un-

ten ein leichtes. Immer Sonne. Immer Ferien. Ein sorgenfreies Leben in Luxus. Die einzige Bedingung, die der Konzern stelle, war, daß Ehlert mit niemandem über Abreise und Reiseziel reden dürfe, denn sonst sei man ja fast in der gleichen Situation, als wenn das Geld direkt an ihn ausgezahlt worden sei. Selbstverständlich müsse er damit rechnen, daß der Konzern ihn sofort fallenlasse, wenn Dritte von ihm seinen Aufenthaltsort erfahren würden. Rolfes selbst habe den Auftrag von Dr. Esser, Ehlert dahingehend zu überwachen. – Ehlert wurde also aus dem Verkehr gezogen, zuerst nach Kommern in der Eifel, wohin ihm Rolfes nachreiste, um ihm mitzuteilen, daß er seine Reise schon am nächsten Morgen antreten solle. Rolfes Assistent würde ihn abholen und ihm das Ticket aushändigen. Geld zum Leben brauche er auf Gran Canaria nicht. Flug und unbegrenzter Hotelaufenthalt würden vom Konzern übernommen, vorausgesetzt, er halte sich an die Bedingungen. Rolfes Freund, der Hoteldirektor, sei eingeweiht und würde auf ihn achtgeben. Er sei angewiesen, Ehlert regelmäßig sein Handgeld auszuhändigen. Namen wurden aufgeschrieben, Visitenkarten der Inselprominenz an Ehlert weitergereicht und gute Empfehlungen in ihn hineingepumpt. Als kleine Gegenleistung für seine Dienste nahm Rolfes noch die restlichen 50 Seiten des Manuskripts in Empfang.
Ehlert bezog für 10 Wochen in Las Palmas das Zimmer 312 im Hotel Rocamar. Er wurde Tourist und braun und langweilte sich. Er wartete. Während ihn in Köln seine Freunde als vermißt melden wollten, wies Rolfes besorgten Freunden, die ihn im Konzern anriefen, eine falsche Spur: »Der ist in Brasilien, dreht einen Industriefilm, ein alter Traum von ihm« oder: »Vielleicht in Paris, gestern hat er von dort bei mir angerufen«.

Vier Wochen nach Ehlerts Ankunft kam Rolfes mit Gattin und kümmerte sich um ihn. In Köln lief nicht alles so wie geplant, es wurde schon vermutet, der Gerling-Konzern habe Ehlert verschwinden lassen, und sogar »Monitor«, das WDR-Magazin, recherchierte in dieser Sache. Abwarten, hieß es, »was sollen die ohne dich als Zeugen schon machen«, sagte Rolfes. Ehlert wurde in der Creme von Las Palmas ein bißchen herumgereicht, man verhandelte darüber, wie man denn nun aus ihm einen »etablierten kanarischen Künstler« mache, und nach 10 Tagen wurde Rolfes ein Exemplar des Buches »Ihr da oben – wir da unten«, das inzwischen erschienen war, in den »Urlaub« nachgeschickt.

Bei der Lektüre des Gerling-Berichts von Günter Wallraff reagierte Rolfes aggressiv und nervös: »Hätte ich damals doch den Odenthal eingeschaltet – Wallraff wäre erledigt und könnte keinen Schaden mehr anrichten.« Später ergaben Recherchen, daß Odenthal in der Kölner Unterwelt kein Unbekannter ist. Beiläufig bat Rolfes Ehlert eines Tages, ihm doch eine Quittung über 2 000 DM für Metallplastiken auszufüllen für den Fall, daß jemand danach fragen würde, warum man diesen Betrag an ihn gezahlt habe.

Inzwischen hatte »Monitor« Ehlerts Spur aufgenommen und sendete am 17. 9. 1973 einen Bericht über das Verschwinden des »Metallplastikers Horst Ehlert, der zentralen Figur in der Bespitzelung von Günter Wallraff.«

Zur gleichen Zeit saß Ehlert in Las Palmas und versuchte vergeblich, mit Dieter Rolfes telefonischen Kontakt zu bekommen. Er war für ihn nicht mehr zu sprechen. Sein Assistent sagte ihm, er solle sich besser auch neu orientieren. Einige Tage später meldete Ehlert sich telefonisch an anderer Stelle in Köln und erhielt kurz darauf Besuch von »Monitor«-Redakteur Erich Potthast. Dieser Besuch führte zu einer zweiten Monitor-Sendung, in der Ehlert Gelegenheit hatte, zu den Vorfällen Stellung zu nehmen.

Monitor-Interview« vom 15. 10. 1973 mit E. auf Gran Canaria. Der Zeuge meldet sich: Gerling-Spitzel auf Gran Canaria. O-Töne

Potthast: Herr E., der Gerling-Konzern hat in einer Stellungnahme behauptet, er habe durch seinen Pressereferenten nicht spionieren lassen und insbesondere Sie nicht zu Spitzeldiensten herangezogen. Sie hätten sich vielmehr selbst angeboten.
Ehlert: Es ist ganz klar, daß Dieter Rolfes, der Pressechef des Gerling-Konzern, den Auftrag an mich erteilt hat, Informationen über Günter Wallraff bezüglich dessen Recherchen über den Gerling-Konzern zu besorgen gegen Bezahlung.
Potthast: Der Konzern sagt weiterhin, die Behauptung sei falsch, der Pressereferent habe zwischen 100- und 150 000 DM für ein Manuskript geboten. Sie, Herr E., hätten vielmehr diese Summe verlangt.
Ehlert: Dieter Rolfes hat ganz klar von einem Betrag in dieser Höhe geredet, bevor ich in der Lage war, ihm das Manuskript anzubieten.
Potthast: Das heißt, Sie haben diese Summe nicht verlangt?
Ehlert: Ich habe diese Summe nicht verlangt!
Potthast: Der Konzern bestreitet die Richtigkeit ihrer eidesstattlichen Versicherung und führt aus, Sie hätten ein auf dem Schreibtisch des Pressereferenten liegendes Tonbandgerät ohne Aufforderung mitgenommen.
Ehlert: Ein etwas seltsames Argument, weil ich das Tonbandgerät anschließend dem Pressechef wieder auslie-

fern konnte mit bespielter Kassette und dafür 2000 DM erhielt.
Potthast: Das heißt also, der Pressereferent hat Ihnen dieses Tonbandgerät selbst gegeben?
Ehlert: Mit dem dazugehörenden Auftrag!
Potthast: Der Konzern behauptet letztlich 2300 DM nicht für die Beschaffung von Informationen gezahlt zu haben, sondern für fünf Metallplastiken.
Ehlert: Es ist so, daß Dieter Rolfes während seiner Anwesenheit auf Las Palmas sich von mir auch eine Quittung aushändigen ließ über 2000 DM für Metallplastiken. Tatsache ist aber, daß ich diesen Betrag für die Ablieferung der bespielten Tonbandkassette mit dem Gespräch zwischen Günter Wallraff und mir erhalten habe.
Der Konzern hatte mir vorher zugesichert, daß aus meiner Arbeit für sie mir persönlich keinerlei Schwierigkeiten entstehen könnten, weil der Konzern mit seiner Macht immer hinter mir stünde. Der Pressechef war es dann auch, der Hals über Kopf meine Abreise aus Köln organisierte. Ich wurde in ein Hotel in der Eifel verfrachtet, 24 Stunden später nach Köln zum Flughafen gebracht, wo mir ein Ticket nach Las Palmas ausgehändigt wurde. Seine Auflage an mich war, daß niemand in Köln wissen durfte, wohin ich mich nun begebe, und ich flog über Paris und Madrid nach Las Palmas, wo ein Hotelzimmer für mich bestellt war, in dem ich mich dann einfand. Die neue Auflage des Konzerns ist, die Stadt Las Palmas zu verlassen und mich in den Bergen zu verstecken, damit ich für evtl. auftauchende Journalisten nicht zu finden bin. Meine Situation ist die, daß ich mich in so was wie einem goldenen Käfig befinde, aber auch immer an der langen Leine des Gerling-Konzern, und meine Bewegungsfreiheit sich immer mehr einengt. Mein Aufenthalt auf Las Palmas hat den Konzern bisher 100000 Peseten, das sind etwa vierein-

halbtausend Mark, gekostet. Aber die sind inzwischen verbraucht, und im Augenblick treibe ich mich in den Bergen herum, ohne Kontakt zum Gerling-Konzern, und weiß nicht mehr, was ich machen soll.

Während die Sendung am 15.10. 1975 ausgestrahlt wurde, befand Ehlert sich noch auf der Insel, hatte aber inzwischen das nötige Geld für eine Rückfahrkarte zusammen und kehrte bald darauf nach Köln zurück.

Weitere Folgen

Außendienst-Vertreter von Gerling klagten, daß der Umsatz rückläufig sei, daß sie bei Hausbesuchen immer öfter Erklärungen und Entschuldigungen liefern müßten, weil die Leute »mit so einem Unternehmen keine lebenslange Versicherung abschließen«.
Vertuschen konnte man nichts mehr. Was geheim geplant und durchexerziert worden war, wurde der Öffentlichkeit bekannt. Mit großer Verspätung, nachdem Wallraff bei einem Gerling-Tribunal in Köln vor 1300 Zuhörern den Konzern massiv angegriffen und neue Fakten auf den Tisch gelegt hatte und nachdem sich auch finanzielle Konsequenzen für das Unternehmen ankündigten, kam man mit einer wachsweichen Stellungnahme heraus, die einem juristischen Balanceakt glich, um von der eigenen aktiven Rolle abzulenken.
Darin heißt es: »Die Behauptung, der Pressereferent Dieter Rolfes habe für das Manuskript von Günter Wallraff... eine Summe zwischen 100 000 bis 150 000 Mark geboten, ist falsch...« S., so weiter, habe »ein auf dem Schreibtisch von Rolfes liegendes Tonbandgerät ohne Aufforderung mitgenommen« und »... ein Betrag von 2 300 Mark ist an S.

für den Ankauf von fünf Metallplastiken gezahlt worden und nicht für die Beschaffung von Informationen...«
Der Konzern will nichts gehört, nichts gesagt, aber vor allem nichts getan haben. Auch der Pressechef Dieter Rolfes leidet plötzlich an Gedächtnislücken.
Dem Mann kann geholfen werden. Er war es doch, der den verantwortlichen Redakteur Eugen Stotz vom Organ der Deutschen Journalisten-Union »Die Feder« kumpelhaft fragte, »ob es nicht möglich sei, Wallraff aus der Gewerkschaft auszuschließen oder ein Ehrenverfahren gegen ihn einzuleiten«. Er wollte sich doch anfangs selbst in der Rolle eines Autors bei Wallraff einschleichen und unter dem Vorwand, einen Sammelband über Kölner Autoren zu schreiben, Material beschaffen. Hat er nicht die Finger drin gehabt, als das Institut der Deutschen Wirtschaft das Pamphlet »Dichtung als Waffe im Klassenkampf – am Beispiel Günter Wallraff« im Schnellverfahren zusammenschusterte? Einige 1 000 Exemplare, natürlich ohne Impressum und ganz auf Rufmord getrimmt, sind bei uns über Gerling verteilt worden.
Die Dokumentation über Wallraff war laut Günter Triesch, Leiter der Abteilung I (Unternehmerische Politik) im Institut der Deutschen Wirtschaft, nur für den Hausgebrauch gemacht. Inzwischen ist sie in großer Zahl in Redaktionen, Verbänden und Firmen gelandet.
Das alles riecht nach konzertierter Aktion. Im Sinne Gerlings. Der »Deutsche Informationsdienst«, rechtslastiges Sprachrohr der Unternehmer, der als unabhängig firmiert, klagt ebenfalls. Er widmet den Schriftstellern Wallraff und Engelmann in seiner Nummer 1370 vom 1. Oktober 73 einen Sonderbericht »Auf Psycho-Kriegspfad«. Zur gleichen Zeit haut der Verband katholischer Publizisten in die gleiche Kerbe mit einer Beschwerde an den Presserat unter Berufung auf christliche Prinzipien.

Bezeichnend für das Demokratieverständnis des Verbandes, daß die Mitglieder von dem Protest nicht informiert werden. Mindestens einer fühlte sich dann auch falsch vertreten: Alfred Paffenholz. In einem Kommentar für den NDR rückte er die Dinge richtig:
»Mit einiger Verwunderung habe ich registriert, daß sich unter Wallraffs aktuellen Kritikern auch der Vorstand der Gesellschaft katholischer Publizisten befindet. In einer in Köln veröffentlichten Erklärung verwahrt er sich ›mit Entschiedenheit‹ gegen die journalistische Praxis von Wallraff und stellt fest, es könne nicht gebilligt werden, daß – ich zitiere – ›ein Reporter sich mit gefälschten Papieren einschleicht, daß Menschen bespitzelt, hintergangen und betrogen werden und daß mit solchen Vertrauens- und Rechtsbrüchen auch von vornherein die Provokation der rechtsstaatlichen Organe einkalkuliert ist, was auf deren Verhöhnung hinausläuft‹. Es sei ein unteilbarer Grundsatz – so die Gesellschaft katholischer Publizisten –, daß bei der Beschaffung von Nachrichten- und Informationsmaterial ›keine unlauteren Methoden‹ angewandt werden. Dies ergebe sich aus der Verantwortung des Journalisten gegenüber der Öffentlichkeit und ihrer Verpflichtung für das Ansehen der Presse. Der Vorstand der Gesellschaft katholischer Publizisten ist der Ansicht, daß Wallraff diese Grundsätze ›aufs gröbste‹ verletzt hat, und bittet den Deutschen Presserat, seine Beschwerde entgegenzunehmen. Begründung: ›Die Doppelbödigkeit einer Pressemoral, die offenkundig Rechtsbrüche gutheißt um fragwürdiger Enthüllungen willen, erscheint uns als mit der Berufspflicht und journalistischer Selbstachtung unvereinbar.‹
Meine Hörer, ich gehöre der Gesellschaft katholischer Publizisten seit Jahren an. Mit der Erklärung in Sachen Wallraff kann ich mich nicht nur nicht einverstanden er-

klären, sondern ich distanziere mich von ihr mit Entschiedenheit. Dies sagen heißt nicht, daß ich Wallraffs Methode ganz gutheiße, daß ich keine Bedenken hätte. Ich habe sie. Aber ich muß anerkennen, daß gerade die Verantwortung des Journalisten, für die die Gesellschaft katholischer Publizisten so lautstark eintritt, Günter Wallraff bei seinem Vorgehen geleitet hat. Auch ihm ist es um die öffentliche Moral gegangen. Und er hat geglaubt, daß er die Informationen, die die Öffentlichkeit haben muß, auf keine andere Weise herausbekommt als eben auf die von ihm gewählte. Manches spricht ja dafür. Und daran gibt es für mich keinen Zweifel: Was Wallraff über die Praktiken der deutschen Industrie und über ethische Ratschläge katholischer Theologen herausgebracht hat, das ist für die Öffentlichkeit wichtig. Im Ernst kann man doch einen Schriftsteller mit dem moralischen Engagement von Wallraff nicht mit jenen profitorientierten Enthüllungsjournalisten vergleichen, wie wir sie zur Genüge kennen. Warum protestiert die Gesellschaft katholischer Publizisten nicht gegen die Illustrierte ›Quick‹, die den zwielichtigen Julius Steiner isolierte und ausnahm? Wo bleibt das Wort der katholischen Publizisten gegen die Zeitung ›Bild am Sonntag‹, die Herrn Bäuchle seine Aussage vor dem Untersuchungsausschuß des Bundestags formulieren half?
Gerade katholische Publizisten beklagen oft, daß viele Journalisten auf dem ›linken Auge‹ blind seien. Ich frage mich, ob nicht der Vorstand der Gesellschaft katholischer Publizisten auf dem ›rechten Auge‹ blind ist.
Im Chor der konzertierten Aktion durfte auch der Rechtsaußen-Baß »Deutschland-Magazin« nicht fehlen. Das Blatt vom Geist des Franz Josef Strauß (10 Seiten Sonderbericht mit und über ihn) widmete im gleichen Heft 5 Seiten der »abnormen Persönlichkeit des Günter Wallraff«,

so der Titel. Untertitel: »Methoden und Maskeraden eines linksextremen Klassenkämpfers.« Zahlreiche Passagen des auf Rufmord angelegten Artikels sind deckungsgleich mit der Flugschrift des »Instituts der deutschen Wirtschaft« »Dichtung als Waffe im Klassenkampf«. Die Absicht des Artikels wird zum Schluß deutlich erkennbar: kritisches Engagement von links zu kriminalisieren. Da heißt es unter der Balkenüberschrift »*Volksverhetzung*«:
»Eines steht für uns fest, das Treiben der Wallraffs und Genossen und der sie unterstützenden Institutionen und Massenmedien erfüllt ohne Zweifel den Tatbestand der ›Volksverhetzung‹, wie er als schweres Delikt unter § 130 des StGB dargestellt ist und mit Gefängnis nicht unter drei Monaten bestraft wird. Dort heißt es, daß derjenige, welcher die Menschenwürde anderer dadurch angreift, daß er zum Haß gegen Teile der Bevölkerung aufstachelt, zu Gewalt oder Willkürmaßnahmen gegen sie auffordert oder sie beschimpft, böswillig verächtlich macht oder verleumdet, bestraft wird.
Die Wallraff-Hetze dient der systematischen Verleumdung und Verächtlichmachung des Bevölkerungsteiles der Unternehmer und der führenden Männer in deutschen Betrieben. Es handelt sich um ein Offizialdelikt. Wir fragen die zuständigen Justizbehörden, wie lange sie diesem Treiben noch untätig zusehen wollen, das in immer stärkerer Weise geeignet ist, den öffentlichen Frieden und die Zusammenarbeit der Sozialpartner zu gefährden.«
Gleichzeitig erstattete der Herausgeber des Deutschland-Magazins, Strauß-Freund Kurt Ziesel, auch geschäftsführendes Vorstandsmitglied der »Deutschland-Stiftung«, die ihren Konrad-Adenauer-Preis an Konservative und kalte Krieger verleiht, gegen Wallraff

Anzeige bei der Kölner Staatsanwaltschaft, u. a. noch wegen »Hausfriedensbruch« und »Ausweispapiermißbrauch« während seiner Botentätigkeit im Gerling-Konzern. Der Kreis schließt sich, wenn man weiß, daß Gerling wiederum mit F. J. Strauß geistesverwandt und befreundet ist. Das Feindbild des Kurt Ziesel hat Tradition. Im September 1974 brachte der »Stern« ein Dokument an die Öffentlichkeit, das den Gebrauchsschriftsteller und NS-Kriegsberichterstatter im besetzten Griechenland als notorischen Denunzianten entlarvt. Damaliges Ziesel-Opfer: eine 22jährige Köchin von Ziesels Gut in Oberösterreich. Ihre Tat, ebenfalls »Verhetzung«, indem ihr einmal herausgeplatzt war: »Ihr Deutschen, schauts, daß hinauskommts! Wir haben euch nicht gebraucht. Es kommt auch noch einmal ein anderer Tag.« — Anlaß für Ziesel, Anzeige beim zuständigen Amtsgericht zu erstatten. Die »staatsfeindlichen Äußerungen«, so Ziesel, verrieten eine »Gesinnung, ... die für das Konzentrationslager reif ist«. Und deshalb fordert er »exemplarische Bestrafung«, »Strafverfolgung bzw. Aburteilung durch das Sondergericht«. Es sei »notwendig, ... daß die Heimat rücksichtslos gegen solche gesinnungslosen Elemente einschreitet«.

Vor seiner Anzeige bei der Kölner Staatsanwaltschaft gegen Wallraff hatte es Ziesel mit einer Beschwerde beim Deutschen Presserat versucht. Zusammen mit dem Vorsitzenden des Verbandes katholischer Publizisten, Dr. Boventer, und dem neuen Pressesprecher Gerlings, David, machte sich diese heilige Allianz von Kirche, Rechtskartell und Großkapital zum Fürsprecher des lädierten Konzernherrn Gerling. Allerdings erfolglos.

Wallraff erhielt die Gelegenheit, seine moralischen und politischen Motive und Prinzipien dem überwiegend liberal bis konservativ strukturierten Presserat darzulegen.

Der beschloß mehrheitlich, sich nicht zum Handlanger Gerlings machen zu lassen.
Aus dem Protokoll des Deutschen Presserates über die Sitzung vom 12./13. Dezember 1973 in Bonn:
»Es ist nicht grundsätzlich unlauter, wenn Journalisten zum Zwecke der Informationsbeschaffung ihre Identität geheimhalten... Der Deutsche Presserat, der nicht dafür zuständig ist, entsprechende juristische Klärungen hilfsweise vorzunehmen, hatte daher keinen Anlaß, das Verhalten von Herrn Wallraff zu rügen.«
Gerling, durch die Spitzelaffäre in die öffentliche Kritik geraten, versuchte die Oberfläche seines angekratzten Images zu polieren. Standesgemäß durch Feuern und Neuanheuern. Oder, wie man es in den Chefetagen nennt, von Herrn Rolfes hat man sich getrennt und Ernst W. David, bis dato Pressesprecher des Gesamtverbandes der Versicherungswirtschaft, wird nebst eigens geschaffener Stabsabteilung hinzugewonnen. Meldung in der »Kölnischen Rundschau« am 1.12.73:
»Dr. Hans Gerling, Chef des Gerling-Konzerns, scheint beeindruckt von der öffentlichen Kritik an der Informationspolitik seines Unternehmens zu den Aktionen des Schriftstellers Günter Wallraff. Zum Chef seiner neuen, ihm direkt unterstellten Stabsabteilung Presse und Information machte Gerling den 65jährigen Ernst W. David. Vorgänger Dieter Rolfes erfuhr davon erst drei Tage nach Davids Einzug.«
Eine ausführende Instanz wurde geopfert (wieviel Schweigegeld wurde gezahlt?), und anstatt soziale Verbesserungen im Konzern durchzuführen, wird ein kostspieliger Pressestab installiert, der durch aufwendige PR-Aktionen den lädierten Konzern nach außen hin zu retuschieren hat.
Im Konzern selbst kommt es zu einigen Zugeständnissen

und Oberflächenkorrekturen. Für die Lehrlinge werden die seit Jahren geforderten, jedoch immer wieder vorenthaltenen fünf Pausenräume bereitgestellt.
Das staatliche Gewerbeaufsichtsamt sieht sich veranlaßt, dem Konzern einen ausgiebigen Kontrollbesuch abzustatten, übrigens den ersten in der Firmengeschichte. Es kommt zu zahlreichen Reklamationen.
Der zuständige Aufsichtsbeamte zu einem Betriebsratsmitglied: »Ich habe es schon befürchtet. Wenn man hier einmal drin ist, kommt man gar nicht mehr raus.«
Die Abstellung u. a. folgender Mängel wird angeordnet: Ein unterirdisches fensterloses Büro muß geschlossen werden. Eine Kobaltbombe im Institut für Schadensforschung muß mit einem Bleimantel abgesichert werden.
Die Beleuchtung in den Büroräumen muß verbessert werden. Um die festgestellte, teilweise Überbelegung der Büroräume zu beseitigen, müssen die Arbeitsplätze so angeordnet werden, daß für jeden Arbeitnehmer ein Mindestlaufraum von 10 m^3 sowie eine Bodenfläche von 4 m^2 (beides nach Abzug der Möblierung) zur Verfügung steht.
Das Argument des Gerling-Repräsentanten: »Aber wenn wir den Durchschnitt aller Arbeitsplätze errechnen, liegen wir doch weit über dem gesetzlichen Minimum«, wird vom Gewerbeaufsichtsamt richtig als Milchmädchenrechnung und Ablenkung durchschaut. »Wenn Sie Ihre luxuriösen Direktions- und Repräsentationssäle hinzurechnen, mag das stimmen, aber dort, wo die Mehrheit Ihrer Angestellten arbeiten muß, ist zu wenig Platz.«
Der Konzern führt ständig Sondersitzungen durch. Der Betriebsrat wird unter Druck gesetzt, aus taktischen Gründen an Stelle des Konzerns der Öffentlichkeit gegenüber die Rehabilitation Gerlings zu betreiben. Der Betriebsrat sieht sich dazu außerstande.

Konzernprotokoll-Notiz vom 24.11.73:
»Herr Direktor Dr. Marschall stellte an den Betriebsrat folgende Fragen: Warum befassen sich die Betriebsräte nicht mit den wiederholten Vorwürfen in der Presse oder in dem Buch des Herrn Wallraff, daß die Personalführung autoritär sei? ... führte Herr Dr. Marschall aus, daß auch die Betriebsräte in ihrer Arbeit durch die Falschmeldungen in der Presse ebenso diskriminiert und angegriffen werden wie die Personal- und Sozialabteilung. Aus diesem Grund müßten auch sie ein Interesse haben, sich zur Wehr zu setzen...«
Dann der Versuch einer versteckten Erpressung:
»...Auf die Fragen von Herrn Dr. Marschall eingehend wies Herr Müller (Betriebsratsmitglied) darauf hin, daß Herr Pane (Personal- und Sozialabteilung) im 1. Gespräch erklärt habe, daß ›durch die Aktion Wallraff insgesamt die Neigung der Geschäftsleitung, freiwillige Leistungen aufzustocken, geschmälert worden sei‹.«
Von seiten der Betriebsräte wurden folgende Dinge angesprochen:
»Die Leute können nicht verstehen, daß vier verschiedene Speisesäle notwendig sind und Handlungsbevollmächtigte, Prokuristen und Direktoren jeweils getrennt bedient werden. Warum muß der Speiseraum der Prokuristen und Handlungsbevollmächtigten durch eine spanische Wand getrennt sein? Der Rückschluß auf die Hierarchie fällt dann sehr leicht.
Die Unterbringung der Boten – kleiner Raum für 9 Personen – spottet jeder Beschreibung. Auch die Toilettenverhältnisse in der ehemaligen Garage bedürfen dringend der Abhilfe.
Wie sieht es mit der Erweiterung des Speisesaals aus? Manche Dinge dauern einfach zu lange.
Von Herrn Müller wurde der Umzug in den Ringturm als

klassisches Beispiel für widersprüchliche Handlungsweise genannt. Büroraum werde verschwendet durch die unmögliche Architektur. Andererseits fordere man in Rundschreiben zu absolut rationeller Arbeitsweise auf. Dieser Widerspruch werde von den Leuten gesehen. Man müsse in gewissen Dingen kritischer und problembewußter werden, ein gewisser Gleichklang zwischen Forcerung und eigenem Tun sollte vorhanden sein.«
Der Öffentlichkeit gegenüber versuchte Gerling Gesicht und Haltung zu bewahren. »Solange die Kasse und vor allem das Arbeitsklima stimmen, kann niemand einem Unternehmen etwas anhaben. So lästig die Sache mit Günter Wallraff war, ich könnte gegen ihn nicht einmal eine Schadenersatzklage erheben. Wir haben keinen Kunden verloren...«, so Gerling noch Ende 1973 in einem Interview. Seine Feststellung stimmt, soweit es sich um Industrieversicherer handelt. Private Lebensversicherer allerdings sprangen ab oder zögerten, mit einem solch fragwürdigen Unternehmen einen lebenslänglichen Versicherungsvertrag einzugehen.

Herstatt-Bankrott

Nach dem Zusammenbruch der Gerling-eigenen (85%) Herstatt-Bank wurde Wallraffs »Betriebsprüfung«, die jetzt einer Hochrechnung gleichkam, voll bestätigt. Gerlings Größenwahn und »Nero-Komplex« konnten sich voll ausleben. »Der selbstbewußte Kaufmann, der einst mit allerlei Tricks seine Brüder ausbootete und zum Alleinherrscher des drittgrößten Versicherungsunternehmens Westdeutschlands aufstieg, brachte innerhalb weniger Jahre das Kunststück fertig, ein Vermögen von etwa einer Milliarde Mark – rund 800 Millionen waren ihm An-

fang der siebziger Jahre allein für seinen Versicherungskonzern geboten worden – zwischenzeitlich auf weniger als 150 Millionen, vielleicht sogar auf Null zu bringen.« (»Spiegel«, Nr. 48/1974)
Anfangs versuchte Gerling den Eindruck zu erwecken, er sei selbst vom Bankkrach überrascht und geschädigt worden. Er verschwieg, daß die Bank ein Werk seines eigenen Ehrgeizes war. Er hatte sich seinerzeit selbst vergeblich um eine Bankenlizenz bemüht und fand in Iwan D. Herrstatt schließlich einen gutmütigen lenkbaren Strohmann.
Gerling, jahrelang Hauptprofiteur der Herstatt-Coups, versuchte der Öffentlichkeit (und sich selbst?) Schuldige zu liefern, um sein eigenes Millionen-Pokern zu kaschieren.
Getreu seinem Weltbild, gab er die Parole aus, »das Weltjudentum« habe es darauf abgesehen, ihn um sein Lebenswerk zu bringen. »Gerling versuchte, die Millionen-Verluste ›jüdischen Agenten‹ in die Schuhe zu schieben. Israel habe Agenten in die Bank eingeschleust, um Hunderte von Millionen für Israel ›beiseite zu schaffen‹, erklärte er, wie in der ›Berliner Allgemeinen jüdischen Sonntagszeitung‹ und im ›Stern‹ wiedergegeben wurde.« (»Die Tat«, 18. 10. 74)
Später ließ er verlauten, Großbanken zusammen mit der sozialdemokratischen Bürokratie hätten sich gegen sein Lebenswerk verschworen.
Daneben verbreitete er, es habe alles mit Wallraffs Eindringen begonnen. Bis dahin sei sein Konzern ein Inbegriff für Seriosität und Respektabilität gewesen. Von da an sei alles ins Rutschen gekommen.
Nach dem Motto »lieber mit wehenden Fahnen untergehen, als aufzugeben« und mit der Trotzhaltung eines kleinen Kindes und Halsstarrigkeit eines Greises setzte Ger-

ling die Arbeitsplätze seiner 10 000 Beschäftigten und die Milliardenbeträge seiner Versicherungskunden aufs Spiel. Gerling: »Ehe ich mir meinen Konzern nehmen lasse, zerstöre ich ihn selber.« (Eine Haltung, die Hitlers Wolfsschanzenmentalität nicht unverwandt ist.)
Gerlings Verhalten mißfiel schließlich auch seinen eigenen Standesgenossen immer mehr. Brachte er doch mit seinen allzu offensichtlichen Allüren die gesamte Branche und das Unternehmertum an sich in Mißkredit. Außerdem waren mächtige Banken und Industriekonzerne bei der Herstatt-Pleite mit Millionensummen selber Leidtragende. Die Großkoryphäen der Wirtschaft sahen sich außerstande, ihrem ›verlorenen Sohn‹ weiter den Rücken zu stärken. Sie stießen ihn aus ihren eigenen Reihen aus und gaben ihn zum Abschuß frei, um von den durchaus standesüblichen eigenen Usancen und Eskapaden abzulenken. Die »FAZ«, Leibblatt und Sprachrohr der Großindustrie, versucht Gerling als Einzelfall hinzustellen:
Die »FAZ« verschweigt, daß Gerling nur ein – besonders offensichtlich gewordenes – Beispiel für die Möglichkeiten, ja Affinitäten von Machtmißbrauch und Unternehmerwillkür innerhalb der sogenannten »Freien Marktwirtschaft« darstellt. Die vielen Hunderte und Tausende kleinen und großen Gerlings sollen weiterhin möglichst frei und hemmungslos ihrer Profitleidenschaft unkontrolliert nachgehen. Unterschlagen und verdrängt wird, daß Gerlings Verhalten geradezu symptomatisch ist für Alleinherrscher dieser Größenordnung. Alfried Krupp, der alte Flick, Quandt, Melitta-Bentz, Siemens-Clan, Oetker und wie sie alle heißen, zeigen politisch wie psychopathologisch oft ganz ähnliche Verhaltensmuster.
Die Entscheidungskriterien Gerlings z. B. – von einem normalen Angestellten angewandt – würden zu dessen

Unter der Überschrift „Egozentriker Gerling" befaßt sich die

Frankfurter Allgemeine

in einem Kommentar kritisch mit der Person des Kölner Versicherungschefs und seiner Rolle im Nachspiel des Herstatt-Bank-Zusammenbruchs. Die Zeitung schreibt:

Viele Handlungen von Hans Gerling in den letzten Wochen deuten darauf hin, daß er sich immer mehr von seinem anfänglichen Ziel entfernen wollte, durch einen Beitrag zu einem Herstatt-Vergleich Schäden von seinen Versicherungsgesellschaften abzuwenden.

Nachdem er sich durch zustimmende Erklärungen zum ersten Vogelsang-Vorschlag über den 30. September, den Kündigungstag für die meisten Industrieverträge, hinübergerettet hatte, war sein Schweigen und waren seine Handlungsweisen zunächst zwar immer noch von der Hoffnung geprägt, nicht zu viel von seinem Konzern abgeben und die Macht in seinem Reich möglichst wenig teilen zu müssen.

Aber er bemerkte es offenbar schon selbst nicht mehr, daß er sich schließlich mit jedem Schritt immer mehr in die Ecke drängte, verrannte und nicht nur an Einfluß auf das Geschehen, sondern auch an Ansehen verlor. Da war kein Schachzug mehr, der einem wenigstens Respekt abgenötigt hätte; man sah nur noch unverständliches Taktieren, Preisgabe von hilfreichen Beziehungen, zuletzt einen für die Konzernerhaltung sinnlosen Verkauf.

Es wird erzählt, Gerling habe schon vor einiger Zeit erklärt, er werde seinen Konzern zerstören, wenn er nicht die Macht behalten könne. Man möchte fast glauben, daß er so denkt, wie es die Architektur seines Konzerns andeutet: Hinter imperialen Fassaden sitzt ein allein auf sich bezogener Egozentriker, ein verschlossener Mensch, der Bindungen an andere — außer seiner engeren Familie — nicht zu kennen scheint.

Er betrachtet seine Unternehmen als sein uneingeschränktes Eigentum, ohne Rücksicht darauf, daß ihr Fundament ausschließlich auf dem Vertrauen ihrer Kunden beruht. Das Gemeinwesen ist ihm nicht mehr als eine staatliche Gewalt, die ihm zu schützen hat, was er mit anderen nicht teilen mag: die Macht.

fristloser Kündigung führen, ja unter Umständen zu dessen vorzeitiger Pensionierung aus Berufsunfähigkeitsgründen.

Gerling, narzißtisch monoman und manisch abergläubig, maß schon immer der Zahl 13 besondere Bedeutung bei. Wichtige Termine und Entscheidungen legte er auf einen 13., besonders wichtige auf einen 13., der auf einen Freitag fiel, so z. B. die für die Expansion seiner Industrieversicherungen wichtige Umweltschutzkonferenz 1973. (Gerling versprach sich hier einen neuen zukunftsweisenden Versicherungsmarkt: Unternehmen, die sich bei ihm gegen Umweltschäden versichern sollten.) Die Hochzeit seiner Tochter legte er auf einen 13., seine Auto-Nummer

Dany D.   Iwan H.   Hans G.

Dieb ist Dieb.
Ob er im Laden stiehlt oder sonstwo.

Manche von uns glauben, Ladendiebstahl sei eigentlich gar kein Diebstahl. Irrtum. Diebstahl ist Diebstahl. Wo er auch geschieht. Ob bei Ihnen zuhause oder im Laden. Ob für 2 Mark, 100 Mark oder 5000 Mark.

Wir haben alle das Recht, uns gegen Diebstahl zu schützen. Und jeder von uns hat die Verpflichtung zu sagen, was aus einem Ladendiebstahl werden kann: Anklage, Strafe, Verlust von Vertrauen, Wertschätzung, Ansehen und beruflichen Chancen.

Die Kriminalstatistik beweist, daß Ladendiebstahl oft der erste Schritt abwärts ist. Und das ist doch die falsche Richtung.

Ein Fall, der sich ereignete:
(Der Name wurde geändert)
Heute arbeitet Herr M. als Gelegenheitsarbeiter. Vor 2 Jahren hat er in einem Supermarkt 4 Flaschen Weinbrand gestohlen. Natürlich wurde er erwischt. Strafanzeige. Verurteilung. Entlassen durch seine Firma kurz vor seiner Beförderung.

Ehe inzwischen geschieden. Und alles wegen 38,60 Mark, die er spielend hätte bezahlen können. Dafür hat er sein Ansehen, seine Karriere, seine Familie aufs Spiel gesetzt.

Wer 2 Mark stiehlt wird bestraft.

Wer 2 Milliarden verspekuliert, mit dem wird verhandelt.

Umfunktioniertes Plakat aus dem »Kölner Volksblatt«

ließ er sich mit K... 313 ausstellen, wohl in der Hoffnung, damit gegen Unbill gefeit zu sein. Und seine letzte, für den Konzern lebenswichtige Entscheidung, zögerte er – für Experten unverständlich – immer wieder hinaus, bis er schließlich – wohl kaum ein Zufall – seine Zustimmung zum Verkauf, am Freitag, dem 13. Dezember 1974, gab, ein Zeitpunkt, »kurz vor 12«, als der Konzern nur einen Bruchteil seines ursprünglichen Wertes darstellte.

»... Weder der Firmen-Jet von Typ Mystère (Stückpreis: fünf Millionen Mark), den Gerling bislang nicht einmal seinen Topleuten für Dienstreisen zur Verfügung stellen mochte, noch die für ihn reservierten gut ein Dutzend Mercedes-Limousinen dürften noch für ihn bereitstehen. Selbst die Wohnungsfrage könnte dann akut werden: Die luxuriösen Wohnungen in Berlin und München, die Häuser in Toronto, London und an der Place de l'Étoile in Paris gehören nämlich ausnahmslos dem Versicherungskonzern. Sogar seine fürstliche Residenz in Köln wurde bislang, einschließlich der livrierten Dienerschaft, auf Firmenkosten bezahlt und unterhalten.«
(»Der Spiegel« Nr. 48/74)

Von den Gewinnern und Verlierern der Herstatt-Pleite

»Der Eindruck überwiegt, und die Presse strickt eifrig daran mit, daß alles doch im Grunde auf das schuldhafte Versagen von Einzelpersonen zurückzuführen sei.
Erst war es Herstatt, der unseriöse Bankier, dann sein Devisenhändler Danny Dattel, der schnelle Geldmacher, und jetzt ist es Gerling, der Versicherungsboß, die an allem schuld sind. Alles das trägt indes nur zur allgemeinen Vernebelung bei. Während es ringsherum im Banken- und Kreditgeschäft kriselt, während vor kurzem die vierte

Privatbank in drei Monaten Pleite gemacht hat, wollen uns Regierung, Bankvertreter und die bürgerliche Presse immer noch weismachen, das alles habe mit unserem kapitalistischen Wirtschaftssystem nichts zu tun. Finanzminister Apel wollte eigentlich abwiegeln, sagte aber unversehens die Wahrheit, als er meinte: »Solche Zusammenbrüche sind Teil unserer Wirtschaftsordnung.«
Man muß also die Frage stellen, was haben diese Geschäfte und was diese Pleiten mit unserer Wirtschaft zu tun? Das kann deutlicher werden, wenn man weiter fragt, wer hat eigentlich an der Pleite verdient und wer hat in Wirklichkeit gezahlt? Wir müssen die genauer unter die Lupe nehmen, die am lautesten schreien und auf *den* Dattel, *den* Herstatt, *den* Gerling zeigen, um davon abzulenken, daß sie selbst profitiert haben und natürlich weiterhin profitieren.
Zur Zeit zeigen sie alle etwas pikiert auf Herstatt und seine Methoden, Geld durch Devisenspekulation zu machen. Dabei tun sie es aber alle mehr oder weniger selbst: sogar die öffentlichen Banken. So haben die Hessische und die Westdeutsche Landesbank im letzten Jahr hierbei mehrere hundert Millionen Mark verloren; die Pleite zahlte der Steuerzahler. (Daran kann man übrigens auch sehen, daß es wenig nützt, die Banken zu verstaatlichen, ohne zugleich auch diese Art von Geschäftemacherei, also das System der Banken, zu verändern.) Die Dresdner Bank und die Commerzbank haben kürzlich ihre Halbjahresberichte für 1974 vorgelegt, und aus beiden geht hervor, daß sie vor allem im Devisenhandel außerordentlich gute Geschäfte und Profite gemacht haben. So kann man es zwar im einzelnen nicht belegen, doch ist es immerhin denkbar, daß das, was Herstatt verloren hat, jetzt zum Teil in den Tresoren der anderen Großbanken liegt...

Es sind in der Öffentlichkeit nur einige der direkt Beteiligten bekanntgeworden, von weiteren wissen wir nichts.
Einer ist Danny Dattel, Herstatts ehemaliger Devisenhändler. Allein in der Herstatt-Zentrale hat er Goldbarren für 3,5 Millionen Mark liegen, und 10 weitere Depots sind bekannt. Man spricht von 12,5 Millionen. Auf die Frage, wie man an so viel Geld kommt als »Angestellter«, antwortete er zynisch: »Indem man eine reiche Frau heiratet oder im Lotto gewinnt...«
Ein zweiter ist sein Chef Herstatt. Entgegen den weinerlichen Geschichten, die der »Kölner Stadt-Anzeiger« verbreitet, daß Iwan D. in Zukunft Erbsensuppe essen und die Spardose seines Sohnes aufbrechen müsse, oder was der »Express« rührseelte, daß der Gerichtsvollzieher nichts gefunden habe zum Pfänden, hat Herstatt kurz vor dem Schluß die Konten seiner Mutter und seiner drei Kinder leergeräumt. Wer solche Zeitungs-Märchen glaubt, der übersieht auch, was Herstatt vorher schon alles abgesahnt hatte. Laut seiner eigenen Bilanz fielen im Jahre 1973 für Herstatt allein 1,06 Millionen ab aus der Bank. Das sind an jedem »Arbeitstag« rund fünftausend Mark. In jeder Bankiersstunde mehr als 600 Mark.
Gerling, der Hauptbesitzer des Ganzen, ließ schnell noch vor der Schließung die Grundstücke seiner eigenen Bank an sich selbst verkaufen, für 25 Millionen Mark wahrscheinlich unter Marktwert, um sie der Konkursmasse zu entziehen.
Ein anderes Geschäft wurde nach der Pleite bekannt, wahrscheinlich nur eins von vielen: Gerling ließ von einer seiner Versicherungsgesellschaften Gold kaufen, und als sich bei diesem Spekulationsgeschäft ein Gewinn von 1 Million Mark abzeichnete, ließ er den Kauf rückwirkend schnell auf sich persönlich übertragen. Ist schon die Manipulation selbst bezeichnend, so ist es aber um so

mehr diese Art von Profitmacherei. Man muß sich vorstellen: eine Million Mark durch eine einzige Transaktion am Telefon oder ein Fernschreiben.
Gerlings-Finanzoberberater Anton Weiler hat es andersherum getrieben. Als sein Privatgeschäft einen Verlust von 40000 Mark erkennen ließ, hat er es schnell auf eine der Versicherungsgesellschaften übertragen. So ist das: Den Herren die Gewinne, den vielen Versicherten mit ihren Beiträgen die Verluste.
Sie haben in der »Not« aber nicht nur an sich selbst gedacht, sondern kurz vor der Pleite schnell auch noch ein paar Freunde informiert. Nach einer Nachricht der »holbachkorrespondenz« (Nr. 15/74), einem »vertraulichen« Wirtschaftsinformationsdienst, hoben Herstatts Karnevals-Gesellschaft Rote Funken ebenso noch ihr Geld ab wie der Verlag der »Kölnischen Rundschau« ...
Von nichts kommt nichts, heißt eine alte Volksweisheit, und so muß auch das Geld, das bei der Pleite auf der Strecke blieb beziehungsweise in andere Unternehmertaschen geflossen ist, irgendwoher gekommen sein und von irgendwem aufgebracht werden. Gezahlt haben zunächst die Herstatt-Geschädigten selbst, die bestenfalls die Hälfte ihrer Einlagen zurückerwarten können.
Gezahlt haben aber auch die Einleger und Sparer bei den öffentlichen Banken, die mit einigen hundert Millionen Mark bei Herstatt dabei sind. Selbst wenn sie ihre Sparguthaben dadurch nicht verlieren, müssen die Verluste ja getragen werden. Wenn das nicht durch öffentliche Zuwendungen geschieht (und dann blechen im Grunde genommen *alle* Steuerzahler), dann werden die betroffenen Banken mindestens weniger Gewinn erzielen und dementsprechend ihre Preise und Leistungen hochhalten; also niedrige Zinsen zahlen und hohe verlangen. Gezahlt haben auch die Kirchensteuerzahler, von deren Abgaben

der Kölner Kardinal 30 Millionen Mark verplempert hat. Und zahlen müssen endlich alle diejenigen Bürger der Stadt Köln, die schon bald spüren werden, daß im Stadtsäckel 189 Millionen Mark fehlen werden...«
(Kommentar zum Gerling-Herstatt Bankkrach im »Kölner Volksblatt« 1.10.74)
Großveranstaltung gemeinsam mit der Gewerkschaft Handel-Banken-Versicherungen in den Kölner »Sartory-Sälen« gegenüber vom Gerling-Konzern. 1300 Angestellte nehmen nach Büroschluß am Gerling-Tribunal teil. — Vor Arbeitsbeginn hatte G.W. zusammen mit der Gewerkschaftsjugend das Einladungsplakat verteilt. In einigen Konzernbüros zierte darauf das Plakat die schmucklosen Wände. — Das Gerling-Tribunal gab vielen jüngeren Angestellten den Anstoß, in die Gewerkschaft einzutreten. — Ein einziger altgedienter konzernhöriger Betriebsrat nahm die »respektlose Schmähung« des Konzerns zum Anlaß, demonstrativ aus der Gewerkschaft auszutreten.
Neue Rede Gerlings, in der er sich u.a. auf seine Art mit dem Eindringen Günter Wallraffs auseinandersetzt. Diese Rede ist erstmalig nicht als vertraulich deklariert, da Gerling allen Grund hat, anzunehmen, daß nach der Spitzelaffäre sein Palast anfängt, durchsichtig zu werden.

Vortrag Dr. Hans Gerling anläßlich der Gesamtsitzung der Aufsichtsräte, Beiräte und des Verwaltungsrates des Gerling-Konzerns am Freitag, dem 26. Oktober 1973:

»Gerling im Strukturwandel
(...)
Der Entwicklung in Deutschland entspricht die Entwicklung der uns nahestehenden Auslands-Gesellschaften, die sich in der Schweiz und in Südafrika der Rückversi-

Abschluß der Kölner Bankpleite?

Das sogenannte Ende eines Einzelfalls

Vor einem halben Jahr, am 26. Juni, standen Schlangen vor der zusammengebrochenen Herstatt-Bank: Rentner, Mittelständler, Inhaber kleinerer Firmen sahen sich über Nacht um ihre Einlagen betrogen. Heute, nach sechs Monaten, ist exakt derselbe Personenkreis als Hauptgeneppter zu benennen, nicht zu vergessen den Steuerzahler, der über den Umweg Stadt Köln knappe einhunderttausend Mark in den Kamin schreiben kann oder doch jedenfalls nach dem Willen der Großbanken schreiben sollte. Die großen Finanzinstitute wie überhaupt die „Großbanken" sind aus dem Schneider. Sie kommen auf 78 Prozent (inländische Banken) bzw. 82,5 Prozent (Sichteinlagen gewerblicher oder anderer Unternehmen) „ihrer" Gelder. Darum, weil sie die Hälfte ihrer Verluste an den Staat weitergeben dürfen. So sozial ist diese Marktwirtschaft.

Sozial also für die Deutsche Bank, unsozial für den Rentner, der 94 000 Mark bei Herstatt deponiert hatte. Zu einem beträchtlichen Teil geliehenes Geld. Für den Kauf eines Häuschens oder einer Eigentumswohnung. Der Mann verliert 32 900 Mark, das ist das doppelte Jahreseinkommen eines gutverdienenden Facharbeiters. Dennoch begreiflich, daß die Zustimmung der privaten Sparer im außergerichtlichen Vergleich so groß war, sahen sie doch die Alternative, auf Jahre hinaus nur den geringsten Teil ihrer Einlagen, nämlich 20 Prozent, zurückzuerhalten.

Die bürgerliche Presse hat sich in den vergangenen Monaten große Mühe gegeben, den Konzernchef Gerling als einen Sonderling und die Herstattpleite als einen Einzelfall zu verkaufen. Aber merkwürdigerweise wurde diese „Krise" wie alle anderen dieses Systems auf eine ganz spezifische Art „gelöst": Auf Kosten der Kleinen.

Mitte dieses Jahres haben Gewerkschaften und DKP gefordert, Gerling müsse voll für den Schaden haften. In diesen Tagen stilisieren Presse, Funk und Fernsehen das sogenannte Ende des Skandals zu einem Triumph der Marktwirtschaft hoch: Schöner Triumph: Solange die arbeitenden Menschen nicht einmal mitbestimmen „dürfen" und eine Handvoll Mächtige grundlegende Entscheidungen unter sich ausmachen können, kann uns ein Herstatt-Zusammenbruch jederzeit wieder ins Haus stehen. Die Deutsche Bank sprach im Juni von einem „reinigenden Gewitter" in der Bankenlandschaft. Doch das reinigende Gewitter steht noch aus. Seine Notwendigkeit klarer gemacht zu haben, gehört zu den wichtigsten Ergebnissen der Kölner Pleite. Wenn Herstatt-Fälle für die Zukunft verhindert werden soll, verlangt dies grundlegende Veränderungen, u. a. Verstaatlichung bei demokratischer Kontrolle.

Matthias Dohmen

Angestellten-Report

eine gemeinsame Veranstaltung von Günter Wallraff und
der Gewerkschaft Handel, Banken und Versicherungen

Günter Wallraff war zwei Monate als Bote bei Gerling.
Er spricht über seine Erfahrungen bei dem Versicherungskonzern. Aus diesem Anlaß informiert
die HBV über die Situation der Angestellten.

Es sprechen:

Günter Wallraff, Bote
Günter Volkmar, Mitglied des geschäftsführenden
Hauptvorstands der HBV

Diskussion
Zuhörer fragen, Wallraff und Volkmar antworten

MONTAG, 24. SEPTEMBER

17 UHR

SARTORY-SÄLE, KÖLN, FRIESENSTRASSE 44

Ab 16 Uhr ist ein Informationszentrum der Gewerkschaft
HBV in den Sartory-Sälen eingerichtet.

Verantwortung und Leitung:
Günter Beyer, Geschäftsführer der HBV
Ortsverwaltung Köln

Druck: Betrieb, Köln-Niehl

cherung, in England der Erst- und Rückversicherung, in Kanada sämtlichen Sparten der Sachversicherung, ferner der Haftpflicht-, Unfall- und Kraftverkehrs-Versicherung sowie der Lebens- und Rückversicherung widmen und gerade im Hinblick auf die Übernahme industrieller Risiken ein zufriedenstellendes Wachstum bei zunehmender Ertragskraft aufweisen.

HBV-Report

Die „Akteure" des HBV-Angestelltenreports bei einer Vorbesprechung: (von links) Günter Beyer, Günter Wallraff, Walter Fabian und Günter Volkmar.

Nicht vergessen: Millionen sind stärker als Millionäre

1300 Teilnehmer beim HBV-Report mit Wallraff

Zu einem Angestelltenreport luden am 24. September 1973 die Gewerkschaft HBV und der Schriftsteller Günter Wallraff Arbeitnehmer aus Versicherungen und Banken in Köln ein. Die Resonanz war außerordentlich gut. Mit über 1 300 Teilnehmern waren die Sartory-Festsäle überfüllt. Presse, Rundfunk und Fernsehen sorgten für zusätzliche Publizität.

Die Veranstaltung leitete der geschäftsführende Sekretär der HBV-Ortsverwaltung Köln, Günter Beyer. An der Podiumsdiskussion beteiligten sich Prof. Dr. Walter Fabian, Mitglied des Deutschen Presserates, Günter Wallraff und Günter Volkmar, Mitglied des geschäftsführenden HBV-Hauptstandes. In die Diskussion wurden auch die Veranstaltungsteilnehmer miteinbezogen.

Nicht über Methoden Wallraffs — über Mißstände aufregen

Walter Fabian bezog deutlich Stellung zu Wallraffs in der Öffentlichkeit umstrittenen Methoden. Er hält das Recht für vorrangig, Mißstände aufzudecken. In diesem Sinne sind Wallraffs Methoden vertretbar. Kritik übte Fabian an denjenigen, die durch ihre Politik dafür verantwortlich sind, daß Mißstände nur durch Beschreiten solcher Wege aufgedeckt werden können. Auch Günter Volkmar meinte, man solle sich weniger über Wallraffs Vorgehen und mehr über die so aufgedeckten Zustände aufregen. „Dort ist der richtige Ansatzpunkt für Kritik." Auch solle man sich fragen, warum man sich „einschmuggeln" müsse, um hinter der glänzenden Fassade unserer Bürohochhäuser und Verwaltungen den oft bedrückenden Alltag und entwürdigende Zustände aufdecken zu können. Wallraff selbst merkte an, er habe von seinen Gegnern gelernt und wende deshalb solche Methoden an.

In seinen Ausführungen beschränkte sich Günter Wallraff auf Einzelbeispiele, die er selbst erlebte oder über die ihm berichtet wurde. So wurden Entlassungen aus nichtigen Anlässen ausgesprochen, Versetzungen von Mitarbeitern angeordnet und innerhalb von Stunden realisiert. Im Konzern stehen eine Vielzahl von Räumen für repräsentative Zwecke zur Verfügung, obwohl die Räume der Mitarbeiter überbelegt sind und geeignete Aufenthaltsräume für Jugendliche fehlen. (Soweit es um Wallraffs Erfahrungen bei Gerling geht, verweisen wir auf den „ausblick" 9/73, der den ausführlichen Bericht über Methoden und Ergebnisse des Autors enthält.)

Gerling ist kein Einzelfall

Günter Volkmar machte deutlich, daß Gerling keinen Einzelfall darstellt und als Beispiel gewertet werden kann. Die über die Situation der dort tätigen Angestellten getroffenen Feststellungen ließen sich durchaus verallgemeinern. Es sei deshalb falsch, von vereinzelten Mißständen zu sprechen. Weiter meinte Volkmar: Heute ist die Arbeitssituation der Angestellten mit der der Arbeiter durchaus vergleichbar geworden. Die Stenotypistinnen und Stenokontoristinnen „erleiden" eine Arbeitswelt, die sich in nichts wirklich von den Fabrikhallen bei Ford unterscheidet. Ganze Angestelltengruppen werden zum Beispiel durch Rationalisierung und Automatisierung im Bürobereich in einen Prozeß der objektiven Dequalifizierung hineingezogen, da ihre Arbeiten durch Arbeitsteilung zerstückelt werden.

Auch die Angestellten im oberen Bereich der Betriebshierarchie — äußerlich erkennbar durch gewährte Privilegien, wie zum Beispiel größere Zimmer, Dienstwagen, Parkplatz und besondere Casinos — sind nicht unersetzbare Individuen, sondern ebenfalls mehr oder weniger leicht austauschbare Funktionsträger. Das böse Erwachen kommt mit 50, wenn „progressive, junge und dynamische Leute" ihren Aufstieg beginnen und „die Herren" plötzlich zum „alten Eisen" gehören. Nur verschließen die meisten Angestellten vor diesen Tatsachen noch immer die Augen, was im übrigen im konkreten Fall ein solidarisches Verhalten verhindert.

Unterentwickeltes Bewußtsein

Bis auf den heutigen Tag gibt es eine erkennbare Diskrepanz zwischen der „objektiven Klassenlage" und dem persönlichen Bewußtsein vieler Angestellter. Ergebnis laut Volkmar: „Wird bei Hoesch eine übertarifliche Leistung abgesagt, fliegen die Brocken. Wird in einer Versicherung ein willkürliches Zulagensystem eingeführt, ist ein Protest auf eher Betriebsversammlung das höchste der Gefühle." Die Unternehmer wissen das und kalkulieren so die „lahmen" Reaktionen bei ihren Maßnahmen von vornherein ein.

Auch die Gruppe der höherverdienenden Angestellten ist nicht unabhängiger als ihre schlechter verdienenden Kollegen. Im Gegenteil Sie haben ihren Lebensstandard auf ein höheres Einkommen abgestellt und fürchten den Verlust ihrer Position mehr als „kleine Angestellte", die (zu vergleichbar schlechten Bedingungen) wieder unterkommen können. Daher ist kritiklose Anpassung aus Karriereinteressen gerade unter höheren Angestellten noch weit verbreitet.

Lebhafte und lange Diskussion

Die Ausführungen aller Redner führten zu einer ausführlichen und lebhaften Debatte. Hinter den Saalmikrophonen bildeten sich Schlangen von Diskutanten. Gerade deshalb ist es unmöglich, hier auch nur den wesentlichen Inhalt der Diskussionsbeiträge wiederzugeben. Es ging unter anderem um die Methoden Wallraffs, die Tarif- und Arbeitsbedingungen bei Gerling und die Situation der Angestellten in unserer Gesellschaft. Die allgemeine Stimmung verdeutlichte folgendes Beispiel: Als ein Diskussionsredner den Veranstaltern vorwarf, den Konzern in Verruf zu bringen und dadurch 10 000 Arbeitsplätze

HBV-Report

Konzernboß Hans Gerling ohne Maske

Die deutsche Wirtschaft ist zusammengebrochen. Niemand arbeitet mehr. Demokratie und Parlamentarismus wurden zunächst von innen ausgehöhlt und dann abgeschafft. Die „Roten" haben endlich ihr Ziel erreicht: Das „System" wurde überwunden. Das „Abendland" liegt jetzt am Boden.

So ähnlich müßte eine Reportage über die politischen und wirtschaftlichen Verhältnisse in der Bundesrepublik Deutschland im Herbst dieses Jahres beginnen, wenn sich erfüllt hätte, was Dr. Hans Gerling, Boß des gleichnamigen Versicherungskonzerns, im Oktober 1972 in einer Ansprache anläßlich der Gesamtsitzung der Aufsichtsräte, Beiräte und des Verwaltungsrates seines Unternehmens voraussagte. (Der Text dieser Rede wurde — aus durchaus „verständlichen" Gründen — als „persönlich und vertraulich" gekennzeichnet und gelangte erst jetzt auf Umwegen an die Öffentlichkeit.)

Hier wird nur wenig übertrieben. Nach Gerlings Meinung befanden wir uns nämlich bereits vor einem Jahr „kurz vor der Stunde Null" und unmittelbar vor der „Räumung" des „Bauwerks freie soziale Marktwirtschaft", das die „radikalen Reformer" total umbauen wollten. Gerlings Rede liest sich wie ein dramatischer Bericht von einem Kriegsschauplatz, auf dem die „freien" und (für ihn entgegengesetzten) „sozialistischen" Kräfte eine letzte Schlacht um Leben und Tod schlagen. Wörtlich: „Wir können wählen zwischen Ost und West, zwischen materiellem Kollektivismus und individueller Freiheit. Es ist für den, der die menschliche Freiheit mit einem humanen Leben gleichsetzt, eine Wahl auf Leben und Tod."

Daß der Konzernboß einen gefährlichen Hang zu dramatischen Effekten hat, zeigt auch die folgende Kostprobe: „Die vom Sozialismus zu gefährden, erntete er nur allgemeines Gelächter.

Wichtig: Konsequenzen ziehen

Im Prinzip stimmten Redner und Veranstaltungsteilnehmer bei der Beurteilung folgender Punkte überein:

1. Die gewerkschaftliche Organisation muß auch im Angestelltenbereich gestärkt werden.
2. Die Stärkung der Gewerkschaft wird zwangsläufig zu einer Stärkung der Position der Betriebsräte führen.
3. Beides zusammen reicht allerdings immer noch nicht aus, um die Macht der Großunternehmen der Wirtschaft wirksam zu kontrollieren. Um das zu erreichen, ist — als ein erster Schritt — die Einführung der paritätischen Mitbestimmung notwendig.

Einig war man sich auch in der Erkenntnis, daß es nicht ausreicht, nur Mißstände aufzuzeigen oder unbefriedigende Verhältnisse zu beklagen. So etwas muß Konsequenzen haben, wenn man Veränderungen erreichen will. Gegen die Macht der Unternehmen und den Mißbrauch wirtschaftlicher Macht hilft nur die Solidarität der Arbeitnehmer, hilft nur eine Stärkung der Gewerkschaften durch Gewinnung neuer Mitglieder, denn: Millionen sind stärker als Millionäre.

G. Keuchel

verfemte Leistungsgesellschaft hält den Atem an: Sie macht Pause. Die Stunde Null naht noch einmal, diesmal ohne Geschützdonner, übertönt jedoch von dem inhaltsleeren Wortschwall und den autstarken Parolen radikaler Reformer. Der Ring der Geschichte schließt sich, denn der Weg der Entfernung vom *nationalen Sozialismus* scheint uns — wie im Nebel — im Kreis herumgeführt zu haben an die noch vorhandene Pforte zum *demokratischen Sozialismus*. Sollte es wirklich wahr sein, daß die große Mehrheit des deutschen Volkes im freien Deutschland im Kreis gegangen wäre, ohne es gewollt und bemerkt zu haben?"

Spätestens von dieser Stelle an kann man nicht mehr im leicht distanzierten glossierenden Ton schreiben. Gerling stellt nämlich de facto Nationalsozialismus und demokratischen Sozialismus auf eine Stufe. Das ist eine absolut unentschuldbare ungeheuerliche Diffamierung, von der Franz Josef Strauß etwas noch in der „Qualität" sogar lernen könnte. Um einer Ausrutscher handelt es sich dabei nicht, sondern um eine für die Geisteshaltung Gerlings durchaus typische Äußerung. Das beweisen weitere Abschnitte seiner Rede.

Er beschäftigt sich darin unter anderem ausführlich mit Fragen der Stabilitätspolitik und entdeckte ihre „vier Gegner". Es sind (man höre und staune):

1. der Staat als bürokratische Einrichtung,
2. die Demokratie als *parlamentarische* Einrichtung,
3. die Parteien als *gesellschaftspolitische* Einrichtungen,
4. die Arbeitnehmerorganisationen als *sozialistische* Einrichtungen.

Gegen Demokratie

Diese vier Punkte wurden (einschließlich Unterstreichungen — hier kursiv gesetzt) wörtlich zitiert. Ein deutlicheres Votum gegen parlamentarische Demokratie und gesellschaftlichen Pluralismus ist wohl kaum vorstellbar. Für Gerling gehört unter den gegenwärtigen Verhältnissen der Staat zu den „schlechtest geleiteten Großunternehmen, die wir in Deutschland besitzen". Zur Rolle von Parlamenten und Parteien meint er: „Wieder sind wir bei den Köpfen angelangt, den Urhebern allen Übels. Solange und soweit die Leitung des Staatswesens Dilettanten anvertraut und die Gesetzgebung nicht erfahrenen Fachleuten übergeben wird, kann man nicht einmal hoffen, daß der komplizierte Mechanismus einer modernen Wirtschaftsordnung richtig bedient wird ..."

Solche Äußerungen sind nicht „nur" antidemokratisch. So prinzipiell verächtlich über das parlamentarische System sprachen zum Beispiel auch die Nationalsozialisten in der Weimarer Republik — bevor sie die Demokratie liquidierten.

Weiß Gerling, in welche Nachbarschaft er sich begibt, oder ist ihm das egal?

Wer will sich eigentlich noch über „Stamokap"-Theorien wundern, wenn ein Unternehmer so offen — und Gerling tat das nicht nur an dieser Stelle seines Referates — fordert, Staat, Parlamente, Parteien und alle anderen gesellschaftlichen Gruppierungen hätten der Wirtschaft und ihren Zielsetzungen zu dienen und bezögen nur von daher ihre Existenzberechtigung.

Vor diesem Hintergrund ist nicht mehr verwunderlich, sondern „logisch", daß Gerling für den Unternehmer absolute Handlungsfreiheit — im Materiellen wie im Politischen" (!) — sowie ein „Vertrauenskapital von allen Seiten" fordert. Gleichzeitig wettert er — und zwar wiederum in Inhalt und Diktion diffamierend — gegen Demokratisierung und Mitbestimmung.

Gegen Arbeitnehmer

Wer so unverblümt für eine Gesellschaft eintritt, in der die Unternehmer allein das Sagen haben, dem müssen Gewerkschaften mehr als nur ein Dorn im Auge sein. Und so klagte Gerling in seiner Rede darüber, daß durch die „einseitige Wahrnehmung von angeblichen Arbeitnehmerinteressen eine wirtschaftspolitisch zu vertretende Bemessung (!) der Arbeitseinkommen nicht durchführbar war". Und weiter heißt es über die Gewerkschaften: „Nicht nur im Bereich der Arbeitseinkommen wurden von den Arbeitnehmerorganisationen inflationäre Forderungen vorgetragen. Mehr und mehr erstrecken sich die Ansprüche der Gewerkschaftsführer auf alle Bereiche unserer Gesellschaftsordnung, vom Bildungsurlaub bis zur Mitbestimmung und von der Einflußnahme auf die Politik bis zur Prüfung der Qualität des Lebens."

Hier wird noch einmal deutlich, wie der Konzernboß sich „sein Paradies" vorstellt: Die Unternehmer besitzen absolute Entscheidungsfreiheit; Staat, Parlamente und Parteien ordnen sich ihren Zielen unter; die Gewerkschaften werden abgeschafft oder, was dem gleichkommt, zur Unkenntlichkeit politisch kastriert; die Arbeitnehmer haben keine Rechte, ihre Einkommen werden ihnen zugemessen.

So gesehen ist es keine Übertreibung, zusammenfassend festzustellen: Dr. Hans Gerling hat sich mit dieser Ansprache in gefährlicher Weise entlarvt. Er „argumentiert" wie ein prinzipieller Gegner der parlamentarischen Demokratie. Darüber hinaus ist er offensichtlich ein entschiedener Gegner freier Gewerkschaften und in seiner Haltung extrem arbeitnehmerfeindlich.

Bemerkung aus aktuellem Anlaß: Haarsträubende und entlarvende Reden dieser Art halten die Bosse „natürlich" nur hinter fest verschlossenen Türen. Die Öffentlichkeit hat nach allen bisherigen Erfahrungen nur bei Anwendung ungewöhnlicher Methoden eine Chance, ihren Inhalt zu erfahren. In diesem Sinne braucht die Welt nicht einen, sondern Tausende von Günter Wallraffs.

Christian Götz

Im Bereich der Finanzanlage und der Bankdienste sind die erfolgreichen Gerling Rendite und Dynamik Fonds zu erwähnen, die augenblicklich Spitzenreiter in Deutschland sind und die beiden privat arbeitenden Banken Herstatt und Gerling Global Bank, die einerseits der Industriefinanzierung gerade auch im Bereich der mittleren Industrie dienen, andererseits im Ausland für Importgeschäfte und Wertpapier-Anlagen für Kunden in aller Welt zur Verfügung stehen, wobei die Herstatt-Bank neuerdings neben Luxemburg ebenfalls in London einen Stützpunkt besitzt.

Die Gruppe vervollkommnet auf diese Weise immer mehr die Abrundung und Ergänzung der Dienste, die sich auf die drei großen Bereiche der Vermögenssicherung, der Vermögensanlage und der Vermögensbildung beziehen.

Im Hinblick auf die Unternehmens-Struktur der Gruppe hat das Jahr 1973 bedeutsame Wandlungen gebracht. Die Gerling-Unternehmen sind, wie allgemein bekannt, mit beiden Beinen als Privat-Unternehmen im System der Privat-Wirtschaft verankert. Daß diese Unternehmen dadurch ins Blickfeld und die Schußlinie insbesondere der sozialistischen Systemveränderer geraten, ist nicht verwunderlich und eine Bestätigung dafür, welche Bedeutung sie als Exponenten privaten Unternehmertums besitzen. Die gegenwärtigen Probleme der Wirtschafts-, Sozial- und Gesellschaftspolitik, die auf das Unternehmertum als Ganzes in Deutschland seit Januar dieses Jahres in gehäuftem Maß eindringen, wirken wie Explosiv-Stoff im Gefüge der überkommenen freien sozialen Wirtschafts-Ordnung und können einen Klassenkampf entfachen, der Unternehmer und Betriebe, ja die gesamte Marktwirtschaft, aus den Angeln hebt. Hierbei fungieren Sozialisten und Kommunisten als Helfer. Sie werden weiter unterstützt von den Linksintellektuellen aller Schattierungen, die über Schulen und Universitäten in das Bildungswesen eingedrungen sind und von hier aus ebenfalls den Versuch machen, eine junge Generation radikaler Weltverbesserer heranzuzüchten.

Versicherungs-Gesellschaften sind ein beliebtes Angriffs-Ziel sozialistischer Systemveränderer. Wir müssen daher als Gerling-Gruppe in unserem Heimatland darauf gefaßt sein, auf unsere Standfestigkeit und Stabilität ebenso wie auf die Wahrnehmung unserer sozialen Verantwortung abgeklopft und auf die Probe gestellt zu werden. Warnschüsse gegen Gerling sind von linker Seite bereits abgefeuert worden. Sie sollen eine Provokation sein, verbunden mit dem Versuch, einen bestimmten Sektor der öffentlichen Meinung auf dem linken Flügel der Parteien gegen den Gerling-Konzern zu mobilisieren.

Wer die Methodik der Provokation einigermaßen kennt, der weiß, daß diese Provokation ganz bewußt mit unzulässigen, illegalen Mitteln betrieben wird, um eine Antwort zu bekommen, aus der dann die Berechtigung der Provokation erst recht abgeleitet wird. Die Verdrehung von Ursache und Wirkung gehört zu diesem System. Wer es kennt, läßt sich daher nicht provozieren und antwortet nicht.

Das geht uns alle an, die wir mit dem Schicksal unserer Wirtschaftsordnung und unseres Gesellschaftssystems verbunden sind; ob Unternehmer, Arbeitnehmer oder leitender Angestellter, ob Aufsichtsrat, Beirat oder Verwaltungsrat, ob Industrieller oder Bankier: Wir alle sind aufgerufen, Solidarität zu beweisen und um die Erhaltung unserer Existenz-Grundlage als freie Menschen zu kämpfen, *um nicht im Kollektiv unterzugehen.*

Wie aber, so stellt sich hier die Frage – die auch mit Sein

oder Nichtsein zusammenhängt –, ist dieser Kampf um unsere Menschenrechte zu vereinbaren mit der Forderung, auf Provokationen zu schweigen. Kommt hier nicht das Gefühl auf, von ›des Gedankens Blässe angekränkelt‹ zu sein?
Diese Frage hängt zusammen mit der Analyse der Situation, in der wir uns gegenwärtig hinsichtlich der innenpolitischen und auch außenpolitischen Entwicklung in Deutschland befinden. Denn Wirtschaftspolitik und Sozialpolitik und Gesellschaftspolitik und Bildungspolitik lassen sich, angesichts der Abhängigkeit unseres Landes von äußeren Einflüssen, in materiellen wie in kulturellen und geistigen Entwicklungs-Tendenzen, nicht von Außenpolitik trennen, dies um so weniger, als nunmehr die Tore nach Osten weit aufgestoßen wurden und das Ideen-Gut der kollektiven und totalitären Beglückung des Massenmenschen wieder ungehindert Eingang finden kann.
Es geht in der Auseinandersetzung mit den Systemveränderern in Hinblick auf ihre Entschlossenheit, mit allen Mitteln zu ihrem Ziel zu kommen, in dieser fortgeschrittenen Lage nicht um Reden oder Schweigen, sondern um Handeln oder Nicht-Handeln. Besonders von den Unternehmern muß rechtzeitig gehandelt werden.
(...)
Mithin sind Überlegungen anzustellen, die sich mit der Motivation der tätigen Menschen befassen, aber wohlgemerkt nicht nur mit der Motivation des Angestellten oder Arbeiters in persönlicher und materieller Beziehung, sondern ebensosehr mit der Motivation der unternehmenden Persönlichkeit, die nur von der Lust an der Kreativität, durch Schaffens-Freude also, bewegt werden kann, nicht aber etwa als Bürokrat des Kollektivs. Ebensowenig kann ein Facharbeiter, nicht einmal der vollkommen Ungelernte – der eben doch mehr als Arbeiter, nämlich

Mensch wie alle ist – nur als Nummer eines Kollektivs persönlich bewegt werden.

(...)

Zudem sind in den deutschen Aktien-Gesellschaften seit langem ein Drittel der Mitglieder des Aufsichtsrats Vertreter der Arbeitnehmer des Betriebes, wobei leitende Angestellte sogar ausgeschlossen sind. Im Sinne einer Mitbestimmung im Betrieb ist diese Lösung bereits an den Grenzen des sachlich Gerechtfertigten angelangt. Weitergehende Mitbestimmungs-Forderungen zielen stets auf eine grundsätzliche Systemveränderung mit einer Verlagerung der Machtverhältnisse und der Entscheidungsbefugnisse zu den Gewerkschaften hin.

(...)

... Diese Waffe würde zudem auf das Herz der Stabilität, des Wohlstands und der persönlichen Freiheit aller im Wirtschaftsprozeß stehenden Menschen zielen und im Falle ihrer Verwendung nur Unheil anrichten können, denn, sollte das Ziel getroffen werden, so ist die Lähmung zumindest der Groß-Unternehmen im deutschen Wirtschaftskörper nur noch eine Frage der Zeit.

Die ausgesprochene Kriegserklärung, mit welcher der innere Friede in unserem Lande angegriffen wird, müssen die Unternehmer als solche erkennen. Es gibt keine Kompromisse mehr, wenn man zum Erschießen an die Wand gestellt wird – aber noch steht die Unternehmerschaft nicht an dieser Wand, wenn sie auch bereits mit dem Rücken zur Wand kämpft.

Der Ausweg aus dieser Konfrontation kann nur im Vorangehen der Unternehmer zu finden sein und – sollte es schon die zwölfte Stunde sein – in der Anwendung einer Kampfesweise, durch die den Systemveränderern die Waffen durch bessere Argumente aus der Hand geschlagen werden...«

Auszüge aus einem Bericht des Bonner Korrespondenten der »Züricher Weltwoche«, Alfred Schüler (31. 10. 73)

(...)
»Damit hat er aber auch erreicht, daß über die Erfolge seiner Bücher, die inzwischen in rund 500 000 Exemplaren verbreitet sind zwar im Feuilleton, über die Folgen dieser ›Aktionsliteratur mit Sprengkraft‹ hingegen im politischen Teil berichtet wird. Seine Literatur sei ›eine produktive Provokation‹: ›Das tabuisierte Thema – die Probleme der Mehrheit – ist zum Hauptthema geworden, nicht mehr die Innerlichkeit privilegierter Schichten.«
Grundsätzlich allerdings muß man, als Greenhorn in der Bundesrepublik, schlichtweg den Kopf schütteln über diese nur-deutsche Köpenickiade: Daß ein Autor mit seiner Wortschleuder es schaffen konnte, bundesdeutsche Millionäre und Milliardäre, Prinzipale und Patriarchen so zu reizen, daß sie jede Verhältnismäßigkeit vergaßen, eine eher atavistische Klassenangst bloßlegten, wie wenn die nadelgestreifte Lässigkeit, die Köpcke-Glasur, die deutsche Manager in Jet-Wartehallen, DB-Speisewagen und Chefetagen zur Schau stellen, eine Tünche wäre, die bei Temperaturanstieg schmilzt und daß dann durchschimmert, was der Mürchner Polizeipsychologe Sieber die ›deutsche primitive Rachegesellschaft‹ genannt hat.
(...)
Bei einem privaten Abendessen im Gerling-Hochhaus gerieten sich vor wenigen Wochen Konzernchef Dr. Hans Gerling, Genscher-Freund, und Mildred Scheel, Außenministerin-Gattin, so ruppig noch vor der Suppe in die Wolle – wegen eines ›Monitors‹-Berichtes über das Wallraff-Buch –, daß die übrigen Gäste sprachlos blieben. Der Gerling-Konzern heuerte und honorierte einen Spitzel, der in der Wallraff-Wohnung das erweiterte Ger-

ling-Kapitel vor der Veröffentlichung fotografierte, ein unveröffentliches Manuskript, das auch die Konzernvergangenheit darstellt, als Gerling in der Nachkriegszeit mit Baskenmütze ins Geschäft radelte. Dieser Spitzel hat jetzt, Konzerngast auf den Kanarischen Inseln, ausgepackt. Dort soll er nicht nur den Besuch des Konzernsprechers Dieter Rolfes, sondern auch den eines begleitenden Herrn Scholz erhalten haben, der sich als Verfassungsschutzmitglied vorstellte. Zuvor waren bei Wallraff zwei Herren aus Berlin erschienen, die anboten, über den Verfassungsschutz den Aufenthalt des Spitzels ausfindig zu machen, falls das mit Informationen über Wallraffs Rußland-Reise entgolten werde.

Ferner, Zufall oder nicht: Der Wallraff-Verlag Kiepenheuer & Witsch, der alle Versicherungen just mit Gerling abgeschlossen hatte, wurde kürzlich mit erhöhten Prämienforderungen konfrontiert. Zufall oder nicht: Das Kölner Privatbankhaus des Iwan D. Herstatt, eine Gerling-Geldbank, verkürzte dem Wallraff-Verlag kürzlich die Laufzeit der Kredite: Als Wallraff in einem teuren französischen Restaurant aß, raunten, räusperten und rechteten Manager am Nebentisch lauthals durch das Lokal: ›Der Sprecher der Analphabeten!‹ Die Frau eines deutschen Krösus (und Wallraff-›Opfers‹) sagte zu mir mit einer verbilligten Perspektive zu 1938: ›Das ist die ‚Kristallnacht' der deutschen Unternehmer.‹ Ähnlich, wie nach einer Sprachregelung, schrieb Fürst Waldburg zu Zeil und Trauchburg, Riesengrundbesitzer und anderes Wallraff-›Opfer‹, an Kiepenheuer & Witsch, daß er sich an die Nazizeiten erinnert fühle, in denen mit Wallraff-Methoden ›Juden und Zigeuner‹ verfolgt wurden.

›Man muß sich vorsehen, daß man nicht Verfolgungsideen nachjagt‹, sagte Wallraff. Aber während unseres Gesprächs in seiner Wohnung läutete viermal anonym das Telefon, und die Bundesanwaltschaft in Karlsruhe hat dem Autor mitgeteilt, daß sein Telefon vier Monate lang überwacht worden war. Ein eingeschalteter Rechtsanwalt konnte den Grund der Telefonüberwachung nicht erfahren.

Ein anderes Wallraff-›Opfer‹ sagte mir: ›Ich kann den Namen Wallraff nicht mehr hören‹ – als ob der Leibhaftige neuerdings in Köln-Ehrenfeld säße –, und gab mir ein Dossier, welches das Kölner Unternehmer-›Institut der Wirtschaft‹ auf 25 hektographierten Seiten über den Autor anonym zusammengestellt hat. Darin wird die ›Partisanentaktitk‹ angeprangert: ›Bei den Wallraffschen Veröffentlichungen handelt es sich um üble sozialpolitische Hetze, um Klassenkampf-Machwerke.‹ Dann wird einfach befunden: ›Für die von ihm verbreiteten Unternehmer- und Industriebilder fehlt in der Bundesrepublik Deutschland jedes Original.‹

Richtig, alle seine olympischen Originale hat Wallraff nur in der verzerrenden Parterre-Perspektive, nie ›eyball-to-eyball‹ porträtieren können. Auch Gerling hatte er vor der Veröffentlichung um ein Gespräch gebeten, ›weil ich ihn so, ohne Begegnung, in seiner Persönlichkeit nicht in den Griff kriegte, und wenn ich ihn getroffen hätte, dann wäre ich ihm vielleicht gerechter geworden‹. Aber auch dieser Brief wurde nie beantwortet.

(...)

Von Arbeitern – und nicht mehr nur von Studenten und Intellektuellen – erhält Wallraff die meisten Zuschriften, die stärkste Resonanz. Arbeiter kommen spontan auf diesen Streiter zu: ›Du, brauchst du nicht wieder mal falsche Arbeitspapiere? Hier ist meine Lohnsteuerkarte.‹ Angestellte seien weniger solidarisch oder gesprächig. Trotzdem hatte er im Gerling-Konzern ›Informanten bis in die höhere Ebene‹, und als er nach seiner Botenzeit mit einer

Kleinanzeige im ›Kölner Stadt-Anzeiger‹ – die ›Kölnische Rundschau‹ hatte diese Anzeige abgelehnt – weiteres Material von Gerling-Angestellten suchte, meldeten sich 35 Gerling-Bedienstete, von denen 15 brauchbares Material beisteuerten.
Was kann diese ›Industrie-Literatur‹, die sich von der ›Literaten-Literatur‹ abheben will, die Zielgruppe der Arbeitnehmer anpeilt, die wirken will – was kann sie erreichen? In den Paderborner ›Benteler Werken‹ wurde ein Betriebsrat organisiert, nachdem klar war: ›Wallraff was here.‹ Beim Lebens- und Rückversicherer Gerling? ›Willkürmaßnahmen, die an der Tagesordnung waren, werden nicht mehr möglich sein. Die Poststellenleute, meine früheren Kollegen, haben eine Zulage von DM 100 erhalten. Vielleicht rette ich sogar leitende Angestellte vor einem Herzinfarkt, seit sie wissen: so ein Konzern ist nicht so mächtig, wie man glaubt. Banale Mittel reichen aus, ihn zu erschüttern.‹
(...)
Methodisch hat er sogar brisantere Projekte vor. ›Ich stelle mir einen Schlüsselroman vor‹, sagte er im vergangenen Juli vor den ‚Werkkreis'-Autoren in Nürnberg, ›ähnlich wie der ‚Pate', nur weniger psychologisierend, als Gangsterboß etwas Schleyer von Daimler-Benz, ausgehend von seiner SS-Zeit bis zu seinen Praktiken im Unternehmerlager. Ich glaube, da ließen sich mehr Krimihöhepunkte herauskristallisieren als in manchem fiktiven Gangsterroman.‹
Kurz, ›Ironie ist noch immer eine starke Waffe... diese Ironie kann verunsichern, Respektlosigkeit hervorrufen, Mächtige zu selbstentlarvenden unbedachten Reaktionen provozieren‹. Als er während seiner Gerling-Zeit ein schwedisches Fernsehteam am hellichten Tage in die leere 14. Chefetage schleuste – Gerling ist auch schwedi-

scher Generalkonsul –, da lenkte er den Kollegen in der Pförtnerloge mit einem Starfighter-Test ab: die Augen mit einem Schal verbunden, mühte sich dieser treue Gerling-Bedienstete mit beiden Händen gleichzeitig ab, das Wort ›Gerling-Konzern‹ zu schreiben. Unterdes entwischten die TV-Leute in die Etage des Hausherrn, um dort Wallraff respektlos auf dem Cheftisch zu filmen...«

Auszüge aus dem Wirtschaftsteil der »Zeit« – »Der Spion, der als Bote kam« (...)

(...)
»Hatte sich die Industrie bislang damit begnügt, mit dem Versand eines Wallraff-Steckbriefs arglose Personalchefs in die Lage zu versetzen, den als einfachen Stellungsuchenden getarnten Reporter zu entlarven, reagierten nach der in den Massenmedien genüßlich kolportierten Gerling-Groteske die Herren der Industrie unerwartet heftig. In einer umfangreichen Studie mit dem Titel ›Dichtung als Waffe im Klassenkampf‹ disqualifizierte das Sprachrohr der Arbeitgeber, das ›Institut der Deutschen Wirtschaft‹, Wallraffs Veröffentlichungen als ›sozialpolitische Hetze‹ und als ›Klassenkampf-Machwerke‹ und den Autor, der 1968 den mit 6000 Mark dotierten Förderungspreis von Nordrhein-Westfalen erhielt, als kommunistischen Psychopathen...
Nach der Gerling-Köpenickiade hielt Günther Triesch, Leiter der Abteilung 1 (Unternehmerische Politik) im Institut der Deutschen Wirtschaft, die Zeit für gekommen, der Wespe im Genick deutscher Unternehmer den Garaus zu machen. Aber an Stelle einer sachlichen Entgegnung auf Wallraffs Kritik an verstaubter Untertanengesinnung und menschenunwürdigen Arbeitsmethoden gab Triesch bei

seinem Fachreferenten Breitsprecher etwas anderes in Auftrag: eine Dokumentation, die den Schriftsteller zu einem psychiatrischen Fall abstempeln sollte.

Den Beleg für seine ›Krankschreibung‹ fand Breitsprecher in einer vom Autor selbst wiederholt erzählten Episode. Gegen seinen (mit Gewissensgründen motivierten) Widerstand zum Wehrdienst eingezogen, weigerte sich Rekrut Wallraff 1963 mehrere Monate lang, eine Waffe in die Hand zu nehmen. ›Ich mußte‹, so erzählt der Autor, ›dafür mit einem Stock in der Hand zehn Meter hinter den anderen hermarschieren. Ich habe einfach einen Blumenstrauß an den Stock gesteckt und bin für mein Verhalten schließlich in die psychiatrische Abteilung des Bundeswehrlazaretts eingewiesen worden.‹ Die Diagnose der Ärzte – ›Abnorme Persönlichkeit‹ – ›Verwendungsunfähig auf Dauer‹ – ist (ohne Schilderung der näheren Umstände des Falls) lapidar in die Reihe biographischer Daten eingereiht. Abteilungsleiter Triesch treuherzig: ›Man darf den Mann doch noch zitieren.‹

Auch in der besonderen Betonung von Wallraffs Wehrdienstverweigerung will Triesch bei weitem kein Mittel sehen, um gegen den Kölner Schriftsteller unterschwellig Stimmung zu machen: ›Es sagt nur etwas über sein Verhältnis zur Gesellschaft aus und daß er schnell in Widerstandspositionen gerät, was ja ehrenhaft ist, denn Konformisten sind doch schrecklich.‹

An Hand sorgfältig ausgewählter Wallraff-Zitate gelingt es Autor Breitsprecher Einzelkämpfer Wallraff in die ganz linke Ecke zu verbannen. So zitiert er beispielsweise aus einem Zeitungsinterview die Feststellung des Autors, wonach verfolgte sowjetische Schriftsteller ›rechten Kräften‹ im Westen zu nahe stünden; von seinem in demselben Interview enthaltenen engagierten Protest gegen die Verfolgung sowjetischer Literaten findet der Leser indes kein

Wort. Wallraff selbst sieht sich als ›Sozialist, nicht als Anhänger einer dogmatischen Ideologie‹.
Obwohl – laut Triesch – nur für den Hausgebrauch produziert, landete die Wallraff-Schrift inzwischen in großer Zahl bei Verbänden, Unternehmen und in Zeitungsredaktionen. Gerling erbat sogar das Recht, die Studie nachdrucken zu dürfen, um allen Außenstellen das Psychogramm des Provokateurs in Botenuniform zugänglich machen zu können.«

Jeannette Goddar / Dorte Huneke (Hg.). Auf Zeit. Für immer.
Zuwanderer aus der Türkei erinnern sich. KiWi 1274

Geschichten aus 50 Jahren türkischer Zuwanderung: Mehr als eine halbe Million junge Männer und Frauen machten sich bis zum Anwerbestopp 1973 auf die weite Reise nach Deutschland, um ihr Glück zu suchen. Was dachten und fühlten, wovon träumten, worauf hofften sie? Deutsche und türkischstämmige Autorinnen und Autoren porträtieren in Reportagen, Interviews und biografischen Berichten Männer und Frauen der ersten und zweiten Generation.

www.kiwi-verlag.de

Günter Wallraff. Aus der schönen neuen Welt. Expeditionen ins Landesinnere. KiWi 1069
Verfügbar auch als eBook

Günter Wallraff ist zurück! Ob als Mitarbeiter im Callcenter, als Niedriglöhner in einer »Lidl«-Bäckerei oder als Obdachloser, der den Winter auf der Straße verbringt – Wallraff ist wieder undercover unterwegs und gewährt neue schockierende Einblicke in den Alltag eines reichen, armen Landes.

www.kiwi-verlag.de

Günter Wallraff. Ganz unten. Mit einer Dokumentation der Folgen. KiWi 176

Bücher können etwas bewegen – dafür liefert »Ganz unten.« ein einzigartiges Beispiel. Günter Wallraffs Erfahrungsbericht als Türke Ali wurde mit einer deutschsprachigen Auflage von inzwischen über 3 Millionen und Übersetzungen in mehr als 30 Ländern nicht nur weltweit einer der sensationellsten Bucherfolge, sondern entwickelte auch eine »durchschlagende politische Wirkung« (*Süddeutsche Zeitung*).
Die Neuauflage dokumentiert die gesellschaftspsychologischen, menschlichen und politischen Folgen dieses Buches.

www.kiwi-verlag.de